Jeden Tag mit Jesus

365 ermutigende Impulse für geistliches Wachstum und persönlichen Sieg

Andrew Wommack

Falls nicht anders vermerkt, sind alle Bibelzitate folgender Ausgabe entnommen: Die Bibel. Schlachter Übersetzung © 2000, neue revidierte Fassung, CLV; Genfer Bibelgesellschaft. Weitere verwendete Übersetzungen: Bruns (BRUNS), Elberfelder (ELB), Luther (LUT), Neues Leben (NLB), Einheitsübersetzung (EÜ), Gute Nachricht (GNB), Neue evangelistische Übersetzung (NeÜ)

Hervorhebungen einiger Worte aus Bibelzitaten in Kursiv und Fett durch den Autor, Hinzufügungen in eckigen Klammern.

Titel der englischen Originalausgabe:
Every Day With Jesus:
366 Insights for Encouragement, Spiritual Growth, and Personal Victory

P.O. Box 3333
Colorado Springs, CO 80934-3333

Jeden Tag mit Jesus.
365 ermutigende Impulse für geistliches Wachstum und persönlichen Sieg
ISBN: 978-1-906241-75-9

Andrew Wommack Ministries
Berner Straße 81
D-60437 Frankfurt am Main
Telefon: +49 69 643 578 50
E-Mail: info@andrewwommack.de

Herausgegeben von Andrew Wommack Ministries gemeinnützige GmbH

Also available in other languages from: www.awmi.net or www.awme.net

Jesus war Gott

Johannes 1,1-5.14

Im Anfang war das Wort, und das Wort war bei Gott, und das Wort war Gott.
Johannes 1,1

Jesus war nicht nur ein Mensch, der von Gott gesandt worden war. Er war Gott. Dies ist die wichtigste Aussage des neuen Testaments. Auf diese Wahrheit bauen alle anderen Wahrheiten auf. Wäre Jesus nur ein Mensch gewesen, so hätte sein Leben keine größere Bedeutung als das eines jeden anderen Menschen, egal was für ein gutes Leben Jesus geführt hätte. Aber da er Gott war, bedeutete sein Leben mehr als jedes Menschenleben seit Anbeginn der Schöpfung. In der Tat war sein Leben von größerer Bedeutung als die Gesamtheit des Universums, das er geschaffen hatte.

Wenn wir in diesem Punkt einen Kompromiss eingingen, so würden wir das Werk Christi in unserem Leben außer Kraft setzen. Jesus war Gott, der sich im Fleisch offenbarte (1 Tim 3,16). Dennoch kam dieser allmächtige Gott, um in einem menschlichen Körper zu wohnen. Er erniedrigte sich selbst und nahm die Gestalt eines Sklaven an (Phil 2,7). Christus wurde einer von uns, weil er Mensch wurde. Er durchlitt dieselben Versuchungen und Anfechtungen, die auch wir erleiden (Hebr 4,15). Jedoch verlieh sein göttliches Wesen ihm die Macht, uns vollständig zu erretten (Hebr 7,25).

Wir dürfen nicht zulassen, dass sein Menschsein uns vergessen lässt, dass der allmächtige Gott selbst unser Freund wurde (Joh 15,13-15). Genauso wenig soll sein göttliches Wesen uns vergessen lassen, dass er genau weiß, wie wir uns fühlen und dass er sich um uns kümmert. Lass dir in diesem Jahr vom Heiligen Geist sowohl das göttliche als auch das menschliche Wesen unseres Herrn Jesus Christus zeigen.

Du hast seine Fülle

Johannes 1,16-17

Und aus seiner Fülle haben wir alle empfangen, Gnade um Gnade.
Johannes 1,16

Das Leben als Christ ist keine Lebensversicherung, die sich erst dann auszahlt, wenn wir sterben und in den Himmel kommen. Jeder, der glaubt, hat schon jetzt die Gnade und die Fülle Gottes empfangen. Alles, was Gott ausmacht, besitzen wir schon jetzt, weil unser Geist wiedergeboren wurde. In ihm sind wir bereits vollkommen (Kol 2,9-10).

In dem Moment, in dem wir Jesus als unseren Herrn annehmen, findet in unserem Geist eine Veränderung statt (2 Kor 5,17), jedoch sind sich viele von uns dieser Veränderung nicht bewusst. Deshalb orientieren wir uns in unserem täglichen Leben weiter an dem, was wir sehen und wahrnehmen können und vergessen den neuen, wiedergeborenen Teil in uns, der die Fülle Gottes bereits erhalten hat.

Du kannst deinen Geist nicht sehen oder anfassen, weil er Geist ist. Dein Geist ist der ewige, unsichtbare Teil von dir. Wenn du dich aber dazu entscheidest, das zu glauben, was das Wort Gottes über dich sagt, dann wirst du anfangen zu erkennen, dass du in Jesus Christus alles hast, was du je brauchen oder dir wünschen wirst. Sein Wort ist Geist und Leben (Joh 6,63). Wenn du in seinem Wort zu Hause bist, wirst du immer mehr aus seinem Geist heraus leben.

In deinem Geist bist du jetzt schon so, wie du in der Ewigkeit sein wirst (1 Joh 4,17). Preist den Herrn dafür! Genau in dem Maß, in dem du deine Gedanken neu nach dieser Wahrheit ausrichtest und diese glaubst, wirst du Gottes Fülle in deinem Leben erfahren. In Sprüche 23,7 (gemäß dem Wortlaut der englischen *King James*-Bibel) steht, dass alles, was du in deinem Herzen denkst oder glaubst, bestimmt, wer du bist.

Bete das Gebet aus Epheser 1,15-23 und lass dir vom Heiligen Geist Christus in euch, die Hoffnung der Herrlichkeit (Kol 1,27) offenbaren.

Das Erkennungszeichen eines Christen

Johannes 13,31-35

Daran wird jedermann erkennen, dass ihr meine Jünger seid, wenn ihr Liebe untereinander habt.
Johannes 13,35

Dies ist eine erstaunliche Aussage, die Jesus gemacht hat! Das herausragendste Merkmal, an dem ein Christ erkannt werden kann, ist die Liebe, die wir füreinander haben – so sieht es das Haupt der Christenheit. Dies scheint jedoch heute in den Kirchen und Gemeinden kein weitverbreitetes Wissen zu sein. Echte Liebe für andere Gläubige hat für die meisten Christen keine oberste Priorität. Dennoch steht für Jesus genau dies an allererster Stelle, wenn es darum geht, Nichtchristen zu zeigen, dass es ihn wirklich gibt und er in uns lebt.

Wie viel Geld und Zeit haben Christen schon investiert, um die Verlorenen zu erreichen? Wir haben schicke Gebäude gebaut, die Stühle gepolstert und die Versammlungsräume mit Klimaanlagen ausgestattet, um mehr Leute anzuziehen. Wir sind um die Welt gereist und haben Evangelisationen für große Menschenmengen abgehalten. Dennoch fehlt es uns an Liebe zueinander, sofern diese überhaupt existiert, obwohl Jesus doch klargemacht hat, dass dies das beste Zeugnis für ihn ist. Wir haben einen Fisch am Auto kleben, aber keine Liebe in unserem Herzen.

Die ersten Christen hatten keine Kassetten, Bücher oder Videos. Sie hatten auch keinen Fischaufkleber auf allen ihren Kamelen, die in der Wüste unterwegs waren. Die Leute damals trafen sich in ihren Häusern, mussten auf Radio und Fernsehen verzichten, und dennoch haben sie ihre Welt gewaltig durch das Evangelium verändert. Was war ihr Geheimnis? Sie hatten die Liebe Gottes für *ihn* und füreinander.

Im Judasbrief werden die Gottesdienste der Anfangszeit „Liebesmahle" genannt (Judas 1,12). Die Liebe floss über, genauso wie das Evangelium – denn zwischen beidem besteht eine direkte Beziehung. Entscheide dich dafür, ein lebendiges Werbeschild für das Evangelium zu sein. Wenn du es zulässt, dass seine Liebe durch dich scheint, hin zu deinen Glaubensbrüdern und -schwestern, ebenso wie zu den Verlorenen, dann werden auch Nichtchristen erkennen, dass Jesus in dir lebt.

Glaube, der durch Liebe wirksam ist

Galater 5,1-6

[...] denn in Christus Jesus gilt weder Beschneidung noch Unbeschnittensein etwas, sondern der Glaube, der durch die Liebe wirksam ist.
Galater 5,6

Als Jamie und ich mit unserem Dienst anfingen, waren wir so arm, dass wir uns kaum die Luft zum Atmen leisten konnten. Ich glaubte so gut ich konnte daran, dass Gott uns Wohlstand schenken würde, aber wir hatten andauernd finanzielle Probleme. Einmal war alles, was wir zum Essen hatten, eine Tüte Chips und ein paar Flaschen Cola, die wir von Freunden bekommen hatten. Wir teilten es uns in mehrere Tagesrationen ein.

Dann stieg Jamie mit unseren letzten 75 Cent und der Wäsche ins Auto und fuhr zum Waschsalon. Während sie weg war, betete ich sehr ernsthaft. Es sah so aus, als würde der Herr uns nicht mit dem versorgen, was wir brauchten. Ich sagte: „Gott, ich würde meine rechte Hand dafür geben, dass Jamie etwas zu essen hat!"

Er antwortete sofort: „Ich habe meinen Sohn dafür gegeben, damit du zu essen hast." Dann erinnerte er mich an Lukas 12,32, wo steht: *Fürchte dich nicht, du kleine Herde! Denn es hat eurem Vater wohlgefallen, euch das Reich zu geben.*

Das brach mir fast das Herz. Ich merkte, dass ich wegen der Umstände Gottes Liebe für uns vergessen hatte. Ich hatte versucht, im Glauben zu handeln, aber ohne Liebe. Ich bereute es und empfing Gottes Liebe für mich. Als Jamie zurückkam, sagte ich ihr, dass wir noch an diesem Tag Fleisch essen würden.

An diesem Abend lud uns ein Freund nach dem Gottesdienst zu sich nach Hause ein. Er gab uns einen ungefähr fünf Kilogramm schweren Korb mit Fisch, Kartoffeln und anderen Lebensmitteln. Kurz vor Mitternacht genossen wir ein Festmahl. Das Erstaunliche an der Sache war, dass dieser Freund schon früher an diesem Tag versucht hatte, uns die Lebensmittel vorbeizubringen, jedoch war unser Auto weg, als er unsere Wohnung erreichte, und so dachte er, niemand wäre zu Hause. Das war genau zu dem Zeitpunkt, als Jamie im Waschsalon war und Gott mir seine Liebe für uns offenbart hatte. In diesem Moment empfing ich seine Liebe, mein Glaube wurde aktiv und unsere Bedürfnisse wurden erfüllt.

Lass Gottes Liebe für dich im Überfluss vorhanden sein, so wird auch dein Glaube überfließen.

Nichts ist unmöglich

Lukas 1,26-38

Denn bei Gott ist kein Ding unmöglich.
Lukas 1,37

Was für eine Aussage! Wie anders würde unser Leben doch aussehen, wenn wir nur genauso glauben könnten, wie Maria damals den Worten des Engels Gabriel glaubte. Von Geburt an werden wir dazu erzogen, unsere Grenzen zu kennen. Kleinen Kindern sagt man: *Das darfst du nicht haben! Nicht anfassen! Du darfst nichts in den Mund stecken! Hände weg vom Feuer!* usw. Während des Erwachsenwerdens ist es sogar ein Zeichen der Reife, wenn wir unsere Grenzen kennen und lernen, darin zu leben. Es gehört zu unserem Leben, dass alle Dinge begrenzt sind.

Gott jedoch kennt keine Grenzen. Wenn wir uns in den Bereich seiner übernatürlichen Kraft begeben, müssen wir die Begrenzungen, die wir über die Jahre hinweg erlernt haben, ablegen. Wir müssen unsere Gedanken durch die Wahrheit erneuern, dass er nicht so ist, wie wir. Er kann alles tun. Wir haben einen wunderbaren Gott, dessen Macht unseren Verstand bei Weitem übersteigt. Er hat das Universum erschaffen und war dabei keinesfalls überfordert! Dennoch fragen wir uns immer wieder, ob unsere Situation vielleicht doch zu schwer für ihn ist. Wir haben keine Vorstellung davon, wie er uns da jemals hindurchbringen soll.

Der Herr sagte zu Jeremia: *Siehe, ich, der Herr, bin der Gott allen Fleisches, sollte mir etwas unmöglich sein?* (Jer 32,27). Die Antwort darauf ist ein entschiedenes *Nein!* Das Einzige, was Gott begrenzen kann, ist unser Unglaube (5 Mose 7,17). Ehre Gott heute, indem du glaubst, dass nichts für ihn zu schwer ist. Egal welche Probleme du gerade hast, er ist mehr als fähig und bereit dazu, dir zu helfen und dich zu segnen.

Für die Wahrheit einstehen

Matthäus 2,16-23

Als sich nun Herodes von den Weisen betrogen sah, wurde er sehr zornig, sandte hin und ließ alle Knaben töten, die in Bethlehem und in seinem ganzen Gebiet waren, von zwei Jahren und darunter, nach der Zeit, die er von den Weisen genau erforscht hatte.
Matthäus 2,16

Eigentlich war Satan derjenige, der hinter Herodes steckte. Seit Gott prophezeit hatte, dass der „Samen" einer Frau ihm „den Kopf zertreten" würde, hatte der Teufel versucht, diesen „Samen" zu finden und zu zerstören (1 Mose 3,15). Dieser „Same" war natürlich Jesus, unser Herr und Retter.

Es scheint, als könnte Satan es merken, wenn Gott einen wichtigen Schritt auf der Erde tut. Als Jesus geboren wurde, brachte Satan Herodes dazu, alle Jungen in Bethlehem umzubringen. Es ist offensichtlich, dass er versuchte, diesen „Samen" auszulöschen, der seinen „Kopf zertreten" und ihm alle Macht und Autorität entreißen sollte.

Heute sehen wir auch wieder, wie Kinder ermordet werden. Diesmal geschieht das durch Abtreibung. Der „Same" ist schon gekommen und vermehrt sich in jedem Gläubigen, der wiedergeboren wird, also versucht Satan, Menschen zu töten, bevor sie geboren und dann wiedergeboren werden können. Ebenso greift er auch unsere Jugend auf noch nie dagewesene Weise an, indem er sie zu Gewalt und Selbstmord treibt. Könnte es sein, dass er denkt, dies sei die Generation, die Jesus zurückbringen wird? Versucht er aus lauter Verzweiflung sein Schicksal hinauszuzögern, indem er diese Generation zerstört?

Wir sollten in dieser Zeit genug geistliche Auffassungsgabe besitzen, um zu erkennen, dass dies ein Anzeichen für einen großen Kampf in der unsichtbaren Welt ist, wenn unsere Kinder und Jugendlichen solchen Angriffen ausgesetzt sind. Wenn wir beten: „Amen, ja, komm, Herr Jesus!", müssen wir auch dazu bereit sein, für die Wahrheit einzustehen.

Selbst Jesus bereitete sich vor

Lukas 2,41-51

Und es geschah, nach drei Tagen fanden sie ihn im Tempel sitzend mitten unter den Lehrern, wie er ihnen zuhörte und sie befragte.
Lukas 2,46

Dies ist der einzige biblische Bericht über Jesu Kindheit, doch erfahren wir viele Dinge aus dieser kurzen Erzählung. Mit zwölf Jahren verblüffte er die Schriftgelehrten, die ihr Leben lang die Heilige Schrift studiert hatten, mit seiner Weisheit (Vers 47). Wir wissen, dass Jesus keine eigene Bibel zur Verfügung hatte, so wie es für uns heute selbstverständlich ist. Er erhielt Offenbarungserkenntnis von seinem himmlischen Vater, aber er musste in die Synagoge gehen, um dort Gottes Wort in den Schriftrollen zu lesen.

Selbst im jungen Alter von zwölf Jahren hatte Jesus eine klare Vorstellung davon, wer sein wirklicher Vater war und weshalb er in die Welt gekommen war (Vers 49). Allerdings stellte er den Gelehrten auch Fragen (Vers 46). Dies ist erstaunlich, wenn man bedenkt, dass alle Schätze der Weisheit und der Erkenntnis in ihm sind (Kol 2,3). Obwohl er Gott war, wohnte er in einem physischen Körper mit einem natürlichen Verstand, der unterrichtet werden musste.

Wir sehen, dass Jesus seine Berufung und Bestimmung bereits in seiner frühen Kindheit kannte, aber er musste trotzdem lernen und sich auf die Aufgaben vorbereiten, zu denen Gott ihn berufen hatte. Er macht das Gleiche mit dir und bereitet dich für die Dinge vor, zu denen er dich berufen hat.

Wenn du nicht weißt, wozu du berufen bist, frage ihn noch heute! Dann bitte ihn, dir zu zeigen was du tun kannst, um dein Herz und deinen Verstand auf all das vorzubereiten, was er durch dich erreichen will.

Sei der Mensch, zu dem Gott dich erschaffen hat

Matthäus 3,1-12; Markus 1,1-8; Lukas 3,1-18

In jenen Tagen aber erscheint Johannes der Täufer und verkündigt in der Wüste von Judäa.
Matthäus 3,1

Diese Verse berichten vom Dienst von Johannes dem Täufer. Er verbrachte 30 Jahre in der Wüste von Judäa, um sich auf diesen Dienst vorzubereiten. Danach dauerte es nur etwa sechs Monate bis er Jesus taufte und dann begannen die Menschen Jesus nachzufolgen. Dennoch führte er in diesen kurzen sechs Monaten eine ganze Nation zu Gott.

Johannes der Täufer wählte nicht den üblichen Weg. Er ging nicht dorthin, wo die Menschen waren, sondern blieb draußen in der Wüste und die Leute kamen zu ihm. Er hatte keine andere Werbung, außer den Zeugnissen derer, die ihn gehört hatten. Er war kein auffälliger Evangelist, der immer modern gekleidet war. Er verhielt sich nicht so, wie es die religiösen Leiter in ihren Seminaren lehrten – doch es funktionierte! In nur ein paar Monaten bewegte er eine ganze Nation dazu, sich auf das Kommen Jesu vorzubereiten.

Gott vollbrachte diese erstaunliche Leistung durch einen Mann, der nicht als „normal" galt. Allzu oft hält unser „Herdeninstinkt" uns davon ab, von Gott gebraucht zu werden. Wir haben solche Angst davor, was andere über uns denken mögen, wenn wir das tun, was Gott uns sagt, wenn wir durch seinen Geist und gemäß seines Wortes leben. Wir versuchen wie jeder andere zu sein und wundern uns dann, warum wir die gleichen Ergebnisse erzielen wie alle anderen auch. Das ist nicht besonders schlau!

Johannes der Täufer war dem Heiligen Geist völlig hingegeben und er hatte Erfolg, allen Widrigkeiten zum Trotz. Wage es, dem Heiligen Geist zu folgen – auch wenn es bedeutet, gegen den Strom zu schwimmen – so wirst du auch übernatürliche Ergebnisse erzielen.

Wie kann Glaube wachsen?

Lukas 17,5-10

Und die Apostel sprachen zum Herrn: Mehre uns den Glauben!
Lukas 17,5

Die Apostel erbaten das Gleiche von Jesus, wie Millionen von Christen es heute noch tun. Sie baten um mehr Glauben. Jesus verblüffte sie mit seiner Antwort, genauso wie die Wahrheit über den Glauben die Menschen auch heute noch verblüfft. Er sagte, dass sie nicht mehr Glauben benötigten, sondern dass ihr vorhandener Glaube völlig ausreichend sei, um einen Baum zu entwurzeln und ins Meer zu verpflanzen. Sie setzten den Glauben, den sie hatten, einfach nicht ein (Vers 6).

Jesus fuhr fort und korrigierte diese falsche Vorstellung von Glauben, die von den meisten Menschen auch heute noch vertreten wird. Glaube taucht nicht plötzlich auf und nimmt dir die Arbeit ab. Du musst dem Glauben sagen, was er tun soll, denn er ist dein Sklave. Herrscher bitten ihre Sklaven nicht zu arbeiten; sie befehlen es ihnen. Genauso solltest du deinen Glauben betrachten und mit ihm umgehen. Du solltest nicht leise hoffen, dass der Glaube von sich aus aktiv wird oder ihn zaghaft bitten, doch etwas zu tun. Stattdessen solltest du die Autorität ergreifen, die dir durch Jesus gegeben ist, und dem Glauben befehlen!

Die Jünger erlebten keinen wirksameren Glauben, weil sie ihrem Glauben nichts Größeres abverlangt haben. Sie dachten, dass Glaube für ein Wunder die Kraft ihres vorhandenen Glaubens überschreiten würde. Doch das ist nicht wahr – es galt weder damals für die Jünger noch heute für uns. Wir haben unseren Sklaven unterschätzt. Wir haben gedacht, wir bräuchten viele Sklaven, doch die Wahrheit ist, dass dieser Sklave (unser vorhandener Glaube) bereits jetzt so mächtig ist, dass er alles ausrichten kann, was wir von ihm fordern.

Du weißt, dass dein von Gott gegebener Glaube funktioniert, weil du durch ihn wiedergeboren wurdest. Jetzt, nachdem du das größte Wunder in deinem Leben durch diesen göttlichen Glauben in dir erfahren hast, kehre nicht zum alten Denken zurück, dass deine Nöte zu groß für deinen Glauben wären. Wenn du durch den Glauben errettet worden bist, kannst du durch diesen Glauben auch geheilt, befreit, mit allem versorgt und vorangebracht werden. Lass deinen Glauben heute für dich arbeiten und gib ihm keine Ruhe, bis er seine Arbeit erledigt hat.

Die Waffe des Wortes

Matthäus 4,1-11; Markus 1,12-13; Lukas 4,1-13

Und Jesus antwortete ihm und sprach: Es steht geschrieben: „Der Mensch lebt nicht vom Brot allein, sondern von einem jeglichen Wort Gottes."
Lukas 4,4

Der Heilige Geist führte Jesus in die Wüste damit er vom Teufel versucht werden konnte. Wie hat Jesus darauf reagiert? Bei jeder Versuchung entgegnete er mit den Worten: *Es steht geschrieben.* Das Wort Gottes ist das Schwert des Geistes (Eph 6,17) und es ist die einzige geistliche Angriffswaffe, die wir haben. Jesus hat uns gezeigt, wie wir es einsetzen können.

Da Jesus das Wort Gottes ist (Joh 1,1), wäre jedes von ihm gesprochene Wort *das* Wort Gottes gewesen. Als er versucht wurde, hätte er sagen können: „Hau ab!" und der Teufel hätte gehen müssen. Trotzdem zitierte er jedes Mal das geschriebene Wort Gottes – das gleiche Wort, das dir und mir heute in der Bibel zur Verfügung steht.

Das gibt uns große Gewissheit, dass Gottes geschriebenes Wort für uns ausreichend ist. Jesus brauchte angesichts der größten Versuchungen, die Satan zu bieten hatte, nicht mehr Worte als die bereits überlieferten der Heiligen Schrift. Das Wort gab ihm Zuversicht und ermöglichte ihm, jeder Versuchung zur Sünde zu widerstehen. Es ist gut möglich, dass er bei seiner Wiederkunft auf die Erde auch nur das bereits geschriebene Wort sprechen wird, um seine Feinde zu vernichten. Kein Wunder, dass Satan versucht, uns vom Lesen und Erkennen des Wortes Gottes abzuhalten!

Gott hat dir die mächtige Waffe seines Wortes gegeben. Wenn du das Wort im Glauben aussprichst, bebt die Hölle. Satan und seine Gefolgschaft haben schon erlebt, was das Wort bewirken kann – sie kennen seine Macht. Nun ist es wichtig, dass auch du dies erkennst und dich davon überzeugen lässt.

Die Gerechten leben aus dem Glauben

Habakuk 2,1-4

Siehe, der Vermessene – unaufrichtig ist seine Seele in ihm; der Gerechte aber wird durch seinen Glauben leben.
Habakuk 2,4

Die Gerechten gebrauchen ihren Glauben nicht nur gelegentlich oder nur dann, wenn sie in Schwierigkeiten sind. Die Gerechten leben aus Glauben. Dies beschreibt den Glauben als einen Teil unseres Lebens, der so wichtig ist, wie das Essen oder das Atmen.

Als meine Frau und ich am Anfang unseres Dienstes standen, hatten wir finanziell zu kämpfen. Wir haben oft den Ausdruck *aus Glauben leben* benutzt, um unsere Lebenssituation zu beschreiben. Wir brauchten tatsächlich jeden Tag ein Wunder, um zu essen, unsere Rechnungen zu begleichen oder unser Auto voll zu tanken. Obwohl wir inzwischen so im Glauben gewachsen sind, dass wir im Segen leben und nicht mehr für unsere tägliche Nahrung glauben müssen, so leben wir trotzdem immer noch aus Glauben. Der Glaube ermöglicht es uns, eine Beziehung zu Gott zu haben und anderen Menschen zu dienen, was wiederum zu Einnahmen führt, um unseren täglichen Bedarf zu decken. Der Glaube ist der Motor für unser ganzes Leben!

Du musst kein Pastor sein, um aus Glauben zu leben. Jeder Mensch braucht täglich Gemeinschaft mit dem Herrn, was Glauben erfordert. Wir müssen Gott als unsere wahre Quelle erkennen und unser Vertrauen nicht nur auf unseren Arbeitsplatz setzen. Wir müssen uns auf ihn verlassen, um dem täglichen Druck von Familie und Beruf standzuhalten. Wir müssen im Glauben leben – nicht nur für uns, sondern auch für andere. Die Menschen, denen wir täglich begegnen, brauchen den Herrn.

In deinem Innern hast du Wunder, die andere Menschen brauchen, und die nur freigesetzt werden können, wenn du aus Glauben lebst. Entscheide dich heute ganz bewusst, aus Glauben zu leben. Wenn alle deine Bedürfnisse gestillt sind, dann glaube, um anderen zu helfen. Dein Glaube wird wachsen, wenn du täglich versuchst im Glauben zu leben. Und dann, wenn du in Not bist, wirst du bereit sein, die Dinge durch den Glauben zu empfangen, die du brauchst. Die Gerechten leben aus Glauben.

Seine Stimme hören

Johannes 10,1-5

Diesem öffnet der Türhüter, und die Schafe hören auf seine Stimme, und er ruft seine eigenen Schafe beim Namen und führt sie heraus.
Johannes 10,3

Jesus sagte, dass seine Schafe seine Stimme hören und dass sie die Stimme des Fremden nicht kennen (Verse 4 und 5). Die meisten Christen scheinen jedoch das Gegenteil zu erleben. Die große Mehrheit der Christen hört den Teufel, die Welt und ihr Fleisch laut und deutlich, aber es fällt ihnen schwer, den Herrn zu hören. Das ist nicht das normale Christentum!

Jesus verdeutlichte am Bild des Hirten, dass seine Schafe seiner Stimme gegenüber aufmerksam sind und schwerhörig, wenn es um die Stimme eines anderen geht. Das sollte die typisch christliche Erfahrung sein. Was geschieht also mit uns? Warum scheint sich unsere Erfahrung so sehr von dem zu unterscheiden, was Jesus sagte?

Wir können sicher sein, dass unser Hören das Problem ist und nicht Gottes Reden. Er spricht ständig zu uns auf unterschiedliche Art und Weise, aber wir verpassen sein Reden oft. In Psalm 19,1-4 und Römer 1,20 steht, dass Gott durch die Schöpfung zu uns spricht. Jeder Tag hat uns etwas Neues zu sagen, aber wir sind zu beschäftigt, um davon Notiz zu nehmen.

Gott spricht auch durch sein Wort, aber wenige von uns finden Zeit, es zu lesen, zu studieren oder darüber zu meditieren. Wir sind zeitlich zu beschäftigt mit Fernsehen, Internet, Kino, Arbeit, Sport und einer Menge anderer Dinge, die unseren Kopf und unser Herz mit allem Möglichen anfüllen, nur nicht mit Jesus. Ist es da ein Wunder, dass wir ihn nicht hören oder seine Stimme erkennen, wenn er zu uns spricht?

Jesus sagt, dass er zu dir spricht und dich auch fähig gemacht hat, seine Stimme zu hören. Du musst dich nur auf ihn einstellen! Lege heute und täglich eine Zeit fest, wo du keine andere Stimme als nur seine hörst und es wird nicht lange dauern, bis du ihn mehr hörst als irgendjemanden oder irgendetwas anderes.

Wissen, wer du bist

Matthäus 4,1-11; Markus 1,12-13; Lukas 4,1-13

Und der Versucher trat zu ihm und sprach: Wenn du Gottes Sohn bist, so sprich, dass diese Steine Brot werden!
Matthäus 4,3

Zwei seiner drei Versuchungen begann Satan mit den Worten: *Wenn du Gottes Sohn bist …* Jesus war Gott, aber er besaß einen menschlichen Körper, der in der Erkenntnis und der Weisheit Gottes wachsen musste (Joh 1,1; 1 Tim 3,16; Lk 2,52). Für den menschlichen Verstand, den Jesus besaß, brauchte es Glauben, um dem Zeugnis des Geistes in ihm zu vertrauen, dass er der Messias ist.

In Matthäus 4,3 stellte Satan infrage, wer Jesus war, und griff damit sein Glaubensfundament an. Satan wusste auch, dass Jesus Hunger hatte. Steine in Brot zu verwandeln muss eine Versuchung für Jesus gewesen sein, sonst hätte Satan sie nicht benutzt.

Satan ist sehr raffiniert in seinen Versuchungen. Es sah so aus, als wollte er Jesus dazu bringen, ein Wunder zu tun; in Wirklichkeit jedoch versuchte er, Jesus in seinem Glauben daran, wer er war, zu erschüttern. Er versuchte Jesus dahin zu bringen, die übernatürliche Macht Gottes anzuziehen, um seine Identität zu beweisen –, aber es funktionierte nicht! Jesus wusste, wer er war, und sein Glauben daran war unerschütterlich.

Im Gegensatz zu Jesus fallen wir manchmal auf diesen Trick des Teufels herein. Wir sagen vielleicht, dass wir über unseren Glauben diskutieren, aber wir hoffen nur, uns selbst zu überzeugen. Jemand, der wirklich weiß, wer er in Christus ist, muss niemandem irgendetwas beweisen, weil er die volle Sicherheit aus Gottes Wort hat, dass Gott ihn liebt und wertschätzt.

In Jesaja 30,15 lesen wir: *Denn so spricht Gott, der Herr, der Heilige Israels: Durch Umkehr und Ruhe könntet ihr gerettet werden, im Stillesein und im Vertrauen läge eure Stärke.* Meditiere heute über Gottes Wort und lass den Heiligen Geist dein Vertrauen aufbauen, wer du in Christus bist.

Es gefällt Jesus, wenn es uns wohlergeht

3. Johannes 2

Mein Lieber, ich wünsche dir in allen Dingen Wohlergehen und Gesundheit, so wie es deiner Seele wohlgeht!
3. Johannes 2

Jesus opferte sein Leben, um uns von der gegenwärtigen bösen Welt zu retten (Gal 1,4) und uns überfließendes Leben zu geben. Johannes, der eng mit Jesus verbunden war, schrieb unter dem Einfluss des Heiligen Geistes, dass er den Gläubigen vor allem wünscht, dass sie gesund und produktiv seien. Er sagte, dass dies geschehen würde, wenn es unserer Seele gut gehe. Unsere Seele gedeiht dann, wenn wir in seiner Wahrheit leben. Das ist es, wofür Jesus gestorben ist.

Jesus sagte, wenn wir ihn sehen, sehen wir den Vater. Er und der Vater sind in allen Dingen in Übereinstimmung und sie sind eins. Deshalb leuchtet es ein, dass derjenige, der aus Liebe zu uns seinen eigenen Sohn opfert, doch auch alles dafür tun würde, dass es uns wohlergeht (Röm 8,32). Dennoch glauben heutzutage immer noch viele Menschen, dass sich Gott entweder über Armut und Krankheit freut oder aber dass er diesen Dingen teilnahmslos gegenübersteht.

Das Wort Gottes macht deutlich, dass deine Seele und dein ganzes Leben gedeihen werden, wenn du dein Herz der Liebe und Versorgung Gottes öffnest, und zwar in allen Bereichen deines Lebens: geistlich, emotional, mental, sozial und körperlich. Weil viele Menschen diese Wahrheit nicht glauben, sehen sie Gott nur als denjenigen an, der sich um ihre „ewigen" Bedürfnisse kümmert. Das Wort lehrt jedoch sehr klar, dass deine großartige Errettung so viel mehr beinhaltet!

Wenn du das volle Evangelium glaubst, erfährst und predigst, wirst du sehen, wie sich Gottes Kraft und Realität im Hier und Jetzt manifestieren. Du solltest auf keinen Fall das ablehnen, was Jesus dir durch seinen Tod gegeben hat. Er wird verherrlicht, wenn du dich von ihm segnen lässt (Ps 35,27).

Begib dich heute auf eine ganz neue Ebene von Gottes Segnungen und mach ihm damit eine Freude.

Glauben, über den Jesus staunte

Matthäus 8,5-13; Johannes 20,24-29

Jesus spricht zu ihm: Thomas, du glaubst, weil du mich gesehen hast; glückselig sind, die nicht sehen und doch glauben!
Johannes 20,29

Als ich anfing zu erkennen, dass Gott heute noch Wunder tut, wurde mir klar, dass ich das Übernatürliche in meinem christlichen Leben verpasst hatte. Ich wollte nun das Versäumte unbedingt nachholen und versuchte, alles sofort zu empfangen. Ich hörte von Träumen, Visionen und Engelserscheinungen und wollte all das nun auch selbst erleben. Also fing ich an zu beten, dass mir diese Dinge geschehen mögen. Der Herr gebrauchte jedoch Worte aus der Bibel, wie z. B. den obigen Vers, um mich in meinem Eifer zu stoppen.

Jesus sagte, der größte Glaube, der ihm jemals begegnete, war der Glaube, der nichts sehen muss – Glaube allein an das Wort Gottes (Mt 8,10). Er sprach zu Thomas, dass dieser geglaubt hatte, weil er gesehen hatte – trotzdem gibt es einen größeren Segen für die, die glauben, ohne zu sehen. Das heißt, dass wir in einem umso größeren Maß des Glaubens leben, je mehr wir allein von Gottes Wort geleitet werden.

Damit war für mich die Sache beschlossen. Ich wollte Gottes Bestes. Ich wusste, dass es ohne Glauben unmöglich ist, ihm zu gefallen, und ich wollte mich auf der höchsten Glaubensstufe bewegen. Das heißt nicht, dass ich Visionen und Träume ablehne – ich habe beides gehabt –, aber diese Dinge stehen für mich nicht mehr im Mittelpunkt. Gottes Wort ist übernatürlich genug. Falls Gott einen Engel oder etwas anderes gebrauchen möchte, um zu mir zu sprechen, werde ich hören, aber es bedarf nicht mehr solcher Dinge, um mich aufmerken zu lassen. Gottes Wort braucht keine zusätzliche Bestätigung; für mein Leben ist es die absolute Autorität.

Möchtest du dich heute nicht auch dafür entscheiden, im Glauben zu stehen und an Gottes Verheißungen festzuhalten, egal was du hörst oder siehst? Habe denselben Glauben wie der römische Hauptmann: einen Glauben, über den Jesus staunte.

Satans Macht ist begrenzt

Matthäus 4,1-11; Markus 1,12-13; Lukas 4,1-13

Und nachdem der Teufel alle Versuchung vollendet hatte, wich er von ihm eine Zeit lang.
Lukas 4,13

Der Wortlaut dieses Verses legt nahe, dass Satans Arsenal an Versuchungen, die er Jesus entgegenbringen konnte, erschöpft war und er ihn verlassen musste. Wir trauen dem Teufel fälschlicherweise viel zu viel zu. Er hat keine unbegrenzte Anzahl an Versuchungen zur Verfügung, mit denen er uns fangen kann. In 1. Johannes 2,16 steht, dass es drei Bereiche gibt, in denen uns der Teufel versuchen kann: die Lust des Fleisches, die Lust der Augen und der Hochmut des Lebens. Die drei Versuchungen Jesu entsprechen diesen drei Kategorien.

Wir haben Satan größer gemacht als er ist, indem wir ihm grenzenlose Macht und Fähigkeiten zugeschrieben haben. Die Wahrheit lautet: *Es hat euch bisher nur menschliche Versuchung betroffen. Aber Gott ist treu; er wird nicht zulassen, dass ihr über euer Vermögen versucht werdet, sondern er wird zugleich mit der Versuchung auch den Ausgang schaffen, so dass ihr sie ertragen könnt* (1 Kor 10,13).

Satan möchte dich in dem Glauben lassen, dass er stärker sei, als er in Wirklichkeit ist. Einschüchterung ist eine seiner stärksten Waffen, aber Jesus hat ihn in jeder Hinsicht besiegt. Seine Zähne wurden ihm gezogen! Jetzt kann er nur noch brüllen wie ein Löwe und unwissende Menschen zu verschlingen suchen, die ihre Autorität in Jesus Christus nicht kennen (1 Petr 5,8).

Stell dir heute die Wahrheit vor Augen, dass alle Versuchungen des Teufels nur vorübergehend sind. Gib du nicht auf – dann muss der Teufel aufgeben! Wenn die Zeit reif ist, wirst du ernten, wenn du nicht aufgibst (Gal 6,9).

Erzähle von deinem Glauben

Johannes 1,37-42

Dieser findet zuerst seinen Bruder Simon und spricht zu ihm: Wir haben den Messias gefunden (das heißt übersetzt: den „Gesalbten“).
Johannes 1,41

Andreas war der erste der Jünger Jesu, der anderen von seinem Glauben erzählte und jemanden zu Jesus führte. Und wer war es, den er da zu ihm brachte? Petrus, der zu einem der größten Apostel Jesu wurde! Er predigte am Pfingsttag und erlebte, wie 3 000 Menschen gerettet und wiedergeboren wurden. Er heilte den Lahmen an der Eingangspforte des Tempels mit dem Ergebnis, dass 5 000 Menschen wiedergeboren wurden. Er weckte Dorkas von den Toten auf, machte das Christentum unter den Heiden bekannt und schrieb zwei Kapitel der Bibel, durch die Millionen von Menschen jahrhundertelang beeinflusst wurden.

Denk nur einmal darüber nach, wie viele Millionen von Menschen von Petrus berührt wurden, und dass Andreas eigentlich dafür verantwortlich war. Alles, was Petrus entsprechend den Aufzeichnungen in der Heiligen Schrift vollbracht hat, war bei Weitem mehr als das, was Andreas zuzuschreiben ist. Dennoch hätte Petrus Jesus ohne Andreas nicht kennengelernt. In den Augen Gottes war das, was Andreas tat, genauso wichtig wie das, was Petrus geleistet hat.

Als derjenige, der Petrus mit Jesus bekannt gemacht hat, hatte auch Andreas einen Anteil an den Taten des Petrus. Darum wird an dem Tag, an dem wir unsere Belohnung vom Herrn empfangen, Andreas seinen Anteil am Lohn des Petrus erhalten.

Du magst die Welt vielleicht niemals erschüttern, wie Petrus es getan hat, aber Gott hat dich genauso wie Andreas berufen, anderen von deinem Glauben zu erzählen. Wer weiß, vielleicht könnte eine Person, die du zu Jesus führst, ein Petrus sein.

Gott hält sich an seine Gesetze

Römer 3,19-31

Wo bleibt nun das Rühmen? Es ist ausgeschlossen! Durch welches Gesetz? Das der Werke? Nein, sondern durch das Gesetz des Glaubens!
Römer 3,27

Paulus spricht hier von dem *Gesetz des Glaubens*. Glauben ist ein Gesetz. Genauso wie es Gesetze in der sichtbaren Welt gibt, gibt es auch Gesetze im geistlichen Bereich. Viele Christen begreifen das nicht. Das ist der Grund, warum sie so frustriert sind. Sie verstehen nicht, warum Gott nichts unternimmt, um ihre bedauernswerte Situation zu beenden. Sie wissen nicht, dass sie lernen müssen, seine Gesetze zu befolgen.

Eine Person, die sich unvorsichtig am Dachrand eines zehnstöckigen Gebäudes verhält, sollte nicht ärgerlich auf Gott sein, wenn sie runterfällt. Das Gesetz der Schwerkraft, das Gott geschaffen hat, kann jemanden verletzen oder töten, wenn man es nicht beachtet und sich entsprechend verhält. Bei den Folgen der Schwerkraft handelt es sich nicht um ein persönliches Eingreifen Gottes. Das Gesetz der Schwerkraft ist der konstante Wille Gottes und wird nicht widerrufen, wenn es uns gerade nicht passt. Wenn er die Schwerkraft aufheben würde, damit die Person, die vom Dach des zehnstöckigen Gebäudes fällt, unverletzt bleibt, dann würde es unzählige andere tödliche Auto- oder Eisenbahnunfälle geben. Das macht Schwerkraft zu einem Gesetz. Es ist konstant und universell.

So gibt es Gesetze, die Gott nicht außer Kraft setzen wird. Er liebt uns und möchte unsere Gebete erhören, aber er wird seine eigenen Gesetze nicht übertreten, um das zu tun. Es gibt das Gesetz von Saat und Ernte in unserer sichtbaren Welt. Der Bauer, der nicht sät, kann nicht wütend auf Gott sein, wenn die Ernte, für die er betet, nicht wächst. Er hat sich nicht an die von Gott gegebenen Gesetze gehalten. In der gleichen Weise befolgen viele Christen nicht Gottes Gesetze bezüglich Wohlstand, Heilung, Erfolg und Freude und wundern sich, warum sie keine positiven Ergebnisse erzielen.

Mache es heute zu deiner Priorität, die geistlichen Gesetze zu erlernen und diese dann zu befolgen. Dann wirst du dich der Segnungen erfreuen, die Gott für dich bereithält.

Wahrer Wohlstand ist nicht selbstsüchtig

2. Korinther 9,1-15

Gott aber ist mächtig, euch jede Gnade im Überfluss zu spenden, so dass ihr in allem allezeit alle Genüge habt und überreich seid zu jedem guten Werk, wie geschrieben steht. „Er hat ausgestreut, er hat den Armen gegeben; seine Gerechtigkeit besteht in Ewigkeit.“
2. Korinther 9,8-9

Glaubst du, dass Jesus in irgendeiner Weise selbstsüchtig war? Und dennoch, wenn du ernsthaft die Evangelien studierst, wird klar, dass Jesus niemals Mangel hatte. Er hatte so viel Geld, dass er einen Schatzmeister brauchte (Joh 13,29). Trotzdem lehnen viele Christen finanziellen Wohlstand ab, weil sie ihn mit Habgier gleichsetzen. Zweifellos irren sie in dieser Hinsicht, denn es ist *die Liebe* zum Geld, die die Wurzel allen Übels ist, nicht das Geld selbst (1 Tim 6,10).

Wahrer Wohlstand, wie ihn die Bibel lehrt und wie Jesus ihn vorgelebt hat, ist nicht selbstsüchtig oder gierig. Jesus hatte viel, weil er viel weitergab. Gemäß diesem Vers macht der Herr uns wohlhabend, damit wir genug haben, um zu jedem guten Werk geben zu können. Die Leute, die nicht in der Lage sind, das zu geben, was sie eigentlich möchten, haben noch nicht die Ebene des Wohlstands erreicht, die Gott für sie vorgesehen hat.

Ein anderer Vers, der den gleichen Standpunkt vertritt, ist in Epheser 4,28, wo es heißt: *Wer gestohlen hat, der stehle nicht mehr, sondern bemühe sich vielmehr, mit den Händen etwas Gutes zu erarbeiten, damit er dem Bedürftigen etwas zu geben habe.* Gott schenkt dir Wohlstand, damit du andere segnen kannst. Wenn du verstanden hast, dass biblischer Wohlstand in keinster Weise selbstsüchtig ist, dann möchtest du wohlhabend sein, damit du ein Segen für andere sein kannst.

Gläubige, die sagen: „Ich habe genug und möchte Gott nicht um noch mehr bitten“, zeigen damit, dass sie denken, Wohlstand sei nur für sie selbst. Mit dieser Einstellung wäre es wahrhaft selbstsüchtig, für mehr Geld zu glauben. Sie denken, sie seien besonders heilig, wenn sie gerade genug zum Leben haben. Aber wenn sie erst einmal verstehen, dass Wohlstand nicht nur für sie alleine ist, sondern dass sie ein Kanal der

Versorgung Gottes für andere sein können, wird offenbar, was diese *Ich-habe-genug*-Einstellung wirklich ist: dumm und selbstgerecht!

Was ist der Grund für deinen Wunsch nach Reichtum? Geht es nur um selbstsüchtigen Gewinn oder willst du ein Segen für andere sein? Anstatt über all deine finanziellen Nöte und Wünsche nachzudenken, schau dich heute einmal um und denke an die Nöte und Wünsche anderer. Lass ein Verlangen in dir entstehen, diesen Nöten zu begegnen. Dann hast du die richtige Motivation, wohlhabend zu werden. Wenn Gott das in dir bewirken kann, dann wird er dir Wohlstand geben.

Entgegne deinem Zweifel

Johannes 1,43-51

Und Nathanael sprach zu ihm: Kann aus Nazareth etwas Gutes kommen? Philippus spricht zu ihm: Komm und sieh!
Johannes 1,46

Nathanael war skeptisch, so wie es viele Menschen heute auch sind. Jesus ist einfach nur jemand, der eine Menge Probleme unter den Menschen verursacht. All das Jesus-ist-der-einzige-Weg-Gerede ist nichts als intolerant. Viele Leute denken, dass nichts Gutes aus dem Christentum kommen kann. Wie Nathanael sind sie Zweifler.

Man muss Nathanael zugutehalten, dass er selbst zu Jesus kam und ihm die Chance gab, zu beweisen, dass er das war, was andere Leute wie Philippus von ihm behaupteten. Wir können nur spekulieren, was Jesus Nathanael unter dem Feigenbaum tun sah (Vers 50), aber offensichtlich war es etwas, das Nathanael ohne jeden Zweifel erkennen ließ, dass Jesus der Messias ist. Jesus tadelte Nathanael nicht wegen seiner Zweifel, er räumte sie stattdessen aus.

Jesus ist das lebendige Wort und es ist sein Wort, das die Antwort auf jede Art von Zweifel ist, den wir selbst oder jemand anderes, dem wir begegnen, haben könnte. Wir müssen ehrlich und aufrichtig vor ihm sein wie Nathanael (Vers 47) und mit unseren Zweifeln zu ihm kommen, anstatt vor ihm davonzulaufen oder ihn zu meiden. Jesus weiß, was wir alles in diesem Leben durchmachen; er hat es selbst durchlebt (Psalm 103,14). Es ist keine Sünde, wenn wir zweifeln, aber es wird zur Sünde, wenn wir unsere Zweifel pflegen und nicht damit zu Gott gehen. Dann kann Unglaube sich in unserem Herzen und unserem Verstand festsetzen.

Sei heute wie Nathanael und bringe jeden Zweifel bezüglich deines Glaubens zu Jesus. Lass den Heiligen Geist dich die Wahrheit aus Gottes Wort lehren. Ich garantiere dir, dass du verändert werden wirst.

Tu es einfach!

Johannes 2,1-11

Seine Mutter spricht zu den Dienern: Was er euch sagt, das tut!
Johannes 2,5

Maria kannte Jesus zu diesem Zeitpunkt seines Lebens so gut wie niemand sonst. Mit Sicherheit wusste sie, dass Jesus kein gewöhnlicher Mensch war. Ihre Bitte, die Gäste doch mit neuem Wein zu versorgen, lässt uns erkennen, dass sie daran glaubte, dass er Dinge tun konnte, die andere nicht zu tun vermochten. Ihre Anweisung an die Diener war: „Was immer er euch sagt, das tut!" Das zeigt, dass sie nicht nur wusste, dass Jesus Wunder tun konnte, sondern auch dass er die Dinge oft nicht auf die konventionelle Art und Weise tat.

Und so geschah es. Jesus befahl den Dienern, die Krüge mit Wasser zu füllen und sie zum Speisemeister zu bringen. Das entbehrte jeglicher Logik. Jeder wusste, dass die Gäste nach mehr Wein verlangten und nicht nach Wasser. Doch gemäß der Bitte Marias taten diese Diener genau das, was Jesus ihnen befahl, und das Ergebnis war wunderbar. Das Wasser wurde in allerbesten Wein verwandelt.

Dieses Wunder hätte nicht stattgefunden, wenn die Diener nicht das getan hätten, was in ihren Augen unsinnig erschien. Die Wege des Herrn sind nicht unsere Wege und seine Gedanken sind nicht unsere Gedanken (Jes 55,8). Um seine wunderwirkende Kraft in unserem Leben zu sehen, müssen wir das tun, was er uns sagt, egal wie unsinnig es uns erscheinen mag.

Denn das Törichte Gottes ist weiser als die Menschen, und das Schwache Gottes ist stärker als die Menschen (1 Kor 1,25). Was immer er dir heute sagt, tu es einfach!

Glaube und Hoffnung

Hebräer 11,1-6

Es ist aber der Glaube eine feste Zuversicht auf das, was man hofft, eine Überzeugung von Tatsachen, die man nicht sieht.
Hebräer 11,1

Zwischen Glaube und Hoffnung gibt es eine direkte Beziehung. Man kann nicht das eine ohne das andere haben. Glaube gibt den Dingen, auf die wir hoffen, Substanz. Wenn du Hoffnung wegnimmst, hat Glaube kein Ziel mehr, das zu erreichen ist. Folgende Geschichte verdeutlicht das: Ein „Hillbilly" (amerikanisch für Hinterwäldler) kommt in einen Gottesdienst. Als die Menschen anfangen, Gott zu preisen, beginnt die Temperatur im Saal zu steigen. Er beobachtet, wie einer der Ordner zur Wand geht und den Knopf an einem kleinen weißen Kästchen dreht. Innerhalb von Sekunden bläst dem Hillbilly aus der Lüftung kühle Luft ins Gesicht. Völlig begeistert hält er es für das Größte, das er je erlebt hat.

Sofort will er vom Ordner wissen, was das für eine Apparatur sei und wie er an so etwas käme. Der Ordner erklärt ihm, dass es sich um ein Thermostat handelt und er so etwas in jedem Baumarkt bekommen könne. Der Mann kann es kaum abwarten, den Gottesdienst zu verlassen, um eins zu kaufen. Nachdem er den Thermostat erworben hat, nimmt er ihn mit nach Hause und montiert ihn an der Wand; aber so oft er auch daran dreht, es kommt einfach keine kühle Luft.

Der Mann hatte nicht verstanden, dass nicht der Thermostat die kühle Luft produziert. Er dient lediglich dazu, die Stromversorgung ein- und auszuschalten. Das ist ein wunderbares Bild um zu illustrieren, wie Glaube und Hoffnung zusammenarbeiten. Hoffnung ist der Thermostat. Er aktiviert unseren Glauben. Obwohl der Glaube die Kraft ist, die die Welt überwindet, ist Hoffnung der Sieg, der unseren Glauben überhaupt erst dazu bewegt, sein Ziel zu erreichen. Ohne Hoffnung wird unser Glaube niemals in Gang gesetzt. Glaube muss ein Ziel haben, auf das er ausgerichtet ist.

Erlaube Gott heute, dir eine starke Hoffnung zu geben und dann setze all deinen Glauben dahinter frei.

Es gibt einen gerechten Zorn

Johannes 2,12-14

Und er machte eine Geißel aus Stricken und trieb sie alle zum Tempel hinaus, samt den Schafen und Rindern, und den Wechslern verschüttete er das Geld und stieß die Tische um.
Johannes 2,15

Jesus brachte der Welt die Botschaft: „Liebt eure Feinde" und lebte das in einer Art und Weise vor, dass einige Menschen solche Vorkommnisse, bei denen Jesus ganz offensichtlich Zorn an den Tag legte, einfach ignorieren.

Zorn kann eine göttliche Emotion sein. Epheser 4,26 sagt uns: *Zürnt ihr, so sündigt nicht.* Es gibt eine Art gerechten Zornes, der keine Sünde ist. Epheser 4, Vers 26 fährt fort: *Die Sonne gehe nicht unter über eurem Zorn!* Das bedeutet nicht, dass es in Ordung ist, den ganzen Tag zornig zu sein, solange wir vorm Zubettgehen darüber Buße tun. Vielmehr spricht es davon, wie man richtig mit der Form dieses gerechten Zorns umgehen sollte. Den gerechten Zorn sollten wir niemals zur Ruhe legen; wir sollen ihn nicht zu Bett bringen, sondern Satans Wirken gegenüber aufgebracht bleiben.

Die ganze Bibel hindurch werden wir dazu aufgerufen, das Böse zu hassen (Ps 45,7; 119,105.116; Spr 8,17; Röm 12,9). Wenn wir sehen, wie der Feind tötet, beraubt und zerstört, sollte uns das zornig machen! Doch um zu unterscheiden, ob es sich um gerechtfertigten oder um fleischlichen Zorn handelt, muss uns klar sein, wer oder was das Objekt unseres Zornes ist. Göttlicher Zorn richtet sich gegen den Teufel und nimmt sich selbst und seine eigenen Belange zurück. Fleischlicher Zorn hingegen ist selbstzentriert und richtet sich gegen Menschen, die uns auf die eine oder andere Weise verletzt oder gekränkt haben (Eph 6,12).

Wenn du heute Menschen zürnst, dann vergib ihnen und überlasse sie Gott. Aber wenn sich dein Zorn gegen den Teufel richtet, weil er dich oder jemand anderen verletzt oder Schaden zugefügt hat, stehst du in völliger Übereinstimmung mit Jesus. Denk dran, dass er alles Böse hasst. Aus diesem Grund hat er Satan und alle seine Dämonen besiegt (Kol 2,15). Er hat völligen Frieden und Sieg für dich erkauft.

Die Freude über deine Wiedergeburt

Johannes 3,1-21

Jesus erwiderte und sprach zu ihm: Du bist der Lehrer Israels und verstehst das nicht?
Johannes 3,10

Nikodemus war ein in religiösen Belangen sehr hoch gebildeter Mann, dennoch hatte er nicht die geringste Ahnung, worüber Jesus sprach, als er ihm sagte: *Wenn jemand nicht von Neuem geboren wird, so kann er das Reich Gottes nicht sehen!* (Vers 3).

Nikodemus' Gottesbeziehung war rein akademisch. Er wusste eine Menge über Gott, aber er kannte ihn nicht persönlich. Als Sohn Gottes hatte Jesus eine einzigartige, intime Beziehung zum Vater, von der Nikodemus fasziniert war. Er wollte es unbedingt verstehen und Jesus erklärte ihm, dass auch für ihn genau die gleiche Beziehung möglich wäre – durch die „Wiedergeburt".

Natürlich fragte Nikodemus nach (Joh 3,4): *Wie kann ein Mensch geboren werden, wenn er alt ist? Er kann doch nicht zum zweiten Mal in den Schoß seiner Mutter eingehen und geboren werden.* Jesus erklärte ihm, dass ein Mensch nur mit Gott geistlich eins sein könne, wenn sein Geist wiedergeboren und erneuert wird durch die innewohnende Kraft des Heiligen Geistes. Er sagte: *Wenn jemand nicht aus Wasser und Geist geboren wird, so kann er nicht in das Reich Gottes eingehen! Was aus dem Fleisch geboren ist, das ist Fleisch, und was aus dem Geist geboren ist, ist Geist* (Verse 5 und 6).

Es gibt etwas, das das Christsein völlig unterscheidet von jeder Art von Religion: Es ist die Erfahrung der Wiedergeburt. Wir haben durch sie nicht allein die Gewähr, in den Himmel zu kommen, vielmehr sind wir von oben neu geboren. Der Heilige Geist Gottes lebt in unserem Geist und wir leben in ununterbrochener Einheit mit dem Vater, mit Jesus und dem Heiligen Geist. Wir haben ewiges Leben nicht erst, wenn unser physischer Körper stirbt, es ist ein Leben voller geistlicher Segnungen, das uns zur Verfügung steht, von dem Augenblick an, in dem wir wiedergeboren werden.

Christsein ist eine Beziehung, keine Religion. Als Gläubiger hast du das fantastische Vorrecht ständiger Gemeinschaft mit deinem himmlischen Vater und mit Jesus, deinem Retter durch den Heiligen Geist, der in dir lebt. Freue dich heute darüber, wiedergeboren zu sein.

Der größte Prophet

Johannes 3,22-37

Er muss wachsen, ich aber muss abnehmen.
Johannes 3,30

Jesus sagt in Lukas 7,28: *Ich sage euch, dass unter denen, die von einer Frau geboren sind, keiner größer ist als Johannes.* Ich glaube, die Geschichte von Johannes dem Täufer offenbart den Hauptgrund, weshalb Jesus ihn den größten Propheten nannte, der je gelebt hat.

Johannes der Täufer verbrachte dreißig Jahre damit, sich auf seinen Dienst vorzubereiten. Er hatte keine normale Kindheit und Jugendzeit. Er lebte draußen in der Wüste, abgesondert für Gott, weit ab von anderen Menschen (Lk 1,80). Schließlich konnte er ungefähr sechs Monate lang den Erfolg seines Dienstes erleben, einen Erfolg, wie ihn vor ihm noch kein anderer hatte. Menschenmassen strömten in die Wildnis, um ihn predigen zu hören. Er wurde der einflussreichste Mann in Israel und war sogar den römischen Machthabern bekannt.

Eines Tages taufte er dann Jesus im Jordan und verkündigte, dieser sei der Messias (Mt 3,13-17; Joh 1,29). Seit dieser Zeit folgten die Menschenmengen in ständig wachsender Zahl Jesus nach, sogar die Jünger des Johannes. Diese Tatsache hätte die meisten Menschen zerstört, aber als man ihn deshalb befragte, antwortete Johannes: *Er muss wachsen, ich aber muss abnehmen.* Nur kurze Zeit später wurde er gefangen genommen (Mt 4,12) und später, nachdem er eineinhalb Jahre in einer dunklen Zelle verbracht hatte, enthauptet.

Die Größe des Johannes lag nicht in seinem eigenen Erfolg begründet, sondern im Erfolg eines anderen. Jesus verdankte einen großen Teil seines Erfolgs der Vorbereitungsarbeit von Johannes. In unserer auf Prominenz und Berühmtheit ausgerichteten Gesellschaft wollen nur wenige Menschen Hintergrundsänger oder Bühnentechniker sein. Uns wurde der Eindruck vermittelt, dass wir nichts wert sind, solange wir nicht im Rampenlicht stehen. Das ist nicht Jesu Sicht der Dinge. In Matthäus 23,11 lehrt er: *Der Größte aber unter euch soll euer Diener sein.* Ganz gewiss war Johannes der Täufer deshalb der größte Prophet, weil er ein großer Diener Jesu war. Sein Leben und die Auszeichnung, die Jesus ihm zukommen ließ, sollte dich inspirieren, ebenfalls ein großartiger Diener für Jesus zu sein und für jeden anderen, dem du heute begegnest.

Im Glauben handeln

Jakobus 2,14-26

So ist es auch mit dem Glauben: Wenn er keine Werke hat, so ist er an und für sich tot.
Jakobus 2,17

Am 30. Dezember 1973 verletzte ich mich sehr schwer am Rücken. Ich hatte elende Schmerzen und konnte nicht gerade stehen. Ich konnte kaum sprechen und meine Schulterblätter berührten sich beinahe. Es war der Abend vor meiner Ordination und mein einziger Gedanke war: Was für ein schreckliches Zeugnis, wenn ich so bei meiner Ordination erscheine.

Ich betete im Glauben und wurde geheilt und begann dann dem Schmerz und dem Teufel zu widerstehen, indem ich meinem im Glauben gesprochenen Gebet entsprechend handelte: Ich machte Liegestützen, tiefe Kniebeugen, neigte mich nach vorne und berührte meine Zehenspitzen und Ähnliches. Ich fühlte mich überhaupt nicht danach. Es besserte sich zwar, aber ich spürte keine völlige Schmerzfreiheit. Ich duschte, wusch mir die Haare, um mich für den Gottesdienst fertig zu machen. Es tat furchtbar weh, als ich mich unter den Wasserhahn beugte, aber ich wusste, ich war geheilt und war entschlossen, dem gemäß zu handeln. Zwischen der ersten und der zweiten Haarwäsche verschwand jeglicher Schmerz und ich fühlte mich wieder völlig normal.

Stell dir eine Person in einem brennenden Gebäude vor. Sie weiß, dass sie sterben wird, wenn sie das Gebäude nicht verlässt, aber sie bleibt einfach sitzen. Das wäre doch verrückt! In gleicher Weise ist Glaube ohne entsprechendes Handeln überhaupt kein wirklicher Glaube. Unser Handeln muss dem entsprechen, was wir glauben. In meinem Fall brauchte ich Heilung für meinen Rücken, also behandelte ich ihn so, als wäre er schon geheilt, denn er war es ja auch!

Menschen, die behaupten, an Gottes finanzielle Versorgung zu glauben, aber kein Geld spenden, betrügen sich selbst. Jemand, der sagt: „Ich bin geheilt", sich aber nach wie vor krank verhält und sich weiterhin mit seinen Symptomen beschäftigt, tötet seinen Glauben, falls er überhaupt welchen hatte. Jemand, der für einen anderen Fürbitte tut und sich gleichzeitig darüber Sorgen macht, ob sich überhaupt etwas ändern wird, handelt nicht im Glauben. Echter biblischer Glaube ist Glauben, auf den hin gehandelt werden muss. Also: Handle heute deinem Glauben gemäß.

Ein Licht auf deinem Weg

Markus 4,21-23

Und er sprach zu ihnen: Kommt etwa das Licht, damit es unter den Scheffel oder unter das Bett gestellt wird, und nicht vielmehr, damit man es auf den Leuchter setzt?
Markus 4,21

Als Jesus dies sagte, hatte er gerade gelehrt und seinen Jüngern das Gleichnis vom Sämann erklärt. Diese Lehre unterstreicht die Wichtigkeit von Gottes Wort in unserem Leben. Wir können ohne Gottes Wort in unserem Herzen genauso wenig Frucht bringen, wie ein Bauer ernten kann, ohne Samen zu säen. Dann sagte Jesus, dass Licht auf einen Leuchter gestellt werden muss, damit es gesehen wird. Indem er dies sagte, sprach der Herr immer noch von der Bedeutung seines Wortes.

Dein Wort ist meines Fußes Leuchte und ein Licht auf meinem Weg (Ps 119,105). Jesus sagte damit, dass er mit Gottes Wort Licht in alle unsere Umstände bringt. Ohne die Erleuchtung durch Gottes Wort stolpern wir im Dunkeln. Was wäre auch der Sinn eines Lichtes, wenn wir es nicht nutzen? Warum sollte jemand eine Lampe unter das Bett oder unter einen Korb stellen, um damit das Licht zu blockieren? Das macht keinen Sinn. Das ist aber oftmals genau das, was wir mit dem Licht machen, das Gott uns gegeben hat.

Wie oft haben wir wegen unseres vollen Terminkalenders vernachlässigt, über Gottes Wort nachzusinnen? Das Ergebnis war, dass wir einfach blind durch unseren Tag gestolpert sind. Der Einfluss von Gottes Wort auf unser Leben ist kein Luxus, auf den wir verzichten können. Es ist genauso notwendig, wie Licht in einem dunklen Raum. Licht befähigt uns in der Dunkelheit so zu agieren, als ob es Tag wäre, vorausgesetzt, das Licht ist an einem hervorgehobenen Platz.

Dein Herz ist ein Leuchter, auf den du das Wort Gottes setzt. Wenn du darüber Tag und Nacht nachsinnst, wird es keine Situation und kein Geheimnis geben, das dir nicht klar durch das Licht des Wortes Gottes offenbart wird (Mk 4,22). Du wirst sehen, wohin du gehst und heute nicht stolpern, wenn sein Wort hell in deinem Herzen leuchtet.

Deine erste Liebe

Offenbarung 2,1-7

Aber ich habe gegen dich, dass du deine erste Liebe verlassen hast.
Offenbarung 2,4

Zuckst du innerlich zusammen, wenn du diese Schriftstelle liest? Den meisten Christen geht es so, denn sie wissen, dass sie Jesus nicht so lieben, wie sie es eigentlich sollten – und diese Worte erinnern sie daran. Aber Jesus sprach nicht von der Rückkehr zu *deiner* ersten Liebe. Er sprach vielmehr davon, uns zurückzubesinnen an die Offenbarung darüber, wie *er* uns zuerst geliebt hat. So wie der Apostel Johannes es ausdrückte: *Wir lieben ihn, weil er uns zuerst geliebt hat* (1 Joh 4,19).

Oftmals drehen sich Predigten darum, wie wir andere lieben sollten. Dies ist sicherlich angebracht, denn das, was einen echten Christen am meisten charakterisiert, ist die Liebe für seine Geschwister (Joh 13,35). Trotzdem können wir nicht weitergeben, was wir nicht selbst empfangen haben. Solange wir keine echte Offenbarung darüber haben, wie sehr Gott uns liebt, können wir andere nicht in echter Weise lieben. Der Versuch, dies zu tun, ohne selbst in uns diese lebendige Liebe erfahren zu haben, ist wie der Versuch, jemandem aus einer ausgetrockneten Quelle etwas zu trinken zu geben. Das geht nicht!

Das Leben als Christ ist nicht nur schwer, es ist unmöglich aus eigener Kraft! Wahres Christsein bedeutet nicht, dass du und ich für Jesus leben, sondern dass Jesus durch uns lebt (Gal 2,20). Das wird nirgendwo deutlicher, als wenn es darum geht, andere zu lieben. Diese Art von Liebe, zu der Jesus uns auffordert, beinhaltet auch, die andere Wange hinzuhalten (Mt 5,39) und denen zu vergeben, die uns kreuzigen (Lk 23,34). Diese Art der Liebe ist menschlich betrachtet unmöglich. Es ist nur möglich, auf diese Weise zu leben, wenn wir in der übernatürlichen Liebe bleiben, die nur von Gott kommt.

Andere zu lieben ist somit die Frucht, nicht die Wurzel von Gottes Liebe für dich. Wenn du wieder zurück zu der Freude findest, die du hattest, als du Jesus als deinen Herrn und Erretter angenommen hast und zum ersten Mal verstanden hast, wie sehr Gott dich liebt, dann kann es passieren, dass du andere mehr „aus Versehen“ liebst und nicht deshalb, weil du sie eigentlich lieben solltest.

Wenig ist viel, wenn Gott im Spiel ist

2. Könige 4,1-8

Und Elisa sprach zu ihr: Was soll ich für dich tun? Sage mir, was hast du im Haus? Sie antwortete: Deine Magd hat nichts im Haus als nur einen Krug mit Öl!
2. Könige 4,2

Die Mittel dieser armen Witwe waren bei Weitem zu wenig, um ihren Bedarf zu decken. So hätte jeder es eingeschätzt, nur Gott sah es anders. Ihr kleines bisschen Öl war lediglich ein Almosen wert, definitiv nicht genug, um sie aus ihren Schulden und der drohenden Versklavung ihrer Kinder herauszuholen. Der Verstand würde sagen, dass ihre Situation hoffnungslos war, aber Jesus sagte: *Bei Gott sind alle Dinge möglich* (Mt 19,26).

Die Witwe wusste, dass sie dieses Öl hatte. Sie selbst hatte Elisa ja davon erzählt. Ohne Frage hatte sie eine komplette Bestandsaufnahme ihres Hab und Guts gemacht und es als unzureichend befunden, um ihre Bedürfnisse zu decken. Aber wenig ist viel, wenn Gott im Spiel ist! Sie hatte bei ihrer Rechnung nicht einkalkuliert, was Gott aus dem, was sie hatte, machen konnte. Der Mann Gottes öffnete ihre Augen für das, was mit Gott möglich ist, und daraufhin handelte sie im Glauben. Am Ende hatte sie nicht nur ihren momentanen Bedarf gedeckt, sondern hatte genug übrig, um für den Rest ihres Lebens davon zu leben.

Wie diese Witwe sehen auch wir oft unser von Gott gegebenes Potenzial nicht. Wir sehen auf uns und darauf, wie wenig wir aus menschlicher Sicht haben. Wir machen die Rechnung ohne die Kraft Gottes und seine Liebe für uns. Mit seinem Segen können einige Fische und einige Stücke Brot Tausende speisen. Aber zuerst müssen wir diesen Glaubensschritt gehen und das wenige, was wir haben, so einsetzen, wie er es uns zeigt.

Das Öl dieser Frau vervielfachte sich erst, als sie sich Gefäße ausgeliehen hatte und das auszugießen begann, was sie hatte. Sie traf Vorbereitungen für die Vervielfachung und fing an zu geben. Als sie von dem gab, was sie hatte, gab die Kraft Gottes es ihr reichlich vervielfältigt zurück.

Jeder hat etwas. Was hast du heute? Es mag als zu gering erscheinen, um etwas zu bewirken, aber gib Gott das, was du hast, und du kannst zusehen, wie es sich vermehrt.

Er braucht dein ganzes Herz, um dich völlig heil zu machen

Johannes 4,4-26

Die Frau antwortete und sprach: Ich habe keinen Mann! Jesus spricht zu ihr: Du hast recht gesagt: Ich habe keinen Mann! Denn fünf Männer hast du gehabt, und der, den du jetzt hast, ist nicht dein Mann. Da hast du die Wahrheit gesprochen! Die Frau spricht zu ihm: Herr, ich sehe, dass du ein Prophet bist!
Johannes 4,17-19

Die Samariterin benötigte keine große Einsicht, um diese letzte Aussage zu treffen. Jesus hatte gerade „ihre Post gelesen". Er sprach die intimsten Einzelheiten ihres Lebens an. Da wäre doch jeder auf die Idee gekommen, dass Jesus ein Prophet ist!

Diese Frau kam, um einen Eimer Wasser zu holen, und entdeckte jemanden, der mehr als nur ein Mensch war. Gott sprach zu ihr. Was war ihre Reaktion? Sie wechselte das Thema. Sie brachte religiöse Lehren zur Sprache, z. B. wo der korrekte Ort der Anbetung sei, um damit irgendwie Jesu Aufmerksamkeit von ihrem persönlichen Leben abzulenken.

Wir alle tendieren dazu, Mauern der Privatsphäre um die intimen Einzelheiten unseres Lebens zu bauen. Wir haben Angst, dass irgendjemand – und sei es Gott – Einblick erhält. Die Wahrheit ist, Gott kennt unser Herz bereits! Er möchte, dass wir ihm unser ganzes Herz geben. Er möchte, dass wir alles mit ihm teilen, sodass er uns völlig heil machen kann.

Jesus brachte diese Frau direkt zu dem Thema ihrer persönlichen Beziehung mit Gott zurück. Er sagte ihr, dass der Ort oder die Art der Anbetung nicht wichtig sind. Gott sucht nach Leuten die ihre Herzen für ihn öffnen – auch die verborgenen Bereiche.

Du könntest dich heute mit allen möglichen Dingen beschäftigen, aber nur eine Sache zählt, nämlich die Anbetung Gottes aus deinem ganzen Herzen in Geist und Wahrheit. Entscheide dich dazu, diese eine Sache zu tun, die er von dir möchte. Öffne ihm dein Herz vollständig und sieh einfach zu, wie das lebendige Wasser von Jesus durch dich fließt und dich völlig heil macht.

Geistliche Nahrung

Johannes 4,27-46

Er aber sprach zu ihnen: Ich habe eine Speise zu essen, die ihr nicht kennt!
Johannes 4,32

Nahrung ist lebensnotwendig. Ohne zu essen können wir nicht wachsen und gesund bleiben. Wir erhalten Stärke und Lebenskraft aus der Nahrung. Aber das falsche Essen kann uns krank machen. Falsche Ernährung hat mehr Menschen umgebracht als irgendeine Krankheit.

Unsere Seele braucht auch Nahrung. Die Dinge, über die wir nachdenken, und die Wünsche, die wir haben, sind Nahrung für unsere Seele. Jesus sagte: *Der Mensch lebt nicht vom Brot allein, sondern von einem jeden Wort, das aus dem Mund Gottes hervorgeht* (Mt 4,4). Er hat der geistlichen Nahrung mehr Bedeutung beigemessen als der natürlichen Ernährung. Er war begeistert davon, zu sehen, wie die Samariterin und die Leute aus ihrer Stadt auf sein Geschenk der Erlösung reagierten. Seine Jünger brachten ihm Fleisch zum Essen, doch er sagte, dass es seine eigentliche Speise ist, wenn Leute, die zu ihm kommen, errettet werden.

Genauso sollten wir unser Verlangen auf die Dinge Gottes ausrichten, sodass geistliche Angelegenheiten für uns wichtiger sind als körperliche. Falsche Ernährung für die Seele ist die Hauptursache von Fehlverhalten und Depression im Leben eines Christen. Die Bibel sagt, dass das Trachten des Geistes Leben und Frieden hervorbringt, aber das Trachten des Fleisches den Tod (Röm 8,6). In unserer gesundheitsbewussten Gesellschaft würden viele von uns noch nicht einmal im Traum daran denken, ihren Körper mit schlechter Ernährung zu misshandeln. Trotzdem töten wir unsere Seelen indem wir sie mit gottlosen, weltlichen Dingen ernähren.

Genehmige dir heute ein gesundes, geistliches Essen. Lies deine Bibel und lass dich mit Gottes Wort anfüllen. Gehe dann in ein Einkaufszentrum und führe einige Leute zu Jesus. Du wirst das „Fleisch" entdecken, das Jesus mehr als alles natürliche Essen liebte.

Alle Schuld wurde beglichen

Lukas 4,16-30

... um zu verkündigen das angenehme Jahr des Herrn.
Lukas 4,19

Über 650 Jahre bevor Jesus diese Schriftstelle in der Synagoge vorlas, hatte Jesaja sie prophetisch niedergeschrieben. Tausende Male war sie schon in jüdischen Synagogen gelesen worden, aber niemals von der Person, auf die sie sich bezog. Mit dieser Verkündigung leitete Jesus das *Jubeljahr des Herrn* ein.

3. Mose 25 beschreibt das Jubeljahr als ein Jahr, in dem kein Bauer sein Feld bestellte und jedermann den Sabbat hielt. In dem Jahr, das jedem Jubeljahr vorausging, versorgte der Herr sein Volk auf übernatürliche Weise. Eine Versorgung, die drei Jahre ausreichte, so lange, bis sie im dritten Jahr wieder ihre Ernte einfuhren.

Das Jubeljahr unterschied sich von allen anderen Sabbatjahren, denn es war nur alle fünfzig Jahre vorgesehen und zudem wurden alle Schulden erlassen. Jedes Eigentum fiel wieder zurück in die Hände des ursprünglichen Besitzers. Jeder, der in die Sklaverei verkauft worden war, erhielt seine Freiheit zurück. Ein Jahr des absoluten Neubeginns.

Jesus verkündigte das *angenehme Jahr des Herrn,* ein geistliches Jubeljahr. Wir leben nun in einer Zeit, in der unsere Schuld vor Gott getilgt ist und uns alle Dinge, die der Teufel uns gestohlen hat, wiedererstattet werden. Sogar die Knechtschaft, in der uns der Teufel gefangen hielt, ist vorbei, denn wir wurden freigekauft durch unseren Herrn und Erlöser Jesus Christus.

Freue dich heute, im immerwährenden Jubeljahr des Herrn zu leben!

Die Auserwählten

Matthäus 4,13-22; Markus 1,16-20; Lukas 4,31-32; Lukas 2,36-40

Als er aber am See von Galiläa entlangging, sah er Simon und dessen Bruder Andreas; die warfen das Netz aus im See, denn sie waren Fischer.
Markus 1,16

Keiner der von Jesus erwählten Apostel hatte einen religiösen Hintergrund. Jeder seiner zwölf Jünger kam aus dem säkularen Umfeld. Das liegt nicht daran, dass Jesus religiöse Menschen nicht liebte. Der Grund dafür war schlicht und einfach, dass die Menschen, die Teil des religiösen Systems waren, nicht viel Glauben an ihn hatten. Sie waren so sehr von ihrer eigenen Heiligkeit und der äußeren Erscheinungsform ihrer Religiosität eingenommen, dass ihnen eine persönliche Beziehung mit Jesus gar nicht in den Sinn kam.

Religiöse Menschen begehen immer wieder den Fehler, dass sie an sich selbst glauben. Sie sind davon überzeugt, dass Gott sie aufgrund ihres heiligen Lebensstils oder ihrer besonderen Fähigkeiten annimmt und gebraucht. Paulus sagte: *... sondern das Törichte der Welt hat Gott erwählt, um die Weisen zuschanden zu machen, und das Schwache der Welt hat Gott erwählt, um das Starke zuschanden zu machen; und das Unedle der Welt und das Verachtete hat Gott erwählt, und das, was nichts ist, damit er zunichtemache, was etwas ist* (1 Kor 1,27-28). Das trifft auf die Zwölf zu.

Menschen, die sich ihrer eigenen Unzulänglichkeit und ihrer Schwächen bewusst sind, sind notwendigerweise viel abhängiger von Gott. Genau das wünscht sich Gott. Unablässig hält er nach Menschen Ausschau, die verstanden haben, dass sie ohne ihn nichts sind. Nur dann kann er durch sie handeln (2 Chr 16,9).

Berufe dich auf seine Möglichkeiten, anstatt deinen Fokus auf deine Verantwortlichkeiten zu richten. Werde leer und erlaube ihm, alles für dich zu sein. Du wirst staunen, wie viel mehr du vollbringen kannst und wie viel besser es dir damit gehen wird.

Dämonen in der Gemeinde

Markus 1,21-28; Lukas 4,33-37

Und es war in ihrer Synagoge ein Mensch mit einem unreinen Geist, der schrie.
Markus 1,23

Viele Menschen würden einen dämonisch Besessenen nicht an einem Ort der Anbetung vermuten. Dennoch, die meisten Dämonen, die Jesus ausgetrieben hat, befanden sich in einer Synagoge. Warum sollten Besessene sich dort aufhalten? In einigen Fällen hielten sie sich sicher dort auf, weil sie Hilfe suchten. Eine Gemeinde sollte, ebenso wie ein Krankenhaus, Heilung von dämonischer Unterdrückung und Besessenheit anbieten. Aus diesem Grunde zieht sie dämonisch Belastete an.

Es gibt andere Fälle, in denen der Teufel diese Leute gezielt in Gemeinden einschleust, um geistliche Verwirrung zu stiften. Eine Gemeinde, die das wahre Wort Gottes lehrt, sollte entweder versuchen, diese Menschen zu evangelisieren oder sie so zu überführen, dass sie woanders hingehen. Es ist eine traurige Tatsache, dass heutzutage dämonisch Besessene im religiösen Umfeld vielfach ihren festen Platz haben.

Es ist unsere Aufgabe, den Sünder so zu lieben, wie Jesus es tut, aber dem Teufel gegenüber sollten wir niemals Nachsicht zeigen. Eine Person, die sich entscheidet, an einem bösen Geist festzuhalten, sollte sich in der Gemeinde nicht häuslich fühlen können! Genau wie zu Jesu Zeiten sollte sie aufgerüttelt und umgetrieben werden von der Gegenwart und der Kraft des Heiligen Geistes in der Mitte der Gläubigen.

Lass den Heiligen Geist heute auf dieselbe Weise in dir leben, wie er in Jesus lebte. Wenn in jemandem ein Dämon wohnt, wird derjenige durch dich entweder glücklich oder wütend. Gott wird dich dazu gebrauchen, ihn entweder in die Flucht zu schlagen oder zu befreien. Jeder, der wirklich geisterfüllt lebt, wird dem Feind gegenüber niemals gleichgültig sein. Genau wie Jesus wirst du ihn bloßstellen und bezwingen.

Ein bedeutender Dienst

Matthäus 8,14-17; Markus 1,29-34; Lukas 4,38-41

Und er trat hinzu, ergriff ihre Hand und richtete sie auf; und das Fieber verließ sie sogleich, und sie diente ihnen.
Markus 1,31

Auf welche Weise wird Petrus' Schwiegermutter Jesus und seinen Jüngern gedient haben? Hat sie sich mit ihnen an den Tisch gesetzt, um zu ihnen zu predigen? Ganz bestimmt nicht. Manche glauben, die einzige Möglichkeit, anderen zu dienen, bestünde darin, sie durch die Schrift zu belehren.

Petrus' Schwiegermutter diente, indem sie *be*diente. Das Wort *dienen*, so wie wir es im geistlichen Sinne verstehen, wie z. B. *am Wort dienen*, wird im neuen Testament zwei Mal mit *Diakon* übersetzt. Acht Mal wird *dienen* im Sinne von *sich um jemanden kümmern, ihn versorgen* übersetzt. Sie reagierte auf das große Wunder schlicht und einfach, indem sie ihnen ein Mittagessen servierte.

Diese Geschichte sollte uns Bescheidenheit lehren. Wir sollten den „Tag geringer Anfänge" nicht verachten (Sach 4,10). Durch die sogenannten niedrigen Dienste, die vielen eher unbedeutend erscheinen, können wir dem Herrn mächtig dienen. Jesus sagte, dass selbst ein Becher Wasser, den wir jemandem in seinem Namen reichen, nicht unbelohnt bleiben wird (Mt 10,42).

Viele Christen warten auf die wichtigen, bedeutenden Aufgaben, durch die sie großen Einfluss und Anerkennung erreichen. Dabei lassen sie die geringeren Gelegenheiten, Jesus auf unterschiedlichste Weise zu dienen, ungenutzt vorbeistreichen. Sie haben vergessen, was Jesus über das Königreich Gottes gesagt hat: Uns werden die großen Gelegenheiten nicht gegeben, bevor wir unsere Treue im Kleinen nicht bewiesen haben (Lk 16,10).

Bitte heute den Herrn, dir zu zeigen, auf welche Weise du anderen dienen kannst, sei es im Großen oder im Kleinen.

Erwarte viel!

Lukas 5,1-11

Lasst eure Netze hinunter ... Ich will das Netz auswerfen
Lukas 5,4

Eben noch hatte Jesus Petrus' Boot benutzt, um zu der Menge zu predigen und er wollte ihm dafür Segen zukommen lassen. Darüber hinaus wollte er Petrus zeigen, dass er all seine Bedürfnisse befriedigen kann. Also befahl Jesus Petrus, seine Netze zum Fang auszuwerfen. Im gleichen Moment machten sich alle Fische des Sees auf, zu Petrus' Boot zu schwimmen.

Da er die ganze Nacht gefischt hatte, ohne einen einzigen Fisch zu fangen, konnte Petrus Jesu Versprechen nicht so recht glauben. Warum sollte er jetzt mehr Glück haben? Ohne Zweifel war Jesus ein fantastischer Prediger, aber was verstand er schon vom Fischen? Hier war Petrus der Experte. Man muss es ihm also hoch anrechnen, dass er gehorchte, allerdings befolgte er Jesu Anweisungen nicht hundertprozentig. Jesus hatte ihm gesagt, er möge seine Netze auswerfen, Petrus warf allerdings nur ein Netz aus. Er gehorchte zwar, erwartete aber nicht viel Erfolg.

Folglich schwammen all die Fische, die Jesus gesandt hatte, die vielen Netze zu füllen, in ein einziges Netz, das daraufhin anfing zu reißen. Das war der größte Fang in Petrus' Leben; er hätte allerdings noch weit größer ausfallen können! Fische waren genug da, sie stritten sich quasi darum, in sein Netz zu schwimmen, aber Petrus' Vision war zu klein.

Häufig verpassen wir einen Teil von Gottes Versorgung, weil wir Gottes Vision für unser Leben nicht bereitwillig annehmen. Die Witwe in 2. Könige 4,6 hätte weit mehr Öl bekommen können, doch ihr gingen die Gefäße aus. Joas, der König von Israel, hätte seine Feinde vollständig zerstören können, aber er war nicht entschlossen genug (2 Kön 13,18.19). Auf gleiche Weise setzen wir dem Grenzen, was Gott für uns tun möchte, weil wir die Verheißungen in seinem Wort nicht aus ganzem Herzen annehmen (Ps 78,41).

Was immer Gott dir gesagt hat, tu es aus vollem Herzen und rechne mit großem Erfolg. Dein Glaube bestimmt, was von Gottes Versorgung für dich erfahrbar wird.

Gottes unvergleichliche Liebe

1. Korinther 13,1-13

Liebe [Gottes Liebe] hört nie auf.
1. Korinther 13,8

Zwischen der Liebe eines gefallenen Menschen und der Liebe Gottes besteht ein himmelweiter Unterschied. Die gefallene Natur der sündigen Menschheit kann die Liebe Gottes nicht verstehen noch hat sie Zugang zu ihr. Das Wort Gottes sagt, dass Gott Liebe ist (1 Joh 4,8). Denn keiner, egal ob Mann oder Frau, der nicht Jesus als Herrn und Retter angenommen hat, kennt Gottes Liebe.

Liebe ist das Thema in Millionen von Songs, Theaterstücken, Filmen und Romanen, aber die meisten handeln nicht von der Liebe, mit der Gott liebt. Menschliche Liebe und die Liebe Gottes gehören nicht der gleichen Kategorie an. Ihrem Wesen nach ist die menschliche Liebe selbstsüchtig und ichbezogen, Gottes Liebe hingegen ist selbstlos. Menschliche Liebe liebt nur so lange, wie der andere die Wünsche und Erwartungen erfüllt oder so lange sich alles gut anfühlt. Gottes Liebe hingegen ist bedingungslos.

1. Korinther 13,4-8 führt die bemerkenswerten Eigenschaften der Liebe Gottes auf. Selbst unter den Christen gibt es nur wenige, die verstehen, wie einzigartig seine Liebe uns gegenüber ist. Wir denken fälschlicherweise oft, dass Gottes Liebe der Liebe entspricht, die wir in unserem Leben schon kennengelernt haben. Unsere schlechten Erfahrungen halten uns davon ab, Gottes Liebe wirklich anzunehmen. Wir werten seine Liebe dadurch ab, dass wir meinen, seine Liebe sei an Bedingungen geknüpft und abhängig von unseren Leistungen. Genau so haben wir Liebe immer erlebt, doch seine Liebe ist anders: Seine Liebe ist wie keine andere Liebe, sie übersteigt alles, was du bisher als Liebe erfahren hast.

Gottes Liebe hört niemals auf, auch nicht wenn wir versagen. Seine Liebe ist bedingungslos. Da wir nicht das Geringste dazu beigetragen haben, sie zu verdienen, zieht Gott sie auch nicht zurück, wenn wir ihr nicht gerecht werden. Er liebt uns, weil er die Liebe selbst ist, nicht weil wir liebenswert sind.

Entscheide dich heute, deinen Sinn zu erneuern, um die Liebe Gottes dir gegenüber zu begreifen. Bitte den Heiligen Geist, dich die Fülle der Liebe Gottes zu lehren. Diese Offenbarung wird dein ganzes Leben verändern.

Geistliche Dyslexie

1. Johannes 4,7-21

Niemand hat Gott jemals gesehen; wenn wir einander lieben, so bleibt Gott in uns, und seine Liebe ist in uns vollkommen geworden.
1. Johannes 4,12

Dyslexie ist eine Störung, die dazu führt, dass jemand die Dinge rückwärts sieht. Zum Beispiel liest eine an Dyslexie leidende Person anstatt „T-O-R“ das Wort „R-O-T“, was verständlicherweise zu Problemen führen könnte, da das eine etwas völlig anderes bedeutet als das andere.

Geistliche Dyslexie ist bei religiösen Menschen anzutreffen und führt dazu, dass sie die Wahrheiten Gottes rückwärts sehen. Religiöse Menschen sind davon überzeugt, dass alles durch sie geschieht, aber die Bibel sagt, dass alles aus Gott heraus geschieht. 1. Johannes 4,12 ist das beste Beispiel dafür. Religiöse Menschen möchten, dass Gott in ihnen lebt, deshalb versuchen sie andere zu lieben, weil sie glauben, dass sie dadurch Gottes Liebe empfangen werden. Das ist aber das genaue Gegenteil von dem, was Johannes sagt.

Wir bringen Gott nicht dazu, in uns zu leben oder uns zu lieben, weil wir andere lieben. Genau andersherum: Nur wenn Gott in uns lebt und wir seine Liebe erfahren, sind wir überhaupt in der Lage, andere zu lieben. Unsere heiligen Taten veranlassen Gott nicht, uns zu lieben, sondern weil wir seine Liebe erleben, leben wir heilig. Das ist der Unterschied zwischen Religion und echtem Christsein.

Religion vermittelt uns, was wir tun müssen, um vor Gott bestehen zu können. Echtes Christsein hingegen besteht darin, dass wir gerecht vor Gott sind durch unseren Glauben an Christus; die richtigen Werke folgen dann ganz natürlich und selbstverständlich. Wir können nicht im Geist leben, indem wir einfach das Fleisch verleugnen. Genauso wenig kann man Licht in einen dunklen Raum bringen, indem man die Dunkelheit herausbefördert. Man muss das Licht einschalten, um die Dunkelheit zu vertreiben. Ebenso müssen wir im Geist leben, um nicht die Lust des Fleisches zu vollbringen (Gal 5,16).

Du kannst nicht weitergeben, was du nicht hast! Um jemanden freizusetzen, musst du selbst frei sein. Erlaube dem Herrn, dich heute mit seiner Liebe zu füllen und du wirst andere Menschen ganz automatisch lieben. Lebe im Geist, dann wirst du die Werke des Fleisches nicht vollbringen.

Er hat uns zuerst geliebt

1. Johannes 4,7-21

Wir lieben ihn, weil er uns zuerst geliebt hat.
1. Johannes 4,19

Es ist schon erstaunlich, wie oft wir die Wahrheit dieses einfachen und klar formulierten Bibelwortes übersehen. Gott liebt uns nicht für das, was wir tun, sondern wir lieben Gott für das, was er für uns getan hat. Alle Fehler und Missverständnisse im geistlichen Bereich gehen auf diesen einen Punkt zurück.

Alles, was wir tun, sollte eine Reaktion auf die Liebe Gottes sein und nicht der Versuch, diese Liebe zu erhalten. Jede gute Tat, ganz egal wie bedeutend sie sein mag, kann für Gott wertlos werden, wenn sie durch den Wunsch motiviert ist, dass wir dadurch Gottes Gunst erwerben. Seine Beziehung zu uns basiert nicht auf unserer Leistung. Preist den Herrn! Gott bewies seine Liebe zu uns, als wir noch Sünder waren (Röm 5,8). Er liebt uns, weil er die Liebe ist, nicht weil wir liebenswert sind.

Nur wenn wir seine Liebe, die wir nicht verdient haben, annehmen können, sind wir auch in der Lage, diese Liebe zu erwidern. Gott ist Liebe (1 Joh 4,8) und alle Liebe kommt von ihm. Liebe entspringt nicht unserem eigenen Wesen. Wir können nur die Liebe, die wir von ihm empfangen haben, an ihn und an andere zurückgeben.

Entspann dich! Du musst deine Liebe zu Gott nicht erzwingen. Du brauchst lediglich deinen Blick darauf zu lenken, wie sehr er dich liebt. Wenn du damit beginnst, die Tiefen seiner Liebe dir gegenüber zu ergründen, wirst du seine Liebe automatisch mit Liebe erwidern. Das ist unausweichlich. Anstatt darüber zu grübeln, was du alles für den Herrn tun solltest, richte deine Aufmerksamkeit auf das, was er für dich schon getan hat. Dann wird von ganz alleine dein Herz überströmen von Liebe und Wertschätzung für deinen liebenden Vater.

Zeige deine Liebe durch entsprechendes Handeln

1. Johannes 3,13-19

Wer aber die Güter dieser Welt hat und seinen Bruder Not leiden sieht und sein Herz vor ihm verschließt – wie bleibt die Liebe Gottes in ihm?
1. Johannes 3,17

In der Gegend hier um Colorado liegt eines der größten Goldvorkommen der Welt. Schätzungsweise liegt noch doppelt so viel Gold im Boden wie jemals abgebaut wurde. Riesige Goldminen werden hier betrieben. Das treibt viele Menschen dazu, ihr Glück zu versuchen und danach zu schürfen, in der Hoffnung reich zu werden.

Ich erinnere mich daran, wie eines Tages einer meiner Bibelschüler auf mich zu gerannt kam und mich aufforderte, ganz schnell zu seinem Pick-up zu kommen. Die Ladefläche seines Wagens war bis oben hin voll mit etwas, von dem er glaubte, es sei Gold im Wert von mehreren Millionen Dollar. Doch es war nichts als Pyrit, das bei uns auch „Narrengold" heißt. Ich musste lachen, denn davon hatte ich tonnenweise auf meinem Grundstück. Er jedoch war überzeugt, eine Hauptgoldader gefunden zu haben! Er hatte noch Wochen damit zu tun, seine Ladefläche wieder von all dem Zeug zu reinigen.

Das Echte und die Fälschung sehen gleich aus, aber es gibt immer eine Möglichkeit, das Wertvolle vom Wertlosen zu unterscheiden. Gold erkennt man daran, wie es auf chemische Substanzen wie z. B. Säure reagiert. Der Säuretest für Liebe ist entsprechendes Handeln. Jesus sagte: *Liebt ihr mich, so haltet meine Gebote* (Joh 14,15) und dann gab er uns ein neues Gebot: *... dass ihr einander lieben sollt, damit, wie ich euch geliebt habe, auch ihr einander liebt* (Joh 13,34).

Zu behaupten, dass man jemanden liebt, ist recht einfach, aber behandelst du diese Person auch so? Das ist der Test, mit dem Gottes Liebe von allen Fälschungen unterschieden werden kann. Vergewissere dich, dass du den Herrn und deine Mitmenschen im Geist und in der Wahrheit liebst und behandle sie genau so, wie Jesus es tun würde.

Zufrieden in der Liebe Gottes

1. Korinther 13,1-13

... die Liebe beneidet nicht.
1. Korinther 13,4

Gottes Liebe ist nicht neidisch. Das Wörterbuch definiert *Neid* als *von Unzufriedenheit bestimmtes Verlangen oder Missgunst, die sich im Eigentum, dem Erfolg oder der Bevorzugung eines anderen begründet.* Jemand, der anderen, die mehr besitzen, talentierter sind oder einen besseren Job haben, Missgunst oder Groll entgegenbringt, hat nicht wirklich Gottes Liebe für sich selbst empfangen. Wenn du die Liebe, die Gott für dich hat, erkennst, wird eine übernatürliche Zufriedenheit dein Leben erfüllen.

Unzufriedenheit ist Neid – und Neid ist die Wurzel aller Versuchung. Adam und Eva beispielsweise: Bevor der Teufel sie zur Sünde verführen konnte, musste er sie unzufrieden machen. Das war keine leichte Aufgabe. Wie macht man Menschen, die in einer perfekten Welt leben, unzufrieden? Sie hatten keinerlei Bedürfnisse. Sie wurden niemals verletzt oder missbraucht. Sie konnten für ihr Handeln nicht ihre schlimme Kindheit verantwortlich machen. Der Teufel hat es dennoch geschafft, ihnen einzureden, dass ihnen etwas fehlt. Er brachte zwei Menschen, die im Paradies lebten, dazu, mit dieser Vollkommenheit unzufrieden zu sein. Das ist schon erstaunlich!

Das beweist, dass Zufriedenheit keine Frage der Umstände, sondern der Einstellung ist. Wenn vollkommene Menschen in einer perfekten Welt schon unzufrieden sein können, wie sehr können unvollkommene Menschen in einer gefallenen Welt unzufrieden sein. Darum lehrt die Bibel uns, in allen Umständen zufrieden zu sein (Phil 4,11). Nur Gottes Liebe kann uns die Zufriedenheit geben, nach der wir uns sehnen.

Bitte den Herrn heute um eine tiefere Offenbarung seiner Liebe zu dir. Erkenne, dass jede Art von Unzufriedenheit Neid ist und Gottes Liebe das Gegenmittel für diese selbstzerstörerische Haltung. In Gottes Liebe zu leben wird dich vor aller Versuchung bewahren.

Liebe ist nicht eingebildet oder stolz

1. Korinther 13,1-13

Die Liebe prahlt nicht, sie bläht sich nicht auf.
1. Korinther 13,4

Prahlen bedeutet eigentlich nichts anderes als *angeben*. Die Neue Genfer Bibel übersetzt diesen Vers so: ... *sie spielt sich nicht auf, sie ist nicht eingebildet*. Anders ausgedrückt: Menschen, die von Gottes Liebe erfüllt sind, halten sich nicht für besser als die anderen.

Ich stand schon mit vielen prominenten Christen auf der Bühne und einige von ihnen hielten sich für etwas Besseres. Sie verlangten, dass man ihnen ein besseres Zimmer oder ein besseres Autos zur Verfügung stellte. Sie wollten ein größeres Opfer erhalten und sagten Dinge wie: „Wissen Sie nicht, mit wem Sie es zu tun haben?" Solch ein Verhalten entspricht nicht dem Wesen der Liebe Gottes!

Andererseits habe ich einmal mit einem Prominenten gedient, einem Mann, der sowohl in säkularen als auch in christlichen Fernsehprogrammen auftrat. Bei ihm zeigte sich die Liebe Gottes in seinem Herzen. Wegen schlechten Wetters war nur ein Bruchteil der Zuhörer gekommen, die er erwartet hatte, nichtsdestotrotz gab dieser Mann alles, genauso als spräche er zu Tausenden. Er diente Menschen ganz individuell, und zwar nicht nur den schönen und sympathischen, sondern gerade denen, die die meisten Verletzungen erlebt hatten. Er bewies echte Demut. Sein Verhalten sprach Bände darüber, wie sehr Gott an seinem Herzen gewirkt hatte.

Natürlich ist das beste Beispiel dafür, wie sich Gottes Liebe durch Demut zeigt, unser Herr Jesus Christus selbst. Obwohl er der König der Könige und der Herr der Herren war, verkehrte er mit den Niedrigsten der Niedrigen. Gottes Liebe brachte ihn dazu, sein Leben für uns zu geben. Wenn wir diese seine Liebe haben, können wir das Gleiche auch für andere tun.

Achte heute genau auf deine Einstellung und dein Verhalten Menschen gegenüber. Glaubst du, besser als manch anderer oder aber nicht so gut wie dieser oder jener zu sein – oder liebst du jeden mit der Liebe, die Jesus dir entgegenbringt?

Gottes Liebe verletzt nicht den Anstand

1. Korinther 13,1-13

Die Liebe ist nicht unanständig.
1. Korinther 13,5

Es ist eine der dicksten Lügen des Teufels, uns weiszumachen, Liebe sei ein überwältigendes, unkontrollierbares Gefühl. Gottes Liebe drückt sich nie durch anstößiges Verhalten aus. Der Theologe Fritz Rienecker nennt es gemäß dem griechischen Urtext: *kein Ärgernis erregend, nicht beschämend.* Gottes Liebe ist also taktvoll und würde niemals etwas tun, was einem die Schamröte ins Gesicht treibt.

Menschen, die so von Liebe überwältigt sind, dass sie sich nicht mehr unter Kontrolle haben, sind sicherlich nicht von Gottes Liebe überwältigt. Diese unanständige Liebe ist teuflisch, selbstsüchtig und voller Lust. Der alte Spruch: *Wir lieben uns so sehr, dass wir uns nicht mehr beherrschen können* heißt somit eher: *Wir sind so voller Lust, dass wir uns nicht mehr beherrschen können.*

Wenn wir das verstehen, deckt das Licht der Wahrheit viele der Lügen Satans auf, die er uns in den Weg stellt. Immer dann, wenn wir für jemand anderen als für unseren Partner Gefühle von Verliebtheit empfinden, handelt es sich ganz gewiss nicht um Gottes Liebe. Seine Liebe handelt niemals im Widerspruch zu seinem Wort. Gottes Liebe wird uns auch nie verlassen. Wann immer wir empfinden, dass die Liebe aufgehört hat, hat in Wirklichkeit nur die Lust aufgehört. Gottes Liebe hört niemals auf (1 Kor 13,8).

Bitte den Herrn, dass er dein Verständnis von echter Liebe geraderückt und neu definiert – nach seiner Definition, nicht nach deiner. Du kannst auf jeden Fall gewiss sein, dass seine Liebe kein Hormonschub ist, der dich nur in Schwierigkeiten bringt! Seine Liebe wird dir Frieden und ein Leben in Fülle bescheren.

Gottes Liebe ist nicht selbstsüchtig

1. Korinther 13,1-13

... sie sucht nicht das Ihre ...
1. Korinther 13,5

Satan hat versucht, alles Gute, was Gott uns gegeben hat, nachzuahmen und zu fälschen. Es ist ihm gelungen, der Welt eine verdorbene, abgeschwächte Form der Liebe als Original zu verkaufen. Hollywood ist dabei eins seiner besten Werkzeuge. Die meisten Filme wollen uns emotionale, sinnliche Lust als „Liebe" verkaufen. Mit der Realität hat das nichts zu tun. Diese Sicht der Liebe führt im Gegenteil nur zu einer ständigen, verzweifelten Suche nach der vollständigen und dauerhaften Befriedigung der Sinne. Die Menschen sehnen sich nach einer Utopie, denn menschliche Liebe kann niemals das tiefe Bedürfnis nach bedingungsloser Liebe erfüllen. Diese Liebe kommt ausschließlich von Gott.

Das charakteristischste Merkmal der wahren Liebe Gottes ist, dass sie weder selbstsüchtig noch selbstbezogen ist. Wahre Liebe versucht eben nicht, eigene Bedürfnisse zu befriedigen, sondern sie ist selbstlos und verschenkend. Es reicht ein Blick auf Jesus, dem größten Beispiel der Liebe Gottes, das die Welt je gesehen hat: Die Welt mag dir weismachen, dass ein selbstloses Leben freudlos und jämmerlich ist, Jesus aber war voller Freude und niemals unglücklich. Er ist der Beweis dafür, dass das Geheimnis eines erfüllten Lebens selbstlose Liebe ist.

Jesus kam nicht in diese Welt, um sich selbst Befriedigung zu verschaffen. Trotzdem erfuhr er gerade dadurch eine tiefe Befriedigung, dass er die Menschheit mit Gott wieder versöhnte. Er wurde nicht um seiner selbst willen Mensch, sondern für Gott und für uns. Er verließ den Glanz seiner Herrlichkeit, um sich in ärmlichsten Verhältnissen aufzuhalten. Er verließ die Anbetung der gesamten Schöpfung, um dreißig Jahre lang in ziemlicher Anonymität zu leben.

Obwohl einige wenige Jesus für seinen Dienst priesen, war er doch ständig dem Hohn und dem Spott des religiösen Establishments ausgesetzt. Schließlich erfuhr er durch seine Kreuzigung die endgültige Ablehnung und musste die Schande ertragen, als Krimineller verurteilt zu werden. All das tat er, weil *Gott diese Welt so geliebt hat, dass er seinen eingeborenen Sohn gab* (Joh 3,16).

Prüfe deine Liebe anderen gegenüber, indem du dir diese einfache Frage stellst: *Das, was ich sage oder tue, mache ich es für mich oder für andere?* Kümmere dich vor allem darum, der Liebe anderen gegenüber Ausdruck zu verleihen und du wirst sehen, wie sehr das deinen Alltag verändern wird.

Bei Gott brennt keine Sicherung durch

1. Korinther 13,1-13

... sie lässt sich nicht reizen.
1. Korinther 13,5 (HFA)

Bei einer Konferenz in einer ca. 600 Mitglieder starken Gemeinde lehrte ich über die Gnade und Langmut Gottes uns gegenüber und viele wurden dadurch freigesetzt. Der Pastor der Gemeinde leitete jeden Abend den Lobpreis und ging danach mit verächtlicher Miene den Mittelgang hinunter, um die Kirche zu verlassen. Es war offensichtlich, dass ihm meine Lehre missfiel.

Ich war bemüht, meine Botschaft so ausgewogen wie möglich zu präsentieren, damit sich niemand zur Sünde ermutigt fühlen könnte. Dennoch blieb der Pastor kein einziges Mal zu meinem Vortrag. Am letzten Abend setzte ich alles daran, seine abwehrende Haltung meiner Lehre gegenüber zu durchbrechen. Er leitete die Gemeinde in einem Lied an, das davon handelte, dass wir liebevoll und langmütig anderen gegenüber sein sollten, und dass wir ihnen vergeben sollten, noch bevor man uns darum bittet. Er hatte dieses Lied selbst geschrieben.

Bevor er die Bühne verließ, fragte ich ihn, ob er selbst wirklich glaubte, was er da sang. Ich fragte weiter, ob dieses Prinzip auch auf diejenigen anzuwenden sei, die uns immer und immer wieder schlecht behandelten. Er beteuerte eindringlich, dass man immer und unter allen Umständen vergeben müsse. Dann meinte ich: „Ist es nicht seltsam, dass manche Menschen glauben, Gott erwarte von ihnen, andere Menschen mehr zu lieben, als Gott selber es tut?“ Das saß. Er verstand sofort.

Ein weiterer Prüfstein dafür, ob wir in der Liebe Gottes leben, ist die Frage, wie es mit unserer Geduld steht. Gottes Liebe ist immer geduldig. Wenn das für unseren Umgang mit anderen gilt, wie viel mehr gilt es dann für Gottes Umgang mit uns. Die Anweisungen, die Gott uns gibt, befolgt er selbst zuallererst. Gott gibt uns keine Anweisungen, die er selber nicht befolgen würde. Gott reagiert nicht gereizt, bei ihm brennt nicht gleich die Sicherung durch! Viele Menschen halten Gott für reizbar und aufbrausend, aber das ist er nicht!

Denke über Gottes langmütige Liebe nach und bitte ihn, dir zu zeigen, wie geduldig und freundlich er dich heute liebt.

Gottes Liebe rechnet nichts auf

1. Korinther 13,1-13

... sie rechnet das Böse nicht zu; ...
1. Korinther 13,5

Vor vielen Jahren haben Jamie und ich uns zusammengesetzt, um eine „Diskussion" zu führen. Wir hatten den Eindruck, einige Dinge klären zu müssen. Wir tauschten eine Liste von Dingen aus, von denen der eine überzeugt war, dass der andere sie falsch machte. Interessanterweise reichte diese Liste über Jahre zurück und umfasste selbst Kleinigkeiten. Uns wurde beiden klar, dass wir in unseren Gedanken genauestens Buch geführt hatten über all die vermeintlichen Fehler des anderen.

Das entspricht ganz gewiss nicht der Liebe Gottes und ist sicher nicht die vergebende Liebe Jesu, an der wir uns erfreuen und in der wir täglich leben sollen. Also hörten wir auf, den Punktestand zu zählen und uns all die Dinge, die uns verletzt haben, genau zu merken, um sie bei der nächsten „Diskussion" in die Waagschale zu werfen. Am Anfang hatte das etwas Beängstigendes, so als nähme man die Munition aus unseren Waffen. Aber dann verstanden wir, dass wir ja eigentlich gar keine Feinde sind und deshalb auch keine Waffen brauchen!

Wir entschlossen uns, nicht weiter auf den Dingen zu beharren, die wir am andern nicht mögen und stattdessen nur an das Gute zu denken. Um den Rest würde Gott sich kümmern. Es ist wirklich erstaunlich, welche Veränderung das brachte. Die Liebe Jesu war ein weit wirksameres Mittel, unsere Ehe in eine wirklich gute Ehe zu verwandeln, als unsere Vorwürfe und Anklagen.

Wenn man sich auf das Böse konzentriert, schüttet man nur Öl in das Feuer von Selbstmitleid, Ärger und Bitterkeit – Dinge, die Satan in uns entfachen will. Wenn wir über das Unrecht, das andere uns zufügen, länger nachdenken, dann bläht es sich immer weiter auf, bis es viel schlimmer erscheint als es eigentlich war. Der Teufel liebt es, kleine Ärgernisse, die nicht größer sind als ein Splitter, aufzubauschen bis zur Größe eines Baseballschlägers, um dir dann damit das Hirn rauszuprügeln. Das solltest du nicht zulassen.

Entscheide dich heute dazu, mit der Aufrechnerei all der Ärgernisse, die dir über den Weg laufen, aufzuhören. Vergib einfach und geh weiter. Denke stattdessen an das Reine, Liebenswerte und Tugendhafte (Phil 4,8). Dann wirst du dich an seinem Frieden erfreuen (Jes 26,3).

Gottes Liebe freut sich an der Wahrheit

1. Korinther 13,1-13

... sie freut sich nicht an der Ungerechtigkeit, sie freut sich aber an der Wahrheit; ...
1. Korinther 13,6

Sich freuen an bedeutet Freude oder Wohlgefallen empfinden. Daran, was uns Freude macht, können wir ablesen, ob Gottes Liebe in uns ist oder nicht. Gottes Liebe findet nur an den Dingen Freude und Wohlgefallen, die mit seinem Wort, welches die Wahrheit ist, in Übereinstimmung sind (Joh 17,17).

Wer an Sünde Vergnügen hat, ist nicht vollkommen von der Liebe Gottes erfüllt. Dabei ist es unerheblich, ob man selbst sündigt oder anderen dabei zusieht. Gottes Liebe ist rein und bringt in allem, was durch sie berührt wird, Reinheit hervor. Deshalb sollte es uns kein Vergnügen bereiten, all die unmoralischen und verdrehten Dinge zu erkunden, die in unserer Welt heute an der Tagesordnung sind.

Christen sollten keinen Gefallen daran finden, sich Talkshows anzuschauen, die sich mit jeglicher Art von Unmoral beschäftigen. Niemals sollten sie sich zur Unterhaltung Zeitschriften und Bücher zu Gemüte führen, in denen Beziehungen verherrlicht werden, die Gottes Ordnungen widersprechen. Auch Filme, die andere als Gottes Werte in den Vordergrund stellen, sollten Gottes Kindern nicht zum Zeitvertreib dienen.

Ich sage damit nicht, dass wir nun gar nichts mehr tun dürfen und Trübsal blasen sollen. Es soll uns lediglich als ein Thermometer dienen, mit dem wir unsere geistliche Temperatur messen können. Wenn wir uns an Ungerechtigkeit und jeglicher Art von Bosheit erfreuen, brauchen wir eine gute, gesunde Dosis von Gottes Liebe. Wenn wir erst einmal mit seiner Liebe erfüllt sind, wird uns nichts anderes mehr zufriedenstellen. Seine Liebe macht uns anspruchsvoll!

Bitte den Herrn, dir seine reine Liebe zu offenbaren, die er für dich hat, und lass dann seine Liebe neu bestimmen, was dir Freude bereitet.

Gottes Liebe kann alles ertragen

1 Korinther 13,1-13

... sie erträgt alles, ...
1. Korinther 13,7

Die meisten Menschen haben sich damit abgefunden, dass es bei der Nächstenliebe Grenzen gibt. Es ist so, als würden wir einen Zaun errichten und erklären: „Alles was innerhalb dieser Absperrung liegt, kann ich ertragen, aber es gibt definitiv Grenzen des Erträglichen, denn schließlich bin ich ja nur ein Mensch!"

Sicher, es ist wahr: Wir sind Menschen und Menschen sind begrenzt, aber es ist *nicht* wahr, dass wir *nur* menschlich sind. Der wiedergeborene Teil von uns ist übernatürlich und vollständig erfüllt von der Liebe Gottes, die alle Dinge ertragen kann. Ein Blick auf Jesus genügt: Er war voller Liebe und bat Gott genau für die Menschen, die ihn kreuzigten, um Vergebung. Später bewies Stephanus, dass jeder Gläubige in eben dieser Liebe leben kann, als er denen vergab, die ihn zu Tode steinigten. Gott hat jeden einzelnen Gläubigen befähigt, in dieser Art von Liebe zu handeln (Eph 4,32).

Gottes Liebe kennt keine Grenzen dessen, was sie zu tragen, zu glauben, zu hoffen und auszuharren in der Lage ist. Ihr Durchhaltevermögen ist unbegrenzt. Diejenigen, die sagen: „Das kann ich nicht mehr verkraften", offenbaren damit lediglich, dass sie noch nicht von der übernatürlichen Liebe Gottes angetrieben werden. Sie haben bisher nur ihre eigene, menschliche, natürliche Liebe.

Ich möchte dich heute ermutigen. Es gibt in dir einen unendlichen Vorrat der Liebe Gottes, der niemals ausgeschöpft sein wird. Alles, was du tun musst, ist über dich selbst hinaus auf den Herrn zu schauen und seine übernatürliche Liebe zu empfangen. Er möchte es weit mehr noch, als du selbst es möchtest, dass du in seiner Liebe lebst.

Hör nicht auf dein Fleisch, den Teufel oder andere Leute, die sich damit rechtfertigen, dass es Grenzen für die Liebe anderen gegenüber gäbe. Greife stattdessen auf die göttliche Liebe in dir zurück, die sehr wohl alle Dinge ertragen kann. Wenn du seine Liebe durch dich hindurchfließen lässt, wirst du über eine unbegrenzte Kapazität verfügen, andere zu lieben.

Gottes Liebe glaubt alles

1. Korinther 13,1-13

... sie glaubt alles, ...
1. Korinther 13,7

Wusstest du, dass die Liebe Gottes Glauben hervorbringt? Galater 5,6 erklärt, dass Glaube durch Liebe wirksam ist. Wenn wir die Liebe, die Gott für uns hat, erleben, dann entsteht Glaube ganz natürlich quasi als Nebenprodukt. Wenn unser Glaubensleben mühselig und anstrengend ist, liegt das daran, dass wir die unendliche Liebe, die Gott für uns hat, aus den Augen verloren haben. Wenn Gott der Allmächtige für uns ist, wer kann da gegen uns sein? (Röm 8,31).

Ein Kind, das in den Armen seines Vaters geborgen ist, macht sich um nichts Sorgen. Es vertraut seinem Vater ausnahmslos und ist völlig unbekümmert. Es muss nicht darum ringen, glauben zu können, dass es mit Essen oder Kleidung versorgt wird und andere, zukünftige Bedürfnisse gestillt werden. Sein liebender Vater wird sich schon darum kümmern. Jesus zog genau diesen Vergleich heran, um uns zu ermutigen, Gott in allen Dingen zu vertrauen (Lk 11,11-13). Die liebevolle Beziehung mit unserem himmlischen Vater ist der Schlüssel für ein Leben im Glauben. Wenn wir ein Problem damit haben, Gott in irgendeinem Bereich unseres Lebens zu vertrauen, so ist das ein Indikator dafür, dass etwas nicht stimmt.

Wenn in unserem Auto auf dem Armaturenbrett ein Warnlämpchen aufleuchtet, klemmst du es doch nicht einfach ab, damit es wieder ausgeht. Stattdessen versuchst du zuerst das Problem zu beheben, das das Signal ausgelöst hat. Danach wird das Licht automatisch wieder ausgehen. In gleicher Weise ist Mangel an Glauben ein Warnsignal, das anzeigt: Dein Augenmerk liegt nicht auf der Liebe Gottes.

Wenn du heute Gott mehr glauben und vertrauen möchtest, dann bemühe dich um eine innige Beziehung mit ihm, die dir ein völliges Bewusstsein seiner Liebe zu dir vermitteln wird. Dann wird dein Glaube so überreich sein, dass du auf ganz natürliche Weise alle Dinge glauben wirst.

Gottes Liebe hofft

1. Korinther 13,1-13

... sie hofft alles, ...
1. Korinther 13,7

Hoffnungslosigkeit ist furchtbar. Gottes Wort sagt: *Wo keine Offenbarung ist, wird das Volk zügellos* (Spr 29,18). Hinter den meisten, ja fast allen selbstzerstörerischen Tendenzen, die wir heutzutage im Leben von Menschen beobachten können, steckt ein Mangel an Hoffnung. Wer keinen festen Glauben an die Zukunft hat, wirft sein „Heute" einfach weg, ohne sich Gedanken über die Konsequenzen zu machen. Die zerstörerischen Angewohnheiten der Menschen wurzeln in ihrer Verzweiflung und Hoffnungslosigkeit. Jesus zitiert den Narren in Lukas 12,19 als ein Beispiel für einen Menschen ohne Vision für seine Zukunft, der sagt: *Iss, trink und sei guten Mutes!* Wer lebt, ohne mit einem Auge auf die Zukunft zu schauen, steuert auf eine Katastrophe zu.

Warum lebt ein Großteil unserer Gesellschaft ohne Hoffnung? Weil Gottes Liebe die Quelle wahrer Hoffnung ist. In der Welt herrscht eine Hungersnot, wenn es um die wahre Liebe Gottes geht. Im Großen und Ganzen vermittelt Religion uns die Heiligkeit Gottes im Gegensatz zu unserer eigenen Unwürdigkeit. Doch die wahre Liebe Gottes ist keine Realität in den Herzen der meisten Menschen – sogar bei den meisten Christen. Nicht Schicksal und Fügung bringen Hoffnung hervor. Nur wenn du weißt, dass ein persönlicher, liebender Gott alle Dinge für dich zum Besten dienen lässt (Röm 8,28), wird dir das wahre und bleibende Hoffnung geben. Die Liebe, die von Gott kommt, hofft alles.

Gott hat einen perfekten Plan für dein Leben. Wo auch immer du dich befinden magst, egal wie weit du von deinem Weg abgeirrt bist – Gott hat einen perfekten Kurs für dich vorgezeichnet bis zu dem Ort hin, der für dich bestimmt ist (Jer 29,11). Er liebt dich trotz all der Dinge, die du getan oder aber auch nicht getan hast. Wenn du anfängst, das zu glauben, wird Hoffnung aus deinem Herzen hervorsprudeln.

Gottes Liebe erduldet alles

1. Korinther 13,1-13

... sie erduldet alles.
1. Korinther 13,7

Menschen ringen andauernd darum, sich gut zu fühlen. Und dennoch scheint das Leben so voller Belastungen zu sein, dass sie ständig an ihre Grenzen stoßen. Wider besseres Wissen reagieren sie in unangemessener Weise und rechtfertigen ihr Handeln damit, ihr Selbstwertgefühl erhalten zu müssen. Sie meinen: *Es gibt Grenzen, ich bin nur ein Mensch, ich kann doch nicht alles erdulden.* Jeder, der nicht an Gottes unbegrenzte Kraftquelle angeschlossen ist, wird dem bereitwillig zustimmen und jede Verantwortung für seine selbstsüchtigen Haltungen von sich weisen.

In Wahrheit beginnt aber Gottes Kraft genau dort, wo deine Grenzen sind. Gott lässt seine Kinder nicht mit ihren eigenen Ressourcen alleine. Er lebt in ihnen und hat seine übernatürliche Liebe und Freude in sie hineingelegt, damit sie in der Lage sind, alles zu erdulden. Das bedeutet, dass kein Gläubiger eine Entschuldigung dafür hat, gleich zu explodieren und sich gehen zu lassen. Uns steht Gottes Fähigkeit zur Verfügung, alles zu erdulden, da wir seine Liebe haben, die immer ausreicht.

Diese Wahrheit soll dich nicht verurteilen, sondern freisetzen (Joh 8,32). Der Trost, den man dabei empfindet, wenn man seinen Gefühlen freien Lauf lässt, ist nur von kurzer Dauer. Er wird bald von der harten Wirklichkeit verdrängt, die unser unangemessenes Verhalten hervorruft. Der Apostel Jakobus drückt es so aus: *Der Zorn des Mannes vollbringt nicht Gottes Gerechtigkeit!* (Jak 1,20). Ungeachtet dessen, wie gut es sich anfühlen mag, seinen fleischlichen Emotionen freien Lauf zu lassen, es wird dir nichts als Kummer bringen.

Sobald du beginnst, aus Gottes Liebe zu schöpfen, wird dich Gott mit übernatürlicher Kraft ausstatten, sodass dir nichts mehr unmöglich sein wird. Du kannst die Dinge verändern, die zu ändern sind; und die Dinge, die nicht zu verändern sind, wirst du erdulden können. Lebe in seiner alles erduldenden Liebe.

Gottes Liebe hört niemals auf

1. Korinther 13,1-13

Die Liebe hört niemals auf.
1. Korinther 13,8

Wie kommt Paulus dazu, so etwas zu sagen? Zu seiner Zeit herrschten Hass, Egoismus, Unterdrückung und andere Übel, genau so oder sogar noch weit mehr als heute. Paulus ertrug den Stachel der Verfolgung – er, der vor seiner Bekehrung selbst andere verfolgt hatte. Sicher hatte er davon gehört, dass Christen auf dem Scheiterhaufen verbrannt oder von den Römern den Löwen vorgeworfen wurden. Im Jahr 70 n. Chr. zerstörten die Römer Jerusalem vollständig, plünderten und brandschatzten jeden und alles. Hätte Paulus etwas anderes geschrieben, wenn das alles geschehen wäre, bevor er den Korinthern diesen Brief schrieb? Sicher nicht!

Gott ist Liebe (1 Joh 4,8) und Gott besteht für immer. Durch das kleine Fenster unserer begrenzten Sichtweise mag es uns manchmal so vorkommen, als würde Gott nicht immer die Oberhand behalten. Aber da täuschen wir uns. Schauen wir uns beispielsweise die Christenverfolgung zu Paulus' Zeiten an. Wer sich genauer mit der Geschichte befasst, wird herausfinden, dass damals viele Römer Christus als ihren Herrn annahmen und in die Arena sprangen, um mit den christlichen Märtyrern zu sterben. Der christliche Glaube verbreitete sich zur Zeit der Verfolgung durch Rom mit enormer Geschwindigkeit. In weniger als dreißig Jahren hatte sich das Evangelium im gesamten Römischen Reich ausgebreitet. Das scheinbar unbesiegbare römische Imperium wurde in nur drei Jahrhunderten von der Liebe Gottes erobert. Das Christentum wurde Staatsreligion.

Gott hört niemals auf und seine Liebe hört niemals auf. Einzelne mögen zwar darin versagen, auf seine Liebe angemessen zu reagieren und müssen die entsprechenden Konsequenzen tragen, aber seine Liebe versagt nie. Sie wird sich letztendlich immer durchsetzen. Wir müssen ihr nur Zeit dazu lassen. Unser Leben soll die Kennzeichen seiner Liebe widerspiegeln: Zufriedenheit, Geduld, Durchhaltevermögen, wahrhaftige Freude und Überwinderglauben. Der Herr zwingt niemanden zum Gehorsam, die Zeit dazu ist noch nicht gekommen. Wir leben im Zeitalter der Gnade, wo der Herr langmütig ist und jedem genug Raum zur Buße lässt (2 Petr 3,9.10). Wenn wir in Liebe handeln, nutzen wir die stärkste Macht des ganzen Universums. Die Geschichte ist ein Beweis für die Macht der Liebe. Liebe wird nie aufhören und uns nie im Stich lassen, wir müssen nur glauben und uns in Geduld üben.

Die Faszination der Kraft Gottes

Markus 1,35-39; Lukas 4,42-44

... und als sie ihn gefunden hatten, sprachen sie zu ihm:
Jedermann sucht dich!
Markus 1,37

Jesu Dienst währte erst wenige Monate und schon folgten ihm Menschenmassen. Das ist erstaunlich, wenn man sich vergegenwärtigt, dass Jesus keine der konventionellen Werbemethoden anwandte. Schon während seines ersten Dienstes in Jerusalem hatte er es abgelehnt, gezielt öffentlichkeitswirksam aufzutreten (Joh 2,24.25). Für Jesu Erfolg gab es keinerlei natürliche Erklärung.

Es ist Gott selbst, der Jesus diesen Erfolg beschert, und er gebrauchte dazu übernatürliche Mittel; nicht die cleveren, aalglatten Methoden der Werbeagenturen führten ihm die Massen zu; es war die großartige Manifestation der Kraft Gottes. Erst tags zuvor hatte Jesus in der Synagoge in Kapernaum einen Mann von einem Dämon befreit (Mk 1,21-28). Das brachte die gesamte Stadt dazu, sich um das Haus des Petrus zu versammeln, wo Jesus einen jeden heilte (Lk 4,40).

Jesu Erweis der wunderwirkenden Kraft Gottes war der Funke, den der Heilige Geist nutzte, um in den Herzen der Menschen ein Feuer anzufachen. Diese Kraft erwuchs aus Jesu intimer Beziehung zu seinem himmlischen Vater. Er lebte in ständiger, dauerhafter Kommunikation mit ihm. Wenn er nicht gerade Menschen diente, war er im Gebet mit seinem Vater.

Wenn du dich danach ausstreckst, andere Menschen mit dem neuen Leben in Berührung zu bringen, das du in Christus gefunden hast, musst du verstehen, dass Gott dir diese Menschen zuführt, wenn du ihm erlaubst, durch dich auf übernatürliche Weise zu wirken. Entscheide dich heute dazu, deinen Verstand und dein Herz der Kraft des Heiligen Geistes zu öffnen und lass Gott sein Wort durch Zeichen und Wunder bekräftigen, die er durch dich wirkt. Es ist einfach, Menschen zu Jesus zu führen, wenn sie in seinem Namen geheilt und befreit worden sind und die Weisheit erfuhren, die sie benötigten!

Nur die Hungrigen werden satt

Matthäus 5,1-9

Glückselig sind, die nach der Gerechtigkeit hungern und dürsten, denn sie sollen satt werden!
Matthäus 5,6

In der natürlichen Welt essen wir oft auch dann, wenn wir gar nicht hungrig sind. Wir müssen uns nur mal im Spiegel anschauen, um das zu verdeutlichen! Im geistlichen Bereich hingegen müssen wir hungrig sein, um Nahrung zu erhalten. Das Schlimmste wäre, wenn wir anfangen geistlich selbstgefällig zu werden.

Nach den Dingen Gottes zu hungern ist hingegen das Beste, was dir geschehen kann, doch die wenigsten Gläubigen sehen das so. Sie würden sich weit lieber ständig erfüllt und zufrieden fühlen, doch Jesus versprach uns, uns erst dann zu füllen, wenn wir hungrig sind. Er sagte: „Kein Hunger. Keine Fülle."

Das bedeutet, dass das, was viele von uns absolut nicht mögen, eigentlich ein Zeichen geistlicher Gesundheit ist. Sich nach mehr von Gott zu sehnen ist also ein Beweis von Gesundheit. Niemals hungern wir aus uns selber heraus nach Gott. Das ist nicht Teil unserer gefallenen Natur. Nur unser wiedergeborener Geist unter der Salbung des Geistes Gottes vermag nach mehr von Gott zu hungern (Joh 6,44). Der Heilige Geist in uns drängt uns, indem er uns einen unstillbaren Appetit nach all dem gibt, was Gott für uns bereitet hat.

Nach Gott zu hungern veranlasst ihn nicht, sich in unserem Leben zu bewegen, sondern es ist ein Zeichen dafür, dass er schon in dir am Werk ist. Preise ihn heute für deinen geistlichen Hunger, sei ermutigt und freue dich, wenn du geistlichen Hunger erlebst. Er wird dich nicht erst hungrig machen, um dich dann verhungern zu lassen, sondern er macht dich hungrig, um dich mit seiner Weisheit, seinen Segnungen und seiner Liebe zu sättigen.

Er wird seine Belohnung mit uns teilen

Matthäus 5,10-12

Freut euch und jubelt, denn euer Lohn ist groß im Himmel; denn ebenso haben sie die Propheten verfolgt, die vor euch gewesen sind.
Matthäus 5,12

Jesus sagt, dass Verfolgung in uns Freude auslösen soll. Es gibt viele positive Dinge über Verfolgung zu sagen, aber einer der wichtigsten und besten Gründe sich darüber zu freuen, ist der Lohn, der im Himmel auf uns wartet, wenn wir ausharren, durchhalten und uns weigern, den Glauben an ihn zu verlieren.

Jesus nimmt die Verfolgung seiner Heiligen ernst, wie das Erlebnis des Apostels Paulus auf seinem Weg nach Damaskus beweist. Der Herr fragte Paulus (damals noch Saulus): „Warum verfolgst du mich?" (Apg 9,4). Er sagte nicht: „Warum verfolgst du meine Jünger?", sondern „Warum verfolgst du mich?"

In Wirklichkeit lehnen die Menschen nicht uns ab, sondern den, den wir repräsentieren. Wir sind der Leib Christi auf Erden. Was immer die Menschen zu uns sagen, sagen sie zu Jesus, was sie uns antun, tun sie ihm an. Darum hat Jesus uns versprochen, seinen Lohn mit uns zu teilen. Jesus will all seinen Ruhm und seine Ehre mit denen teilen, die um seines Namens willen abgelehnt und verspottet wurden (Röm 8,17). Welch eine Belohnung!

Auf den Lohn zu sehen statt auf die Verfolgung heißt, dass du dich sogar freuen kannst, wenn Menschen schlecht über dich reden und dich wegen deines Glaubens verspotten (Apg 5,41). Paulus sehnte sich sogar nach der Gemeinschaft mit Jesus, die er denen zugesagt hat, die um seinetwillen leiden müssen. Paulus wusste, dass er dadurch nicht nur eine noch vertrautere Beziehung zu Jesus bekäme, sondern auch in seiner Auferstehungskraft leben würde (Phil 3,10).

Darum: Wenn du heute Verfolgung erlebst um deines Glaubens an Jesus Christus willen, sei unbesorgt und freue dich! Sein Lohn ist unendlich viel größer als jedes Leid, das du durchlebst.

Salzstreuer

Matthäus 5,13-16

Ihr seid das Salz der Erde. Wenn aber das Salz fade wird, womit soll es wieder salzig gemacht werden? Es taugt zu nichts mehr, als dass es hinausgeworfen und von den Leuten zertreten wird.
Matthäus 5,13

Was wird hinausgeworfen und von den Leuten zertreten? Ist es das Salz oder spricht Jesus hier möglicherweise über die Welt? Wenn wir Gläubigen unsere konservierende, erhaltende Wirkung, die man Salz zuschreibt, verlieren, wenn wir es versäumen, in der Kraft der Vergebung Jesu zu leben, gibt es für ihn keine Möglichkeit, die Verlorenen zu erreichen. Die Verlorenen werden durch Menschen beherrscht, die weder ihn noch seine Erlösung kennen.

Gott wirkt durch seine Jünger. Oder anders ausgedrückt: Jesus wirkt und handelt durch seinen Leib. Wenngleich es nicht unsere Kraft ist, die Menschen rettet, heilt und freisetzt, ist es seine Kraft in uns. Ohne uns kann er nichts tun. Wir sind seine Partner.

Viele Gläubige beten ihr Leben lang, Gott möge doch etwas tun, ohne zu verstehen, dass er durch sie hindurchfließen will. Es ist nicht Gott, der nicht eingreift, sondern sein Volk, das es versäumt, mit ihm zusammenzuarbeiten und ihn durch uns Menschen hindurchfließen zu lassen.

Jesus lebt in dir – hier und jetzt – und er möchte erstaunliche Dinge durch dich tun. Du selber trägst in dir die Wunder, die andere brauchen. Halte die Wunder, große und kleine, die Jesus in dir und durch dich tun will, nicht auf und behindere sie nicht. Du bist sein Salz: Wie Salz schützt du vor Verwesung und gibst dieser verfaulenden Welt Würze.

Also, raus aus dem Salzstreuer! Lass sein Leben und seine Liebe jemandem zufließen, der ihn braucht.

Gerechtigkeit über alle Maßen

Matthäus 5,17-22

Denn ich sage euch: Wenn eure Gerechtigkeit die der Schriftgelehrten und Pharisäer nicht weit übertrifft, so werdet ihr gar nicht in das Reich der Himmel eingehen!
Matthäus 5,20

Was wollte Jesus damit sagen? Dass wir drei Wochen lang fasten sollen, da die Pharisäer zwei Wochen fasteten? Meinte er, dass jeder in die Hölle kommt, der nicht den Zehnten gibt, da die Pharisäer auf alles den Zehnten zahlten, sogar auf Gewürze? Nein, ganz gewiss nicht. Die Pharisäer gründeten ihre Gerechtigkeit auf ihre eigenen Handlungen. Jesus vertritt eine Gerechtigkeit, die auf den Glauben an das, was er für uns getan hat, gründet.

Das Vertrauen auf unsere eigenen Werke wird uns niemals einen Zugang zu Gott verschaffen. Wir mögen besser sein als andere, aber wer will schon der „beste Sünder" in der Hölle sein? Alle haben gesündigt und verfehlen die Vollkommenheit, die wir vor Gott haben sollen (Röm 3,23).

Der Einzige, der jemals gut genug war, um gerecht vor Gott zu stehen, ist Jesus. Seine Gerechtigkeit wird jedem als Geschenk angeboten, der seinen Glauben auf ihn als seinen Retter setzt.

Jesus bietet uns seine Gerechtigkeit durch Glauben an, die der Selbstgerechtigkeit der Pharisäer so unendlich überlegen ist, dass man beide nicht miteinander vergleichen kann. Das ist die Gerechtigkeit, die wir brauchen, und sie ist nur durch den Glauben an Christus zu erlangen.

Geistliche Fitness

Matthäus 5,23-30

Wenn dir aber dein rechtes Auge ein Anstoß [zur Sünde] wird, so reiß es aus und wirf es von dir! Denn es ist besser für dich, dass eines deiner Glieder verloren geht, als dass dein ganzer Leib in die Hölle geworfen wird.
Matthäus 5,29

Will Jesus uns etwa dazu ermutigen, unseren Körper zu verstümmeln? Ganz im Gegenteil. Um eine Sache zu verdeutlichen, spielt er auf unseren Selbsterhaltungstrieb an, der allen Menschen zu eigen ist. Wenn du deinen Körper so wertschätzt, dass du niemals auf die Idee kämst, einen Körperteil zu opfern, wie viel mehr sollte dir dann deine geistliche Fitness bedeuten?

Seit dem Sündenfall haben wir unsere Prioritäten immer wieder falsch gesetzt. Was für ein Aufwand wird getrieben, um unseren physischen Körper jung und fit zu halten, wogegen wir unseren geistlichen Zustand gerne vernachlässigen. Die geistlichen Dinge verdrängen wir immer wieder, denn wir haben uns ja in unserem Leben um so viel dringendere Angelegenheiten zu kümmern.

Der natürliche Leib ist nur zeitlich begrenzt. Wenn wir siebzig oder mehr Jahre leben, ist das doch nur der Bruchteil einer Sekunde der Ewigkeit. Unser Geist lebt für immer und der Zustand, in dem wir in aller Ewigkeit existieren werden, wird durch die Entscheidungen bestimmt, die wir in unserem Leben treffen. Wenn wir die Wahl treffen, Jesus nicht als Herrn und Erlöser anzunehmen, wird unser Geist die Ewigkeit in der Hölle verbringen, für immer von Gott getrennt.

Auf der anderen Seite, wenn wir uns entscheiden, Jesus als unseren Herrn und Erlöser anzunehmen, heißt das, dass wir ewig mit Gott leben werden. Unser Geist wird in diesem Leben und in Ewigkeit für Gott leben. Diese Entscheidung bedeutet, dass alle anderen Dinge im Vergleich zu unserem geistlichen Wohlergehen zweitrangig sind.

Entscheide dich heute dazu, deinem geistlichen Zustand Toppriorität zu geben. Verbringe mehr Zeit mit Gottes Wort und im Gebet – dem Gespräch mit dem himmlischen Vater – als im Fitnessstudio. Du wirst sehen: Deinen Geist zu trainieren wird für deinen ganzen Menschen – einschließlich deinen Körper – mehr Gesundheit bringen.

Die beste Verteidigung

Matthäus 5,38-48

Ich aber sage euch: Ihr sollt dem Bösen nicht widerstehen; sondern wenn dich jemand auf deine rechte Backe schlägt, so biete ihm auch die andere dar.
Matthäus 5,39

Was hättest du lieber, dass Gott dich verteidigt oder du dich selbst? Vor diese Wahl stellt uns Jesus hier. „Die andere Wange hinhalten" soll kein Rezept dafür sein, sich von anderen übervorteilen zu lassen. Es ist eher eine Strategie, den Herrn in deine Verteidigung mit einzubeziehen.

Viele sind davon überzeugt, dass diese Anweisung Jesu zwangsläufig dazu führt, dass man von anderen ausgenutzt wird. Das wäre zutreffend, wenn es keinen Gott gäbe! Wenn wir jedoch seine Gebote befolgen, wissen wir ihn auf unserer Seite. In Römer 12,19 sagt er: *Rächt euch nicht selbst, Geliebte, sondern gebt Raum dem Zorn [Gottes]; denn es steht geschrieben: Mein ist die Rache; ich will vergelten, spricht der Herr.*

Wenn wir zurückschlagen, verlassen wir uns nur auf unsere eigene Stärke; aber wenn wir die andere Wange hinhalten, berufen wir uns darauf, dass Gott für uns eintritt. Wenn wir das einmal verstanden haben, ist es augenscheinlich, dass diese Anweisung zu unserem Besten gedacht ist.

Jakobus 1,20 besagt, dass der Zorn des Mannes nicht die Gerechtigkeit Gottes vollbringt. Unabhängig davon, wie angemessen unser Ärger auch sein mag, egal wie überzeugt wir davon sind, dass unser Zorn das richtige Mittel ist, Einfluss auf eine Situation oder einen Menschen zu nehmen, wir erreichen auf diese Weise niemals Gottes Bestes.

Wer sich selbst verteidigt, hindert Gott daran, sich für ihn einzusetzen. Wenn du deinen Feinden allerdings die andere Wange hinhältst, setzt du damit die Kraft Gottes frei, die sich für dich verwendet. Erlaube Gott, dich von nun an zu verteidigen.

Was sind deine Motive?

Matthäus 6,1-4

Habt acht, dass ihr eure Almosen nicht vor den Leuten gebt, um von ihnen gesehen zu werden; sonst habt ihr keinen Lohn bei eurem Vater im Himmel.
Matthäus 6,1

Was motiviert dich zu geben? Dein Motiv ist wichtiger als die eigentliche Gabe. Paulus sagt, selbst wenn er all seine Habe austeilen und sein eigenes Leben als Opfer hingeben würde, aber keine Liebe hätte, so würde es ihm nichts nützen! (1 Kor 13,3).

Viele Christen geben treu, erleben aber nie den hundertfachen Ertrag, den Jesus verheißen hat, weil ihre Motivation falsch ist (Mk 10,29-30). Paulus sagt, dass Gott einen fröhlichen Geber liebt, nicht einen, der nur widerwillig oder gezwungenermaßen gibt (2 Kor 9,7).

Jesus erklärt uns in diesem Zusammenhang auch gleich, wie wir die richtige Motivation bekommen können. Er sagt: *Wenn du aber Almosen gibst, so soll deine linke Hand nicht wissen, was deine rechte tut* (Mt 6,3). Sobald du in einer Art und Weise gibst, bei der du keine Anerkennung erwarten kannst, sind deine Motive garantiert richtig. Das führt unweigerlich zu der Freude, die selbstloses Schenken mit sich bringt (Apg 20,24).

Bitte den Herrn heute um eine Gelegenheit, jemandem ein gutes Wort zu sagen oder einer Person behilflich zu sein, die dir deine Hilfe nicht zurückzahlen kann – und all das, ohne dass ein anderer jemals davon erfährt. Das kann ein anderer Autofahrer sein, der mit dir im Stau steckt, ein Kollege, dein Ehepartner oder ein Kind, das deine gute Tat vielleicht nicht einmal bemerkt. Du wirst sehen, es werden sich viele Gelegenheiten bieten, wenn du danach Ausschau hältst.

Gebete in guter Qualität

Matthäus 6,5-8

Und wenn ihr betet, sollt ihr nicht plappern wie die Heiden; denn sie meinen, sie werden erhört um ihrer vielen Worte willen.
Matthäus 6,7

Einige der effektivsten Gebete sind die kürzesten Gebete. Jesus sagte: „Schweig, werde still!" und der Wind und die Wellen wurden still (Mk 4,39). Er sagte: „Lazarus, komm heraus" und Lazarus kam von den Toten zurück (Joh 11,43-44). Andererseits liegt in vielen Gemeinden und Gebetstreffen heute der Schwerpunkt auf der Menge und Länge der Gebete anstatt auf ihrer Qualität. Jesus hat nie geraten, lange Gebete zu sprechen und es gibt nur einige wenige Gelegenheiten, bei denen er lange Gebete gesprochen hat. Das soll nicht bedeuten, dass Gemeinschaft mit Gott nicht wichtig ist. Gemeinschaft mit Gott ist ganz sicher wichtig, aber lange förmliche Gebete sind nur ein Teil der Gemeinschaft mit ihm.

Oft bitten wir den Herrn, zu uns zu sprechen, geben ihm aber keine Chance, uns auch nur ein Wort weiterzugeben!

Wir sind die Einzigen, die sprechen. Es ist interessant, dass in Psalm 5,2 die Worte *Gebet* und *Meditation* miteinander austauschbar sind. Mit anderen Worten: Wenn wir unsere Gedanken den Tag über auf Gott ausgerichtet halten, dann ist das Gebet. Es gibt auch Zeiten, in denen wir vor ihm still sein müssen und erkennen, dass er der Herr ist (Ps 46,11). Auch das ist Gebet.

Es ist nicht die Länge, sondern Glauben, der von Herzen kommt, der die Qualität eines Gebetes auszeichnet. Heute, wenn du betest, verstehe, dass Gott nicht schwerhörig ist. Du musst nicht Anliegen immer und immer wieder wiederholen, damit du seine Aufmerksamkeit bekommst und das Gebet ist nicht dafür da, dass du ihn oder andere Menschen beeindruckst. Kommuniziere einfach mit ihm, wie das Wort es sagt, und du wirst nicht nur Antworten bekommen, sondern auch in ihm wachsen und reifen.

Dein liebender Vater

Matthäus 6,9-13

Deshalb sollt ihr auf diese Weise beten: Unser Vater, der du bist im Himmel! Geheiligt werde dein Name.
Matthäus 6,9

Obwohl Gott im Alten Testament 13 Mal als „unser Vater" bezeichnet wird, so gibt uns doch die Häufigkeit, mit der Jesus diese Anrede verwendet, ein ganz neues Verständnis für unsere Beziehung zu Gott. Jesus bezeichnet Gott mehr als 150 Mal als seinen Vater und spricht 30 Mal von ihm als unser Vater. Das brachte die religiösen Juden seiner Zeit gegen ihn auf. Sie sahen es als Gotteslästerung an, Gott ihren Vater zu nennen, weil es für sie bedeutete, mit Gott gleichgestellt zu sein (Joh 5,17-18).

Diese Anrede ist in der Gemeinde heute so normal geworden, dass sie für uns oft keine große Bedeutung mehr hat. Die Erkenntnis, dass wir Gott „unseren Vater" nennen sollen, offenbart uns die gütige, freundliche und liebevolle Natur Gottes (1 Joh 4,8). Paulus unterstreicht das, indem er den Ausdruck *Abba, Vater* (Röm 8,15) benutzt. Das ist die liebevolle Anrede, die ein kleines Kind für seinen Vater benutzen würde. *Abba* entspricht im heutigen Deutsch dem Wort *Papa.*

Jesus zeigt uns, welche Beziehung Gott zu uns hat, und dass wir ihn dafür preisen sollen. Sie geht tiefer als jede menschliche Beziehung, die wir jemals auf der Erde haben könnten. Das bedeutet, dass wir einem Vater gehören, der uns liebt, weil wir sein sind, und zwar vollkommen bedingungslos.

Wenn du heute in eine schwierige Situation kommst oder wenn du jemanden brauchst, der mit dir feiert, lauf zu deinem Vater Gott. Lass alles künstliche Gehabe und alle Formalitäten beiseite und nenne ihn deinen *Papa.*

Dein Schatz

Matthäus 6,19-21

Denn wo dein Schatz ist, da wird auch dein Herz sein.
Matthäus 6,21

Wenn wir bestimmte Schriftstellen aus dem Zusammenhang nehmen, würde es so aussehen, als ob es falsch wäre, Geld oder Wohlstand zu haben. Es gibt aber andere Bibelstellen, die davon sprechen, dass Reichtum ein Segen ist. Wir lernen aus diesen scheinbar gegensätzlichen Standpunkten, dass Geld weder gut noch schlecht ist. Es ist die Geldliebe, die die Wurzel alles Bösen ist (1 Tim 6,10). Ganz egal ob du reich oder arm bist – es gibt viele Menschen, die die Sünde der Geldliebe begangen haben, ohne auch nur einen Cent zu besitzen!

Die Liebe irdischer Dinge (Begierde) ist Götzendienst und darüber spricht Jesus in diesem Abschnitt. Weil es so einfach ist, nach Geld und den Dingen, die man davon kaufen kann, gierig zu sein, hat Gott ein System geschaffen, bei dem Wohlstand quasi ein Nebeneffekt davon ist, ihn an erste Stelle zu setzen. In Matthäus 6,33 heißt es: *Trachtet vielmehr zuerst nach dem Reich Gottes und nach seiner Gerechtigkeit, so wird euch dies alles hinzugefügt werden!* Wir sollten den Segen des Wohlstandes weder ablehnen noch begehren. Unser Schatz ist Jesus! Wenn wir ihn lieben und ihm allein dienen, kommt der materielle Reichtum, den wir benötigen, von ganz allein.

Die Kraft des Laserstrahls liegt darin, dass alles Licht auf einen einzelnen Punkt fokussiert wird. In der gleichen Weise hängt deine Stärke als Christ davon ab, wie sehr du dich auf Jesus fokussierst. Vielleicht kennst du ihn und besitzt zur gleichen Zeit viele Güter; aber wirklich treu dienen kannst du nur einem von beiden. Du kannst nicht beiden treu dienen; du wirst dich immer mehr auf das eine oder das andere verlassen. Du kannst nur einem dein ganzes Herz und deine ganze Hingabe schenken.

Der Grund, warum wir uns keine Schätze auf der Erde sammeln sollen, ist dein Herz. Es soll nicht von Jesus und von all dem, was er für dich hat, abgelenkt werden. Lass ihn heute dein Schatz sein.

Sprich es nicht laut aus!

Matthäus 6,25-34; Lukas 12,22-32

Darum sollt ihr nicht sorgen und sagen: Was werden wir essen? oder: Was werden wir trinken? oder: Womit werden wir uns kleiden?
Matthäus 6,31

Jesus gebietet uns in diesem Abschnitt, nicht ängstlich oder besorgt um unsere materiellen Nöte zu sein. Es ist allerdings unmöglich, überhaupt nicht an äußere Notwendigkeiten zu denken. Sogar Jesus wusste, dass es unerlässlich ist, Geld zu besitzen, um Steuern zahlen zu können (Mt 17,24-27). Wir sollen uns aber nicht mit Reichtum beschäftigen oder unsere Zeit damit verbringen, uns Gedanken über die äußerlichen Dinge des Lebens zu machen. Diese Dinge werden uns dazugegeben, wenn wir zuerst nach dem Reich Gottes trachten.

Laut dem obigen Bibelvers machen wir uns Sorgen, indem wir diese Dinge laut aussprechen. Gedanken des Zweifels kommen, aber so lange wir ihnen keinen Raum geben und sie nicht laut aussprechen, sündigen wir nicht. Sorgenvolle Gedanken auszusprechen ist eine Möglichkeit, ihnen Raum zu geben. Daher sprich keine sorgenvollen Gedanken aus!

Es ist unbedingt nötig aufzupassen, was wir sagen. Jesus ermahnt uns, Worte des Glaubens auszusprechen, die in einer Linie mit dem Wort Gottes sind, weil diesen Worten positive Ergebnisse folgen werden. Wenn wir Worte des Zweifels aussprechen, werden wir ihnen schließlich glauben und genau die negativen Dinge empfangen, die in diesen Worten lagen. Es gibt keine „bedeutungslosen“ Wörter, die weder für noch gegen uns arbeiten. Tod oder Leben liegen in jedem Wort, das wir sprechen (Spr 18,21). Unsere Worte können unsere stärkste Waffe sein, um die Kraft Gottes freizusetzen und den Teufel zu besiegen, oder sie können zu einer Schlinge des Teufels werden (Spr 6,2).

Pass heute auf deine Worte auf. Weigere dich, in bestimmten Situationen Gedanken der Angst oder Sorge Raum zu geben. Bemühe dich stattdessen, Worte auszusprechen, die deinen Glauben und dein Vertrauen in den Herrn ausdrücken.

Gerechtes Urteilen

Matthäus 7,1-5

Richtet nicht, damit ihr nicht gerichtet werdet!
Matthäus 7,1

Obwohl wir oft hören, dass wir Menschen nicht richten sollen, gibt es viele Beispiele von Personen in der Bibel, die über andere urteilen. Paulus betete, dass unsere *Liebe noch mehr und mehr überströme in Erkenntnis und allem Urteilsvermögen* (Phil 1,9), und Jesus und die Jünger sprachen ebenfalls über das Urteilen. Offensichtlich muss es also eine richtige und eine falsche Art der Beurteilung geben.

In Lukas 12,56-57 verwendet Jesus die Worte *erkennen* und *beurteilen* synonym. Es ist natürlich nicht falsch, eine Situation oder eine Person geistlich zu beurteilen oder einzuschätzen, und wir sind ja auch aufgefordert, die Geister zu prüfen (1 Joh 4,1). Urteilen im Sinne von Unterscheiden ist gut. Wenn wir aber mit unserem Urteil jemanden *ver*urteilen, so ist das falsch. Wir können es Gott überlassen, ein Urteil über Menschen zu fällen, weil wir wissen, dass nur er in der Lage ist, eine Situation oder eine Person vollkommen richtig zu beurteilen (Röm 2,2; Offb 20,13).

Jesus verbietet uns nicht, Urteile zu fällen. Er ermahnt uns aber vorsichtig zu sein, denn so wie wir über andere urteilen, werden wir gleichermaßen beurteilt werden. Es gibt bestimmte Fälle, in denen man jemanden verurteilen muss, so wie Paulus es damals getan hat oder ein Richter es heute tun würde. Pastoren und Älteste haben die Aufgabe, Gemeindemitglieder zurechtzuweisen oder sogar zu disziplinieren, aber das ist nichts, was leichtfertig geschehen sollte. Das Urteil richtet sich dabei gegen die Handlungsweise einer Person, nicht aber gegen die Person selbst. Diese Warnung fordert uns dringend auf sicherzugehen, dass wir in dieser Angelegenheit wirklich die Stimme Gottes gehört haben. Wir dürfen nicht einfach unserem Frust oder persönlichen Vorurteilen freien Lauf lassen.

Jeder Christ braucht Gottes Weisheit, um Urteile zu fällen. Du kannst heute darauf vertrauen, dass der Heilige Geist dir helfen wird, Situationen und Menschen geistlich einzuordnen und zu beurteilen, und dir dann Mut und Barmherzigkeit gibt, um dem Wort Gottes gemäß zu handeln.

Gott antwortet auf jedes Gebet

Matthäus 7,6-8

Bittet, so wird euch gegeben; sucht, so werdet ihr finden; klopft an, so wird euch aufgetan!
Matthäus 7,7

Ein Gebet, das den Anforderungen entspricht, die in Gottes Wort beschrieben sind, wird immer beantwortet. Häufig jedoch nehmen wir die Gebetserhörung noch nicht wahr, weil sie sich immer erst in der geistlichen Welt manifestiert, bevor sie in der natürlichen Welt sichtbar wird. Wenn wir anfangen in unserem zuversichtlichen Glauben zu schwanken, dann stoppen wir die Manifestation dieser Antwort (Jak 1,6-7; Hebr 10,35), obwohl Gott bereits geantwortet hat. Jeder, der bittet, empfängt.

In Daniel, Kapitel 9 betete Daniel und musste danach nur eine relativ kurze Zeit warten, bevor die Antwort kam. In weniger als drei Minuten erschien der Engel Gabriel und beantwortete alle seine Fragen. In Kapitel 10 sprach Daniel ein weiteres Gebet und dieses Mal dauerte es drei Wochen, bevor ein himmlischer Bote antwortete. Worin bestand der Unterschied?

Die meisten Menschen glauben, Gott hätte das erste Gebet innerhalb von drei Minuten und das nächste Gebet erst drei Wochen später beantwortet, aber in Daniel 10,12 steht: *Denn vom ersten Tag an, da du dein Herz darauf gerichtet hast, zu verstehen ... sind deine Worte erhört worden und ich bin gekommen um deiner Worte willen.* Später lesen wir, dass es Satan gewesen war, der die Engel daran gehindert hatte Daniel zu erreichen. Gott ist also nicht wankelmütig; er beantwortet jedes Gebet.

Dies wird in Matthäus 7,8 bestätigt, wo es heißt, dass jeder, der bittet, empfängt. Gott antwortet – jedoch kann Satan unsere Gebete behindern. Im Gegensatz zu Daniel leben wir aber im Neuen Bund und haben im Namen Jesu Autorität über den Feind. Das bedeutet, dass wir den Teufel binden können, damit Gottes Antwort nicht behindert oder gestoppt wird und sich in der natürlichen Welt manifestieren kann. Die Wahrheiten dieser Schriftstellen ermutigen uns, dass Gott unsere Gebete immer erhört.

Wenn du heute betest, binde den Teufel und löse die Kraft des Heiligen Geistes, indem du Gottes Wort in deine Situation hineinsprichst. Du kannst voller Vertrauen und Glauben sein, dass Gott deine Gebete beantwortet. Zweifle nicht an Gott, während du auf eine sichtbare Antwort wartest!

Mach dir bewusst, dass du es mit einem Feind zu tun hast und in diesem Kampf durchhalten musst. Stell dich so lange auf Gottes Wort, bis du die Antwort siehst.

Erkenne die Frucht

Matthäus 7,12-20

Darum werdet ihr sie an ihren Früchten erkennen.
Matthäus 7,20

Ob eine Person wahrhaftig ist, kann man an der Frucht erkennen, die sie hervorbringt: Diese „Frucht“ ist ihr Lebensstil. Jesus wies uns darauf hin, dass man keine schlechte Frucht von einem guten Baum ernten kann und keine gute Frucht von einem schlechten. Viele Leute sagen das eine, ihre Taten jedoch verkünden so laut das Gegenteil, dass man gar nicht mehr hören kann, was sie sagen. Wenn du im Zweifel bist, ob du eine bestimmte Lehre akzeptieren kannst oder jemandem Glauben schenken sollst, halte nach der Frucht Ausschau, die sie hervorbringen.

Bei der Beurteilung geistlicher Leiter oder christlicher Organisationen sollte man vor allem auf ihre Resultate achten. Die Früchte sind für Prediger und Dienste der wahre Test: Werden Menschen errettet oder wird das Leben von Einzelnen verändert, sind das gute Früchte. Selbst wenn ein christlicher Leiter Fehler macht oder etwas Falsches sagt, kann es trotzdem sein, dass seine Frucht gut ist. Darum kann man hier von einem „guten Baum“ sprechen.

Diener Gottes sind nicht perfekt, genauso wenig wie jedes andere Mitglied im Leib Christi auch, aber das bedeutet nicht, dass sie deshalb ihr Amt schlecht ausführen. Wenn sie aber die richtigen Dinge sagen und aufrichtig erscheinen, die Menschen um sie herum jedoch zerbrochen, zerrissen, in Verwirrung und Not sind, dann ist ihre Frucht schlecht.

Man kann die Effektivität einer Person nach der Frucht beurteilen, die sie in ihrem Leben hervorbringt – ebenso kann man die Effektivität eines geistlichen Leiters an der Frucht messen, die sein Dienst hervorbringt.

Achte heute vor allem darauf, dass die Früchte in deinem eigenen Leben gut sind. Übst du einen positiven Einfluss auf das Leben anderer aus? Führst du andere Menschen zu Gott oder sind sie nach einer Begegnung mit dir verletzt und verwirrt? Untersuche zuerst die Qualität deiner eigenen Frucht – erst danach bist du in der Lage, die Frucht von denen zu bewerten, die dir geistlich in der Gemeinde vorangehen.

Deine Heilung ist Gottes Wille

Matthäus 8,1-4

Und siehe, ein Aussätziger kam, fiel vor ihm nieder und sprach: Herr, wenn du willst, kannst du mich reinigen!
Matthäus 8,2

Dieser Aussätzige glaubte, dass Jesus die Fähigkeit besaß ihn zu heilen, war aber nicht sicher, ob Jesus ihn auch heilen *wollte*. Jesus erwies ihm seine Bereitschaft zu heilen und weil er kein Ansehen der Person hat, schuf er damit einen Präzedenzfall für uns (Röm 2,11). Im Gegensatz zu uns wusste dieser Leprakranke nicht, dass es Gottes Wille ist, Menschen zu heilen. Das Wort Gottes entspricht dem Willen Gottes und die Bibel offenbart uns, dass es immer Gottes Wille ist zu heilen.

Als Jesaja schrieb: *Durch seine Wunden sind wir geheilt* (Jes 53,5), meinte er damit die physische Heilung unseres Körpers. Jesus hat sowohl für unsere körperliche Heilung als auch für die Vergebung unserer Sünden gesorgt. Viele Schriftstellen erwähnen unsere körperliche Heilung in Verbindung mit der Sündenvergebung. Heilung ist genauso ein Teil unserer Errettung wie die Vergebung unserer Sünden.

Nirgendwo in der Bibel finden wir den Fall, dass Jesus jemandem die Heilung verwehrt hätte. Angesichts der Aussage, dass er nichts von sich selbst aus tun kann, sondern nur was er den Vater tun sieht (Joh 5,19; 8,28.29), sind Jesu Handlungen Beweis genug, dass Gott Menschen immer heilen will. Jesus hat bestimmte Dinge für uns erlitten, damit wir sie nicht erleiden müssen. Er starb für unsere Sünden, damit wir nicht den Preis dafür zahlen müssen (Röm 6,23); er nahm all unsere Krankheiten und Leiden auf sich, sodass wir gesund leben können (Mt 8,17; 1 Petr 2,24); er wurde arm, damit wir reich würden (2 Kor 8,9).

Wenn Jesus dies alles für dich getan hat, dann liegt ein großartiges Leben vor dir! Er hat sämtliche Vorkehrungen getroffen, damit du heute in all dem leben kannst, was er für dich bereitgestellt hat. Lass dich keine Minute länger davon abhalten!

Die Kraft der Gnade

Matthäus 9,9-10; Markus 2,14-15; Lukas 5,27-29

Und als Jesus von da weiterging, sah er einen Menschen an der Zollstätte sitzen, der hieß Matthäus; und er sprach zu ihm: Folge mir nach! Und er stand auf und folgte ihm nach.
Matthäus 9,9

Wenn wir das erste Mal zu Jesus finden, ist es unmöglich, bereits alles zu wissen, was es mit sich bringt, wenn wir ihm nachfolgen. Wir haben keinen Grund davor Angst zu haben, uns ihm völlig auszuliefern, denn wann immer wir auf das Kreuz schauen, ist seine unbestreitbare Liebe und Fürsorge für uns vollkommen offensichtlich. Wir können alles aufgeben, um ihm nachzufolgen! Wenn wir diese Entscheidung einmal getroffen haben, beginnt er durch uns zu leben, und wir entdecken eine Kraft, die nicht unsere eigene ist und die jeder Prüfung standhält, die uns begegnet (Gal 2,20). Dies nennen wir die Gnade Gottes.

Das Geheimnis eines siegreichen Lebens als Christ ist, dass Christus durch uns lebt. Nicht wir leben für Jesus, sondern Jesus lebt durch uns. Die Unfähigkeit, diese einfache Wahrheit zu verstehen, ist die Wurzel aller Gesetzlichkeit und allen Leistungsdenkens. Das Gesetz konzentriert sich auf den äußeren Menschen und sagt uns, was wir zu tun haben. Die Gnade konzentriert sich auf den inneren Menschen und sagt uns, was in Christus bereits vollbracht ist. Wenn wir uns auf das konzentrieren, was wir tun müssen, dann bringen wir uns selbst unter das Gesetz; doch wenn wir uns auf das konzentrieren, was Christus bereits getan hat, wandeln wir in der übernatürlichen Kraft seiner Gnade.

Das Leben als Christ ist nicht einfach nur schwer zu leben; vielmehr ist es unmöglich, es aus deiner menschlichen Kraft zu leben. Der einzige Weg, wie Jesus zu sein und die Werke Jesu zu tun, ist, Jesus durch dich leben zu lassen. So wie eine Wurzel ihr Leben im Boden findet, eine Rebe im Weinstock und ein Fisch im Wasser, so findest du dein wahres Leben heute allein in der Einheit mit Jesus.

Etwas Neues

Matthäus 9,11-17; Markus 2,16-22; Lukas 5,30-39

Er sagte aber auch ein Gleichnis zu ihnen: Niemand setzt einen Lappen von einem neuen Kleid auf ein altes Kleid; denn sonst zerreißt er auch das neue, und der Lappen vom neuen passt nicht zu dem alten. Und niemand füllt neuen Wein in alte Schläuche; denn sonst wird der neue Wein die Schläuche zerreißen, und er wird verschüttet, und die Schläuche verderben.
Lukas 5,36-37

Warum hat sich Jesus nicht gemäß den alttestamentlichen religiösen Traditionen und Erwartungen verhalten (Mt 9,14; Mk 2,18)? Jesus beantwortete diese Frage mit diesen zwei Gleichnissen. Er sagte, dass er gekommen war, um etwas Neues zu tun, das nicht mit den vertrauten alttestamentlichen Wegen zusammenpassen würde (Jes 43,18.19; Jer 31,31-34; Hebr 8,7-13).

Ein neues Kleid, auf ein altes Gewand genäht, würde beim ersten Waschen einlaufen. Dann würde es von dem alten Gewand, das bereits eingelaufen war, abreißen und den Schaden noch schlimmer machen. Das veranschaulicht, dass Jesus nicht gekommen war, um den Alten Bund zu flicken, sondern um ihn durch einen ganz neuen zu ersetzen (Hebr 7,18.19).

Neuer, unfermentierter Wein musste in neue Weinschläuche getan werden, damit sich die Gase während der Fermentierung in dem Schlauch ausdehnen konnten. Ein alter Weinschlauch wäre durch die Gase, die neuer Wein produziert, einfach geplatzt. Die Gesetze des Alten Testaments konnten nie weit genug gedehnt werden, um den neutestamentlichen Wahrheiten von Barmherzigkeit und Gnade Raum zu geben (Hebr 10,1-10). Jesus hat uns vollkommen frei gemacht vom Gericht der alttestamentlichen Gesetze (Röm 6,14; 7,1-4; 8,2; 10,3.4; Gal 3,12-14.23.24; 5,4; Phil 3,9). Er hat das äußerliche Leben gemäß dem Gesetz ersetzt durch das Leben durch die Gnade Gottes in uns.

Begehe heute nicht den gleichen Fehler wie diese religiösen Schriftgelehrten und Pharisäer (Lk 5,30), indem du darauf vertraust, dass deine eigenen Anstrengungen deinen richtigen Stand vor Gott hervorbringen können. Jesus ist nicht gekommen, um deine Opferungen anzunehmen! Er kam, um sich selbst zu opfern, sodass du frei von Sünde sein und ein neues Leben der Gnade in ihm haben kannst.

Heilig leben

Johannes 5,1-15

Danach findet ihn Jesus im Tempel und spricht zu ihm: Siehe, du bist gesund geworden; sündige hinfort nicht mehr, damit dir nicht etwas Schlimmeres widerfährt!
Johannes 5,14

Jesus sagt, dass Sünde die Tragödien unseres Lebens verursacht. Er fordert uns dazu auf, ein heiliges Leben zu führen, denn wenn wir der Sünde nachgeben, übergeben wir uns selbst Satan, dem Urheber der Sünde. Der Sünde nachzugeben bedeutet einer Person nachzugeben – Satan. Gott rechnet dem Gläubigen die Sünde nicht an (Röm 4,8), doch der Teufel schon. Daher setzen unsere Taten entweder die Kraft Satans frei oder die Kraft Gottes in uns.

Obwohl Gott uns unsere Sünden nicht anrechnet, können wir uns die Torheit der Sünde nicht leisten, denn es erlaubt Satan den Zugang zu uns. Wenn wir sündigen, geben wir dem Teufel eine Gelegenheit, Tod in unserem Leben zu erzeugen. Der Weg, um das zu stoppen, ist, die Sünde zu bekennen. 1. Johannes 1,9 sagt, dass Gott treu und gerecht ist, dass er uns die Sünden vergibt und uns von aller Ungerechtigkeit reinigt. Das Blut Jesu beseitigt unaufhörlich Satan und seine Festungen aus unserem Leben.

Unsere Sünden machen uns vor Gott genauso wenig zu Sündern, wie die gerechten Taten von Ungläubigen sie vor Gott gerecht machen. Sünde ist eine tödliche Angelegenheit, sodass selbst Christen sie um jeden Preis vermeiden sollten. Doch ob wir sündigen oder nicht, bestimmt nicht unseren Stand vor Gott. Wiedergeborene Gläubige sind in Christus. Sie sind nicht „im" Fleisch, selbst wenn sie sich ab und zu dazu entscheiden, „gemäß" dem Fleisch zu wandeln.

Was ist dein Motiv, um ein heiliges Leben zu führen? Du lebst auf übernatürliche Weise heilig, denn deine Natur wurde übernatürlich verändert. Dir wurde Gottes Natur gegeben. Lebe heute nicht heilig, um deine Beziehung zu Gott aufrechtzuerhalten, sondern lebe heilig wegen der Beziehung, die du bereits zu ihm hast.

Ruhe in Jesus

Johannes 5,16-27

Und deshalb verfolgten die Juden Jesus und suchten ihn zu töten, weil er dies am Sabbat getan hatte.
Johannes 5,16

Der Sabbat wird das erste Mal in 2. Mose 16 erwähnt, als der Herr begann, die Kinder Israels in der Wüste auf wundersame Weise mit Manna zu versorgen. Den Israeliten war befohlen worden, am sechsten Tag doppelt so viel Manna zu sammeln, weil Gott am siebten Tag keines geben würde. Kurz darauf befahl der Herr in den Zehn Geboten, den Sabbattag zu halten (2 Mose 20,8-11). Mit diesem Gebot brachte Gott den Sabbat mit seiner eigenen Ruhe am siebten Tag der Schöpfung in Verbindung.

Wie uns Kolosser 2,16-17 zeigt, ist der Sabbat ein Sinnbild. Gemäß 2. Mose 23,12 ist ein Grund für den Sabbat, dem Menschen und seinem Vieh einen Tag körperlicher Ruhe pro Woche zu geben. Die heutige medizinische Wissenschaft hat bewiesen, dass unser Körper mindestens einen Tag Ruhe pro Woche benötigt, um in Bestform zu bleiben. In 5. Mose 5,15 sehen wir ebenfalls deutlich, dass der Sabbat den Juden als eine Erinnerung dienen soll, dass sie Sklaven in Ägypten waren und aus der Gefangenschaft befreit worden sind, und zwar nicht durch eigene Bemühungen, sondern durch die übernatürliche Kraft Gottes.

Im Neuen Testament gibt es einen noch deutlicheren Grund für den Sabbat. In Kolosser 2,16-17 offenbart Paulus, dass der Sabbat nur ein Schatten der Dinge war, die kommen sollten und die nun in Christus erfüllt sind. In Hebräer 4,1-11 spricht die Bibel über eine Sabbatruhe, die zwar für alle neutestamentlichen Gläubigen verfügbar, doch nicht unbedingt für alle gleichermaßen wirksam ist. Diese neutestamentliche Sabbatruhe ist ganz einfach eine Beziehung mit Gott, in der wir aufhören, die Dinge durch unsere eigene Kraft zu tun, und stattdessen Gott durch uns wirken lassen (Gal 2,20; Hebr 4,10).

Der Sabbat ist eigentlich kein Tag, sondern vielmehr eine Beziehung mit Gott durch Jesus. Finde Ruhe in seiner Liebe und lass ihn dich heute gebrauchen.

Über diese Schriftgelehrten

Matthäus 12,1-14; Markus 2,23; 3,6; Lukas 6,1-11

Aber die Schriftgelehrten und Pharisäer lauerten ihm auf, ob er am Sabbat heilen würde, um einen Grund zur Anklage gegen ihn zu finden.
Lukas 6,7

Die Schriftgelehrten kopierten die Heiligen Schriften. Sie bewahrten das mündliche Gesetz in schriftlicher Form und überlieferten treu das Alte Testament. Esra war ein Schriftgelehrter während der Babylonischen Gefangenschaft der Juden und er war ein gottesfürchtiger Mann. Das Amt eines Schriftgelehrten war ein ehrenwertes Amt, doch Jesus wies die Schriftgelehrten seiner Zeit oft zurecht, weil sie über den Auftrag, die Schriften zu kopieren, hinausgegangen waren. Sie besaßen ein breites Spektrum an Auslegungen auf der Grundlage von Überlieferungen. Sie fügten den Schriften Dinge hinzu und machten damit das Wort Gottes wirkungslos oder hoben es gar auf (Mk 7,13).

Die Schriftgelehrten wurden zu einer eigenständigen Gemeinschaft von Gesetzesauslegern und Führern des Volkes. Sie versuchten sogar, einige ihrer eigenen Vorschriften zu umgehen (Mt 23,2-4). Sie standen mit Jesus in Konflikt, weil er mit Vollmacht lehrte und den äußerlichen Formalismus verurteilte, den sie pflegten (Mt 7,28-29). Sie verfolgten Petrus und Johannes (Apg 4,3-7) und wirkten bei der Steinigung von Stephanus mit (Apg 6,12). Obwohl die Mehrheit der Schriftgelehrten sich Jesus widersetzte, glaubten einige von ihnen an ihn (Mt 21,15).

Die Schriftgelehrten erschienen äußerlich als heilig, doch ihre Herzen waren fern von Gott. Sie erkannten allesamt nicht, dass Jesus der Messias war, auf den sie warteten. Dies kann uns auch passieren, wenn wir so sehr damit beschäftigt sind, sein Wort zu studieren und alles über die Bibel zu wissen, und dabei eine persönliche, innige Beziehung mit Gott außer Acht lassen. Unser Kopf wird dann nur mit Erkenntnis angefüllt, worüber die Bibel sagt: *Erkenntnis bläht auf* (1 Kor 8,1). Wir werden stolz, richtend und fordernd wie die Schriftgelehrten.

Lass heute dein Herz dem Heiligen Geist gegenüber sensibel und empfänglich sein, während du Gottes Wort liest. Bete ihn an, während du studierst. Lass dich von deiner Beziehung zu ihm leiten.

Sein erstaunliches Erbarmen

Matthäus 12,15-21; Markus 3,7-19; Lukas 6,12-16

Das geknickte Rohr wird er nicht zerbrechen, und den glimmenden Docht wird er nicht auslöschen, bis er das Recht zum Sieg hinausführt.
Matthäus 12,20

Gottes Erbarmen lindert das Elend gefallener Menschen. Sein Erbarmen – sein liebevolles Mitgefühl – wendet er Sündern zu angesichts der Misere, in die sie sich durch ihre Sünde verstrickt haben.

Jesus verglich den Ungläubigen mit einem *geknickten Rohr.* Das Schilfrohr, das in den Sumpfgebieten Palästinas wuchs, war sehr zerbrechlich und konnte leicht geknickt oder abgebrochen werden. Der Ausdruck *glimmender Docht* bezieht sich auf einen Leinendocht, der aus Flachs hergestellt wurde und wenn er mit Öl getränkt war, hell in einer offenen Lampe brannte. Wenn jedoch das Öl aufgebraucht war, glimmte der Flachsdocht nur noch, bis das Öl wieder aufgefüllt wurde.

Die Bedeutung dieser bildlichen Darstellung ist, dass Jesus mit Erbarmen denen diente, die durch Sünde geknickt oder gebrochen waren (Lk 4,18) oder die ihr Öl verloren hatten (den Geist). Er kam, um sie neu zu füllen (Mt 5,3; Apg 1,5; 2,4.) Die Juden waren an die Verurteilung durch das Gesetz gewöhnt, doch Jesus kam, um ihnen mit Gnade und Wahrheit zu dienen (Joh 1,17), selbst den Heiden (Mt 12,18-21). Er kam, um ihre Sünde wegzunehmen und ihren Geist mit seinem Geist zu erleuchten.

Als Gläubige wissen wir, dass uns unsere großartige Errettung aufgrund des Erbarmens Gottes gegeben worden ist, und nicht als etwas, das wir uns erarbeitet oder verdient hätten. Wie der Apostel Paulus sagt: ... *nicht um der Werke der Gerechtigkeit willen, die wir getan hätten, sondern aufgrund seiner Barmherzigkeit hat er uns gerettet* (Tit 3,5).

Vielleicht fühlst du dich heute wie ein geknicktes Rohr oder ein glimmender Docht. Es spielt dabei keine Rolle, was du falsch gemacht oder wie sehr du vielleicht gesündigt hast, Gottes erstaunliches Erbarmen ist für dich da. Empfange seine Gnade, damit sie dich wieder heilen kann. Jesus kam, um dir genau diesen Sieg zu geben.

Das Gesetz von Saat und Ernte

Lukas 6,17-49

Gebt, so wird euch gegeben werden; ein gutes, vollgedrücktes und gerütteltes und überfließendes Maß wird man in euren Schoß schütten. Denn mit demselben Maß, mit dem ihr [anderen] zumesst, wird euch wieder zugemessen werden.
Lukas 6,38

Diese Verse offenbaren Gottes Gesetz von Saat und Ernte. Es funktioniert im geistlichen Raum ebenso wie in der natürlichen Welt. Genauso wie wir Saatgut auf die Erde „geben", um ein Vielfaches zurückzuempfangen, ist es mit allem, was wir geben. Ob es Geld, Besitz, Gefühle wie Liebe oder Hass, Gebet oder unsere Zeit ist – wir werden eine Ernte von dem empfangen, was wir geben. Wir ernten genau das, was wir säen, und wir ernten proportional zu dem Maß, mit dem wir geben (Gal 6,7-8).

Wer kärglich sät, der wird auch kärglich ernten; und wer im Segen sät, der wird auch im Segen ernten (2 Kor 9,6). Dieses Gesetz funktioniert sowohl in positiver als auch in negativer Weise. Wenn wir Verdammnis säen, werden wir Verdammnis ernten. Aber selbst wenn wir uns bei dieser Sünde ertappen sollten, kann uns das größere Gesetz der Vergebung Gottes helfen, die Ernte der Verdammnis unwirksam zu machen, die wir gesät haben. Die negativen Dinge, die wir gesät haben, müssen nicht auf uns zurückkommen, wenn wir das größere Gesetz der Vergebung anwenden (1 Joh 1,9).

Auf gleiche Weise aber können die Dinge, die wir gesät haben, unwirksam gemacht werden, wenn wir nicht dabei bleiben, Gutes zu tun (Gal 6,9). Wenn wir für Finanzen beten, wird Gott kein Falschgeld produzieren und in unseren Geldbeutel legen. Er wird Menschen gebrauchen, um dieses Geld zu uns zu bringen. Wir müssen glauben, dass der Herr unsere Gebete erhört, und dann für die Menschen beten, die er gebrauchen wird, um uns die Antwort zu bringen. Das könnte dein Arbeitgeber sein oder aber, dass andere Menschen für dich einkaufen gehen.

Nimm es dir heute vor, das zu geben, was auch immer der Heilige Geist dir aufs Herz legt, ob es deine Zeit, dein Mitgefühl, dein Gebet oder dein Geld ist. Tu es im Glauben und in dem Bewusstsein, dass du gerade eines der Gesetze Gottes anwendest.

Wessen Glauben war es?

Lukas 7,11-17

Und als der Herr sie sah, erbarmte er sich über sie und sprach zu ihr: Weine nicht! Und er trat hinzu und rührte den Sarg an; die Träger aber standen still. Und er sprach: Junger Mann, ich sage dir: Steh auf!
Lukas 7,13-14

Die Auferweckung des Jünglings von Nain wird oft angeführt, um zu zeigen, dass Jesus einige Wunder tat, ohne dass die Person, die das Wunder empfing, selbst Glauben hatte. Das soll heißen, dass das Wunder allein durch Jesu Glauben gewirkt wurde. In Markus 6,5-6 lesen wir jedoch, dass Jesus aufgrund des Unglaubens der Menschen in seiner Heimatstadt nicht viele Wunder tun konnte (oder wollte). In vielen weiteren Schriftstellen wird darauf hingewiesen, dass Glauben vorhanden sein muss, um von Gott etwas zu empfangen (Mk 11,23-24; Jak 1,5-7).

Wessen Glaube war in diesem Fall vorhanden? Erstens reagierte die Mutter des Jungen im Glauben auf Jesus. Diese Frau erlaubte Jesus, den Trauerzug zu unterbrechen und ihr zu sagen, sie solle mit dem Weinen aufhören. Dies muss als Glauben ausgelegt werden! Die Menschen damals unterschieden sich nicht von den Trauernden heutzutage. Hätte sie sich gegen die Einmischung von Jesus gewandt, wäre die Volksmenge aus Mitleid auf ihrer Seite gewesen. Nichts dergleichen wird jedoch berichtet. Jesus übernahm das Kommando in dem Moment, als sie ihm gehorchte. Zweitens kann nicht bewiesen werden, dass ein toter Mensch keinen Einfluss auf die Geschehnisse hat.

Wenn Menschen sterben, hören sie nicht auf zu existieren; sie verlassen nur ihren Körper. Der Sohn der Frau war in seinem Geist sehr wohl lebendig. Viele Leute, die von den Toten auferweckt wurden, haben davon berichtet, dass sie die Wahl hatten, wieder in ihren Körper zurückzukehren oder nicht. Auch wenn dies nicht durch die Schrift belegt werden kann, kann es aber genauso wenig durch sie widerlegt werden. Wir wissen, dass Jesus, als er Lazarus von den Toten erweckte, nicht seinen Vater darum bat, es zu tun; er rief Lazarus, dass er herauskomme (Joh 11,43). Also hat Lazarus ihn gehört. Interessant ist an dieser Stelle, dass das Wunder durch Marthas Glauben herbeigeführt wurde (Joh 11,22).

Was auch immer dir heute begegnen mag, habe Glauben. Entscheide dich zu glauben, dass Gott das, was er versprochen hat, erfüllen wird. Strecke dich im Glauben aus, um dein Wunder zu empfangen.

Unter einem Joch mit Jesus

Matthäus 11,20-30

Kommt her zu mir alle, die ihr mühselig und beladen seid, so will ich euch erquicken! Nehmt auf euch mein Joch und lernt von mir, denn ich bin sanftmütig und von Herzen demütig; so werdet ihr Ruhe finden für eure Seelen! Denn mein Joch ist sanft und meine Last ist leicht.
Matthäus 11,28-30

Ein Joch wird aus Holz hergestellt, mit zwei ausgehöhlten Bereichen am unteren Ende. Es ruht auf dem Nacken von zwei Ochsen, die vor einen Pflug oder einen Karren gespannt waren. Ein Joch steht bildlich für Knechtschaft oder Unterwerfung. Jesus ermahnt uns, sich ihm unterzuordnen, denn wahre Ruhe werden wir erfahren, wenn wir ihm dienen, und nicht uns selbst.

Ein junger Ochse wurde oft zum Pflügen oder Karrenziehen ausgebildet, indem man ihn mit einem erfahrenen Ochsen unter ein Joch spannte. Das Joch hielt den jungen Ochsen davon ab, seinen eigenen Weg zu gehen, und er lernte schnell den Gehorsam seinem Herrn gegenüber. In gleicher Weise sollten wir bestrebt sein, mit Jesus unter einem Joch zu gehen. *Der Mann, wenn er geht, kann seine Schritte nicht lenken* (Jer 10,23). Wir müssen das Joch in unserer Jugend tragen (Klgl 3,27), wenn wir reife Christen werden wollen, doch da endet der Vergleich auch schon. Anders als bei den Ochsen, die durch eine harte Behandlung unterworfen werden, ist Jesus *sanftmütig und von Herzen demütig* und gewinnt uns in Liebe. Jesus zieht mehr als seinen Anteil der Last, daher ist unsere Last leicht.

Der liebevollste Vater auf der ganzen Welt kann sich nicht mit der Liebe messen, die unser himmlischer Vater für uns hat. Doch oft ist es für uns leichter, an die Hilfsbereitschaft unseres Vaters, unserer Mutter oder eines Freundes zu glauben, als zu glauben, dass Gott uns schützen, segnen und versorgen will. Relativ wenige Menschen bezweifeln wirklich Gottes Fähigkeiten, doch sie bezweifeln seine Bereitschaft, dass er seine Fähigkeiten für sie einsetzt. Ihr Zweifel und ihr Unglauben berauben sie der Hilfe Gottes.

In diesen Versen versichert Jesus dir, dass seine Liebe und seine Bereitschaft, dir diese Liebe zu erweisen, viel größer sind, als du es jemals in einer zwischenmenschlichen Beziehung erfahren könntest. Er möchte nicht nur *deine* Liebe, sondern er möchte, dass du dich heute *von ihm* lieben lässt.

Die unverzeihliche Sünde

Lukas 11,15; Matthäus 12,24-31; Markus 3,22-30

Darum sage ich euch: Jede Sünde und Lästerung wird den Menschen vergeben werden; aber die Lästerung des Geistes wird den Menschen nicht vergeben werden.
Matthäus 12,31

In diesen Schriftstellen sagte Jesus, dass die Lästerung des Heiligen Geistes darin besteht, das Werk des Heiligen Geistes dem Teufel zuzuschreiben. Viele Menschen in der Bibel taten das, einschließlich Saulus von Tarsus, der zum Apostel Paulus wurde. Doch in 1. Timotheus 1,13 sagt Paulus, dass er Vergebung für seine Lästerung empfangen habe, weil er es „unwissend im Unglauben" getan hatte. Daher muss die Lästerung des Heiligen Geistes, vor der Jesus gewarnt hat, darin bestehen, es absichtlich und wissentlich zu tun.

Dies entspricht Hebräer 6,4-6, wo bestimmte Bedingungen angeführt werden, die Leute erst erfüllen müssen, um aus der Gnade fallen zu können. Dieser Abschnitt zeigt, dass nur ein reifer Christ eine solche Lästerung begehen kann. Gleichermaßen kann denen vergeben werden, die in Unwissenheit oder Unglauben unbesonnen gegen den Heiligen Geist sprechen, ohne wirklich zu wissen, was sie da sagen. Es ist dann keine Lästerung gegen den Heiligen Geist.

Aus unserer menschlichen Perspektive lässt sich keine klare Linie ziehen, wann jemand sich der Lästerung schuldig macht und diese unverzeihliche Sünde begeht. Wir können sicher sein, dass Gott die Herzen aller Menschen kennt und dass er in dieser Hinsicht gerecht urteilen wird. Sein Wort zeigt uns jedoch, dass jemand, wenn er „vom Glauben abfällt", jegliche Überführung durch den Heiligen Geist verliert (Röm 1,28). Deshalb hat niemand, der überführt wurde, möglicherweise den Heiligen Geist gelästert zu haben, und darüber Buße getan hat, den Punkt erreicht, wo es keine Vergebung mehr gibt; wäre er an diesen Punkt gelangt, würde es ihn nicht einmal interessieren.

Wenn dein Herz weiterhin dem Heiligen Geist gegenüber weich und sensibel ist, wirst du dir keine Sorgen darüber machen, ob du diese Sünde begangen hast. Höre heute genau auf ihn!

Es lohnt sich

Römer 8,1-20

Denn ich bin überzeugt, dass die Leiden der jetzigen Zeit nicht ins Gewicht fallen gegenüber der Herrlichkeit, die an uns geoffenbart werden soll.
Römer 8,18

Menschen erleiden furchtbare Dinge in dieser Welt. Schon ein kurzer Blick auf die Menschheitsgeschichte offenbart so unaussprechliche Dinge, dass wir uns fragen, wie Gott jemals die Tränen von den Augen einiger Menschen abwischen wird (Offb 21,4). Aber dieser Vers versichert uns, dass Gottes Belohnung viel größer als unser heutiges Leid sein wird.

Viele Dinge im Leben werden nur durch viel Mühe und Anstrengung erreicht. Wenn zum Beispiel Kinder zur Welt kommen, sind die neun Monate Schwangerschaft nicht unbedingt ein reines Vergnügen, und die eigentliche Geburt wird von Schmerzen begleitet. Aber Jesus sagt, dass all das wegen der Freude, die das Baby den Eltern bringt, bald vergessen sein wird (Joh 16,21). Sportler nehmen Leiden in Kauf, aber all die Anstrengungen des Trainings werden schnell durch den Jubel über den Sieg wettgemacht. Das Endergebnis macht den ganzen Aufwand mehr als lohnenswert.

So wird es auch sein, wenn wir Jesus sehen. Die schlimmste Ungerechtigkeit, die je ein Mensch in der Geschichte erleiden musste, ist nicht zu vergleichen mit der Herrlichkeit, die all jene erwartet, die den Herrn lieben. Jeder, der das nicht so sieht, stellt sein eigenes Leiden über die ewige Belohnung, die er in Christus hat. Dies kann leicht passieren, weil es so einfach ist, den gegenwärtigen Schmerz zu spüren, ohne jedoch einen Einblick in die Herrlichkeit zu haben, die vor uns liegt. Sicherlich hat keiner von uns bis jetzt völlig verstanden, wie herrlich die Ewigkeit mit Jesus sein wird (1 Joh 3,2).

Egal was du heute erleidest – erfreue dich an der Wahrheit, dass es völlig in Vergessenheit geraten wird, wenn du Gottes grenzenlose Segnungen in der Ewigkeit erlebst.

Dein Glaube muss auf Gott gegründet sein

Markus 11,20-26

Und Jesus antwortete und sprach zu ihnen: Habt Glauben an Gott!
Markus 11,22

Dieser Vers wird oft verwendet, um uns zu lehren, dass wir auf unseren Glauben vertrauen müssen. Es ist wahr, dass wir verstehen und glauben müssen, dass unser Glaube ausreicht, um alles, was wir von Gott benötigen, erreichen zu können. Dieser Vers lehrt uns jedoch insbesondere, dass unser Glaube auf Gott und nicht auf unseren eigenen Glauben gegründet sein muss.

Unser Glaube muss sich auf jemand anderen als uns selbst gründen, sonst sind wir nicht anders als New-Age-Anhänger. Wenn unser Glaube auf uns selbst oder auf unseren Umständen basiert, werden wir zwangsläufig scheitern. Wenn unser Glaube jedoch auf Gott basiert, ist unser Glaube mächtig!

Hebräer 12,2 sagt, dass wir auf *Jesus, den Anfänger und Vollender unseres Glaubens* schauen sollen. Glaube beginnt und endet mit Gott. Glaube ist total abhängig von ihm. Für jemanden, dessen Glaube völlig auf Gott gegründet ist, wird es nicht schwierig sein, für große Dinge zu glauben und einfacher, bei kleineren Problemen zu glauben. Alles ist einfach im Vergleich mit Gottes Möglichkeiten. Er ist völlig unbegrenzt. Wenn unser Glaube auf Gott gegründet ist, dann sollte unser Glaube keine Grenzen kennen.

Ist dein Glaube auf Gott gegründet? Das lässt sich leicht beantworten. Kannst du für absolut alles glauben oder sind dir manche Dinge zu groß? Wenn dein Glaube begrenzt ist, dann ist er nicht völlig auf Gott gegründet. Du baust noch zu sehr auf dich selbst und auf andere. Wenn dein Glaube allein auf Gott basiert, ist nichts unmöglich (Mk 9,23; 10,27).

Du kannst Gott begrenzen (Ps 78,41). Einer der einfachsten Wege dazu ist, mehr an deine eigene Fähigkeit zu versagen zu glauben, als an Gottes Fähigkeit in dir, erfolgreich zu sein. Setze heute deinen ganzen Glauben auf ihn allein. Das ist der Schlüssel, um einen erfolgreichen Tag zu haben!

Was liegt in deiner Hand?

1. Petrus 5,5-11

Alle eure Sorge werft auf ihn; denn er sorgt für euch.
1. Petrus 5,7

Mein jüngster Sohn war beinahe drei Jahre alt, bevor er anfing zu sprechen. Mit ihm war alles in Ordnung – warum sollte er sprechen, wenn er drei Leute hatte, die ihm auf eine Geste oder einen Laut hin alles gaben, was er wollte? Er war schlauer als wir alle und das musste sich ändern.

Als wir eines Tages aus einer öffentlichen Toilette kamen, versuchte er die Türe zu öffnen. Der Türgriff ließ sich nur schwer drücken und er schaffte es nicht. Er schaute mich an und gab Geräusche von sich, aber ich sagte ihm, dass er sprechen müsse, bevor ich die Tür öffne. Er weigerte sich und ließ den Türgriff nicht los. Andere warteten darauf, hinaus zu können, also musste ich jetzt die Tür öffnen. Seine kleine Hand umklammerte immer noch den Türgriff. Um den Türgriff zu drücken und die Türe zu öffnen, hätte ich seine Hand einquetschen müssen. Mir wurde klar, dass ich ihn dazu bewegen musste, von der Türe wegzugehen, bevor ich diese öffnen konnte.

Kaum hatte ich dies getan, sprach der Herr zu mir: „Genauso ist es mit dir. Du hast deine Probleme so fest in deinen kleinen Händen, dass ich nichts tun kann, bis du sie loslässt." Ich wusste natürlich sofort, wovon er sprach.

Ich machte mir Sorgen über die finanzielle Situation meines Dienstes. Ich dachte Tag und Nacht darüber nach, was ich tun konnte, um die Situation zu ändern. Ich hatte meine Sorgen nicht auf ihn geworfen. Ich hielt sie noch immer fest in meinen kleinen Händen. Symbolisch öffnete ich meine Hände und sagte: „Herr, ich gebe dir dieses Problem, öffne du die Türe." Dies tat er natürlich und versorgte uns mit dem, was wir brauchten.

Hältst du den Herrn davon ab, in deiner Situation einzugreifen, weil du dein Problem so fest im Griff hast? Lass es los, indem du all deine Sorgen auf ihn wirfst, denn er sorgt für dich. Er kann mit deinen Problemen besser umgehen als du.

Bettler oder Gläubiger?

Markus 10,46-52

Und sie kommen nach Jericho. Und als er von Jericho auszog samt seinen Jüngern und einer großen Volksmenge, saß ein Sohn des Timäus, Bartimäus der Blinde, am Weg und bettelte.
Markus 10,46

Zu dieser Zeit hatte Bartimäus keine andere Wahl, als ein Bettler zu sein. Es gab kein Mittel gegen seine Blindheit. Einige Leute jedoch hatten ihm davon erzählt, dass ein Mann namens Jesus andere von Blindheit geheilt hatte. Jetzt ging genau dieser Mann direkt an ihm vorbei und Bartimäus schrie zu ihm und nannte ihn den Sohn Davids. Dies zeigt uns, dass er Jesus als seinen Messias erkannt hatte. Dies war sein Tag. Gott selbst ging in Gestalt eines Menschen an ihm vorbei. Alles andere spielte keine Rolle mehr!

Bartimäus hätte sich auch anders entscheiden können. Bei all den vielen vorbeigehenden Menschen hätte Bartimäus an diesem Tag viel mehr Geld erbetteln können, als sonst in Monaten. Dies wäre *die* Gelegenheit gewesen. Bettler denken so. Aber Bartimäus wandelte sich an diesem Tag vom Bettler zum Gläubigen. Er dachte nicht an eine gute Gelegenheit, um in seinem Dasein als Bettler erfolgreich zu sein. Er dachte an ein brandneues Leben, ein Leben ohne Betteln, ein unabhängiges Leben, in dem er sehend für sich selbst sorgen und anderen helfen konnte.

Welche Entscheidung triffst du? Bist du so darin gefangen, deinen Status quo aufrechtzuerhalten, dass du die Gelegenheit verpasst, die Jesus dir bietet, um dein Leben zu verändern? Bist du so damit beschäftigt deinen Lebensunterhalt zu verdienen, dass du dir keine Zeit zum Bibellesen und Beten nimmst? Schaffst du es nicht in den Gottesdienst, weil dein Beruf dich so sehr fordert? Das ist so, als würde Bartimäus nicht um Heilung bitten, weil er solch eine günstige Gelegenheit zum Betteln hat.

Lass nicht zu, dass du durch die Anforderungen des täglichen Lebens Jesus verpasst, während er heute an dir vorübergeht. Wirf deine Bettlerkleidung ab und handle wie ein Gläubiger.

Wie verzweifelt bist du?

Markus 10,46-52

Und es geboten ihm viele, er solle schweigen; er aber rief noch viel mehr: Du Sohn Davids, erbarme dich über mich!
Markus 10,48

Es ist erstaunlich, wie viel Einfluss andere Menschen auf uns haben. Jeder von uns hat ein starkes Verlangen danach, sich an die Menschen um ihn herum anzupassen. Wir möchten ein Teil der Gruppe sein. Wir möchten nicht aus der Masse herausstechen. Wir möchten akzeptiert sein. Aber die Masse wird nie völlig mit Gott gehen. Die, die Gottes Bestes empfangen möchten, müssen gegen den Strom schwimmen.

Bartimäus musste sich gezwungenermaßen dem anpassen, was andere von ihm erwarteten. Andere Männer konnten wählen, wo sie leben oder welchen Beruf sie ausüben wollten, aber ein blinder Mann konnte nur betteln. Und dennoch, als Bartimäus von Jesus und den Wundern hörte, die er tat, hatte er plötzlich eine Wahl! Er konnte sich entscheiden zu glauben und geheilt zu werden.

Im Inneren des blinden Bettlers war das Herz eines Gläubigen. Bartimäus wartete sehnlichst auf den Tag, an dem Jesus an ihm vorübergehen würde, und eines Tages war es so weit. Er ließ sich von niemandem davon abbringen, dieses Wunder zu empfangen, und sobald er wusste, dass Jesus in der Nähe war, begann er zu schreien: „Du Sohn Davids, erbarme dich über mich!" Die anderen Menschen schämten sich wegen seines Ausbruchs, aber er hatte sein Leben in Schmach verbracht und wollte so nicht weitermachen. Wenn er kein Aufsehen um sich machen würde, würde sich nie etwas ändern. Es galt jetzt oder nie.

Es liegt etwas Kraftvolles in Verzweiflung, wenn sie mit Glauben an Jesus verbunden wird. Bist du verzweifelt genug, alles Nötige zu tun, um Jesus zu berühren und alles von ihm zu bekommen, was er heute für dich hat? Lass nichts und niemanden dich davon abhalten, sein Bestes zu empfangen.

Bereite dich auf dein Wunder vor

Markus 10,46-52

Er aber warf seinen Mantel ab, stand auf und kam zu Jesus.
Markus 10,50

Zu Zeiten von Bartimäus trugen Bettler Kleider, die sie als Bettler erkennbar machten. Deswegen machte Bartimäus, indem er seinen Mantel wegwarf, eine wichtige Aussage. Er sagte damit: „Ich bettle nicht länger." Er glaubte, dass Jesus ihn von seiner Blindheit heilen würde und handelte dementsprechend.

Während er blind war, konnte er die Kleidung, die er trug, selbst nicht sehen, aber andere Leute sahen sie. Durch die Kultur, in der Bartimäus lebte, war er verpflichtet, Kleidung zu tragen, die seiner Stellung im Leben entsprach. Bettler waren nicht wie alle anderen. Sie waren keine produktiven Mitglieder der Gesellschaft. Sie konnten toleriert oder bemitleidet, aber niemals wertgeschätzt werden. Ihnen wurden nicht die gleichen Rechte zugestanden wie denen, die normal waren.

Bartimäus musste diese Unterschiede gehasst haben, die ihm seine Blindheit eingebracht hatte. Zweifellos träumte er davon, wie es wäre, sehen zu können. Als er davon hörte, dass Jesus Blinde heilte, hatte er vermutlich sehr genaue Vorstellungen davon, was er tun würde, wenn Jesus jemals an ihm vorbeikäme. Eines wusste er mit Sicherheit: Wenn Jesus an ihm vorbeikäme, würde er sich von nichts und niemandem davon abhalten lassen, seine Heilung zu empfangen. Er würde niemals wieder betteln und vermutlich dachte er darüber nach, was er tun würde, wenn er sehen konnte.

Bartimäus wusste, dass Jesus ihn heilen würde, und dass er nie wieder die Kleidung eines Bettlers tragen würde. Wie sehr bist du davon überzeugt, dass er dich heilen, verändern und erretten kann? Hältst du an deinen „alten Kleidern" fest – nur für den Fall, dass nichts passiert und du bei deinem Bettlerdasein bleiben musst? Das ist kein Glaube! Sinne so lange über die Verheißungen Gottes nach, bis du dich selbst siehst, wie du das empfängst, was auch immer du brauchst. Und dann plane nicht ein, dahin zurückzukehren, von wo du gekommen bist.

Gottes Wahrheiten gehören dir

Matthäus 13,1-13

Er aber antwortete und sprach zu ihnen: Weil es euch gegeben ist, die Geheimnisse des Reiches der Himmel zu verstehen; jenen aber ist es nicht gegeben.
Matthäus 13,11

Gottes Wahrheiten sind seinen Kindern gegeben, und nicht vor ihnen verborgen. Er hat uns seine Geheimnisse gegeben – Wahrheiten, die nur seine Kinder verstehen. Nur wiedergeborene Gläubige können göttliche Offenbarungen empfangen, um zu verstehen, wie das Reich Gottes funktioniert.

Gott möchte, dass alle Menschen in sein Königreich kommen und es genießen. Er hat alle eingeladen die geistliche Wiedergeburt zu empfangen, die sie zu einer Offenbarung über die Geheimnisse seines Reiches berechtigt. Wie es in 1. Korinther 2,14 heißt, kann der natürliche Mensch nichts annehmen was vom Geist Gottes ist, denn es ist ihm eine Torheit. Darum: Wer Jesus ablehnt, lehnt die Quelle aller Weisheit und Erkenntnis ab (Kol 2,3).

Gott hat ein tiefes Verständnis über das ewige Leben für diejenigen bereitet, die Jesus aufnehmen. Wir können uns seiner Weisheit bedienen durch den Heiligen Geist, der in uns lebt, um Offenbarung aus seinem Wort und Weisheit für unseren Alltag zu empfangen. Auf diese Weise bewahrt er auch sein Gesetz, auf dem das Universum gegründet ist, vor Missbrauch durch Satan und dessen Dämonen.

In dieser Schriftstelle in Matthäus 13 spricht Jesus über diejenigen, die Offenbarungserkenntnis über die Geheimnisse Gottes haben. Sie werden noch mehr Offenbarungen empfangen und das Leben im Überfluss haben, das er bereitet hat (Joh 10,10; 2 Petr 1,3). Diejenigen, die nicht in Offenbarungserkenntnis wachsen, werden schließlich die Wahrheiten verlieren, die sie einmal gehabt haben, und in die Irre gehen. Gott offenbart uns seine Wahrheiten Stück für Stück, und nicht alle auf einmal (Jes 28,9-10), und wir müssen weiterhin nach ihm fragen!

Indem du in der Offenbarung dessen lebst, was der Herr dir bereits gezeigt hat, wird er dir mehr von seinen Wahrheiten offenbaren. Die Wahrheiten Gottes bleiben nur für diejenigen geheimnisvoll, die ihre Herzen nicht erweichen, indem sie ihn von ganzem Herzen suchen. So wie es in Jeremia 29,13 heißt: *Ja, ihr werdet mich suchen und finden, wenn ihr von ganzem Herzen nach mir verlangen werdet.*

Bewahre dein Gewissen

Matthäus 13,14-23

Denn das Herz dieses Volkes ist verstockt, und mit den Ohren hören sie schwer, und ihre Augen haben sie verschlossen, dass sie nicht etwa mit den Augen sehen und mit den Ohren hören und mit dem Herzen verstehen und sich bekehren und ich sie heile.
Matthäus 13,15

Das Wort *verstocken* bedeutet „schrittweise intensiver werden oder sich steigern". Es zeigt, dass dieser Herzenszustand nicht von unserer Geburt an besteht oder uns plötzlich trifft. Er muss sich über einen längeren Zeitraum entwickeln. Darum sollten wir nichts entgegen unserem Gewissen tun, auch nicht in nebensächlichen Dingen.

Indem du dein Gewissen bewahrst, bleibst du Gott gegenüber sensibel und verhinderst, dass dein Herz verhärtet. Wenn du selbst in kleinen Dingen dem Heiligen Geist gegenüber empfindsam bleibst, wirst du mehr und mehr verstehen und im Herrn zur vollen Reife heranwachsen.

Im Geist zu wandeln und nicht im Fleisch, beeinflusst dein Bewusstsein darüber, wie sehr Gott dich liebt. Wenn du gewohnheitsmäßig sündigst und dich nicht bemühst, deinem Fleisch zu widerstehen, wird dein Gewissen beschmutzt und es wird dich verdammen. Gott verdammt dich niemals, weil du sein Kind bist und er dich bedingungslos liebt, aber dein Gewissen wird dich verurteilen. In deinem irdischen Leben bedeutet dein Bewusstsein über Gottes Liebe zu dir alles. Es ist die Erkenntnis und das Zutrauen in seine Liebe, was dir helfen wird, der Versuchung zu widerstehen und ein klares Gewissen und ein reines Herz zu bewahren.

In 1. Johannes 3,21 steht: *Geliebte, wenn unser Herz uns nicht verurteilt, dann haben wir Freimütigkeit zu Gott.* Sei heute davon überzeugt, dass Gott dich liebt, egal was passiert. Dann wirst du voller Zuversicht in dem Leben vorwärtsgehen, das er für dich vorgesehen hat, und in jedem Bereich deines Lebens Sünde überwinden und erfolgreich sein.

Das Wunder vom Esel und dem Fohlen

Johannes 12,14-15

Jesus aber hatte einen jungen Esel gefunden und setzte sich darauf, wie geschrieben steht: „Fürchte dich nicht, Tochter Zion! Siehe, dein König kommt, sitzend auf dem Füllen einer Eselin."
Johannes 12,14-15

Dies ist die Erfüllung von Sacharja 9,9 und sie erfüllte sich bis ins kleinste Detail. Sacharja prophezeite, dass Jesus nicht einfach nur auf einem Esel, sondern auf einem Jungtier oder dem Fohlen einer Eselin reiten würde. Er sagte voraus, dass die Menschen dem Messias zujubeln würden, was an diesem Tag tatsächlich geschah.

Alle vier Evangelien beschreiben einen triumphalen Einzug, aber nur Matthäus erwähnt einen Esel mit einem Fohlen. Eine einfache Erklärung für diesen scheinbaren „Widerspruch" ist, dass Jesus auf dem Fohlen ritt, während der Esel nebenherlief und er unterwegs auf beiden Tieren hätte reiten können.

Jesus war längere Zeit nicht mehr in Jerusalem gewesen und es gibt keine Hinweise darauf, dass er im Vorfeld irgendwelche Vorbereitungen getroffen hätte, dass diese Tiere zur Verfügung stehen würden. Das Wissen, wo der Esel und das Fohlen zu finden sein würden, war ihm übernatürlich durch den Heiligen Geist vermittelt worden.

Gott tat auch bei dem Besitzer dieser Tiere eine Art Wunder, sodass dieser bereit war, sie herzugeben. Vielleicht war er auch ein hingegebener Nachfolger Jesu, der sie gern zur Verfügung stellte, als er erfuhr, dass Jesus derjenige war, der sie brauchte. Wie auch immer, diese ganze Begebenheit im Leben Jesu war wundersam von Gott orchestriert.

Was benötigst du heute? Als ein Kind Gottes und Miterbe Jesu wurden bereits alle deine Bedürfnisse gedeckt. Genau wie bei Jesus wird der Heilige Geist dir sagen, wohin du gehen und mit wem du dich treffen musst, um zu bekommen was du brauchst, um seinen Ruf auf deinem Leben erfüllen zu können.

Die Kraft von Lobpreis und Anbetung

Lukas 19,29-40

Und etliche der Pharisäer unter der Volksmenge sprachen zu ihm: Meister, weise deine Jünger zurecht! Und er antwortete und sprach zu ihnen: Ich sage euch: Wenn diese schweigen sollten, dann würden die Steine schreien!
Lukas 19,39-40

Es ist nichts verkehrt daran, Gott die Ehre zu geben. Die Bibel ermutigt uns an Tausenden Stellen dazu, manchmal werden wir regelrecht dazu aufgefordert. Warum also waren die Pharisäer so verärgert? Der Grund war, dass sie Jesus nicht als Gott akzeptierten. Wäre Jesus nicht Gott gewesen, hätte er in der Tat eine Gotteslästerung begangen, indem er den Lobpreis akzeptierte. Daher ist dies eine weitere Bestätigung seiner Göttlichkeit.

Nur Lukas berichtet von diesem Einspruch der Pharisäer und der Antwort Jesu. Dies war der triumphale Einzug des Königs Israels in Jerusalem (den wir als Palmsonntag bezeichnen), der lange vorhergesagt worden war, und auf den sie seit Jahrhunderten warteten. Die Begeisterung kannte keine Grenzen. Hätten die Menschen sich geweigert, ihn zu preisen, dann wäre die Schöpfung spontan in Lobpreis ausgebrochen. Doch kein Stein sollte das tun müssen, wozu Gott uns geschaffen hat!

Wenn wir die Äußerungen der Menschenmengen damals aus den Evangelien zusammentragen, finden wir folgende Aussagen: *Hosianna dem Sohn Davids!* (nur bei Matthäus). *Gepriesen sei der König* (Lukasevangelium) oder *(...) der König Israels* (Johannesevangelium), *(...) der kommt im Namen des Herrn. Gepriesen sei das Reich unseres Vaters David, das kommt im Namen des Herrn!* (nur bei Markus). *Hosianna in der Höhe!* (nur bei Matthäus und Markus). *Friede im Himmel und Ehre in der Höhe!* (nur bei Lukas).

Anbetung ist einzig und allein nur Gott vorbehalten, doch der Teufel hat immer genau danach getrachtet. Wenn er keine Anbetung bekommen kann, versucht er andere von der Anbetung Gottes abzubringen. Dies war der Grund, warum die Pharisäer – die Marionetten Satans – wollten, dass die Leute aufhörten, Jesus zu preisen.

Wenn du möchtest, dass der Teufel heute Hals über Kopf davonrennt, dann preise den Herrn von ganzem Herzen und bete ihn an.

Die Bedeutung des Passahmahls

Lukas 22,15-18

Denn ich sage euch: Ich werde künftig nicht mehr davon essen, bis es erfüllt sein wird im Reich Gottes.
Lukas 22,16

Den Herrn verlangte danach, das Passahmahl mit seinen Jüngern zu feiern. Sein Auftrag sollte sich in weniger als 24 Stunden erfüllen und wie jeder, der die Ziellinie schon vor sich sieht, war er wahrscheinlich sowohl erleichtert als auch aufgeregt. Das Passahmahl erinnert an die Befreiung der Juden aus der ägyptischen Sklaverei (2 Mose 13,3-10), aber es hat auch einen viel tieferen geistlichen Zusammenhang, der durch den Tod Jesu erfüllt werden sollte.

In der Nacht des allerersten Passahfests ging der Herr durch Ägypten und richtete das Land, indem er alle erstgeborenen Söhne und Tiere tötete. Um diesem Gericht zu entgehen, musste jede jüdische Familie ein makelloses Lamm schlachten und dessen Blut auf die Türschwellen ihrer Häuser streichen. Sie wurden angewiesen, bis zum nächsten Morgen unter dem Schutz dieses Blutes in den Häusern zu bleiben. Als der Herr um Mitternacht durch das Land ging, um sein Gericht zu vollstrecken, ging er an den Häusern vorbei, auf deren Türschwellen das Blut des Lammes aufgetragen war.

Dies ist ein perfektes Bild für die Erlösung, die Jesus uns durch sein Blut anbietet. Jesus wurde am 14. Tag des ersten Monats des jüdischen Jahres geopfert – genau der Tag, an dem die Passahlämmer im Tempel geschlachtet wurden. *Denn unser Passahlamm ist ja für uns geschlachtet worden: Christus* (1 Kor 5,7).

Du verdienst heute Verurteilung für deine Sünden, aber wenn du Jesus als deinen Herrn und Erlöser bekannt hast, bedeckt sein Blut dein Herz. Nun musst du nicht länger Angst vor dem Tag des Gerichts haben, denn deine Sünden sind vergeben und weggewaschen. Du stehst nicht länger unter Anklage. Du stehst unter der Gnade und Barmherzigkeit Gottes.

Sein seelischer Schmerz

Lukas 22,43-44

Und er war in ringendem Kampf und betete inbrünstiger; sein Schweiß wurde aber wie Blutstropfen, die auf die Erde fielen.
Lukas 22,44

Es ist interessant, dass Lukas der einzige Schreiber ist, in dessen Evangelium erwähnt wird, dass Jesu Schweiß wie „Blutstropfen" wurde. Weil Lukas Arzt war (Kol 4,14), hatte diese Tatsache für ihn wahrscheinlich eine besondere Bedeutung. Es gibt dokumentierte Fälle von Menschen, die unter extrem starkem emotionalen Druck tatsächlich Blutstropfen geschwitzt haben.

Lukas ist auch der einzige Schreiber, der erwähnt, dass Jesus von einem Engel gestärkt wurde. Das andere Mal, als dies passierte, fastete Jesus für 40 Tage in der Wüste und der Teufel versuchte ihn. Die Bibel sagt, dass die Engel ihm dienten (Mk 1,13). Auch hier benötigte er übernatürliche Stärke, um dieses Leiden auszuhalten.

Der Gebrauch der Worte *aber wie* könnte auch bedeuten, dass der Schweiß Jesu nur in Größe und Konsistenz mit Blut vergleichbar war, doch dies würde natürlich die Auswirkungen der Seelenqualen Jesu auf seinen Körper herunterspielen. Seine Leiden für uns waren weit mehr als nur körperlicher Natur. In dem Garten litt er seelisch, beinahe bis zum Tod. Wie Lukas berichtet, musste ein Engel kommen, um ihn zu stärken, denn sonst hätten ihn allein die seelischen Qualen umgebracht.

In dieser Welt zu leben ist nicht einfach, und ich bin mir sicher, dass du einige schwierige und vielleicht sogar tragische Zeiten in deinem Leben hattest. Doch warst du jemals seelisch so belastet, dass du sogar Blut geschwitzt hast? Das hat Jesus für dich durchgemacht. Er hat all deine seelischen Schmerzen und Leiden auf sich genommen, damit du frei sein kannst. Wenn du heute Zweifel daran hast, ob er möchte, dass du glücklich und frei von Sorgen bist, dann erinnere dich an das Blut, das er für dich in dem Garten vergossen hat.

Die Kraft seines Namens

Johannes 18,5-9

Als er nun zu ihnen sprach: Ich bin's!, wichen sie alle zurück und fielen zu Boden.
Johannes 18,6

Es ist offensichtlich, dass es die Kraft Gottes war, die all diese Männer zu Fall brachte, aber warum geschah dies, als er sagte „Ich bin's"?

In diesem Vers und auch in Vers 8 wurde der Übersetzung aus dem Griechischen das Wort *es* hinzugefügt, um den Satz grammatikalisch korrekt zu ergänzen. Dies ist ein brauchbares Mittel und in den meisten Fällen sehr hilfreich. In diesem Fall jedoch hätten die Übersetzer den Text so lassen können, wie er war.

Jesus sagte wörtlich: „Ich bin." Jeder Jude wusste, dass Gottes Antwort auf Moses Frage, wer er sei, lautete: „ICH BIN" (2 Mose 3,14). Sie wussten: Dies war der Name Gottes. Jesus bezeugte nur, wer er war und damit setzte er die Kraft seiner Herrlichkeit frei. Kein Wunder, dass es diese Männer umhaute!

Als Jesus gefangen genommen wurde, heilte er auf wundersame Weise das Ohr des Knechts (nachdem Petrus es abgehauen hatte), und dann warf der Klang seines Namens alle zu Boden. Warum tat er diese Dinge? Es zeigt, wie leicht er sich gegen jede Armee hätte wehren können, die ihn umbringen wollte. Er demonstrierte, was er in Johannes 10,18 gesagt hatte, dass nämlich niemand sein Leben nehmen könnte. Er legte es aus freien Stücken nieder.

Du kannst dir in dem Wissen vollkommen sicher sein, dass du in Christus bist, dass er in dir ist und dass dir der Name Jesus gegeben wurde, damit du ihn in der gleichen Kraft und Autorität benutzt, wie Jesus es tat, als sie kamen, um ihn gefangen zu nehmen. Du kannst heute in seiner Kraft vorwärtsgehen.

Sein Schweigen sprach Bände

Lukas 22,63-64

Die Männer aber, die Jesus festhielten, verspotteten und misshandelten ihn; und nachdem sie ihn verhüllt hatten, schlugen sie ihn ins Angesicht und fragten ihn und sprachen: Weissage uns, wer ist's, der dich geschlagen hat?
Lukas 22,63-64

Hier wird beschrieben, wie Gottes eigene Schöpfung seinen Sohn verspottet und beleidigt, ohne dass Gott eingreift. Der Schmerz des Vaters in dieser Situation war sicherlich unbeschreiblich gewesen. Die Männer, die Jesus schlugen und ihn aufforderten zu prophezeien, müssen sein Schweigen als Beweis genommen haben, dass er nicht derjenige ist, der er behauptete zu sein. Der natürliche Verstand konnte nicht begreifen, dass der allmächtige Gott eine solche Peinigung von seiner eigenen Schöpfung erdulden würde. Das jedoch war Gottes Plan.

Jesaja prophezeite: *Er wurde misshandelt, aber er beugte sich und tat seinen Mund nicht auf, wie ein Lamm, das zur Schlachtbank geführt wird, und wie ein Schaf, das verstummt vor seinem Scherer und seinen Mund nicht auftut* (Jes 53,7). Jesus tat seinen Mund nicht auf. Jesaja führte weiter aus, dass Jesus *infolge von Drangsal und Gericht* weggenommen wurde (Jes 53,8), was sich darauf bezieht, dass Jesus nie ein gerechter Prozess gemacht wurde. Jesaja prophezeite weiter, dass Jesu Grab bei Gottlosen bestimmt sei, aber er bei einem Reichen in seinem Tod sein wird (Jes 53,9). Diese Prophezeiung wurde erfüllt, als Jesus zwischen den beiden Übeltätern gekreuzigt und in die Grabstätte eines Reichen gelegt wurde.

Die Wahrheit ist, dass Jesu Schweigen Bände sprach. Es sprach von seiner unermesslichen Liebe zum Vater und auch zu dir und mir. Es sprach von seinem vollkommenen Vertrauen in das Versprechen des Vaters, ihn von den Toten aufzuerwecken. Es sprach von der Freude, die vor ihm lag und die seine Kraftquelle war, das Kreuz zu erdulden. Und es sprach die Worte, die Satan seit Jahrhunderten hören wollte: Der Messias ist in deine Hände ausgeliefert.

Aber Jesu Schweigen sprach auch etwas, was der Teufel überhört hat: In Wirklichkeit würde er nicht den Messias umbringen, sondern das Lamm Gottes opfern, das die Sünde der Welt hinwegnehmen und dadurch den Teufel aller Macht berauben sollte. In 1. Korinther 2,8 lesen wir, dass

Satan Jesus niemals gekreuzigt hätte, wenn er erkannt hätte, was sein Tod bewirken würde.

Wenn du heute darüber nachdenkst, wie Gott dich jemals aus deiner misslichen Lage befreien kann, wie er dein Herz und deine Umstände verändern kann – oder das Herz und die Umstände anderer Personen –, dann führ dir vor Augen, dass er es sogar geschafft hat, den Teufel dazu zu bringen, Gottes Willen zu tun!

Pilatus wäscht seine Hände in Unschuld

Matthäus 27,19-24

Als nun Pilatus sah, dass er nichts ausrichtete, sondern dass vielmehr ein Aufruhr entstand, nahm er Wasser und wusch sich vor der Volksmenge die Hände und sprach: Ich bin unschuldig an dem Blut dieses Gerechten; seht ihr zu!
Matthäus 27,24

Mit dem Waschen seiner Hände führte Pilatus eine symbolische Handlung aus, durch die man zur damaligen Zeit seine Unschuld deklarierte; gleichzeitig war es auch ein Ritual, das das jüdische Gesetz vorschreibt (5 Mose 21,6; Ps 26,6). Matthäus vermerkt als einziger der Evangelisten, dass Pilatus seine Hände wusch, um alle Schuld am Tod Jesu von sich zu weisen. Ebenfalls lesen wir nur bei Matthäus, dass die Ehefrau des Pilatus ihrem Mann Einzelheiten eines Traums, den sie über Jesus hatte, erzählte. Sie bat ihn inständig, dass er von Jesus ablassen sollte. Historische Quellen belegen, dass ihr Name Claudia war. Sie war die einzige Person, die sich während seiner Gerichtsverhandlung für Jesus einsetzte.

Claudias Traum war von Gott, denn sie musste diesen Traum gehabt haben, bevor sie wusste, dass Jesus vor Pilatus gebracht werden würde. Der Herr bezeugte Pilatus in seinem Herzen nicht nur, dass Jesus unschuldig war, sondern gab ihm auch eine klare Botschaft durch den Traum seiner Frau. Pilatus war in dieser Sache also nicht mehr unschuldig. Diese Beispiele unterstreichen, dass Pilatus nicht ohne Schuld war an der Verurteilung Jesu zum Tode. Pilatus wird in alle Ewigkeit versuchen, das Blut Jesu von seinen Händen zu waschen.

Wenn Gott seine Treue gegenüber Pilatus und seiner Frau erwies, die beide nicht gläubig waren, und ihnen die Wahrheit über diese Situation offenbarte, wie viel mehr kannst du dir sicher sein, dass Gott dich, sein wertvolles Kind, in jeder Situation, in der du dich heute befindest, in alle Wahrheit leiten wird. Alles, was du tun musst, ist zu fragen und der Herr wird dir die Weisheit geben, die du brauchst (Jak 1,5).

Beziehung – nicht Religion!

Johannes 19,28-30

Als nun Jesus den Essig genommen hatte, sprach er: Es ist vollbracht! Und er neigte das Haupt und übergab den Geist.
Johannes 19,30

Als Jesus ausrief: „Es ist vollbracht!“, bezog er dies nicht auf den ganzen Heilsplan. Er musste erst noch hinabsteigen in die Niederungen der Erde, um die Gefangenen herauszuführen (Eph 4,8-9), von den Toten auferstehen und dann zum Vater aufsteigen (Hebr 7,25). In 1. Korinther 15,14 und 17 stellt Paulus klar: Wenn Jesus nicht von den Toten auferstanden wäre, dann würde auch unser Glaube vergeblich sein und wir wären immer noch zur ewigen Hölle verdammt.

Warum ist die Auferstehung so wichtig? Unsere Errettung hängt davon ab, dass wir glauben, dass Gott Jesus von den Toten auferweckt hat (Röm 10,9). Die Auferstehung Jesu beweist, dass die Schuld für unsere Sünde bezahlt wurde. Laut Gesetz hätte Gott seinen Sohn nicht von den Toten auferwecken können, wenn Jesus für seine eigene persönliche Sünde gestorben wäre. Die Auferstehung beweist, dass Jesus in der Lage war, alle unsere Sünden auf sich zu nehmen und damit die Forderungen des Gesetzes zu erfüllen. Es ist das Gesetz, dessen Erfüllung er am Kreuz vollbracht hat.

Das Gesetz konnte uns nur unsere Sünde aufzeigen und uns verurteilen; Jesus aber erfüllte es und nahm alle unsere Verfehlungen auf sich (Eph 2,15). Er erfüllte das Gesetz für uns und stellte die göttliche Gerechtigkeit her, indem er den Preis für alle unsere Übertretungen gegen Gottes Gesetz zahlte. Er sorgte dafür, dass Gott uns vergeben kann und wir in der Gnade Gottes leben können. Nun müssen wir nicht mehr versuchen, religiöse Vorschriften einzuhalten und haben auch keine speziellen Opfer mehr zu bringen, sollten wir versagen. Wir leben in einer persönlichen, lebendigen Beziehung zum Vater und werden vom Heiligen Geist geleitet.

Jesu Auferstehung unterscheidet das Christentum von allen anderen Religionen, da wir einer lebendigen Person dienen, statt nur Gesetze und Anordnungen zu erfüllen. Dein Glaube vollzieht sich in der Beziehung zu Jesus Christus, der lebt und ganz offen mit dir spricht. Sprich mit ihm, wenn du heute durch deinen Tag gehst.

Was sucht ihr den Lebenden bei den Toten?

Lukas 24,1-9

Da sie nun erschraken und das Angesicht zur Erde neigten, sprachen diese zu ihnen: Was sucht ihr den Lebenden bei den Toten?
Lukas 24,5

Der Engel fragte die Frauen am Grab: „Was sucht ihr den Lebenden bei den Toten?" Das ist eine gute Frage! Die Frauen wollten am Morgen der Auferstehung Jesus aufsuchen; sie suchten aber nicht nach dem auferstandenen, lebendigen und siegreichen Christus. Sie waren voller Trauer, weil der Jesus, den sie suchten, tot war.

Gleichermaßen suchen auch wir oft einen toten Gott. Wir würden es zwar nicht so ausdrücken, aber darauf läuft es hinaus. Wir beten und sprechen darüber, wie groß und unlösbar unsere Probleme sind, ganz so als wäre Gott tot. Wir haben es vergessen oder glauben nicht daran, dass Jesus alle Probleme unseres Lebens bereits überwunden hat. Wir sagen Dinge wie: „Der Arzt sagt, dass ich sterben werde." Was bedeutet das schon für denjenigen, der den Tod bezwungen hat? Die Diagnose eines Arztes hat für ihn kein Gewicht. Wenn wir zu dem auferstandenen Christus beten, wird uns der Tod auch nicht überwältigen.

Es verherrlicht unseren Herrn nicht, wenn wir bei jeder schlechten Nachricht wie ein Kartenhaus zusammenbrechen. Wir haben Zugang zu Jesus, dem alle Macht im Himmel und auf Erden gegeben ist. Wir müssen zu dem auferstandenen Christus kommen in der Erwartung, dass die Kraft der Auferstehung in unsere Situation fließt.

Hätten die Frauen am Grab geglaubt, dass Jesus lebt, wäre ihre Traurigkeit in Freude verwandelt worden. Dieses wirst du auch erleben, wenn du dich dem auferstandenen Retter Jesus Christus zuwendest. Er hat alle deine Feinde unter seine Füße getreten – und damit befinden sie sich auch unter deinen Füßen. Erkenne, dass Jesus lebendig ist und der allmächtige Gott heute in deinem Leben wirkt und lass wahre Freude in deinem Herzen aufsteigen.

Verleugnung der Auferstehung

Matthäus 28,1-15

Während sie aber hingingen, siehe, da kamen etliche von der Wache in die Stadt und verkündeten den obersten Priestern alles, was geschehen war.
Matthäus 28,11

Einen der stärksten Beweise für die Auferstehung Jesu finden wir darin, dass die Juden alle Anstrengungen unternahmen, um zu verhindern, dass die Menschen an die Auferstehung Jesu glaubten. Sie versiegelten den Stein vor dem Grab, in dem Jesus lag, und ließen Pilatus eine Wache vor der Grabstätte postieren, damit die Jünger den Leichnam nicht entwenden konnten, um dann behaupten zu können, dass Jesus von den Toten auferstanden sei (Mt 27,64-66). Dieses Vorgehen führte am Ende dazu, dass jeder Zweifel an der übernatürlichen Auferstehung Jesu ausgeräumt wurde.

Um den Leichnam Jesu zu stehlen, hätten die Jünger die römischen Wachleute töten, das Siegel aufbrechen und den schweren Stein wegrollen müssen. Am nächsten Morgen wären die getöteten Soldaten dann der Beweis für die Täuschung der Jünger gewesen. Stattdessen fand man die Wache völlig unter Schock wegen dem, was sie gesehen und erlebt hatten. Sie erstarrten, als wären sie tot, während der Engel erschien, den Stein wegrollte und verkündete, dass Jesus auferstanden sei (Mt 28,2-6). Sie flohen dann in die Stadt und erzählten die Geschehnisse den obersten Priestern. Das war dann der Moment, als die Juden die römischen Wachleute bestachen, damit diese behaupteten, die Jünger hätten den Leichnam gestohlen.

Jedem, der den Ehrenkodex der römischen Soldaten kannte, wäre diese Geschichte sehr verdächtig vorgekommen. Alle Soldaten waren bereit, ihr Leben herzugeben, um den Willen ihres Herrschers auszuführen und Pilatus hatte ihnen befohlen, dafür zu sorgen, dass die Jünger den Leichnam nicht stehlen. Wenn die Behauptung wahr gewesen wäre, hätten die Soldaten tot sein müssen.

Auf diesem Wege wurden die Feinde Jesu zu historischen Zeugen, dass Jesus tatsächlich von den Toten auferstanden war. Diejenigen, die auf Veranlassung der Juden dafür sorgen sollten, dass keine Auferstehungsgerüchte entstehen, wurden zu den ersten Zeugen und Verkündern der Auferstehung Jesu. Dies ist ein weiteres Beispiel von vielen, wie Gott die Pläne Satans für seine eigenen Pläne nutzte. Er kann das Gleiche auch heute für dich tun.

Wertvoll und kostbar

Lukas 8,11-15

Das Gleichnis aber bedeutet dies: Der Same ist das Wort Gottes.
Lukas 8,11

Du hast die Fülle Christi in dir, aber lebst du in der Fülle? Wie kannst du die Erkenntnis über ein Leben in Fülle bekommen? Offenbarung und Verständnis kommen durch das Lesen im Wort Gottes und durch das Wirken des Heiligen Geistes in uns.

Du weißt vielleicht nicht, welches Vorrecht es für dich ist, Gottes Wort in deiner Muttersprache zu lesen. Vor 600 Jahren gab es noch keine Übersetzung der Bibel in englischer oder deutscher Sprache, aus der die Gläubigen selbst lesen konnten. Die meisten Bibelmanuskripte waren in lateinischer Sprache verfasst und nur der Klerus hatte Zugang zu den Texten. Erst durch die Bibelübersetzungen von John Wyclif (1384) und William Tyndale (1523) in England sowie von Martin Luther (1522) in Deutschland war es möglich, die Schriften der Propheten und der Apostel selbst zu lesen. Diese Männer gaben ihr Leben, um ihrem Volk Zugang zu Gottes Wort zu bringen. Auch aus diesem Grund sollten wir unsere Bibel als wertvoll und kostbar ansehen.

Das *Schwert des Geistes* ist der einzige Teil der Waffenrüstung, um unseren Feind aktiv zu bekämpfen und zu verwunden. Nicht die Bibel in unserem Bücherschrank schlägt den Feind in die Flucht, sondern Gottes Wort in unserem Herzen, das durch die Kraft des Heiligen Geistes aktiviert und im richtigen Augenblick ausgesprochen wird. In ähnlicher Weise hat es Jesus in Johannes 6,63 ausgedrückt: *Die Worte, die ich zu euch rede, sind Geist und sind Leben.* Das Wort allein setzt uns nicht frei. Es ist das Wort, das wir kennen und aussprechen, das uns freisetzt (Joh 8,32).

Warum ist das Wort so mächtig? Weil es *Gottes* Wort ist. Sein Wort trägt Gottes souveräne Macht in sich, die alle Macht der Kirche, die Macht des menschlichen Verstands und der Intelligenz und ganz sicher auch die Macht Satans und der Dämonen übersteigt. Wenn du Gottes Wort im Glauben aussprichst, wird der Heilige Geist kommen und wirken. Täglich musst du dir das Wort Gottes zu eigen machen, indem du es in dein Herz einpflanzt und es als deinen von Gott gegebenen wertvollsten Besitz hütest und danach lebst. So wirst du die Fülle Gottes erfahren.

Gottes Wort: Benutze es nach Anweisung

Lukas 8,4-11

Das Gleichnis aber bedeutet dies: Der Same ist das Wort Gottes
Lukas 8,11

In dem Gleichnis über den Sämann lehrt Jesus, dass der Same das Wort Gottes ist. Es muss in dein Herz eingepflanzt sein und Wurzeln geschlagen haben, bevor Gottes Kraft freigesetzt werden kann. Jesus spricht davon, dass der Samen in vier verschiedene Arten von Boden gesät werden kann. Diese Bodenarten entsprechen vier menschlichen Herzenshaltungen. Das Wort ist immer das Gleiche, aber das Ergebnis ist abhängig von der Herzenshaltung einer jeden Person. Die variable Größe in diesem Gleichnis ist der Zustand des Herzens – nicht das Wort Gottes. Wie ein Same in guter Erde wird Gottes Wort, wenn es in dein Herz eingepflanzt ist, immer wachsen und Frucht hervorbringen.

Wie bekommst du nun ein Herz, in dem das Wort Gottes wachsen und gedeihen kann? Guter Boden kommt nicht von allein; er muss bearbeitet werden. Das ist der Grund, warum nur eine von vier Personen in diesem Gleichnis Frucht bringt. Es braucht viel Zeit, Anstrengung und Fleiß, um ein Christ zu sein, der Frucht bringt. Das christliche Leben ist kein 100-Meter-Sprint; vielmehr gleicht es einem Marathonlauf. Jeder Landwirt wird dir bestätigen, dass es einfacher und schneller geht, Unkraut zu züchten, also Tomaten oder Getreide.

In dem ganzen Gleichnis ist es das Wort, das Frucht hervorbringt. Der Boden bereitet dem Wort eine gute Grundlage zu wachsen. Wenn wir einfach nur Gottes Wort in unser Herz aufnehmen, es behüten und ihm Priorität in unserem Leben geben, wird das Wort aus sich heraus Frucht bringen. Satan hat viele Menschen getäuscht, dass sie denken, sie besäßen nicht das Talent oder die Fähigkeit, Frucht in ihrem Leben hervorzubringen. Aber es sind nicht sie selbst, die die Frucht bringen; es ist Gottes Wort in ihnen, das Freude und Erfolg in ihr Leben bringt.

Nimm dir heute Zeit über Gottes Wort nachzusinnen und lebe nach dem Wort, das du in dein Herz gesät hast. Wenn du es in deinem Herzen behütest und darauf baust, wird das Wort selbst alles Weitere hinzutun.

Gottes Wort verstehen

Lukas 8,4-13

Die am Weg sind die, welche es hören; danach kommt der Teufel und nimmt das Wort von ihren Herzen weg, damit sie nicht zum Glauben gelangen und gerettet werden.
Lukas 8,12

In dem Gleichnis des Sämanns beschreibt Jesus die erste Person als jemanden, der Gottes Wort nicht versteht (Mt 13,19). Bevor das Wort in dein Herz eindringen kann, benötigst du ein Verständnis darüber, was es bedeutet. Es muss dich ansprechen und du musst es als persönliches Wort für dich annehmen. Wenn du es nicht verstehst, wird es verstreut am Wegesrand, weil es keine Bedeutung für dich hat. Die Vögel kommen und picken die Samen und es wird keine Frucht bringen.

Aus Markus 4,15 und Lukas 8,12 können wir sehen, dass die Vögel mit Satan gleichzusetzen sind. Markus sagt, dass der Teufel sofort kommt und das Wort raubt. Bei den anderen Personen, die Jesus in diesem Gleichnis beschreibt, hat der Teufel keinen direkten Zugang zum Wort. Er kann das Wort nicht von uns stehlen, wenn wir es fest in unseren Herzen behalten (Ps 119,11). Die erste hier beschriebene Person hört das Wort einfach nur, nimmt es aber nicht in ihr Herz auf. Sie setzt es nicht in ihrem Alltag ein und verliert es somit wieder.

Beachte, dass für Lukas ebenso wie für Paulus in Römer 10,14-17 Glauben und Errettung mit dem Aussäen des Wortes in unsere Herzen zusammenhängt. Wenn kein Wort in uns ist, kann es auch keinen Glauben und keine Errettung geben (1 Petr 1,23). Um Menschen zu erretten, müssen wir das Wort Gottes predigen, statt uns mit Moral oder sozialen Themen zu beschäftigen.

Die Art und Weise wie Lukas das Wort Errettung benutzt, schließt die Wiedergeburt mit ein, beschränkt sich aber nicht darauf. Dieser Vers könnte sich auf eine Person beziehen, die das Wort nicht hört und deshalb nicht errettet wird. Er könnte aber auch Christen beschreiben, die das Wort in einem bestimmten Bereich ihres Lebens nicht empfangen haben und deshalb nicht die Befreiung, die Heilung oder den Sieg, den Jesus ihnen zur Verfügung gestellt hat, erfahren.

Wenn du bisher nicht das überfließende Leben erfahren hast, das Jesus dir gegeben hat, weil er für dich gestorben ist, liegt es vielleicht daran, dass du das Wort Gottes in dein Herz einpflanzen und es dir zu eigen machen musst. Lass es eine Wegweisung für dein Leben sein. Dann wirst du anfangen, die Früchte des Heiligen Geistes in deinem Leben zu sehen und ein siegreiches Leben führen.

Keine Ablenkungen bitte

Markus 4,13-20

Und gleicherweise, wo auf steinigen Boden gesät wurde, das sind die, welche das Wort, wenn sie es hören, sogleich mit Freuden aufnehmen.
Markus 4,16

Die zweite Person, auf die Jesus in dem Gleichnis des Sämanns eingeht, nimmt das Wort mit großer Freude auf, geht aber nur oberflächlich mit ihm um. Das Wort schlägt keine Wurzeln in ihrem Herzen. Wie eine Pflanze starke Wurzeln zum Wachstum braucht, müssen wir in Gottes Wort verwurzelt sein.

Ein Same, der an der Oberfläche gesät wird, keimt und wächst schneller als ein Same, der tief in die Erde eingepflanzt wurde. Der tief eingepflanzte Same wird jedoch alle seine Energie aufwenden, um zuerst Wurzeln zu entwickeln. Die Pflanze in flacher Erde scheint für eine Weile viel schneller zu wachsen, aber das bleibt nicht so. Schon bald verdorrt sie und stirbt ab, während die Pflanze mit den tiefen Wurzeln sich entwickelt und Frucht bringt.

Verfolgung, Leid und Kummer sind Instrumente des Teufels, um zu verhindern, dass das Wort Gottes Frucht in unseren Leben hervorbringt. Gott wird uns mit diesen Dingen niemals prüfen. Nein, sie sind Wege, die der Teufel nutzt, um uns vom Wort abzubringen, damit es keine Wurzeln in uns schlagen kann. Es ist wie der Athlet, der beim Laufwettbewerb im Stadion mit den Zuschauern über seine Rennstrategie diskutiert; er mag in der Diskussion überzeugen, aber er wird das Rennen verlieren.

Wenn du dein eigenes geistliches Wachstum zu sehr in den Vordergrund stellst, wirst du ungeduldig und das Wort hat nicht die Zeit, tiefe Wurzeln zu entwickeln. Die Folge ist immer Unfruchtbarkeit. Du darfst dich nicht ablenken lassen, Tag und Nacht über Gottes Wort nachzusinnen; nur dann wird es dich auf deinem Weg bereichern und erfolgreich machen (Jos 1,8). Wenn du in jedem Bereich deines Lebens Gottes Wort den Vorrang gibst und es beachtest, wird es tiefe Wurzeln in dir haben, die nichts und niemand entfernen kann.

Weltliche Sorgen sind wie Dornen

Lukas 8,5-14

Was aber unter die Dornen fiel, das sind die, welche es gehört haben; aber sie gehen hin und werden von Sorgen und Reichtum und Vergnügungen des Lebens erstickt und bringen die Frucht nicht zur Reife.
Lukas 8,14

Die dritte Art von Boden, über den Jesus im Gleichnis vom Sämann lehrt, ist charakteristisch für einen großen Teil der Christenheit heutzutage. Es sind jene Gläubigen, die Gottes Wort gehört haben und genug Hingabe besitzen, auch unter Verfolgung treu zu bleiben. Doch sind sie zu beschäftigt mit den Angelegenheiten dieses Lebens! Das Wort, das in ihre Herzen gesät wurde, wird erstickt und bringt keine Frucht hervor. So wie das Unkraut im Garten den Nutzpflanzen alle Nährstoffe entzieht und sie verkümmern lässt, so sind beide Dinge – die Sorgen und die Vergnügungen des Lebens – dafür verantwortlich, dass das Wort keine Frucht bringt, da die Gläubigen den Sorgen und Wünschen des täglichen Lebens erlegen sind.

Durch alle Jahrhunderte hindurch ist die Kirche während Verfolgungszeiten immer an Größe und Stärke gewachsen. Der Grund dafür ist, dass wir während Verfolgungen unsere Prioritäten klar setzen. Wir erkennen, dass unser Leben in Christus ist (Joh 14,6) und nicht in weltlichen Dingen (Lk 12,15), und so richten wir all unsere Aufmerksamkeit auf ihn. Wohlstand hat den Leib Christi weit mehr zerstört als Verfolgung. Gott will seine Kinder mit materiellem Wohlstand segnen (Ps 35,27; Mt 6,33), doch wenn wir uns zu sehr mit diesen Dingen beschäftigen, wird es Gottes Wort ersticken und unfruchtbar machen.

Jesus sagte, dass diese Menschen, von denen im Gleichnis die Rede ist, keine Frucht zur Reife bringen würden. Sie brachten wohl eine gewisse Frucht, die jedoch klein und weit geringer ausfiel, als sie hätte sein können. Bist du frustiert, weil du gerade so durchkommst und nicht wirklich die Fülle erfährst, die Jesus für dich hat? Überprüfe deinen Lebensstil und suche nach den Dornen! Ersticken Sorgen oder die Vergnügungen des Lebens bei dir Gottes Wort? Wenn du seinem Rezept für Wohlstand in Matthäus 6,19-34 folgst und sein Reich als Erstes in jedem Bereich deines Lebens suchst, dann wird dein Herz ein guter Boden sein. Das Wort wird Frucht hervorbringen und du wirst dich aller Segnungen erfreuen, die Gott dir geben will.

Das gute Herz

2. Könige 4,8-37

Lass uns doch ein kleines gemauertes Obergemach errichten und für ihn ein Bett sowie Tisch, Stuhl und Leuchter hineinstellen, damit er dort einkehren kann, wenn er zu uns kommt!
2. Könige 4,10

Jesus lehrte, dass Gottes wunderwirkende Kraft durch diejenigen fließt, die bereit sind zu geben (Lk 6,38), und es gibt eine Menge Beispiele dafür im Alten Testament. Diese Geschichte in 2. Könige ist eines der größten Wunder der Bibel. Jeder Gläubige würde begeistert sein, Gottes Kraft in seinem eigenen Leben in dieser Weise zu sehen! Doch Wunder geschehen nicht einfach so; es gibt Gründe, warum einige Menschen sie erleben und andere nicht.

Wenn es allein nach Gottes Willen ginge, würde jeder von uns Wunder erleben. Er liebt jeden Menschen und seine Gnade steht uns allen zur Verfügung. Der Grund, warum nur wenige Menschen seine übernatürliche Kraft erfahren, ist, dass nur wenige von uns auf seiner Wellenlänge sind. Strom fließt nicht durch Holz und Wunder fließen nicht durch Herzen und Sinne, die Gott und seinem Volk gegenüber verschlossen sind. Wunder geschehen im Leben der Menschen, deren Herzen völlig zu Gott gehören und die voller Mitgefühl für andere sind.

Diese Frau baute einen zusätzlichen Raum in ihrem Haus nur für Elisa. Er war dankbar dafür und wollte sich im Gegenzug erkenntlich zeigen. Er bot ihr Gunst beim König oder beim obersten Feldherrn des Landes an, doch sie nahm es nicht an. Sie hatte nicht gegeben, um zu bekommen. Das Motiv für ihre Gabe war völlig selbstlos. Sie gab, ohne etwas dafür zu erwarten. Das ist eine Lehre für uns alle.

Später, als Elisa ihr sagte, dass Gott sie mit einem Sohn segnen wolle, nahm sie dieses Geschenk freudig an, weil sie niemals an Gottes Liebe und Treue gezweifelt hatte. Sie hatte ein Herz, das Jesus „guten Boden“ nannte, und dieses gute Herz brachte gute Frucht in ihrem Leben hervor. Wie ist dein Herz heute? Leistest du gute Arbeit für deine Firma? Bist du bereit, einen Umweg zu machen, um einem Freund zu helfen? Bist du freundlich zu denen, die dich nicht gut behandeln? Gott beobachtet dich, und das, was du weitergibst, wird in den Wundern, die du brauchst, zu dir zurückkommen.

Schließ die Tür und geh hin im Glauben!

2. Könige 4,8-37

Da ging sie hinauf und legte ihn auf das Bett des Mannes Gottes, schloss hinter ihm zu und ging hinaus.
2. Könige 4,21

Die Frau in dieser Geschichte hatte ein Herz für Gott. Sie hatte Elisa gesegnet, sodass ihr Gott nach vielen Jahren der Unfruchtbarkeit einen Sohn geschenkt hatte. Dann starb ihr junger Sohn eines Tages einen tragischen Tod. Vielleicht hast du selbst genug Leid erlebt, um nachvollziehen zu können, wie sie sich fühlte. Was würdest du in einer solchen Krise tun?

Leider neigen die meisten von uns dazu, ihre Verletzungen und Probleme zu hegen und zu pflegen. Wir sind vom Kummer völlig überwältigt und lassen das tragische Geschehen in unseren Gedanken immer wieder aufleben. Wir lassen einfach nicht los und geben unsere Sorgen und Schmerzen nicht ab an den Herrn (1 Petr 5,7). Wir lassen uns von unserer Trübsal beherrschen. Diese Mutter allerdings trug ihren toten Sohn in das Zimmer des Mannes Gottes und ließ ihn dort zurück. Sie schloss die Tür. Sie legte ihn in die Hand des einen, der ihn ihr gegeben hatte. Das ist schwer! Aber dort sitzen zu bleiben und ihn festzuhalten, hätte nichts geändert. Sie tat, was sie tun musste, um weiterhin Wunder Gottes zu empfangen. Sie vertraute Gott allein und ging hin, um Gottes Prophet zu holen.

Als Elisa sie sah, fragte er sie, wie es ihr, ihrem Ehemann und ihrem Sohn ginge. Sie antwortete: „Es geht gut." Das ist beeindruckend! Sie weigerte sich, sich vom Kummer überwältigen zu lassen, weil sie das, was geschehen war, nicht als endgültig akzeptiert hatte. Ihr Glaube an Gott gab ihr eine andere Sichtweise für ihr Problem. Sie verleugnete die Fakten nicht, aber sie lebte auch mit der Wirklichkeit, dass Gott die Tatsachen ändern kann.

Elisa kam in ihr Haus und erweckte den Jungen vom Tod, weil diese Frau dem Tod und der Trauer die Tür verschlossen und ihren Glauben an den Gott, der das Leben gibt, freigesetzt hatte. Hast du dem Schmerz und den Problemen die Tür verschlossen, indem du alles an den Herrn abgegeben hast? Sprichst du Worte des Glaubens an Gott, um zu heilen und zu befreien? Du musst nur in sein Wort schauen, damit du all das siehst, was er verheißen hat und dir geben will. Glaube und vertraue ihm! Schließ einfach die Tür und geh hin im Glauben!

Unkraut zwischen dem Weizen

Matthäus 13,24-30

Während aber die Leute schliefen, kam sein Feind und säte Unkraut mitten unter den Weizen und ging davon.
Matthäus 13,25

Das Unkraut, über das Jesus spricht, ist *Darnel*, eine altertümliche Bezeichnung für *falsches Korn*, das giftig ist. Die verschiedenen Kornarten sind äußerlich fast nicht zu unterscheiden vom Unkraut, wenn sie den ersten Halm aus dem Boden strecken. In dem Moment, wenn das Unkraut dann zu unterscheiden ist, ist es schon so fest verwurzelt, dass sein Entfernen auch das ertragreiche Korn daneben entwurzeln würde. Deshalb ermahnt uns Jesus in Vers 30, den Weizen und das Unkraut bis zur Ernte zusammen wachsen zu lassen. Dann ist das Unkraut lang und schwarz im Gegensatz zum Weizen und kann ganz einfach aussortiert werden.

Natürlich gebraucht Jesus dies als ein Beispiel für Menschen, die behaupten, sie seien Christen. Nach einiger Zeit wird man aber erkennen, dass sie keine gottgefällige Frucht erbracht haben. In Wirklichkeit hat ihre Anwesenheit nur Streit und Spaltungen verursacht. Satan schleust einige seiner Anhänger insgeheim in die Gemeinde ein, mit der Absicht, den Einfluss der Gemeinde zu schwächen. Das war schon immer eine viel wirkungsvollere Strategie als der direkte Widerstand.

Außerdem wird es jene geben, die irregeführt sind und unwissend darüber, dass sie nicht wiedergeboren sind. Jesus warnt uns davor, diese auszureißen, vor allem deshalb, weil es nicht immer möglich ist, die Herzen anderer Menschen zu beurteilen. Während der Bemühungen, dieses Unkraut zu vernichten, könnten wir einen der „Geringsten", die zu Christus gehören, verletzen und seinen Glauben zum Wanken bringen.

Es ist wichtig, sich darüber im Klaren zu sein, dass die Kinder Satans sich zwischen Gottes Kindern befinden. Die beste Strategie ist das Predigen von Gottes Wort, ohne es zu verwässern. Falsche Geschwister werden gesunde Lehre nicht ertragen können. Sie werden entweder in ihrem Herzen überzeugt werden und ihr Leben vollständig Jesus hingeben oder sie werden weggehen.

König der Herzen

Markus 4,30-34

Und er sprach: Womit sollen wir das Reich Gottes vergleichen, oder durch was für ein Gleichnis sollen wir es [euch] darlegen?
Markus 4,30

Das Wort *Reich* bedeutet hier *ein Gebiet, das von einem König regiert wird.* Wenn man diese Aussage auf das Reich Gottes überträgt, könnte sich das auf die gesamte Schöpfung beziehen, denn *seine Königsherrschaft regiert über alles* (Ps 103,19). Aber mit dem Reich Gottes ist häufig die Herrschaft Gottes in und durch Menschen gemeint, die sich ihm völlig hingegeben haben. Das *Reich Gottes* bezieht sich im Besonderen auf den Christus, der in unseren Herzen lebt und regiert. Mit dem Gebet *dein Reich komme* ist die Ausbreitung und der Einfluss von Gottes Herrschaft in den Herzen der Menschen überall auf der Welt gemeint; und dass am Ende sein sichtbares Reich auf der Erde aufgerichtet wird, wenn Jesus zum zweiten Mal wiederkommen wird (Offb 11,15 und Offb 20,4).

Während seines gesamten Dienstes auf der Erde erwarteten die Juden von Jesus, dass er ein politisches Reich auf der Erde errichten und sie von der Bedrückung durch die Römer befreien würde. Obwohl Gott während des Tausendjährigen Reiches sichtbar die Nationen der Erde regieren wird, ist die Königsherrschaft Jesu in geistlicher Weise durch sein Wort begründet und nicht durch fleischliche Waffengewalt (2 Kor 10,3-5). Jesus sagte: *Das Reich Gottes kommt nicht so, dass man es beobachten könnte [...] denn siehe, das Reich Gottes ist mitten unter euch* (Lk 17,20-21).

Paulus sagte, dass wir bereits in das Reich Gottes hineinversetzt worden sind (Kol 1,13). Demnach ist das Reich Gottes die unsichtbare Gemeinde Christi – sein Leib. Die Königsherrschaft Gottes begann, als Jesus auf die Erde kam, um uns zu dienen, und besteht bis auf den heutigen Tag in den Herzen der Gläubigen. Durch die Wiedergeburt wurden wir in das Reich Gottes versetzt. Das ist ein unendlich größeres Wunder und bringt uns einen weitaus größeren Nutzen, als unser begrenzter Verstand zu erfassen vermag.

In dem Ausmaß, in dem du verstehst, wie das Reich Gottes funktioniert und es in deinem Leben umsetzt, wirst du den Himmel auf Erden erleben. Bitte heute den Heiligen Geist, dir vollständig zu offenbaren, wer du in Jesus Christus bist und was dir in ihm alles gehört. Dann bete, dass seine Herrschaft auch in deinem Herzen regiert, das heißt dass alles, was du in ihm bist und hast, auch in der sichtbaren Welt freigesetzt wird.

Gottes verborgener Schatz

Matthäus 13,44-50

Wiederum gleicht das Reich der Himmel einem verborgenen Schatz im Acker, den ein Mensch fand und verbarg. Und vor Freude darüber geht er hin und verkauft alles, was er hat, und kauft jenen Acker.
Matthäus 13,44

Das Feld ist die Welt, der Käufer ist Gott und der Schatz bist du! Der Preis, den er für dich bezahlt hat, ist das Leben seines Sohnes. Außerdem hat Jesus vorausgesehen, dass du ihn als Herrn und Retter empfangen würdest. *Um dieser vor ihm liegenden Freude willen* erduldete er das Kreuz (Hebr 12,2). Mit seinem eigenen Blut erwarb er dich als sein Eigentum (Apg 20,28). Er hat für die ganze Welt bezahlt, doch nicht jeder wird ihn annehmen. Daher bist du zusammen mit der Gemeinde Jesu heute in der Welt verborgen – wie ein extrem wertvoller und herrlicher Schatz inmitten eines wilden Ackers.

Gott der Vater hatte den Plan der Errettung bereits ausgearbeitet, noch bevor er die Welt erschuf. Die meisten von uns hätten die Welt und die Menschheit nicht erschaffen, wenn wir gewusst hätten, welch ein Kummer und welch ein schreckliches Opfer diese Tat mit sich bringen würde. Aber Gott ist kein Mensch! Gemäß seiner Beurteilung (die immer richtig ist) war der Preis die Kosten wert. Er wusste schon im Voraus, wer sein Angebot der Errettung annehmen würde. Die Schrift lehrt, dass wir Gläubigen bereits vor Grundlegung der Fundamente der Welt in Christus erwählt wurden (Eph 1,4). So unermesslich ist sein Verstand. Weil er uns in Christus sieht, sind wir heilig und ohne Makel.

Gott wusste, dass du sein Kind werden würdest, noch bevor er Adam und Eva erschuf. Er liebt und akzeptiert dich völlig. Er würde dich ebenso wenig ablehnen, wie er Jesus ablehnen würde, denn du bist in ihm vom Vater angenommen. Die Welt mag dich nicht erkennen oder verstehen, wer du bist. Du kannst heute jedoch kühn in der Wahrheit leben, dass Gott, dein Vater, dich erlöst hat, dass er dir vergeben und dich wahrhaft gesegnet hat.

Miterben mit Christus

Matthäus 12,46-50

Denn wer den Willen meines Vaters im Himmel tut, der ist mir Bruder und Schwester und Mutter!
Matthäus 12,50

Wir sind nicht nur Erben; wir sind Miterben mit Christus (Röm 8,17). Es wäre schon wunderbar, überhaupt etwas von Gottes Herrlichkeit und Macht zu erben, doch geradezu unbegreiflich ist der Gedanke, dass wir zu gleichen Teilen mit demjenigen erben, der alles geerbt hat, was Gott ist und hat. Das ist ein gewaltiger Segen, doch es überträgt uns auch eine enorme Verantwortung.

Ebenso wie ein an zwei Personen ausgestellter Scheck nicht ohne die Bestätigung beider Parteien eingelöst werden kann, so kann auch unsere gemeinsame Erbschaft mit Jesus nicht ohne unsere Kooperation funktionieren. Viele Christen sind sich dessen nicht bewusst und meinen, Jesus wird alles tun. Sie müssten nichts weiter tun, als ihn bitten. Sie sind zwar überzeugt, dass sie ohne ihn nichts tun können, doch erkennen sie nicht, dass auch er nichts ohne sie tun wird. In Epheser 3,20 lesen wir: *Dem aber, der weit über die Maßen mehr zu tun vermag, als wir bitten oder verstehen, gemäß der Kraft, die in uns wirkt.* Gott zeigt seine gewaltige Kraft durch uns.

Es heißt also nicht: Gott, der weit über die Maßen mehr tun wird, als wir bitten oder verstehen – Punkt. Er hat absolute Macht und höchste Autorität, doch er tut Dinge auch gemäß seinem Wort. Er hat uns die Herrschaft auf dieser Erde gegeben (1 Mose 1,26) und er wirkt mit uns und durch uns. Die überwältigende Größe seiner Kraft wirkt gemäß dem Glauben an ihn und sein Wort, den wir ausüben. Es war dieses Prinzip, auf das sich Paulus bezog, als er erklärte: *Ich vermag alles durch den, der mich stark macht* (Phil 4,13).

Deinen himmlischen Scheck über alles, was zum Leben und zum Wandel in Gottesfurcht dient (2 Petr 1,3), löst du ein, indem du glaubst, was Gott in seinem Wort verheißen hat, und daraufhin handelst, als wäre es wahr. Es ist wahr! Jesus hat bereits mit seinem Namen jede Verheißung im Wort unterschrieben und du bist sein Miterbe. Du wartest nicht auf ihn; er wartet auf dich.

Frieden inmitten eines Sturms

Matthäus 8,23-27; Markus 3,31-35; 4,35-41; Lukas 8,19-26

Und es erhebt sich ein heftiger Sturmwind, und die Wellen schlugen in das Boot, so dass das Boot sich schon füllte. Und er war hinten im Boot und schlief auf dem Kopfkissen; und sie weckten ihn auf und sprechen zu ihm: Lehrer, kümmert es dich nicht, dass wir umkommen?
Markus 4,37.38 (ELB)

Es war erstaunlich, betrachtet man den Aspekt, dass sich das Boot mit Wasser füllte und die Jünger Jesus aufwecken mussten. Dies war kein großes Schiff, mit Kabinen unter Deck, sondern wohl eher ein kleineres, offenes Boot. Jesus war vermutlich schon bis auf die Knochen durchweicht. Dies zeigt uns, wie müde Jesus gewesen sein musste, dass er so fest schlief. Mediziner haben herausgefunden, dass wir umso mehr Erholung bekommen, je tiefer wir schlafen. Dies gibt uns Aufschluss darüber, wie Jesus es schaffen konnte, seinen äußerst strapaziösen Zeitplan durchzuhalten: viele Male die ganze Nacht hindurch beten und dazu den ganzen Tag dienen. Offensichtlich bekam er das Höchstmaß an Erholung aus seinem Schlaf.

Warum konnte Jesus so fest in dem Boot schlafen, während das Boot vollief? Die Antwort findet man in dem, was er vorher sagte, als er in das Boot stieg. Er sagte nicht: „Lasst uns in die Mitte des Sees hinausfahren und im Sturm absaufen." Er sagte: „Lasst uns zur anderen Seite hinüberfahren." Er war entschlossen, zur anderen Seite des Sees zu gelangen. Dies zeigt uns, dass die Jünger immer noch nicht die Autorität Jesu verstanden hatten. Sie folgten ihm zwar als ihrem Messias, hatten aber noch nicht erkannt, dass er sogar über die Naturgewalten Herr war.

Jesus hatte Frieden, weil er Gottes Wort glaubte. Er ruhte in seinem Wort. Er hatte auch begriffen, dass ein Kind Gottes sowohl im geistlichen als auch im natürlichen Bereich begünstigt ist, was jedes Gebiet des Lebens mit einschließt. Wenn du heute in einem Sturm bist, dann wird das, was du sagst und glaubst, darüber entscheiden, ob du auf die andere Seite hinübergelangst oder untergehst. Du darfst wissen, dass Jesus nicht schläft, wenn es um die Dinge geht, die dir in diesem Leben entgegenstehen; er ist stets da, in deinem Boot, ruhend und dir Frieden gebend, damit du dorthin gelangen kannst, wo du hingelangen musst. Sein Friede wird zu deinem Frieden, wenn du einfach nur seinem Wort glaubst und in seiner Liebe ruhst.

Wer ist denn dieser?

Markus 4,35-41

Unter euch aber soll es nicht so sein; sondern wer unter euch groß werden will, der sei euer Diener, und wer unter euch der Erste sein will, der sei euer Knecht, gleichwie der Sohn des Menschen nicht gekommen ist, um sich dienen zu lassen, sondern um zu dienen und sein Leben zu geben als Lösegeld für viele.
Matthäus 20,26-28

Als Jesus dem Wind und dem Wellengang befahl, still zu sein, fragten seine Jünger: „Wer ist denn dieser?" Um wirklich zu verstehen, was für ein Mensch Jesus ist, müssen wir zum Anfang zurückgehen. Gott hat zuerst diese sichtbare Welt erschaffen und dann Adam und Eva. Er hat den Menschen die Herrschaft über seine Schöpfung übertragen, um über sie zu herrschen und sie sich untertan zu machen (1 Mose 1,26). Obwohl ihm das ganze Universum nach wie vor alleine gehört, übergab er die Herrschaft der Erde den Menschen. Nachdem Adam gesündigt hatte, setzten er und viele seiner Nachkommen diese ihnen gegebene Macht oft entgegen den Absichten Gottes ein, was zu ihrem Verderben führte.

Gott hat all die schrecklichen Ereignisse in der Geschichte der Menschheit nicht in Gang gesetzt. Trotzdem hat er unsere Herrschaft über die Erde nicht rückgängig gemacht. Stattdessen ist er selbst Mensch geworden und hat ein neues Volk geboren, das mit seinem Geist erfüllt wurde und seinen Willen hier auf Erden ausführte. Jesus sagte in Matthäus 28,19 nach seiner Auferstehung: *Mir ist gegeben alle Macht im Himmel und auf Erden*, und dann übergab er seinen Jüngern seine Macht und Autorität.

Jesus wurde Fleisch, um alle Macht im Himmel und auf Erden für Gott und seine Gerechten zurückzugewinnen. Jesus war ein „Gott-Mensch". Wie es in 1. Timotheus 3,16 geschrieben steht, war er Gott selbst, geoffenbart im Fleisch – ein großartiges Geheimnis. Er kam in der Macht und Autorität seines Vaters, um die Menschheit zum Vater zu führen. Er existierte als Gott und war ihm gleich und dennoch erniedrigte er sich selbst und wurde Knecht hier auf der Erde (Phil 2,6-8). Er kam nicht, um sich selbst zu erhöhen, sondern um sich hinzugeben als der Weg zum Vater.

Und so hat er sich radikal von den anderen „großen Männern" der Weltgeschichte unterschieden. Der römische Kaiser zur Zeit Jesu verkündete, er sei Gott und verlangte, angebetet zu werden. Er und seine Untertanen herrschten über das Volk durch Selbstverherrlichung und Unterdrückung, um ihren eigenen Reichtum zu vermehren und ihre Macht zu stärken. Die Jünger hatten nie zuvor einen Menschen wie Jesus gesehen!

Vielleicht bist du eine Autoritätsperson als Elternteil, als Leiter in deiner Kirchengemeinde, als Schullehrer, als Arbeitgeber oder in einem öffentlichen Amt. Und wenn du nur deinen Hund führst, bist du selbst in diesem Fall eine Führungsperson! Welche Art von Leiter bist du? Sei heute wie Jesus. Bleibe in einer demütigen Haltung. Höre zu. Suche seine Weisheit und Offenbarung. Du wirst dabei entdecken, dass die Last der Verantwortung leicht wird und dir Freude bereitet, wenn du sie mit Jesus zusammen trägst.

Jetzt bist *du* dran!

Markus 4,35-41

Und er war hinten auf dem Schiff und schlief auf einem Kissen. Und sie weckten ihn auf und sprachen zu ihm: Meister, kümmert es dich nicht, dass wir umkommen?
Markus 4,38

Das war nicht nur eine Frage seitens der Jünger, sondern zugleich Kritik und Beschwerde. Diese Jünger kämpften um ihr Leben und Jesus tat einfach nichts. Es war nicht so, dass er nicht wusste was geschah. Es war ein kleines offenes Boot, das sich mit Wasser füllte (Vers 37). Jesus musste die Situation wahrgenommen haben. Trotzdem tat er nichts. Sie wollten, dass er etwas unternimmt – Wasser schöpfen, rudern, irgendetwas!

Auch wir denken manchmal, dass der Herr seinen Teil nicht tut. Wir kämpfen ums Überleben und trotzdem scheint es, als ob unsere Gebete unbeantwortet blieben. „Wo ist Jesus? Ich dachte, er würde mich nie verlassen noch versäumen. Interessiert es ihn nicht?“ Die Antwort ist: „Doch!“

Jesus hat bereits seinen Teil für uns getan und so hatte er den Jüngern schon alles gegeben, um mit dieser Situation fertigzuwerden. Er hatte sie erst vor kurzer Zeit in zehn Gleichnissen gelehrt, wie Gottes Wort wirksam ist, wenn wir glauben. Dann sagte er ihnen: *Lasst uns hinüberfahren an das jenseitige Ufer* (Vers 35). Dieser Sturm war wie ein unangekündigter Test, um das Gelernte zu überprüfen. Es war die Rede vom Hinüberfahren, nicht vom Untergehen. Würden sie seinem Wort glauben oder sich von den Umständen überwältigen lassen?

Jesus hatte seinen Teil getan, als er ihnen das Wort gab, das sie auf die andere Seite bringen sollte. Ihre Aufgabe war es, diesem Wort zu glauben und im Glauben dem Sturm zu gebieten, sich zu beruhigen – oder dem Boot, nicht unterzugehen. Stattdessen gerieten sie in Panik und beschuldigten Jesus.

Heute hat Jesus bereits seinen Teil für dich getan. Er hat den Preis für deine Sünden bezahlt, dir vergeben und dir seinen Geist und sein Wort gegeben, damit du danach leben kannst. Jetzt musst du glauben und das Wort in deinem Leben umsetzen. Jetzt sind *wir* dran, Gottes Versprechen zu glauben, um unmögliche Situationen, in denen wir uns befinden, zu bewältigen.

Wie entschlossen bist du?

Markus 5,25-34

Als sie nun von Jesus hörte, kam sie unter dem Volk von hinten heran und rührte sein Gewand an.
Markus 5,27

Eins der Dinge, die Glauben ausmachen, ist Entschlossenheit. Entschlossenheit lässt sich definieren: die Kraft, Entscheidungen zu treffen, Ziele zu setzen und diese dann auch gegen Widerstand und Schwierigkeiten durchzusetzen. Diese Frau war entschlossen. Sie hatte bereits jahrelang all ihr Geld für Ärzte ausgegeben, doch nichts hatte geholfen. Es ging ihr sogar schlechter. Die meisten Leute hätten einfach aufgegeben, aber dies war eine entschlossene Frau! Sie hörte von Jesus und wusste, dass sie ihre Heilung durch ihn erhalten würde; aber als sie ihn gefunden hatte, begegnete sie einer weiteren Schwierigkeit: Eine Menschenmenge umringte ihn.

Jesus war von allen Seiten von Leuten umgeben, die sich dicht um ihn drängten. Sie war eine kranke und gebrechliche Frau. Wie könnte sie es jemals schaffen, durch diese Menge hindurchzudringen? Zu all dem machte sie ihr Blutfluss unrein. Es war ihr nicht gestattet, in der Öffentlichkeit zu sein, da sie andere verunreinigen würde. Hätte jemand sie erkannt und sie wegen ihrer Unreinheit bloßgestellt, könnte die Menge sie gemäß dem jüdischen Gesetz zu Tode steinigen. Trotzdem ließ sie sich nicht abschrecken.

Sie kroch durch die Menge und berührte den Saum seines Gewandes. Kriechen war die einzige Möglichkeit, es zu schaffen. In solch einem Gedränge hätte sie sich nicht einfach nach vorne beugen können, um den Saum seines Gewandes zu berühren. Sie musste auf Händen und Füßen kriechen. Diese Frau hätte alles getan, um ihre Heilung zu bekommen!

Die meisten Leute würden sich anders verhalten als diese Frau. Sie würden solche Schwierigkeiten nicht auf sich nehmen und sich nicht in Lebensgefahr begeben. Sie würden sich nicht in einer Menschenmenge aufhalten, wo man sie jederzeit steinigen könnte. Sie würden auch nicht auf Händen und Knien durch das Gedränge kriechen – und vermutlich würden sie auch nicht geheilt werden! Den meisten Leuten fehlt Entschlossenheit.

Was steht zwischen dir und dem, was du vom Herrn heute benötigst? Lass es auf keinen Fall mangelnde Entschlossenheit sein.

Gottes Gesetze verstehen

Markus 5,25-34

Jesus aber, der in sich selbst erkannt hatte, dass eine Kraft von ihm ausgegangen war, wandte sich sogleich inmitten der Menge um und sprach: Wer hat mein Gewand angerührt?
Markus 5,30

War es möglich, dass Jesus wirklich nicht wusste, wer ihn berührt hatte? Ja, gewiss! Jesus war die Fleischwerdung Gottes, aber sein natürlicher Verstand musste lernen und an Weisheit zunehmen (Lk 2,52). Dies bedeutet, dass der Verstand Jesu genauso Grenzen unterworfen war, wie der unsere. Als die Frau sich nicht freiwillig zu erkennen gab, erkannte Jesus, wer es war (Lk 8,47). Dies aber erst, nachdem sie geheilt war.

Das Bemerkenswerte dabei ist, dass Jesus die Frau nicht zuerst einer Prüfung unterzog, bevor die Kraft von ihm ausging und sie heilte. Die meisten Leute denken, dass Gott die Dinge auf diese Art und Weise tut. Sie bringen ihre Anliegen vor ihn und glauben, dass er sie dann erst einmal prüft, ob sie genug Glauben haben oder ob sie heilig genug sind, um seinen Segen zu empfangen. Wenn sie diesen Test bestehen, wird Gott sie segnen. Wenn nicht, werden ihre Anliegen zurückgewiesen. Das ist nicht biblisch.

Gottes Kraft wird durch Gesetze bestimmt. Er trifft keine Fall-zu-Fall-Entscheidung, wer was von ihm erhält. Er hat alles zur Verfügung gestellt, was wir brauchen. Wenn wir seine Gesetze anwenden, wird seine Kraft fließen. Das ist genau das, was die Frau mit dem Blutfluss getan hat. Sie war fest entschlossen (Lk 11,5-13; 18,1-8) und sprach im Glauben, indem sie sagte: *Wenn ich nur sein Gewand anrühre, so werde ich geheilt* (Mk 5,28; 11,23-24). Sie handelte gemäß ihres Glaubens und die Kraft Gottes heilte sie (Jak 2,17).

Wenn du einen unter Spannung stehenden Stromdraht berührst und einen Stromschlag bekommst, liegt es nicht daran, dass das Elektrizitätswerk es auf dich abgesehen hat, um dir mit einer speziellen Ladung an Strom einen Schlag zu versetzen. Die Elektrizität war bereits vorhanden und du hast aufgrund von Naturgesetzen einen Stromschlag erhalten. Das hat nichts mit dir persönlich zu tun. Genauso gibt es Gesetze, die den Fluss von Gottes Kraft steuern. Triff heute die Entscheidung, dass du aus seinem Wort lernst, was diese Gesetze sind. Beginne dann, all das zu empfangen, was du benötigst und was er dir geben möchte.

Finanzieller Wohlstand ist Teil des Erlösungswerks Jesu

2. Korinther 8,1-15

Denn ihr kennt ja die Gnade unseres Herrn Jesus Christus, dass er, obwohl er reich war, um euretwillen arm wurde, damit ihr durch seine Armut reich würdet.
2. Korinther 8,9

Dieser Vers könnte nicht klarer sein. Es ist Teil des Erlösungswerks Jesu, dass wir finanziell reich sind. Dennoch bestehen viele Christen darauf, dass es Gott gefällt, wenn seine Kinder in Armut bleiben. Viele Leute umgehen die offensichtliche Wahrheit dieses Verses damit, dass sie sagen, Jesus sei gekommen, um uns geistlich reich zu machen, nicht materiell. Der gesamte Kontext dieses Verses bezieht sich jedoch auf Geld. Jesus starb, um finanziellen Wohlstand für uns zu ermöglichen. Er würde uns genauso wenig arm machen, wir er uns zum sündigen bringen würde. Er starb, um uns sowohl von Sünde als auch von Armut zu befreien. Wir müssen die gleiche Haltung Armut gegenüber einnehmen, wie wir sie gegenüber Sünde haben.

Es steht außer Frage, dass viele Leute aus ihren Sünden gelernt haben. Leute waren am Ende und sind zusammengebrochen wegen ihres eigenen Ungehorsams. Aber bedeutet dies, dass der Herr sie in die Sünde geführt hat? Wollte Gott, dass sie Ehebruch begehen, um den Wert des ihnen von Gott gegebenen Ehepartners schätzen zu lernen? Definitiv nicht! Genauso können Leute vieles durch Armut lernen. Sie können lernen, Dinge wertzuschätzen, die man mit Geld nicht kaufen kann. Aber Armut an sich ist ein Killer. Wir sollten danach streben, Armut auf die gleiche Art und Weise zu überwinden, wie wir Sünde zu überwinden versuchen.

Gott hat Armut in die gleiche Kategorie eingeordnet wie Sünde und er hat dich davon erlöst. Darin solltest du mit ihm einer Meinung sein. Wenn du das noch nicht getan hast, dann fange heute damit an, dir den Wohlstand zunutze zu machen, den er durch das Erlösungswerk Jesu zur Verfügung gestellt hat. Setze deinen Glauben dadurch frei, indem du bekennst, dass Jesus arm wurde, damit du in jeder Hinsicht reich wirst.

Anbetung ist geistliche Kriegsführung

Matthäus 8,28-34; Markus 5,1-17; Lukas 8,27-39

Als er aber Jesus von ferne sah, lief er und warf sich vor ihm nieder.
Markus 5,6

Das griechische Wort für *sich niederwerfen* ist *proskuneo,* was so viel bedeutet wie *sich selbst in Ehrerbietung beugen oder niederwerfen; jemanden ehren* oder *anbeten.* Der Mann, der auf Jesus zulief, um ihn anzubeten, war ein sehr bekannter von Dämonen besessener Mann. Dass dieser gequälte Mann zu ihm hin lief und nicht von ihm weg, bestätigt, dass selbst von Dämonen besessene Menschen einen freien Willen haben und Satan die Leute nicht ohne deren Zustimmung kontrollieren kann.

Es wurde sehr kontrovers diskutiert, ob ein Christ von Dämonen besessen sein kann. Das griechische Wort für *besessen* bedeutet wörtlich *dämonisiert* sein. Die Bibel zieht keine klaren Grenzen zwischen unterschiedlichen Arten von dämonischen Aktivitäten, wie beispielsweise *dämonisch belastet, depressiv* oder *besessen.* Das Wort Gottes bezeichnet diese Leute einfach als *dämonisiert.* Wir wissen, dass wir alle gegen böse Geister zu kämpfen haben. Wenn wir nicht die komplette Waffenrüstung Gottes anziehen, können uns Satan und die Dämonen beeinflussen oder sogar Macht über uns bekommen.

Die beste Art, Menschen von Dämonen zu befreien, ist durch Anwendung von Gottes Wort. Wenn wir das Wort empfangen, wird es uns freisetzen und helfen, unser Herz und unseren Geist zu beschützen, sollte der Dämon versuchen, zusammen mit sieben anderen Geistern zurück in unser Leben zu kommen. In schweren Fällen von *Dämonisierung* braucht die betroffene Person die Hilfe eines Gläubigen. Das ist der Grund, warum Jesus alle Gläubigen mit Vollmacht über böse Geister ausgestattet hat.

Gesalbter Lobpreis und Anbetung wird böse Geister ebenfalls vertreiben. Anbetung ist alleine Gott vorbehalten, deshalb hat der Teufel immer danach verlangt. Wenn er also selbst nicht angebetet werden kann, wird er versuchen, andere davon abzuhalten Gott anzubeten. Unseren Vater zu loben und anzubeten ist eine sehr starke Waffe gegen alle dämonischen Kräfte!

Wenn du dich heute bedrückt, depressiv oder einfach nur gestresst fühlst, lobe den Herrn und sinne über sein Wort nach. Bete ihn an im Geist und in der Wahrheit. Der Vater wartet nur darauf, all den Druck und die Dunkelheit von dir zu nehmen.

Aktiver und passiver Glaube

Markus 5,24-34; Johannes 5,1-9

Er aber sprach zu ihr: Tochter, dein Glaube hat dich gerettet! Geh hin im Frieden und sei von deiner Plage gesund!
Markus 5,34

Es gibt einen drastischen Unterschied zwischen dem Glauben der Frau mit dem Blutfluss und dem Lahmen am Teich Bethesda. Beide wollten unbedingt geheilt werden. Der Mann am Teich Bethesda fühlte sich hilflos, da er niemanden hatte, der ihm in den Teich hineinhalf. Er hatte Glauben, allerdings passiven Glauben, der darauf beruhte, dass jemand anderes etwas tut. Die Frau hingegen hatte aktiven Glauben, der sich ausstreckte und nach Gottes Heilung griff. Sie tat etwas, während der Mann nur dasaß und wartete. Beide wurden geheilt, aber es gab da einen großen Unterschied.

Jesus sagte der Frau dass ihr Glaube sie geheilt hat. Das ist eine erstaunliche Aussage! Ihr Glaube, nicht Jesu Glaube, hat das Wunder hervorgerufen. Diese Frau konnte etwas empfangen, obwohl Jesus nicht körperlich anwesend war, weil ihr Glaube aktiv war. Der Mann jedoch hatte nicht diesen Glauben, der selbst etwas hervorbringt. Er war passiv und Jesus musste ihn ermutigen zu glauben und ihm dann sagen: *Steh auf, nimm deine Liegematte und geh umher* (Joh 5,8). Wenn der Mann nicht im Glauben gehandelt hätte, hätte jemand anderes kommen müssen und tun, was Jesus immer wieder getan hat.

Ein aktiver Glaube ist voller Energie und so stark fühlbar, dass er dazu antreibt, etwas zu tun. Im passiven Glauben zu handeln ist nur möglich, wenn die Person durch andere ermutigt wird. Gläubige mit aktivem Glauben vertrauen auf Gott; Gläubige mit passivem Glauben vertrauen dagegen auf den Glauben und Ermutigung von anderen Gläubigen. Während die erste Gruppe sich nicht von dem abbringen lässt, was Gott verheißen hat, können die anderen leicht entmutigt werden und das loslassen, was ihnen in Christus bereits gehört.

Welche Art des Glaubens würdest du bevorzugen? Beide Personen waren in einer hoffnungslosen Situation, haben aber grundverschieden darauf reagiert. Entscheide dich heute dazu, deinen Glauben zu entfachen, auf dass er aktiv und nicht passiv ist.

Glaube ist das Gegenmittel für Angst

Markus 4,35-41

Und er sprach zu ihnen: Was seid ihr so furchtsam?
Wie, habt ihr keinen Glauben?
Markus 4,40

Die meisten Leute akzeptieren Angst als normalen Teil des Lebens, aber Jesus hat seine Jünger wegen ihrer Angst zurechtgewiesen. Er hat Angst nicht als normal akzeptiert. Wir wissen auch, dass Jesus seine Jünger niemals für etwas getadelt hätte, was außerhalb ihrer Kontrolle gelegen hätte. Demnach ist Angst eine Wahl, die wir treffen. Wir müssen keine Angst haben – und Jesus hat uns gesagt, wie das möglich ist. Wir können Angst durch Glauben überwinden.

Wir sollten anderen Menschen, die Ängste haben, nicht leichtfertig begegnen und brauchen uns auch selbst wegen unserer Angst nicht zu schämen. Da Angst einen Menschen quälen kann (1 Joh 4,18), sollten wir Mitleid mit uns und anderen haben. Trotz allem sollten wir beim Versuch, sich und anderen Mut zu machen, die Angst nicht als etwas Normales hinnehmen. Das hat Jesus auch nicht getan. Heute hätte der „normale" Christ wohl zu den Jüngern gesagt: „Das ist schon in Ordnung, Jungs, ich weiß genau, wie ihr euch fühlt." Aber Jesus hat gesagt: „Was ist los mit euch? Warum habt ihr keinen Glauben?"

Die Haltung, die Jesus der Angst gegenüber hatte, unterscheidet sich deutlich davon, wie die meisten Christen heute damit umgehen. Deshalb sind so viele von uns weit entfernt von dem, was Jesus durch sein Opfer für unser Leben zur Verfügung gestellt hat. Er starb, damit wir von der Angst vor allem Bösen freigesetzt werden können. Dies beinhaltet auch die Angst vor Armut, Krankheit, Tod und selbst Einsamkeit. Alles außer einem glücklichen und siegreichen christlichen Leben wäre für ihn unnormal. Er möchte, dass wir frei von Angst leben.

Jesus stellte klar, dass Glaube das Gegenmittel für Angst ist. Glaube und Angst können nicht nebeneinander existieren. Das sind gegensätzliche Kräfte, die sich bekämpfen. Wenn der Glaube stark ist, wird er alle Angst austreiben. Daher müssen wir immer unseren Glauben aufbauen und stärken, indem wir uns intensiv mit dem Wort Gottes beschäftigen (Röm 10,17).

Dein Glaube an die Güte und Treue Gottes (Gal 5,6) wird alles überwinden, was dir heute Angst macht.

Achte auf deine Worte

Matthäus 12,31-37

Ich sage euch aber, dass die Menschen am Tag des Gerichts Rechenschaft geben müssen von jedem unnützen Wort, das sie geredet haben.
Matthäus 12,36

Meine Frau und ich versuchten in einem Hotelzimmer in Denver einzuschlafen, als ein Ehepaar das Zimmer neben uns bezog. Die Wände waren so dünn, dass man sie selbst gehört hätte, wenn sie sich in Zeichensprache unterhalten hätten. Die Frau beschimpfte ihren Mann und warf ihm alle möglichen Ausdrücke an den Kopf. Er sagte kaum etwas. Sie ließ ihn gar nicht so weit kommen. Dies ging fast eine Stunde lang so weiter bis sie einschliefen. Als sie am nächsten Morgen aufwachten, nahm die Frau den Streit wieder an dem Punkt auf, wo sie am Abend aufgehört hatte. Das erste Wort aus ihrem Mund heraus war wie Gift. Dies ging so weiter, bis der Mann einfach den Raum verließ.

Ich konnte mich nicht zurückhalten. Ich klopfte an ihre Tür und die Frau öffnete. Ich sagte ihr, dass ich nicht absichtlich gelauscht hatte, es aber unüberhörbar war. Wir hatten jedes Wort mitbekommen, das sie gesagt hatte. Ich sagte ihr, dass ich für sie gebetet habe und sie wissen lassen wollte, dass Jesus sie liebt und ihr ihren Ärger wegnehmen kann. Sie fing an zu weinen und sagte mir, dass sie bereits Christ sei. Sie wusste nicht, warum sie sich so verhalten hat. Sie sagte, sie benötigte Hilfe.

Ich musste los, weil ich in einer Fernsehsendung auftreten sollte. Ihr sagte ich aber, dass sie diese Sendung ansehen sollte und ich darüber predigen würde, wie man Streit überwindet. Als ich auf Sendung war, erzählte ich ihre Geschichte ohne ihren Namen zu nennen und erklärte, wie man dem Hass ein Ende setzen kann. Ich habe nichts mehr von ihr gehört, mich aber oft gefragt, was wohl aus ihr geworden ist. Eines ist sicher, diese Frau hat gelernt, dass ihre Worte nicht so privat geblieben sind, wie sie dachte.

Stell dir vor, wie es am Tag des Jüngsten Gerichts ist, wenn du für jedes unnütze Wort Rechenschaft ablegen musst. Es ist zu deinem Vorteil, wenn du heute darauf achtest, was du sagst, da jedes Wort eines Tages offenbar wird. Da du jedes deiner Worte noch einmal zu Ohren bekommen wirst, kannst du jetzt schon dafür sorgen, dass es dir nicht peinlich zu sein braucht.

Schau nach oben!

Markus 6,35-44

Und er nahm die fünf Brote und die zwei Fische, blickte zum Himmel auf und dankte, brach die Brote und gab sie seinen Jüngern, damit sie ihnen austeilten; auch die zwei Fische teilte er unter alle.
Markus 6,41

Jesus stand vor einer unlösbaren Aufgabe. Da waren fünftausend Männer, viele von ihnen mit Familie, die alle etwas zu essen brauchten. Alles was er zur Verfügung hatte, waren fünf Brote und zwei kleine Fische. Obwohl Jesus Gott war, war er doch zugleich Mensch. Diese Situation überstieg die Möglichkeiten seines sündlosen natürlichen Verstands. Er musste über das Natürliche hinausschauen und die übernatürlichen Ressourcen seines Vaters anzapfen. Darum blickte er zum Himmel auf!

Jesus richtete seinen Blick weg von der natürlichen Welt hin zur geistlichen Welt. Das griechische Wort für *blickte zum Himmel* bedeutet *aufschauen* oder *empfangen,* im Zusammenhang mit der Wiedererlangung des Augenlichts. Dieses Wort wurde in der Bibel sieben Mal mit *empfangen* übersetzt und weitere sieben Mal als *empfangen* im Zusammenhang mit dem Öffnen von blinden Augen. Als Jesus nach oben blickte, wurden seine geistlichen Augen für die Kraft Gottes geöffnet. Das war mehr als genug, um das, was er in seinen Händen hielt, zu vermehren und damit dieses Wunder zu vollbringen.

Es gibt eine geistliche Antwort für jedes sichtbare Problem, dem du begegnest. Die Antwort ist genauso real wie das, was im Natürlichen unmöglich erscheint; und Gottes Versorgung ist definitiv größer als dein Mangel. Um an diese Versorgung heranzukommen, musst du nach oben schauen und die geistliche Sicht empfangen. Wenn du geistlich blind bist, wirst du genau so viele Probleme im geistlichen Bereich haben, wie ein Blinder in unserer sichtbaren Welt. Das muss aber nicht so bleiben. Alles was du tun musst, ist, es mit den Augen des Glaubens zu sehen.

Kannst du im Glauben sehen, was Gott dir geben möchte? Wenn du es im Innern sehen kannst, dann kannst du es auch im Sichtbaren haben.

Was brauchst du?

Johannes 6,66-69

Da sprach Jesus zu den Zwölfen: Wollt ihr nicht auch weggehen?
Johannes 6,67

Einer meiner Freunde heiratete eine Frau, die in ihrer ersten Ehe verbal und körperlich missbraucht worden war. Aus diesem Grunde klammerte sie sich an ihren neuen, von Gott gegebenen Ehemann, als ob ihr Leben davon abhinge. Sie machte sich so sehr von ihm abhängig, dass sie ihn nahezu erdrückte. Wenn er sie verlassen hätte, wäre ihre Welt zusammengebrochen. Das ist krankhaft!

Ein echter Durchbruch geschah eines Tages, als er ihr sagte, wie sehr er sie liebt und versicherte, dass er ihr treuer Ehemann sein werde. Dann sagte er: „Aber ich brauche dich nicht." Er wollte sie nicht ablehnen. Er versuchte ihr nur verständlich zu machen, dass er bereits in Christus vollständig ist – mit ihr oder ohne sie. Er liebte sie und wollte mit ihr zusammen sein, aber er konnte ohne sie leben, da Jesus sein Fundament ist. Genauso sollte es sein.

Das war, was Jesus mit seinen Jüngern gemacht hat. Er liebte sie und wollte mit ihnen zusammen sein, denn schließlich hatte er jeden einzeln ausgewählt; aber als die vielen gegangen waren, fragte er seine Jünger, ob sie auch gehen wollten. Jesus ermutigte sie nicht zu gehen, aber er wäre nicht zusammengebrochen, wenn sie es getan hätten. Er brauchte sie nicht in der Art und Weise, dass er ohne sie nicht hätte leben können. Seine ganze Sicherheit lag in seiner Beziehung mit seinem Vater.

Ohne es zu wissen, haben wir es zugelassen, dass wir uns von vielen anderen Dingen, die nichts mit Gott zu tun haben, abhängig gemacht haben, um Stabilität und Sicherheit zu bekommen. Das mögen gute Dinge sein wie ein Partner oder Kinder. Letztendlich, so werden einige argumentieren, ist das richtig so. Aber Jesus Christus ist das einzige Fundament, das uns durch die Bedrängnisse des Lebens hindurchträgt. Alles und jeder sonst kann uns enttäuschen.

Was brauchst du, um zufrieden zu sein? Das Einzige, was dich zu Fall bringen kann, ist das, worauf du dich stützt. Vergewissere dich deshalb, dass du dich auf den Einen stützt, der dich niemals fallen lässt.

Das Evangelium ist die Kraft Gottes

Matthäus 9,35-38; 13,53-58; Markus 6,1-6

Darum bittet den Herrn der Ernte, dass er Arbeiter in seine Ernte aussende!
Matthäus 9,38

Leute werden durch die Kraft des Wortes Gottes von Neuem geboren, nicht durch Gebet. Gebet ist sehr wichtig, aber es ist kein Ersatz für das Evangelium. Viele Leute bitten Gott darum, dass jemand errettet wird, und können nicht verstehen, warum es nicht geschieht. Sie brauchen den Herrn nicht darum zu bitten, jemanden zu erretten. Er möchte nicht, dass jemand verloren geht (2 Petr 3,9) und hat Vorkehrungen für die Errettung eines jeden Einzelnen getroffen. Worum sollten wir dann bitten? Jesus sagte, dass wir bitten sollen, dass Gott ihnen Arbeiter über den Weg schickt. Sie müssen das Wort hören. Wir sollten auch den Einfluss Satans, des Fürsten dieser Welt, binden, der versucht, sie für die geistliche Wahrheit blind zu machen (2 Kor 4,4).

Gott ist viel mehr daran interessiert, unsere Lieben zu erretten, als wir es sind. Wir müssen nur auf das Kreuz schauen, um zu sehen, wie viel Interesse er daran hat! Wir müssen ihn nicht darum bitten, sondern wir müssen zu einem Kanal werden, durch den er fließen kann, um diese Person zu erreichen. Wir tun das, indem wir ihr die Gute Nachricht weitergeben und/oder dafür beten, dass andere ihren Weg kreuzen werden, um das Gleiche zu tun.

Das Evangelium ist die Kraft Gottes, die die Auswirkungen der Errettung in unseren Leben freisetzt (Röm 1,16). Wenn eine Person Heilung braucht, so ist sie im Evangelium zu finden. Wenn Befreiung benötigt wird, ist sie ebenfalls im Evangelium zu finden. Wohlstand, Gebetserhörung, Freude, Frieden, Liebe – das alles finden wir, wenn wir das Evangelium Jesu Christi verstehen und daran glauben.

Das Evangelium ist die Gute Nachricht. Du hast jeden Beweggrund in dir, diese Gute Nachricht mit den Leuten zu teilen, die du heute triffst und kennst und liebst. Wenn du ihnen das Evangelium nicht weitergeben kannst, dann bitte den Vater, andere zu senden. Setze deinen Glauben dafür ein, dass er genau die richtige Person zur richtigen Zeit zu jeder verlorenen Person schickt. Und denk daran, manchmal könntest du selbst es sein.

Göttliche Reue führt zur Buße

Markus 6,7-12

Und sie gingen und verkündigten, man solle Buße tun.
Markus 6,12

Buße kommt von dem griechischen Wort *metanoeo* und bedeutet wörtlich *einen anderen Sinn haben.* Das ist ein notwendiger Teil der Errettung. Buße mag eine göttliche Reue beinhalten, aber Reue beinhaltet nicht immer Buße, weil Buße eine Veränderung der Haltung ist und Folgeschritte nach sich zieht. Wenn jemand ernsthaft Buße tut, wirst man eine gottgefällige Veränderung in seiner Haltung und seinem Verhalten feststellen.

Es gibt eine göttliche Art von Reue und eine Reue, die nicht von Gott kommt. Göttliche Reue führt zu einer Herzensveränderung, die sich im Verhalten einer Person widerspiegelt. Ungöttliche Reue, nämlich die Reue dieser Welt, zerstört und tötet einfach nur. Manche glauben, dass Reue jeglicher Art eine negative Gefühlsregung ist und im Allgemeinen lehnt unsere Gesellschaft jede negative Gefühlsregung ab. Gott hat uns jedoch die Fähigkeit gegeben, Reue zu verspüren, und es gibt einen sinnvollen Nutzen dafür. In Prediger 7,3 lesen wir: *Kummer ist besser als Lachen; denn wenn das Angesicht traurig ist, so wird das Herz gebessert.*

Leute sollten sich für Sünde schämen. Es sollte Reue bei moralischen Fehltritten bestehen. Diese Art von Reue und Kummer sollte zur Buße vor Gott und all denen führen, die verletzt wurden. Dann, wenn Vergebung von Gott empfangen wurde, kann die Schuld und der Kummer auf ihn geworfen werden (Jes 53,4).

Auf der anderen Seite führt die Reue derer, die sich dabei nicht Gott zuwenden und Vergebung empfangen, dazu, dass sie Tod hervorbringt. Diese Menschen grämen sich, weil sie ihre Sorgen nicht auf den Herrn werfen können. Christen sollten nur so lange Reue verspüren, bis sie Buße getan haben. Wenn Gefühle der Reue aufkommen, müssen wir uns die Vergebung und Reinigung aneignen, die uns in Christus bereits gehört (1 Joh 1,9).

Göttliche Reue, die zur Buße führt, lässt dich nicht mit Schuldgefühlen zurück, denn Gottes Liebe und Vergebung lässt alle Schuld und Scham dahinschmelzen. Durch Jesus kannst du heute etwas tun, dass sich die Negativpunkte in deinem Leben zum Positiven wenden. Wenn du etwas Falsches gesagt oder getan hast, gehe sofort zu ihm, tu Buße und lass dich reinwaschen.

Verfolgung

Matthäus 10,16-26

Wenn sie euch aber in der einen Stadt verfolgen, so flieht in eine andere. Denn wahrlich, ich sage euch: Ihr werdet mit den Städten Israels nicht fertig sein, bis der Sohn des Menschen kommt.
Matthäus 10,23

Verfolgung ist ein unvermeidbarer Teil des christlichen Lebens. Sie kommt von Satan und ist dazu bestimmt, Gottes Wort in unseren Herzen zu entwurzeln, indem wir unsere Augen von Jesus abwenden. Wir sollten nicht denken, dass es seltsam ist, verfolgt zu werden. *Alle, die gottesfürchtig in Jesus Christus leben, werden unter Verfolgung leiden* (2 Tim 3,12). Wir können uns sogar freuen, wenn wir um Jesus willen verfolgt werden, da wir wissen, dass er bei uns sein wird inmitten aller Verfolgung und es eine übergroße Belohnung geben wird, wenn wir vor ihm stehen werden (Hebr 11,26).

Verfolgung macht auch deutlich, dass diejenigen, die uns verfolgen, unter Schuldgefühlen leiden. Sie bemerken, dass sie nicht das leben, was unsere Worte oder Handlungen ausdrücken. Zur Selbstverteidigung greifen sie dann denjenigen an, den sie für den Urheber ihres schlechten Gewissens halten. Wenn man das verstanden hat, ist die Verfolgung viel einfacher zu ertragen. Sie sind nicht wütend auf dich, sie sind verurteilt. Wenn das Evangelium in der Kraft des Heiligen Geistes gegenwärtig ist, wird es entweder Erweckung oder einen Aufruhr geben – niemals jedoch Gleichgültigkeit.

Es gibt viele Formen der Verfolgung. Wegen deines Glaubens in Lebensgefahr zu sein, ist eine Art, wie Verfolgung aussehen kann. Die Geschichte zeigt jedoch, dass die Kirche in diesen Zeiten aufblüht. Während intensiver, lebensbedrohender Verfolgung kommen die Gläubigen in Einheit zusammen und kehren zu ihrer ersten Liebe zurück (Offb 2,4).

Du leidest vielleicht jetzt nicht unter lebensbedrohender Verfolgung, aber sei trotzdem sicher, dass Jesus deine erste Liebe ist. Bete auch für deine Brüder und Schwestern auf der ganzen Welt, die verfolgt, gefoltert, ins Gefängnis geworfen und zum Tode verurteilt werden aufgrund ihres Glaubens.

Verschiedene Stufen der Verleugnung

Matthäus 10,32-33

Wer mich aber verleugnet vor den Menschen, den werde auch ich verleugnen vor meinem Vater im Himmel.
Matthäus 10,33

Das Wort, das in dieser Bibelstelle mit *verleugnen* widergegeben wird, hat eine ganze Bandbreite von Bedeutungen: von *das Gegenteil behaupten* bis hin zu *abschwören, völlig verleugnen.* Wir sehen zum Beispiel, dass es eine geringere Stufe der Verleugnung gewesen sein muss, die Petrus beging, denn Jesus hat dem Petrus ganz offensichtlich vergeben und ihn weiterhin in seinem Dienst gebraucht. In Hebräer 6,4-6 lesen wir dagegen, dass keine Buße mehr möglich ist für diejenigen, die den Herrn völlig verleugnen. Obwohl Petrus den Herrn in der Weise verleugnete, dass er behauptete, ihn nicht zu kennen, hat er ihn jedoch nicht völlig verleugnet oder ihm abgeschworen.

Kein Gläubiger wünscht sich, in die Situation zu kommen, wo er den Herrn verleugnet. Wenn man jedoch nicht nach den Dingen trachtet, die geistlich gesund sind, ist das ein erster Schritt in diese Richtung. Das zu wissen, motiviert uns, Gott in der Art und Weise zu suchen, wie wir es nach unserem Wissen tun sollten. Es reicht nicht, nur den Wunsch zu haben, es benötigt auch eine gewisse Anstrengung. Wir haben alle gelernt, wie wir auf unsere eigene Kraft vertrauen können. Genauso müssen wir lernen, in ihm stark zu sein und in der Macht seiner Stärke (Eph 6,10). Um unseren Körper gesund und fit zu halten, müssen wir ihn trainieren. In gleicher Weise müssen wir auch Gottesfurcht trainieren (1 Tim 4,8). Dann werden wir geistlich stark sein und für unseren Herrn einstehen, wenn die Zeit gekommen ist.

Vielleicht hat dich die Angst gequält, weil du dachtest, du hättest den Herrn verleugnet durch irgendeine Art von Sünde, die du in deinem Leben begangen hast. Finde Ruhe in der Gewissheit, dass Gott dein Herz kennt (1 Sam 16,7). Egal wie verletzend deine Taten oder Worte gewesen sind, wenn du ihn immer noch in deinem Herzen ehrst und bereit bist, Buße zu tun, wird er dich nicht verleugnen (2 Tim 2,12-13). Er wird dir vergeben und dich reinigen, damit du wieder ganz von Neuem anfangen kannst!

Widerstand gegen das Evangelium

Matthäus 10,34-42

Ihr sollt nicht meinen, dass ich gekommen sei, Frieden auf die Erde zu bringen. Ich bin nicht gekommen, Frieden zu bringen, sondern das Schwert!
Matthäus 10,34

Diese Aussage scheint Weissagungen des Alten Testaments, in denen Jesus als der Friedefürst angekündigt wurde (beispielsweise in Jesaja 9,5), zu widersprechen. Auch andere Aussagen über Frieden, die Jesus gemacht hat, und vieles, was über ihn in den Briefen des Neuen Testaments geschrieben ist, steht dem entgegen. Der Frieden jedoch, den Jesus durch sein Blut erkauft hat, ist ein Frieden zwischen Gott und den Menschen. Durch Jesus kann nun jede Person mit Gott Frieden haben (Röm 5,1). Wir sind dazu aufgefordert, seinen Frieden anzunehmen und allen anderen Menschen mit diesem Frieden zu begegnen. Aber es ist eindeutig, dass nicht jeder dieses Angebot annehmen wird.

Friede kann nur kommen, wenn wir Gott begegnen im Glauben an das, was er für uns getan hat und nicht an das, was wir für ihn tun. Menschen, die glauben, einem gewissen Maßstab gerecht werden zu müssen, um von Gott akzeptiert zu werden, haben keinen Frieden, weil sie die Last ihrer Errettung selbst tragen müssen und das können sie nicht. Wenn solche Leute dann mit dem wahren Frieden und der Freude eines Gläubigen konfrontiert werden, der weiß, dass er aus Gnade errettet ist durch Glauben (Eph 2,8), dann greifen sie ihn gern an, um ihre Selbstgerechtigkeit zu verteidigen. Das ist das „Schwert“, von dem Jesus in Matthäus 10,34 redet.

Das Evangelium wird immer Widerstand hervorrufen von denjenigen, die es nicht annehmen. Dieses Schwert der Spaltung, sogar unter Familienmitgliedern und Freunden, ist nicht von Gott gesandt, sondern vom Feind. Satan entfacht Stolz in den Menschen, der sie allem widerstehen lässt, was nicht auf ihren eigenen Leistungen und ihren Fähigkeiten beruht, womit sie Gott zu gefallen suchen. Weil alle Gläubigen unausweichlich diesem Widerstand begegnen werden, bereitet Jesus seine Jünger schon einmal darauf vor.

So sehr du dir auch wünschen magst, dass jeder, dem du das Evangelium erzählst, sofort errettet wird, darf es dich nicht wundern, wenn sie die Wahrheit nicht einfach so annehmen. Jesus wurde sogar von den Seinen abgelehnt und dir wird es ebenso ergehen. Bleib heute einfach darin treu, die Gute Nachricht zu verbreiten, es gibt andere, die sie annehmen werden; verliere niemals den Glauben und die Hoffnung, dass auch deine Familie und deine Freunde errettet werden.

Kein Frieden für die Ungerechten

Matthäus 14,1-12; Markus 6,14-29; Lukas 9,7-9

Aber der Vierfürst Herodes hörte alles, was durch ihn geschah; und er geriet in Verlegenheit, weil von etlichen gesagt wurde, Johannes sei aus den Toten auferstanden.
Lukas 9,7

Manche mögen gedacht haben, dass Jesus der auferstandene Täufer Johannes sei, Herodes dagegen war nach den Schriftstellen im Evangelium des Matthäus und insbesondere des Markus fest davon überzeugt. Er fühlte sich schuldig wegen der Sünde, von der Johannes ihn überführt hatte und weil er Johannes enthaupten lassen hatte. Er fürchtete sich vor Johannes und dem Gott, den Johannes repräsentierte. Insgesamt kann man sagen, dass Herodes wegen seiner Schuldgefühle wie besessen von Johannes war.

In Markus 6,20 erfahren wir, dass es eine Zeit gab, in der Herodes dem Johannes gern zuhörte. Es ist sicher, dass Johannes seine bevorzugte Botschaft predigte: *Tut Buße, denn das Reich Gottes ist nah.* Um Johannes gern zuzuhören, muss Herodes von Gott überzeugt gewesen sein. Aber Herodes fürchtete seine Frau und die Meinung anderer mehr, als er Gott fürchtete. Er war nicht wie Festus, der Paulus der Verrücktheit dafür bezichtigte, dass er über die Auferstehung von den Toten sprach. Herodes kannte die Wahrheit und war voller Trauer –, aber nicht voll mit göttlicher Trauer. Letztendlich entschied er sich für den Tod – den physischen Tod für Johannes den Täufer und den geistlichen Tod für sich selbst.

In den oben genannten Bibelversen lesen wir, dass Herodes keinen Frieden hatte. Er hat sich für die Ungerechtigkeit entschieden und wurde für den Rest seines Lebens von seiner Schuld verfolgt und gequält. In weltlicher Mentalität kehrt Frieden ein, wenn keine Probleme mehr sichtbar sind; aber das Beiseiteschaffen von Johannes löste Herodes' Probleme nicht!

Dein Frieden hängt nicht von Umständen ab; er ist abhängig von Jesus, der derselbe gestern, heute und für immer ist (Hebr 13,8). Du kannst heute inmitten der furchtbarsten Probleme großen Frieden haben, weil du an ihn glaubst. *Einem festen Herzen bewahrst du den Frieden, den Frieden, weil es auf dich vertraut* (Jes 26,3). Vertraue auf ihn allein und lass Gottes Frieden in deinem Herzen herrschen.

Du bist der Christus

Markus 8,27-30

Und er sprach zu ihnen: Ihr aber, für wen haltet ihr mich? Da antwortete Petrus und sprach zu ihm: Du bist der Christus!
Markus 8,29

Menschen denken oft, wie wunderbar es hätte sein müssen, wenn sie ein Jünger Jesu gewesen wären. Sie stellen sich vor, dass es leicht gewesen wäre zu glauben, wenn sie die Wunderwerke Jesu mit eigenen Augen gesehen hätten. Weit gefehlt! Ich träumte einmal, dass ich einer von Jesu Jüngern war. Ich sah, wie er Jairus' Tochter von den Toten auferweckte. Ich sah, wie Blinde wieder sehen und Taube wieder hören konnten. Ich war mit den anderen Jüngern auf der Straße unterwegs und wir sprachen über die unglaublichen Dinge, die wir gesehen hatten, als Jesus plötzlich auf mich zutrat und fragte: „Aber was sagst du, wer bin ich?"

Ich war hin- und hergerissen mit meinen Gefühlen. Mein Herz und alles was ich gesehen hatte, wollten sagen: *Du bist der Christus*, aber wie konnte ich es? Als ich Jesus ansah, schien er ein Mann zu sein wie jeder andere. Es war nichts Besonderes an seinem Äußeren. Da war kein Heiligenschein, wie man ihn auf einigen Bildern sieht. Mit all meinen Sinnen konnte ich nichts anderes erfassen, als dass er ein normaler Mensch war. In diesem Moment begriff ich, wie schwierig es damals für die Jünger war zu glauben.

Letztlich antwortete ich wie Petrus, es erforderte jedoch all meinen Glauben, den ich zusammenbringen konnte, zu sagen: „Du bist der Christus." Ich musste über seine sichtbare menschliche Erscheinung hinwegschauen, um zu sehen, wer er in seinem Inneren war. Nun verstehe ich, dass es auf eine Art und Weise für uns, die wir damals nicht dabei waren, viel einfacher ist zu glauben. Die Jünger waren ständig mit der Unfassbarkeit konfrontiert, wie Gott in einem menschlichen Körper sein konnte. Wir brauchen nur in Gottes Wort alle die wunderbaren Dinge zu lesen, die Jesus tat. Wir lesen über seinen Tod und seine Auferstehung und stellen uns vor, wie er auf seinem Thron im Himmel sitzt. Mit all diesem Wissen ist es für uns einfach zu glauben.

Du kannst genauso fest an Jesus glauben wie diejenigen, die in seiner Zeit hier auf Erden mit ihm gegangen sind. Entscheide dich heute, ihm zu glauben und ihm nachzufolgen mit der vollen Überzeugung, dass seine Liebe und seine Kraft völlig zum Vorschein kommen werden in deinem Leben und bei den Menschen, die durch dich verändert werden.

Dankbarkeit verherrlicht Gott

Lukas 17,12-19

Hat sich sonst keiner gefunden, der umgekehrt wäre, um Gott die Ehre zu geben, als nur dieser Fremdling?
Lukas 17,18

Jesus heilte zehn Aussätzige und wies sie an, sich den Priestern zu zeigen, so wie Moses es vorgeschrieben hatte. Als sie ihm Folge leisteten, wurden sie geheilt; doch nur einer von ihnen kam zurück, um Jesus zu danken. In Vers 16 erfahren wir, dass dieser Mann sich Jesus zu Füßen warf und bei ihm bedankte. Dann in Vers 18 sagte Jesus, dass dieser Mann Gott die Ehre gab. Gott zu danken bedeutet somit, ihn zu verherrlichen.

Gott zu danken und ihn zu preisen bedeutet, dass du ihn als den Urheber deiner Segnungen anerkennst. Du demütigst dich und verkündest, dass es seine Fähigkeit war, und nicht deine, die dir zum Erfolg verholfen hat. Undankbarkeit lässt sich mit einem Studenten vergleichen, dessen Eltern alles Geld aufgebracht haben, damit er auf eine teure Universität gehen kann. Wenn dieser junge Mensch nun damit prahlt, wie er es geschafft hat, solch eine gute Ausbildung zu erhalten, ohne dabei die Großzügigkeit der Eltern zu erwähnen, würden wir ihn für ichbezogen und verwöhnt halten – und das zu Recht! Gleichermaßen ist es ichbezogen und arrogant, wenn man es versäumt, Gott zu danken.

Unsere Dankbarkeit verherrlicht Gott. Eine sehr einfache und dennoch tiefgründige Theologie ist: *Es gibt nur einen Gott und das bin nicht ich.* Wir haben uns nicht selbst gemacht (Ps 100,3). Gott ist unsere Quelle und folglich müssen wir ihn verherrlichen. Wir tun das, indem wir dankbar sind für alles, was er aus seiner Gnade für uns getan hat, so wie es ein bekanntes englisches Kirchenlied ausdrückt: *Preist Gott, von dem alle Segnungen fließen.*

Wenn du für alles, was du erreichst, und für jeden kleinen und großen Segen Gott gegenüber deine Dankbarkeit zum Ausdruck bringst, bist du ein Mensch, der ihn mit seinem Leben verherrlicht. Du wirst kein hartes Herz haben. Du wirst ihn nie entthronen und dich selbst auf den Thron deines Herzens setzen. Eins steht fest: Eine Haltung der Dankbarkeit zu bewahren verherrlicht Gott und hält dich sicher in seinen Händen.

Geheilt oder völlig wiederhergestellt?

Lukas 17,12-19

Und er sprach zu ihm: Steh auf und geh hin; dein Glaube hat dich gerettet!
Lukas 17,19

Zehn Leprakranke schrien zu Jesus, damit er sie heile. Er forderte sie auf, sich ihrer Heilung gemäß zu verhalten und sich den Priestern zu zeigen, damit diese sie für rein erklärten. Sie gehorchten und waren alle geheilt; jedoch kam nur einer zurück, um Jesus zu danken. Ich bin sicher, dass es Jesus nicht entgangen ist, dass 90 Prozent der Leprakranken nicht zurückkamen. Es gibt aber keinen Hinweis darauf, dass Jesus aufgrund ihrer fehlenden Dankbarkeit die bereits geschenkte Heilung wieder zurücknahm. Das ist nicht Gottes Art. Denn er lässt seine Sonne aufgehen über Böse und Gute und lässt es regnen über Gerechte und Ungerechte (Mt 5,45).

Tatsächlich behandelte Jesus diesen Leprakranken, der sich bedankte, auf besondere Weise. Und es war ein Samariter. Juden und Samariter kamen sich normalerweise nicht nahe. Doch bei Jesus, wie wir es auch bei der Frau am Jakobsbrunnen in Johannes 4,9 sehen, gibt es kein Ansehen der Person.

Bekannterweise verursacht Lepra, dass Gliedmaßen verwesen und abfallen. Leprakranke verlieren oftmals Finger oder Zehen. Alle diese Männer waren geheilt, das bedeutet, dass die Lepra nicht länger in ihren Körpern war und nicht länger Schaden anrichten konnte. Jesus sagte dem zurückkehrenden Mann jedoch, dass er völlig wiederhergestellt sei. Dies beinhaltet nicht nur, dass er von Lepra befreit war, sondern dass jeglicher Schaden, den die Krankheit verursacht hatte, wiedergutgemacht wurde. Es ist möglich, dass ihm in diesem Moment seine Finger und Zehen wieder nachwuchsen. Dank sei Gott!

Was wäre dir lieber: Heilung oder Wiederherstellung? Natürlich wäre jeder lieber wiederhergestellt. Nur der Leprakranke, der zurückkam, um sich zu bedanken, wurde wiederhergestellt. Warum willst du dich mit weniger als dem Bestem, das Gott für dich hat, zufriedengeben? Sei heute dankbar für alles, was Gott für dich tut, und du wirst die größeren Wunder in deinem Leben sehen.

Wie weit bist du bereit zu gehen?

Markus 8,22-26

Und er nahm den Blinden bei der Hand und führte ihn vor das Dorf hinaus, spie ihm in die Augen, legte ihm die Hände auf und fragte ihn, ob er etwas sehe.
Markus 8,23

Für gewöhnlich konzentrieren wir uns auf das Wunder, das der Blinde empfangen hat. Aber denk mal einen Moment lang darüber nach, welchen Glauben er aufgewendet hat. Jesus hat ihn bei der Hand genommen und ihn aus der Stadt hinausgeführt. Vergiss nicht, dieser Mann war blind. Er wusste nicht, wohin er ging und setzte sich damit einer Gefahr aus. Hätte Jesus sich entschieden, ihn einfach stehen zu lassen, was hätte er dann getan? Er konnte den Weg zurück nicht alleine finden, schließlich konnte er nicht sehen! Dieser Mann hatte eine Entscheidung getroffen: Er erwartete es, geheilt zu werden. Er traf keine Vorkehrungen dafür, dass sich jemand um ihn kümmert, sollte er irgendwo stranden und immer noch blind sein.

Was wäre gewesen, wenn dieser Mann sich entschieden hätte, Jesus nicht mehr weiter zu folgen, als er bemerkte, dass er seine gewohnte Umgebung verlässt? Es hätte ihm Schwierigkeiten bereitet, wenn er blind geblieben wäre. Es sind vermutlich diese Art von Gedanken des Unglaubens, die ihn davon hätten abhalten können, seine Heilung zu empfangen. Er musste den ganzen Weg mit Jesus gehen – so wie wir es auch tun müssen.

Es gibt keinen Hinweis darauf, dass Jesus erklärt hat, wohin er den Mann mitnimmt oder wie weit es war. Er forderte ihn einfach auf, sich an seiner Hand festzuhalten und ihm zu folgen. Ist das nicht ausreichend? Wir wissen oft nicht genau, wohin uns der Herr führt oder wie die Sache ausgehen wird, wenn wir unser Wunder nicht empfangen. So lange wir aber seine Hand halten, sollten wir uns sicher fühlen.

Wie weit bist du bereit, mit dem Herrn zu gehen? Jesus hat diesen blinden Mann nicht enttäuscht und er wird auch dich nicht enttäuschen. Du kannst seine Hand spüren, wenn du heute mit ihm zusammen bist. Du brauchst keinen Plan B oder Plan C für den Fall, dass Jesus nichts tut. Es sind keine Rücksicherungen notwendig. Er ist mehr als genug.

Geld ist der erste Schritt, wenn es um Treue geht

Lukas 16,1-13

Wer im Geringsten treu ist, der ist auch im Großen treu; und wer im Geringsten ungerecht ist, der ist auch im Großen ungerecht.
Lukas 16,10

Dies ist eine erstaunliche Aussage von Jesus und man kann sie auf vielfältige Art und Weise auslegen. Im Kontext betrachtet sprach Jesus jedoch über Geld. In dem gesamten Gleichnis vom ungerechten Haushalter geht es um dessen Untreue in Bezug auf Geld. Jesus wiederholt diese Wahrheit im darauffolgenden Vers und ersetzt die Worte *sündiger Mammon* durch *was das Geringste ist*. Das Wort Gottes lässt keinen Zweifel daran, dass Geld das grundlegende Prinzip der Haushalterschaft ist.

Das lässt einige ernste Fragen aufkommen. Wenn Geld das Geringste ist und wir nicht in der Lage sind, Gott mit unseren Finanzen zu vertrauen, wie können wir ihm dann in wichtigeren Dingen wie unserem ewigen Leben vertrauen? Wie kann jemand sagen: „Klar doch, ich weiß, dass ich in den Himmel komme, aber ich bin mir nicht sicher, ob das Geld diesen Monat reichen wird, wenn ich meiner Gemeinde den Zehnten gebe." Wenn wir nicht genug Glauben haben, um Gott zu vertrauen, dass er uns gibt, wie kann dann dieser Glaube uns in den Himmel bringen?

Jesus gebrauchte genau diese Argumentation, als er mit dem reichen Jüngling sprach (Mk 10). Vom äußeren Anschein her war dieser Mann sehr gottesfürchtig. Er behauptete von sich, alles richtig gemacht zu haben. Doch Jesus sah sein Herz und sagte ihm, er solle alles verkaufen, was er hat, und es den Armen geben. Jesus konnte aufgrund seiner Antwort sagen, wie gottesfürchtig dieser Mann wirklich war.

Ist dir schon einmal bewusst geworden, dass die Art und Weise, wie du mit Geld umgehst, Bände über deine Glaubensbeziehung mit Gott spricht? Niemand kann von sich behaupten, wahren Glauben an Gott zu haben, wenn er nicht in finanziellen Dingen treu ist und Gott vertraut. Geld ist der erste Schritt, wenn es um Treue geht. Haushalterschaft in Bezug auf Finanzen ist der geringste Ausdruck von Treue Gott gegenüber. Es ist wie mit der untersten Sprosse einer Leiter. Du kannst nicht höher kommen, ohne diesen ersten Schritt zu machen. Sei heute vertrauensvoll mit deinem Geben und Gott wird dich die Leiter weiter hinaufklettern lassen, um morgen größere Dingen zu erleben.

Sich ausruhen und neue Kraft schöpfen

Matthäus 14,13-21; Markus 6,30-44; Lukas 9,10-17; Johannes 6,1-14

Und er sprach zu ihnen: Kommt ihr allein abseits an einen einsamen Ort und ruht ein wenig! Denn es waren viele, die gingen und kamen, und sie hatten nicht einmal Zeit zu essen.
Markus 6,31

Jesus trennte sich oft von den anderen Menschen, um alleine Zeit mit dem Vater zu verbringen. Hier sehen wir, wie Jesus seine Jünger zusammenrief, damit sie sich ausruhen und eine freie Zeit verbringen konnten. Viele eifrige Christen vernachlässigen die Bedürfnisse ihres Körpers und müssen ihren Dienst der Verkündigung des Wortes wegen Tod oder schwerer Krankheit vorzeitig beenden. Gleichermaßen haben es viele versäumt, vor Gott zur Ruhe zu kommen und ihn zu erkennen (Ps 46,11). Auch dadurch wird ihr Dienst behindert, indem die Resultate ausbleiben. Eine der tödlichsten Waffen Satans gegen alle, die das Evangelium verkünden, ist die Geschäftigkeit. Wir müssen die richtige Balance finden zwischen der Zeit, die wir aufwenden, um anderen das Wort mitzuteilen, und der Zeit, die wir damit verbringen, selbst vom Vater zu hören. Wenn der Teufel dich nicht davon abhalten kann, für Gott zu brennen, wird er versuchen, dich zum Burn-out zu bringen.

Jesus und die Jünger trennten sich von der Menge und gingen an einen entlegenen Ort, damit sie sich ausruhen konnten. Eine Zeit der Ruhe zu finden war keine Option, sondern eine Notwendigkeit. Jesus und seine Jünger nahmen sich die freie Zeit, die sie dringend brauchten. Die Menge aber folgte ihnen und ihre freie Zeit endete, bevor sie richtig begann. Sie waren sicherlich genauso enttäuscht wie du und ich es in dieser Situation gewesen wären, aber anstatt ärgerlich und verbittert zu sein, war Jesus von Mitleid ergriffen und diente ihnen.

Später am Abend ging Jesus auf einen Berg und betete bis in die frühen Morgenstunden. Der Herr möchte, dass wir auf unseren Körper achten, wie wir es aus seiner Fürsorge für seine Jünger sehen können, aber wir sehen auch, welche Priorität er seinem Geist einräumte, als er die ganze Nacht aufblieb, um zu beten; so bekam er die erforderliche Ruhe in seinem Geist.

Folge noch heute dem Beispiel Jesu. Ruhe dich aus und respektiere die Bedürfnisse deines Körpers, aber mache die Zeit allein mit dem Vater zu deiner ersten Priorität.

Gottes Wille oder dein Wille?

Matthäus 14,22-33

Jesus aber redete sogleich mit ihnen und sprach: Seid getrost, ich bin's; fürchtet euch nicht! Petrus aber antwortete ihm und sprach: Herr, wenn du es bist, so befiehl mir, zu dir auf das Wasser zu kommen!
Matthäus 14,27-28

Es ist wichtig, dass wir uns genau anschauen, was Petrus gesagt hat. Er war überwältigt von der Tatsache, dass Jesus über das Wasser ging und wollte es auch gerne tun. Obwohl sein Wunsch vollkommen in Ordnung war, war doch seine Bitte an Jesus völlig falsch. Er fragte nicht, ob der Herr wollte, dass er auf dem Wasser geht, oder ob sein Glaube dafür ausreichte, stattdessen sagte er: „Herr, wenn du es bist, so befiehl mir, zu dir auf das Wasser zu kommen!" Was sollte Jesus denn sagen?

„Ich bin es nicht. Bleib wo du bist!"

Wir finden in der Bibel keine weiteren Beispiele von Menschen, die auf dem Wasser gingen. Jesus hatte einen ganz bestimmten Grund, weshalb er auf dem Wasser ging; Petrus wollte einfach nur sehen, ob er das auch konnte. Diese Geschichte zeigt uns, dass Gott uns erlaubt, Dinge zu tun, die nicht sein vollkommener Wille für uns sind.

Wir durchkreuzen oftmals unsere eigenen Gebete durch die Art und Weise, wie wir Gott um etwas bitten. Wir beten: *Gott, möchtest du, dass ich Plan A oder Plan B verfolge?* Vielleicht will der Herr, dass wir weder das eine noch das andere tun. Deshalb sollten wir ihm eine dritte Option offenlassen, nämlich Plan C: keine der oben genannten Möglichkeiten. Noch besser wäre es, wenn wir ihm einfach die gesamte Situation in die Hand geben und ihn fragen, was sein Wille für uns ist.

Ich will dich ermutigen, heute auf Gottes Weisheit zu vertrauen und ihm zu erlauben, dass er dir zeigt, welche Wahl du treffen sollst. Es könnte dich davon abhalten zu sinken!

Über Demut

Johannes 6,15

Als Jesus nun merkte, dass sie kommen würden und ihn ergreifen, um ihn zum König zu machen, entwich er wieder auf den Berg, er selbst allein.
Johannes 6,15

Jesus ist *versucht worden in allem wie wir, doch ohne Sünde* (Hebr 4,15). Er muss die Versuchung gespürt haben, sich der Menge hinzugeben und sich selbst zu erhöhen, aber er ist nicht darauf eingegangen. Er kam, um den Willen des Vaters und nicht seinen eigenen auszuführen (Joh 6,38). Deshalb hat er sich sofort von den Menschen entfernt und die ganze Nacht im Gebet mit seinem Vater verbracht. Anhaltendes Gebet ist ein wirksames Gegenmittel gegen die Versuchung von Stolz und Überheblichkeit und wird göttliche Demut in deinem Leben zur Folge haben.

In Galater 2,20 lehrt uns Paulus über das Sterben unseres Ichs; es ist hier sehr wichtig zu sehen, wie dieses Sterben stattfindet. Paulus schreibt, dass sein Ich durch das, was Jesus getan hat, gestorben ist. Dieses Sterben wurde für ihn dadurch real, dass er sich selbst für das hielt, was bereits durch Christus geschehen ist (Röm 6,11).

Einige Gläubige haben heutzutage diese Lehre vom Sich-selbst-Sterben so übertrieben, dass sie, anstatt von ihrem Selbst befreit zu sein, sich völlig auf sich konzentrieren. Sie denken die ganze Zeit nur an sich selbst. Obwohl sie sich selbst eigentlich erniedrigen, sind sie die ganze Zeit nur mit sich beschäftigt. Eine wirklich demütige Person ist Jesus-bezogen. Sich selbst zu sterben bedeutet nicht, sich zu hassen, sondern vielmehr Christus mehr zu lieben als sich selbst.

Falsche Religionen predigen Selbstverleugnung. Wir müssen nicht nur uns selbst sterben, sondern lebendig sein im Bezug auf Gott. Wenn wir uns darauf ausrichten, uns selbst zu verleugnen, ohne dass Christus in unserem Herzen regiert, führt das nur zu Gesetzlichkeit. Wahre Demut führt nicht dazu, dass wir uns selbst erniedrigen und uns und unsere eigenen Fähigkeiten hassen. Sie ist viel mehr das Bewusstsein, dass alles, was wir haben, ein Geschenk Gottes ist. Nur eine Person, die Gott anerkennt, kann wahre Demut zeigen.

Wenn du dich selbst heute in Jesus verlierst, kannst du genauso demütig sein wie er. Lass es dein einziges Verlangen sein, das zu tun, was er tun möchte. Lass ihn durch dich anderen dienen und achte auf das, was er sagt und fühlt. So wirst du dich ganz natürlich in seiner Demut bewegen.

Die Macht eines Wortes

Matthäus 14,29

Da sprach er: Komm! Und Petrus stieg aus dem Schiff und ging auf dem Wasser, um zu Jesus zu kommen.
Matthäus 14,29

Das Wort *Komm* wurde durch den gesprochen, der alle Dinge geschaffen hat (Joh 1,3), und es hat ebenso viel Macht wie die Worte, die bei der Erschaffung der Welt gesprochen wurden. Petrus ging durch die Macht eines einzigen Wortes unseres Herrn über die Wellen. Genauso trägt jedes Wort, das Gott zu uns spricht, die Salbung und Macht bereits in sich, die wir brauchen, um es zu erfüllen; und diese können wir freisetzen, indem wir das Wort glauben und danach handeln.

Wir müssen nicht nur Gottes Kraft kennen, sondern auch die Größe seiner Kraft und dann die überwältigende Größe seiner Kraft (Eph 1,19). Diese überwältigende Größe seiner Kraft wirkt „in uns hinein“. Sie existiert also für uns und zu unserem Vorteil. Einige Menschen bekommen einen flüchtigen Eindruck von Gottes Kraft, aber nur sehr wenige die Erkenntnis, dass diese Kraft für uns ist und uns zur Verfügung steht. Es nützt uns gar nichts zu glauben, dass Gott Macht hat, wenn wir nicht glauben, dass sie für uns wirksam ist. Die überwältigende Größe seiner Kraft ist nur für diejenigen wirksam, die glauben. Empfangs im Glauben oder der Zweifel wirds dir rauben.

Obwohl Petrus so viel kritisiert wurde, war er der Einzige, der auf dem Wasser ging. Die anderen elf Jünger im Boot sahen, wie Jesus und Petrus auf dem Wasser gingen und blieben trotzdem einfach im Boot. Um ein Wunder von Gott zu empfangen, ist es wichtig, die Sicherheit unserer natürlichen Umgebung zu verlassen (aus dem Boot steigen) und uns selbst in eine Lage zu bringen, in der wir auf ein Wunder Gottes angewiesen sind.

Bei Gott gibt es kein Ansehen der Person (Röm 2,11). Auch jeder andere Jünger hätte auf dem Wasser gehen können, wenn er gefragt hätte und aus dem Boot ausgestiegen wäre. Versteckst du dich in einem Boot? Hast du Angst, auszusteigen und dich in der überwältigenden Größe seiner Kraft zu bewegen? In der Kraft, die in dir wirkt? Heute ist der Tag, diesen Glaubensschritt zu machen und ihm für die Wunder, die du brauchst, zu vertrauen.

Kommt der Zweifel, geht der Glaube

Matthäus 14,30-31

Als er aber den starken Wind sah, fürchtete er sich, und da er zu sinken anfing, schrie er und sprach: Herr, rette mich!
Matthäus 14,30

Der Grund, warum Petrus anfing zu sinken, war seine Angst. In Vers 31 benutzt Jesus das Wort *Zweifel* in Bezug auf Petrus' Angst. Angst ist einfach negativer Glaube oder auch Vertrauen auf das Böse anstatt auf Gottes Liebe und Güte. Woher kam diese Furcht? In 2. Timotheus 1,7 steht: *Denn Gott hat uns nicht einen Geist der Furchtsamkeit gegeben, sondern der Kraft und der Liebe und der Zucht.* Angst kommt nicht von Gott. Diese Angst kam auf Petrus, weil er sein Augenmerk von Jesus weg auf seine Situation lenkte.

Furcht und Zweifel können uns nicht einfach überkommen, wir müssen sie hineinlassen. Wenn Petrus seine Aufmerksamkeit weiterhin auf Jesus gerichtet hätte, den Anfänger und Vollender seines Glaubens (Hebr 12,2), hätte er sich nicht gefürchtet. In derselben Weise wie Glaube aus dem Hören des Wortes Gottes kommt (Röm 10,17), kommt Furcht durch das Hören von Dingen, die dem Wort Gottes widersprechen. Angst und Zweifel wären keine Versuchung für uns, wenn wir uns nicht mit den Werken des Satans beschäftigen würden, die Angst und Zweifel hervorrufen. Der Wind und die Wellen hatten überhaupt nichts damit zu tun, dass Petrus auf dem Wasser ging. Ohne Jesus hätte er es nicht tun können, auch dann nicht, wenn es windstill gewesen wäre. Aber die Umstände brachten Petrus dazu, sein Augenmerk weg von Jesus und zurück zu seinem natürlichen, fleischlichen Denken zu bringen. Genauso versucht uns der Teufel abzulenken, indem er uns über unsere Probleme nachdenken lässt.

Petrus' Glaube war nicht von jetzt auf gleich verschwunden; Matthäus schreibt: *Er fing an zu sinken.* Hätte er gar keinen Glauben mehr gehabt, wäre er sofort untergegangen, anstatt langsam zu sinken. Das veranschaulicht, dass das Kommen der Furcht und das Weichen des Glaubens nicht augenblicklich passieren. Es gibt immer erst Anzeichen dafür.

Wenn du heute dein Augenmerk zu hundert Prozent auf Jesus richtest, wird er dich davor bewahren, dass du in deinen Problemen versinkst. Es gibt kein Problem, das zu groß für ihn ist und er will, dass es dir gut geht und du glücklich bist.

Sei empfänglich für die richtigen Dinge

Markus 6,45-52; Johannes 6,15-21

Denn sie waren nicht verständig geworden durch die Brote;
denn ihr Herz war verhärtet.
Markus 6,52

Wenn wir uns eine Person mit einem verhärteten Herzen vorstellen, denken wir zunächst an einen Menschen, der sich in totaler Rebellion Gott gegenüber befindet. Auch wenn es zutrifft, dass ein rebellierender Mensch ein verhärtetes Herz hat, so bezieht sich in dieser Bibelstelle das Wort *verhärtet* auf die Herzen der Jünger. *Sie erstaunten bei sich selbst über die Maßen und verwunderten sich* über Jesus, der auf dem Wasser ging, weil sie nämlich vergessen hatten, wie er kurz zuvor über 5 000 Menschen durch ein Wunder zu essen gegeben hatte.

Das Wort *verhärtet* hat hier die Bedeutung von *abgestumpft, unempfänglich für geistliche Dinge, unsensibel.* Die Jünger waren keine Gotteshasser, aber sie waren so voreingenommen von der sichtbaren Welt und ihren natürlichen Begrenzungen, dass sie völlig überwältigt waren, als sie sahen, wie Jesus diese Begrenzungen überschritten hat. Deshalb hatten sie ein verhärtetes Herz.

Wenn sie das Wunder der Speisung der 5 000, das sie kurz zuvor erlebt hatten, immer noch in ihren Herzen bewegt hätten, wären sie auch nicht verwundert gewesen, Jesus auf dem Wasser gehen zu sehen. Schließlich hatte er sie genötigt, in das Boot zu steigen und war deshalb auch für sie verantwortlich. Er war nicht weit von ihnen entfernt, umgeben von demselben Sturm. Sie wussten also, dass er ihre Situation kannte und hätten deshalb erwarten sollen, dass er sie rettet, selbst wenn er dafür übers Wasser gehen musste.

Bist du immer schnell dabei, dich zu fürchten und die Wahrheiten des Wortes Gottes anzuzweifeln? Vielleicht hast du dich zu viel mit Dingen beschäftigt, die Angst und Zweifel hervorrufen. Du kannst das heute ändern und dich tatsächlich deinem Zweifel gegenüber verhärten, indem du nur Gottes Wort in deinem Herzen trägst! Es ist möglich und ein für dich erreichbares Ziel, so empfänglich für das Wort Gottes und den Glauben zu werden, wie du es bisher für Zweifel und Satans Lügen warst. Sinne heute über Gottes Wort nach.

Errettung ist eine Beziehung

Markus 6,53-56

Und als sie aus dem Schiff traten, erkannten die Leute ihn sogleich.
Markus 6,54

Das Wort *erkennen* kann Verschiedenes bedeuten, angefangen bei *mit den Sinnen oder dem Verstand wahrnehmen* bis hin zu einer wesentlich tieferen Bedeutung, wie *eine Person durch und durch kennen.* Jemanden auf diese Art zu kennen, ist kein intellektuelles Begreifen, sondern eine ganz innige persönliche Erfahrung. Jesu Definition von *ewigem Leben* ist, Gott den Vater durch ihn – Jesus – zu erkennen. Es bedeutet, eine tiefe und persönliche Beziehung mit Gott dem Vater und Jesus dem Sohn zu haben. Unsere Errettung dreht sich allein um diese persönliche Beziehung.

Die Vergebung unserer Sünden ist nicht das Ziel der Errettung. Sie ist das Mittel, um das Ziel, nämlich eine innige persönliche Beziehung mit dem Vater, zu erreichen. Jesus starb, um für die Vergebung unserer Sünden zu bezahlen, weil nicht vergebene Sünden uns von einer engen Beziehung mit dem Vater abhalten würden. Sünde war eine Hürde, die zwischen Gott und uns stand. Jesus musste sie aus dem Weg räumen. Jeder, der die Errettung nur als das Vergeben von Sünden und als ein In-den-Himmel-Kommen ansieht, verpasst ewiges Leben mit Gott.

Die Schrift zeigt uns Errettung als den Weg, über den sündige Menschen wieder zu Frieden und Harmonie mit Gott zurückfinden können. Stattdessen wurde sie allzu oft nur als ein Entrinnen von den Problemen des Lebens und dem Höllengericht aufgefasst. Es ist möglich, mit dieser Auffassung wiedergeboren zu werden. Die Leute, die so errettet werden, sehen den Herrn nur als jemanden, der ihnen durch Krisenzeiten helfen kann. Sie erfahren niemals die tägliche Freude einer innigen persönlichen Beziehung mit ihm.

Jesus starb für dich, weil er dich liebt (Joh 3,16), eine Liebe, die sich nach einer innigen persönlichen Beziehung sehnt. Entdecke deine Beziehung zu ihm heute neu und erzähl dann deinen nicht gläubigen Freunden von ihm. Wahrscheinlich haben sie Religion satt und sind auch nicht mit dem zufrieden, was die Welt ihnen anbietet. Sage ihnen, dass du aus eigener Erfahrung weißt, dass nur eine persönliche Beziehung mit dem Vater ihnen das geben kann, was sie in diesem und im nächsten Leben brauchen.

Ichbezogen oder auf Gott bezogen?

Matthäus 14,34-36; Markus 6,53-56; Johannes 6,22-39

Jesus antwortete ihnen und sprach: Wahrlich, wahrlich, ich sage euch: Ihr sucht mich nicht deshalb, weil ihr Zeichen gesehen, sondern weil ihr von den Broten gegessen habt und satt geworden seid.
Johannes 6,26

Jesus kannte die Herzen aller Menschen; deshalb vertraute er sich dieser Menge nicht an. Erst am Tag zuvor hatten dieselben Leute versucht, ihn zu nötigen und zu ihrem König zu machen, doch er entzog sich ihnen und verbrachte die Nacht im Gebet.

Diese Menschen erweckten den Anschein, als würden sie Jesus suchen, doch eigentlich versuchten sie, Jesus zu ihrem eigenen Nutzen zu gebrauchen. Es ist wahr, dass es viele persönliche Vorteile mit sich bringt, dem Herrn zu dienen. Doch diese Vorteile sollten nie zu unserem Ziel oder Verlangen werden. In allen Dingen muss Christus den Vorrang haben (Kol 1,18).

Jesus deckte die wahren Absichten im Herzen der Menschen auf, indem er mit scharfen Worten über Hingabe predigte. Die Selbstsüchtigen waren beleidigt und gingen weg. Nur diejenigen blieben, die bereit waren, ihr Leben niederzulegen, um Gottes überströmendes Leben zu erfahren. Hingabe an Gott selbst – und nicht an das, was er bewirken kann – ist es, was stets die wahren Anbeter Gottes von den falschen Anbetern unterscheidet.

Als Jesus erklärte, er sei der einzige Weg zum Vater (Joh 14,6), wurden die Leute zornig. Der Gedanke, dass all unsere gerechten Taten uns nicht retten können, verärgert stets unsere stolze, fleischliche Natur! Doch Jesus machte deutlich, dass unser einziger Beitrag zur Errettung darin besteht zu glauben. Woran glauben? Glauben an ihn und an sein Opfer – nicht unseres. Errettung ist ein Geschenk und kann nicht gekauft werden (Röm 10,2-3).

Bist du so versessen darauf geworden, Gott für eine bestimmte Sache zu suchen, dass du das größte Wunder von allen vergisst, nämlich die Liebe und Erlösung, die dir von Gott durch seinen Sohn geschenkt wurde? Erinnere dich heute an sein Opfer und daran, wie sehr er dich liebt. Diese Wahrheit wird alles andere in die richtige Perspektive rücken.

Tote Werke

Johannes 6,24-29

*Da sprachen sie zu ihm: Was sollen wir tun,
um die Werke Gottes zu wirken?
Johannes 6,28*

In den Jahrtausenden der Menschheitsgeschichte hat man immer nach Wegen gesucht, Gottes Werke zu tun. Alle Menschen tragen das Wissen in sich, dass Gott real ist (Röm 1,18-20), ebenso auch den Wunsch, Gott zu gefallen. Aber so wie diese Juden stimmen nur wenige Menschen mit dem Herrn darin überein, wie man das machen soll. Die Juden waren bereit, etwas für ihre Errettung zu tun, aber sie waren nicht bereit, ihr Leben an Jesus, ihren Herrn, auszuliefern und sein Geschenk der Errettung anzunehmen.

Dies ist einer der wesentlichen Unterschiede zwischen dem Christentum und den Religionen der Welt. Religion zielt darauf ab, Opfer zu bringen, um Ansehen bei Gott zu erreichen. Das Christentum erkennt jedoch unsere völlige Unfähigkeit, uns selbst zu erretten und fordert Glauben von uns, das anzunehmen, was Jesus für uns getan hat.

Du verdienst es nicht, errettet zu werden, weil keiner es verdient hat. Du kannst es dir nicht verdienen mit dem, was die Bibel *tote Werke* nennt (Hebr 6,1 und 9,14). Tote Werke schließen auch religiöse Aktivitäten, gute Taten und Wohltätigkeiten mit ein, die du in der Absicht unternimmst, dich vor Gott zu rechtfertigen. Nur der Glaube an das, was Jesus für dich zur Errettung getan hat, wird dich rechtfertigen. Es ist also ganz leicht, deinen Teil zu tun – du brauchst nur daran zu glauben. Heute kannst du in der Wahrheit leben, dass deine Errettung sein Werk ist und nicht deines.

Brot des Himmels

Johannes 6,31-35

Da sprachen sie zu ihm: Herr, gib uns allezeit dieses Brot!
Johannes 6,34

Es ist wahrscheinlich, dass diese Juden von Jesus erwarteten, dass er Manna vom Himmel regnen lassen würde, so wie es Gott für ihre Vorfahren in der Wüste getan hat. Schließlich sollte doch jemand, der 5 000 Menschen mit dem Proviant eines kleinen Jungen sättigen kann, in der Lage sein, Manna entstehen zu lassen. Sie dachten immer noch an sichtbares Essen.

Das Wort *Manna* bedeutet *Was ist das?* Das Volk Israel sagte: Das ist Manna, *denn sie wussten nicht, was es war* (2 Mose 16,15). Manna war ein nährstoffreiches Essen, das jeden Morgen auf dem Boden erschien, kurz nachdem die Israeliten Ägypten verlassen hatten und ihre vierzigjährige Wanderung durch die Wüste begannen. Moses nannte es, *Brot, das der Herr euch zur Speise gegeben hat* (2 Mose 16,15).

Manna war klein und rund wie Koriandersamen und war weiß oder gelblich, ähnlich wie Bedellion (4 Mose 11,7). Es wurde jeden Morgen aufgesammelt und musste am gleichen Tag verbraucht werden, sonst hätte es angefangen zu stinken und wäre von Würmern durchsetzt gewesen. Die Ausnahme war am sechsten Tag, da konnte es für den Sabbat mit aufgesammelt werden und verdarb nicht (2 Mose 16,22-26).

Jesus aber sprach zu ihnen: Ich bin das Brot des Lebens (Joh 6,35). Die Leute erwarteten, dass er sichtbare Brotstücke hervorbringen würde, was ein großes Wunder gewesen wäre. Allerdings wäre es unbedeutend im Vergleich zu dem Wunder gewesen, das ihnen vor Augen stand. Sie sprachen zu dem größten Wunder, das Gott jemals hervorgebracht hatte, aber sie waren blind dafür. Alles, was sie sehen konnten, war das, was sie benötigten, und das, was Jesus ihnen geben konnte.

Weil wir oftmals so sehr damit beschäftigt sind, Gott in einem bestimmten Bereich unseres Lebens zu suchen, vergessen wir das größte aller Wunder, das uns von Gott durch seinen Sohn gegeben wurde: seine Liebe und Vergebung. Denke heute einmal darüber nach, wie das Leben ohne Jesus aussehen würde, und wie dein Leben verwandelt wurde, dadurch dass er dein Herr und Retter ist.

Lass dich von Gott lehren

Johannes 6,40-45

Es steht geschrieben in den Propheten: „Und sie werden alle von Gott gelehrt sein.“ Jeder nun, der vom Vater gehört und gelernt hat, kommt zu mir.
Johannes 6,45

Die Propheten des Alten Testaments prophezeiten einen Neuen Bund, bei dem wir alle von Gott gelehrt werden würden. Sie sprachen von einem Offenbarungswissen, das von innen kommt, aus unserem Geist. Unter dem Alten Bund kommunizierte Gott mit seinem Volk nur durch den äußeren Menschen. Er tat das, weil nicht wiedergeborene Menschen die geistlichen Wahrheiten nicht erkennen konnten, die der Geist im Neuen Bund offenbart (1 Kor 2,14).

Die Gläubigen des Alten Testaments waren wie Kinder in ihrer Fähigkeit, geistliche Wahrheiten zu erfassen. Es ist unmöglich, einem kleinen Kind geistliche Wahrheiten zu erklären, trotzdem muss es aber davon abgehalten werden, sich mit dem Bösen einzulassen. Deshalb lehrt das Wort Gottes Eltern, zur Erziehung die Rute zu benutzen (Spr 13,24; 19,18; 22,15). Ein Kind mag vielleicht nicht wissen, was es heißt, dem Teufel zu widerstehen. Wenn der Teufel es zum Stehlen verleiten will, sagt es jedoch aus Furcht vor der Rute: „Nein!“ Ähnlich wurden die Heiligen des Alten Testaments aus Furcht vor dem Zorn und der Strafe Gottes von Sünde ferngehalten. Das gebot zwar der Sünde Einhalt, aber es verhinderte, dass sie die Güte und Liebe Gottes empfingen (1 Joh 4,18).

In Johannes 6,45 sprach Jesus vom Neuen Bund, bei dem die Bestrafung für unsere Sünden auf ihn gelegt wurde. Du dienst Gott nicht mehr länger aus Furcht vor Strafe. Jetzt dienst du ihm aus Liebe, weil er den Geist seines Sohnes in dein Herz gesandt hat, um dich zu seinem Sohn oder seiner Tochter zu machen. Du dienst ihm, weil deine Natur umgewandelt wurde durch die neue Geburt. Du bist nun wie er. Lass dich heute vom Heiligen Geist in dir führen und lehren.

Der Geist und das Wort sind eins

Johannes 6,40-71; 7,1

Der Geist ist es, der lebendig macht, das Fleisch nützt gar nichts. Die Worte, die ich zu euch rede, sind Geist und sind Leben.
Johannes 6,63

Jesus erklärte, dass das Leben ursprünglich aus deinem Geist und nicht aus deinem Fleisch kommt. Die Leute, zu denen er sprach, waren so voreingenommen von ihrem irdischen Dasein, dass ihnen die geistliche Tragweite seiner Worte entging. Obwohl Gottes Wort auch für unseren Körper nützlich ist, so ist es doch geistlich und muss durch unseren Geist verstanden werden. Gottes Wort ist Geist und der Heilige Geist in unserem Geist erleuchtet Gottes Wahrheit für unseren Verstand.

Das Wort Gottes besteht nicht nur aus Papier und Tinte. Jesus ist das Wort. Lange bevor der Heilige Geist Menschen inspirierte, Worte niederzuschreiben, war er in geistlicher Form schon da. Die Bibel stellt Jesus dar und führt uns geistliche Wahrheiten vor Augen. Sie ist von Gott eingegeben, absolut genau und verlässlich. Jedoch wird die Bibel uns nichts nützen, solange wir nicht den Heiligen Geist in unserem Geist empfangen haben. Das erklärt, warum viele Menschen, die das Wort gelesen und sogar auswendig gelernt haben, keinen Gewinn daraus ziehen. Sie wurden niemals wiedergeboren und der geistliche Lehrer (Joh 14,26) wohnt nicht in ihnen.

Ebenso wie unser Körper Nahrung braucht, um leben zu können, empfängt unser Geist Leben durch die Worte Jesu, dem *Brot des Lebens* (Joh 6,48). Jesus hat klar festgestellt, dass die Worte, die er gesprochen hat, geistlich sind und nicht irdisch. Wenn wir wissen möchten, was geistliche Wahrheit ist, so müssen wir der Bibel glauben, denn sie ist Geist und Leben. Wenn wir durch den Geist geführt werden möchten, so müssen wir Gottes Wort folgen. Wenn wir vom Geist Gottes hören wollen, dann müssen wir darauf hören, was Gott in seinem Wort sagt. Der Geist (Heilige Geist) und das Wort (Jesus) sind eins (Joh 1,1).

Du kannst heute bei jeder Entscheidung, die du triffst, Frieden finden, wenn du dich vom Heiligen Geist durch Gottes Wort führen lässt. Der Geist und das Wort stimmen immer überein und wenn du mit ihnen übereinstimmst, dann weißt du, dass du dich in die richtige Richtung bewegst und das Richtige tust.

Das Gesetz ist nicht aus dem Glauben

Markus 7,1-7

Und als sie einige seiner Jünger mit unreinen, das heißt mit ungewaschenen Händen Brot essen sahen, tadelten sie es.
Markus 7,2

Während es Jesus um das Herz ging (1 Sam 16,7), beschäftigten sich die Pharisäer in diesem Vers mit dem, was religiösen Leuten wichtig ist: äußere Erscheinungsformen. Die alttestamentlichen Reinigungsgesetze dienten eigentlich nur zweitrangig dem Zweck der Hygiene. Kolosser 2,16-17 und Hebräer 9,1.9-10 verdeutlichen, dass ihr eigentlicher Sinn darin bestand, geistliche Wahrheit zu versinnbildlichen. Verdorbene Nahrung kann zwar unserem Körper schaden, hat aber keine Auswirkungen auf unseren Geist (Joh 3,6).

Die Pharisäer und Schriftgelehrten verstanden das Prinzip geistlicher Reinheit nicht, das die alttestamentlichen Verordnungen lehrten, und waren in geistlicher Hinsicht völlig verdorben. Darum geht es auch dem Apostel Paulus in Galater 3,12, wo es heißt: *Das Gesetz aber ist nicht aus Glauben.* Ebenso steht in Römer 14,23: *Alles aber, was nicht aus Glauben geschieht, ist Sünde.* Die Vorstellung, aus Glauben zu leben und nicht aus dem Gesetz, war für den gesetzlichen Juden Gotteslästerung. Für gesetzliche Christen ist das auch heute noch so. Gott hat aber das Gesetz nicht gegeben, um uns dadurch gerecht zu machen, sondern um Sünde aufzuzeigen (Gal 3,24).

Für den neutestamentlichen Gläubigen ist es Sünde, wenn er versucht, durch Einhaltung des alttestamentlichen Gesetzes mit Gott in Beziehung zu treten. Das Gesetz selbst ist nicht sündhaft (Röm 7,7), aber es ist Sünde, das Gesetz einhalten zu wollen, um sich dadurch vor Gott zu rechtfertigen. Der Sinn des Gesetzes ist es, uns klarzumachen, dass wir uns nicht selbst retten können. Nur der Glaube an das Erlösungswerk Jesu wird dich retten.

Unter dem Gesetz erhältst du das, was du verdienst. Durch den Glauben an Jesus empfängst du Gottes Gnade, durch das, was er für dich tat. Jede Abkehr vom Glauben – ganz besonders wenn sie zurück ins Gesetz des Alten Testaments führt – macht das Werk Christi zunichte (Gal 2,21). Dies ist die schlimmste aller Sünden! Nur der Glaube an Jesus führt uns aus dem rauen Gefängnis von Schuld und Verdammnis. Jesus persönlich hat einen sehr hohen Preis für deine Freiheit bezahlt, deshalb glaube heute an ihn und an alles, was er für dich getan hat. Dann wirst du das Richtige tun und dich an seinem Leben erfreuen.

Nimm die Maske ab

Markus 7,6-9

Er aber antwortete und sprach zu ihnen: Trefflich hat Jesaja von euch Heuchlern geweissagt, wie geschrieben steht: „Dieses Volk ehrt mich mit den Lippen, doch ihr Herz ist fern von mir. Vergeblich aber verehren sie mich, weil sie Lehren vortragen, die Menschengebote sind."
Markus 7,6

Die Bibel beschreibt einen Heuchler als jemanden, dessen Worte nicht mit dem übereinstimmen, was aus seinem Herzen kommt. Ein Heuchler verhält sich entweder wie ein Christ oder er glaubt an die Bibel –, aber er wird nicht beides gleichzeitig tun. Entweder er handelt nicht nach der Wahrheit, die er erkannt hat, oder er glaubt in seinem Herzen nicht das, was er sagt und tut. Er tut das alles nur, um vor anderen gerecht und heilig zu erscheinen. Nur wenn das Bekenntnis mit dem, was er von Herzen tut, in Einklang steht, ist jemand wirklich errettet (Röm 10,9-10).

Das Wort *Heuchler* entstammt dem griechischen Wort *hypokrites*, was so viel heißt wie *auf der Bühne eine Rolle spielen, Schauspieler sein.* Griechische und römische Schauspieler benutzten üblicherweise große Masken, um im Spiel ihr wahres Ich zu verbergen. Daher bedeutet im Griechischen der Begriff *Heuchelei vorgespielte Glaubenshaltungen, Gefühle oder Tugenden, die jemand nicht wirklich besitzt* – oder auch *Unsicherheit.*

Es ist in unserer Gesellschaft üblich geworden, unsere wahren Gefühle hinter einer heuchlerischen Maske zu verbergen. Obwohl wir taktvoll sein sollten, um nicht absichtlich andere Menschen zu verletzen, so gibt es doch einen richtigen Zeitpunkt, um die Wahrheit zu sagen, auch wenn diese nicht gerne gehört wird. Der Herr sagt in 3. Mose 19,17: *Du sollst deinen Bruder nicht hassen in deinem Herzen; sondern du sollst deinen Nächsten ernstlich zurechtweisen, dass du nicht seinetwegen Schuld tragen musst!* Dieser Vers drückt aus, dass wir unseren Bruder hassen, sollten wir ihn nicht tadeln, wenn wir sehen, dass er dabei ist, in Sünde zu fallen.

Manche Leute verbergen ihre wahre Haltung bösen Dingen gegenüber unter dem Deckmäntelchen von: *Ich liebe den anderen zu sehr, um seine Gefühle zu verletzen.* In Wirklichkeit lieben sie nur sich selbst zu sehr, um das Risiko einzugehen, abgelehnt zu werden. Das ist Heuchelei. Üblicherweise sind es die Motive, nicht die Taten, die einen Menschen zum Heuchler machen. Lass Gottes Liebe deine Motivation sein – heute und jeden Tag.

Traditionen neutralisieren

Markus 7,1-13

Und so hebt ihr mit eurer Überlieferung, die ihr weitergegeben habt, das Wort Gottes auf; und viele ähnliche Dinge tut ihr.
Markus 7,13

In 5. Mose 4,2 steht klar und deutlich: *Ihr sollt nichts hinzufügen zu dem Wort, das ich euch gebiete, und sollt auch nichts davon wegnehmen, damit ihr die Gebote des Herrn, eures Gottes, haltet, die ich euch gebiete.* Derselbe Gedanke wird im Neuen Testament in Offenbarung 22,18-19 unter harscher Strafandrohung wiederholt. Religiöse Leute sind schnell bereit, dem einen Teil, nämlich nichts von Gottes Geboten wegzulassen, Folge zu leisten. Es scheint jedoch ein ungeschriebenes Gesetz zu geben, das es erlaubt, etwas hinzuzufügen.

Jede Konfession und Glaubensrichtung hat ihr eigenes Regelwerk von Dingen, die nicht in der Schrift zu finden sind. Ebenso wie bei den heuchlerischen Pharisäern beziehen sich auch diese ungeschriebenen Gesetze üblicherweise auf äußerliche Dinge. Wir sollten beachten, dass es genauso schlimm ist, Gottes Geboten etwas hinzuzufügen, wie etwas davon wegzulassen.

Wir müssen immer klar zwischen den Geboten Gottes und menschlichen Traditionen unterscheiden. Jeder Versuch, beides auf eine Ebene zu bringen, wird dazu führen, dass das Wort Gottes wirkungslos in deinem Leben wird. Du musst entweder die Gebote Gottes beiseitelegen, um die Traditionen der Menschen einzuhalten, oder du musst die Traditionen der Menschen beiseitelegen, um Gottes Gebote zu halten (2 Mose 20,3). Indem menschliche Traditionen über Gottes Wort erhoben werden, wird die positive Kraft von Gottes Wort neutralisiert.

Das Wort wird niemandem nützen, der nicht daran glaubt, trotzdem verliert Gottes Wort niemals seine Kraft. Untersuche doch heute einmal, warum du gewisse geistliche Dinge tust. Gründen deine Handlungen und Glaubensüberzeugungen auf Gottes Wort oder auf den Traditionen deiner Kirche oder Glaubensrichtung? Bedenke, dass nur das Wort die Kraft hat, dich zu erretten, zu heilen, dir Wohlergehen, Frieden und Freude zu schenken!

Was dich wirklich verunreinigt

Matthäus 15,1-20; Markus 7,1-23

Nichts, was außerhalb des Menschen ist und in ihn hineinkommt, kann ihn verunreinigen; sondern was aus ihm herauskommt, das ist es, was den Menschen verunreinigt.
Markus 7,15

Die alttestamentlichen Speisegesetze waren Schatten geistlicher Wahrheiten, die im Neuen Testament Wirklichkeit wurden. Diese Pharisäer – ebenso wie viele Christen heutzutage – haben die geistliche Bedeutung dieser Gesetze nicht verstanden. Der tatsächliche Zweck der Speisegesetze war es, symbolhaft zu verdeutlichen, dass wir in allem – sogar bei unserer Nahrungswahl – für Gott heilig (abgesondert) sein sollten. Unter dem Gesetz war es verboten, bestimmte Tiere zu essen oder gar nur zu berühren – nicht weil mit den Tieren irgendwas nicht stimmte, sondern um den Punkt der Absonderung für Gott bildhaft aufzuzeigen. Die tägliche Anwendung dieser Gesetze diente dazu, es sich immer wieder bewusst zu machen.

Da wir nun in der Zeit des Neuen Testaments leben, brauchen wir keine Speisegesetze, die uns daran erinnern, heilig und abgesondert für Gott zu sein, weil der Heilige Geist in uns lebt und Gottes Wort sagt, dass wir durch das Blut Jesu Christi gerecht und heilig sind. Jesu Aussage in diesem Bibelabschnitt zeigt auf, was eine Person wirklich verunreinigt. Wir sollten da nicht hineininterpretieren, dass jede Art unseren Körper zu missbrauchen, wie Fresssucht oder Drogenmissbrauch, in Ordnung wäre. Trotzdem sagt Jesus, dass nicht das, was in unseren Mund hineingeht, es ist, was uns verunreinigt, sondern das, was aus ihm herauskommt.

Jesus wusste, dass wir das aussprechen, was in unseren Herzen ist; und wenn unsere Herzen von Sünde verdorben sind, werden wir Böses sprechen. Was immer auch aus unserem Mund herauskommt, er weiß, dass es aus einem verunreinigten Herzen kommt. Andererseits, wenn wir wiedergeboren sind und ein neues Herz haben – ein Herz nach dem Herzen Gottes –, dann werden wir richtige und heilige Worte sprechen. Gott sieht unsere Herzen und das, was wir aus unseren Herzen sprechen, als rein und sauber an.

Denke heute einmal über den Zustand deines Herzens nach. Die Worte, die du sprichst, werden dir zeigen, ob dein Herz von der Welt verdorben, vom Feind verführt oder von deinem Fleisch beherrscht ist. Wenn das zutrifft, ist alles was du tun musst umkehren und dich reinigen lassen (1 Joh 1,9). Dann kannst du dich daran freuen, ein Kind Gottes zu sein und mit ihm einen großartigen Tag verbringen.

Wisse, was dein ist

Markus 7,17-23

Denn von innen, aus dem Herzen des Menschen, kommen die bösen Gedanken hervor, Ehebruch, Unzucht, Mord.
Markus 7,21

Diese Verse (21-23) sind ein weiterer Beweis dafür, dass unser Herz mehr umfasst als nur unseren Geist. Sogar Christen haben immer noch Probleme mit Dingen wie Hochmut und Unvernunft, von denen Jesus sagt, dass sie aus dem Herzen kommen. Zweifellos kommen diese Dinge *nicht* aus unserem wiedergeborenen Geist; unser Herz muss also mehr als nur unser Geist sein.

Das Wort *Geist* wird auf verschiedene Weise in der Bibel gebraucht. Am häufigsten bezieht es sich entweder auf den Geist Gottes oder den des Menschen. Es bezeichnet entweder den Heiligen Geist oder den geistlichen Teil unseres dreiteiligen Wesens (1 Thess 5,23). Ebenso kann es aber auch *Gesinnung* bedeuten. In Epheser 1,17 betet Paulus, dass sich das, was in unserem Geist bereits Wahrheit ist, auch in unserer Gesinnung niederschlägt. Er betet, dass in unserer Seele freigesetzt wird, was in unserem Geist bereits vorhanden ist.

Das christliche Leben ist kein Versuch, mehr Glauben oder mehr Salbung zu bekommen oder näher in die Gegenwart Gottes zu gelangen. Diese Dinge haben wir bereits vollkommen erhalten. Wir brauchen lediglich eine Offenbarung dessen, was uns schon gehört. Das zu verstehen, befreit uns von einer Menge Frust und Zweifel. Es ist viel einfacher, etwas freizusetzen, was du bereits besitzt, als zu versuchen, etwas zu erlangen, was du noch nicht hast. Warum sollte jemand daran zweifeln, ob er das, was ihm schon gehört, auch wirklich entgegennehmen kann?

In Jesus bist du mit jedem geistlichen Segen in den himmlischen Regionen gesegnet (Eph 1,3). Du musst dir also nur noch das zu eigen machen, was dir schon gehört. Das tust du, indem du dein Denken durch das Wort Gottes erneuerst. Sein Wort zeigt dir, wer du bist und was du hast. Sobald du weißt, was du schon hast, werden sich dein Geist und deine Seele in Übereinstimmung befinden und somit quasi per Mehrheitsbeschluss deinen Körper das Leben Gottes erfahren lassen, das Gott bereits in deinen Geist hineingelegt hat.

Jesus stellte ihren Glauben auf die Probe

Matthäus 15,21-39; Markus 7,24-37; 8,1-10

Aber Jesus sprach zu ihr: Lass zuvor die Kinder satt werden! Denn es ist nicht recht, dass man das Brot der Kinder nimmt und es den Hunden hinwirft!
Markus 7,27

Obwohl Jesus kam, um Gottes Verheißung des Messias für die Juden zu erfüllen, kam er auch um den Heiden (Nichtjuden) Erlösung anzubieten. Jesus wusste das selbstverständlich und hatte bereits vielen Heiden gedient, ohne jegliche Geringschätzung zu zeigen. Hier im Markusevangelium behandelt er die syrophönizische Frau jedoch sehr grob. Niemand konnte Jesus dazu zwingen, der Tochter dieser Frau zu dienen, wenn es nicht sein Wille gewesen wäre. Daher musste sein Schweigen und seine harsche Antwort dieser Frau gegenüber ein göttliches Ziel verfolgen.

Demut ist ein wichtiger Teil des Glaubens. Diese Frau war dem Bündnis der Verheißung gegenüber eine Fremde und hatte kein Recht, irgendetwas zu fordern. Obwohl sie zu seinen Füßen niederfiel, wusste er, was tatsächlich in ihrem Herzen war. Jesu Schweigen und der Vergleich zwischen ihr und einem Hund hätte eine arrogante Person sicherlich beleidigt. Es ist möglich, dass Jesus genau aus diesem Grund ihren Glauben auf die Probe gestellt hat. Bei dem römischen Hauptmann (Lk 7,6-7) war das nicht nötig. Der Hauptmann fiel ihm zwar nicht zu Füßen, doch Jesus wusste, dass er in seinem Herzen demütig war.

Zweifellos musste der Glaube dieser Frau auf den Prüfstand, um ihr Herz an einen Punkt der Demut zu bringen. Nur so würde sie wirklich wissen, dass das Wunder, das sie empfangen sollte, nichts mit ihr zu tun hatte, sondern ausschließlich aus Gottes Gnade ihr gegenüber geschah. Es verlangte ihr große Demut ab, samt ihrer Tochter mit Hunden gleichgesetzt zu werden, und es bewies Jesus, dass sie wusste, dass sie eine Sünderin war, die einen Erlöser brauchte.

Die Wahrheit ist, dass du ohne Jesus auch nur ein Hund wärst, der versucht, seinem Herrn wohlzugefallen und dessen Zuneigung zu erlangen – ohne mit diesem kommunizieren zu können oder ihn zu verstehen. Alles was du tun könntest wäre, um das zu betteln, was du brauchst, und zu hoffen, dass er dich segnet. Aber heute kannst du die Wahrheit feiern, dass du sein ureigenstes Kind bist. Du kannst mit ihm kommunizieren, ihn verstehen, und du weißt, dass er bereits alles was du brauchst durch seinen Sohn zur Verfügung gestellt hat. Halleluja!

Der Dienst des Heiligen Geistes

Markus 8,11-13

Und er seufzte in seinem Geist und sprach: Warum fordert dieses Geschlecht ein Zeichen? Wahrlich, ich sage euch: Es wird diesem Geschlecht kein Zeichen gegeben werden!
Markus 8,12

Das griechische Wort, welches hier mit *seufzte* wiedergegeben wird, bedeutet *intensive Betrübnis, stilles Gebet oder Flehen.* Dies ist Fürbitte durch den Heiligen Geist *mit unaussprechlichen Seufzern* (Röm 8,26). Manche geisterfüllten Christen denken, dass dieses Seufzen nicht in normaler Sprache ausgedrückt werden kann und dass es um die Zungenrede geht. Es wird hier jedoch eine Art von Fürbitte angesprochen, die sich von der Zungenrede unterscheidet.

In Johannes 11,33 und 38 seufzte Jesus zweimal im Geist, wobei er keine Worte äußerte. Es war genauso wie die Schrift es ausdrückt – ein Seufzen im Geist. Jeder, der die Gegenwart des Heiligen Geistes in sich wohnen hat, hat oder wird das erfahren. Paulus bezog sich in Galater 4,19 darauf, als er von Geburtswehen sprach, die er für die Galater hatte. Dieses Seufzen des Heiligen Geistes stellt nicht nur Betrübnis dar, sondern ein Aufstöhnen des Ärgers und des Widerstands gegen Satans Schliche in unserem Leben. Oftmals nehmen Christen dies nicht wahr, weil sie denken, es handle sich lediglich um ihre eigene Betrübnis bezüglich einer Situation in ihrem Leben; es ist jedoch der Heilige Geist, der mit uns zusammen in Fürbitte gegen unsere Probleme einstehen möchte.

Jesus zehrte von diesem Dienst des Heiligen Geistes. In Johannes 11,33 und 38 steht, dass Jesus zweimal im Geist aufseufzte, als er Lazarus von den Toten auferstehen ließ. Was für eine Unzulänglichkeit hatte Jesus, dass er den Dienst des Heiligen Geistes benötigte? Jesus war sündlos, doch er hatte die Begrenztheit seines irdischen Verstandes. Selbst ein sündloser menschlicher Verstand konnte es nicht fassen, einen Menschen nach vier Tagen aus dem Grab auferstehen zu lassen.

Wenn Jesus die Hilfe des Heiligen Geistes nötig hatte, als er nicht wusste, wie er beten sollte, dann sollte dies sicherlich ein wichtiger Dienst des Heiligen Geistes in unserem Leben sein. Achte heute auf die Salbung des Heiligen Geistes in dir, für andere in Gebet und Fürbitte einzustehen. Es mag dich überraschen, wie er dich gebrauchen wird, um etwas im Leben anderer zu bewirken.

Jesus stellt immer eine Bedrohung für die Religion dar

Matthäus 16,1-4

Und die Pharisäer und Sadduzäer traten herzu, versuchten ihn und verlangten, dass er ihnen ein Zeichen aus dem Himmel zeigen möge.
Matthäus 16,1

Die Sadduzäer waren eine sowohl politische als auch religiöse jüdische Sekte (Apg 5,17), die gegen die in der Öffentlichkeit stärker vertretene Gruppe der Pharisäer opponierte, was Lehrmeinungen und politische Auffassungen anging. Die Sadduzäer lehnten das ganze mündlich überlieferte Regelwerk ab, welches die Pharisäer zusammengestellt hatten, und hielten sich nur an das geschriebene Gesetz. Es hieß, für sie gab es *keine Auferstehung, weder Engel noch Geist* (Apg 23,8). Von Josephus erfahren wir, dass die Sadduzäer glaubten, die Seele würde mit dem Körper vergehen und könne weder Bestrafung noch Belohnung in einem Leben nach dem Tode erhalten.

Die bedeutendste Erwähnung der Sadduzäer in den Evangelien ist ihre Auseinandersetzung mit Jesus in Jerusalem. Sie versuchten, ihn mit einer listigen Frage bezüglich der Auferstehung in eine Falle zu locken. Mit seiner Antwort warf Jesus ihnen vor, weder die Schrift noch die Kraft Gottes zu kennen (Mt 22,29). Dann fuhr er fort, aus den fünf Büchern Mose zu zitieren (2 Mose 3,6), um die Lehre von der Auferstehung zu untermauern.

Vor allem nach dem Ereignis in Markus 11,15-18, als Jesus den Tempel reinigte, wurden die Sadduzäer beunruhigt und beschlossen, zur Tat zu schreiten (Joh 11,47). Sie waren sogar in der Lage, sich mit ihren traditionellen Feinden, den Pharisäern, zu verbünden, um Jesus aus dem Weg zu schaffen. Beide Gruppierungen arbeiteten bei seiner Verhaftung und seiner Verurteilung durch den Hohen Rat zusammen. Diese religiösen Leiter waren offensichtlich so mit äußeren Handlungen beschäftigt, dass sie gar nicht merkten, in welch sündhaftem Zustand ihre Herzen waren.

Jesus wird immer eine Bedrohung für die Religion darstellen, weil Religion tot und kraftlos ist. Jesus dagegen ist der Weg, die Wahrheit und das Leben. Er ist der einzige Weg zum Vater, und dieser führt durch unser Herz. Sei heute dankbar dafür, dass du durch Jesus Christus Gottes Leben in dir hast.

Durchhalten im Gebet – ohne sich zu wiederholen

Matthäus 16,13-15; Markus 8,11-25; Lukas 9,18-20

Und er blickte auf und sprach: Ich sehe die Leute, als sähe ich wandelnde Bäume! Hierauf legte er noch einmal die Hände auf seine Augen und ließ ihn aufblicken; und er wurde wiederhergestellt und sah jedermann deutlich.
Markus 8,24-25

Es war für Jesus ungewöhnlich, sich – wie hier in Vers 23 – nach den Ergebnissen seines Heilungsdienstes zu erkundigen. Und es war höchst ungewöhnlich, dass er diesem Mann ein zweites Mal die Hände auflegte. Dies ist das einzige Beispiel im Neuen Testament, wo Jesus mehr als einen Anlauf benötigte, um eine völlige Heilung zu bewirken.

Viele Leute bitten Gott um etwas und schauen dann auf ihre Umstände, um festzustellen, ob Gott ihre Gebete erhört hat. Sie leben im sichtbaren, natürlichen Bereich, nicht im Glauben. Wenn sie Gottes Antwort in der sichtbaren Welt nicht sehen können, so beten sie nochmals. Dies ist nicht die Art und Weise, wie Jesus uns lehrte zu beten und zu empfangen. Wir können sicher sein, dass Jesus nicht deshalb dem Mann die Hände ein zweites Mal auflegte, weil er dachte, sein Vater hätte ihn beim ersten Mal nicht erhört. Dass der Mann teilweise sehen konnte, ist Beweis dafür, dass Gottes heilende Kraft in ihm wirkte. Jesus bat nicht zum wiederholten Mal seinen Vater um Heilung.

In seinem Geist wusste Jesus, dass Unglaube die völlige Offenbarwerdung von Gottes Kraft in diesem Mann hinderte. Er gab ihm einfach noch eine Dosis von Gottes Salbung. Satan mag uns entgegenstehen, aber er kann nicht über jemanden siegen, der ihm anhaltend widersteht!

Glaube, wenn du heute betest, dass du empfängst. Dann fahre fort, die Kraft Gottes in Anspruch zu nehmen, ganz ungeachtet dessen, was deine fünf Sinne dir sagen. Bleib so intensiv dran, dass du gegen alles angehst, was dem Erbetenen entgegensteht, und es überwindest. Durchhalten im Gebet ist der Schlüssel, mit dem wir Satan überwinden. Es geht nicht darum, dass wir Gott überreden müssen. Gott hast du bereits in dem Moment überzeugt, als du seinen Willen und sein Wort im Glauben gebetet hast.

Dein Kreuz

Matthäus 16,16-26; Markus 8,30-37; Lukas 9,21-27

Er sprach aber zu allen: Wenn jemand mir nachkommen will, so verleugne er sich selbst und nehme sein Kreuz auf sich täglich und folge mir nach.
Lukas 9,23

Selbstverleugnung ist ein wichtiger Teil des christlichen Lebens. Jesus opferte sein Leben für uns und er verlangt von uns, dass wir unserem Selbst sterben, um das neue Leben, welches er für uns bereithält, zu erfahren. Wir tun dies zum einen durch die Erkenntnis, dass wir uns nicht durch unsere eigenen Bemühungen retten können und zum anderen, indem wir für unsere Errettung Gott und nicht uns selbst vertrauen. Täglich müssen wir unsere eigene Weisheit verleugnen und Gottes Weisheit und Wegweisung für unser Leben suchen.

Selbstverleugnung ist nur dann etwas Gutes, wenn sie dem einen Grund entspringt, dass wir Jesus und seinen Willen in Bereichen unseres Lebens groß machen. Manche haben aus Selbstverleugnung eine Religion gemacht und finden Freude daran – jedoch nicht an Jesu Herrschaft. Dies führt zu Gesetzlichkeit und Gebundenheit, die Paulus als „selbstgemachte Frömmigkeit“ verurteilt (Kol 2,23; Bruns). Wir sind angehalten, nicht nur uns selbst zu verleugnen, sondern dabei auch unser Kreuz auf uns zu nehmen und Jesus nachzufolgen.

Das Kreuz ist der Ort, wo Jesus starb. Dein Kreuz besteht aus den Umständen und Schwierigkeiten deines Lebens, die deinem Selbst jeden Tag die Möglichkeit geben zu sterben. Dies sind nicht Dinge wie Krankheit und Armut, für die Jesu Erlösungswerk Abhilfe geschaffen hat, sondern eher Dinge wie Verfolgung und der ständige Kampf zwischen deinem Fleisch und deinem wiedergeborenen Geist. Das Kreuz trägst du heute, wenn du Gottes Wort nimmst, das Gottes Willen beschreibt, und in jeder Situation, die dir begegnet, über deinen eigenen Willen stellst.

Ein williges Opfer

1. Mose 22,1-18

Und als sie an den Ort kamen, den Gott ihm genannt hatte, baute Abraham dort einen Altar und schichtete das Holz darauf; und er band seinen Sohn Isaak und er legte ihn auf den Altar, oben auf das Holz.
1. Mose 22,9

In Lukas 18,8 sagte Jesus: *Doch wenn der Sohn des Menschen kommt, wird er auch den Glauben finden auf Erden?* Er hält Ausschau nach Glauben in den Gläubigen und unser Glaube sollte sogar größer sein als der der Gläubigen im Alten Testament, die ja nicht wiedergeboren waren. Dieser erstaunliche Bericht über Abraham, der seinen Sohn Isaak Gott als Opfer darbringt, hat zu allen Zeiten Glauben in vielen Menschen hervorgerufen. Abraham war jedoch nicht der Einzige, der solch erstaunlichen Glauben und solche Treue zum Ausdruck brachte. Isaaks Taten waren ebenfalls ziemlich beeindruckend.

Die meisten Bibelgelehrten sind der Ansicht, dass Isaak zu dieser Zeit etwa 17 Jahre alt war, was bedeutet, dass Abraham 117 war. Isaak hätte Abraham wahrscheinlich überwältigen können. Sicherlich hätte er dem guten alten Vater entkommen können, aber er erlaubte seinem Vater, ihn zu binden und auf den Altar zu legen – wohl wissend, dass er seines Vaters Opfergabe war. Es gibt keinen Hinweis darauf, dass Isaak um Hilfe gerufen oder sich in irgendeiner Weise widersetzt hätte. Isaak hatte völliges Vertrauen zu Gott oder zu seinem Vater oder zu beiden.

Dies ist ein vollkommenes Bild dafür, wie Gott seinen Sohn Jesus für uns geopfert hat. Es war eine erstaunliche Liebestat von Gottes Seite, aber was Jesus tat war ebenso wunderbar. Jesus hätte Legionen von Engeln zu seiner Befreiung herbeirufen können, doch er tat es nicht (Mt 26,53). Er war seinem Vater gefügig, ebenso wie Isaak – sogar bis in den Tod.

Solche Liebe und Opferbereitschaft diente einem großartigen Zweck: zu erlösen und Gottes große Liebe für dich zu offenbaren, ebenso wie das Opfer, das Jesus aus Liebe für dich brachte. Das ist nun etwas, worauf du deinen Glauben setzen kannst. Du kannst heute auf Jesus sehen, der sich willig und in Liebe für dich hingab, und kannst dich in allem, was du tust, willig und in Liebe ihm hingeben. Dann wird er, wenn er auf die Erde herunterblickt, Glauben in dir finden.

Was denkst du?

1. Mose 22,1-18

Ich aber und der Knabe wollen dorthin gehen und anbeten, und dann wollen wir wieder zu euch kommen.
1. Mose 22,5

Für die meisten von uns ist es sehr schwierig, sich in die Geschichte hineinzuversetzen, in der Abraham seinen Sohn Isaak Gott als Opfer darbringt. Dies ist hauptsächlich so, weil wir uns fälschlicherweise vorstellen, wie schwer das für Abraham gewesen sein musste.

Ein Film stellt diese Szene so dar: Abraham schlägt mit seiner Faust gegen eine steinerne Wand und schreit auf: „Nein, Gott! Alles bloß nicht Isaak!“ Abraham wird dargestellt, wie er die ganze Nacht mit Gott ringt und letztlich widerwillig Gott Folge leistet. Aber das ist nicht, was die Bibel aussagt. Es gibt keinen Hinweis darauf, dass Abraham auf irgendeine Art und Weise Widerstand geleistet hat. Tatsächlich sehen wir in Vers 3, wie Abraham am nächsten Morgen früh aufsteht und sich zur Opferstätte aufmacht. Er sagte seinen Dienern: W*ir wollen anbeten und dann wollen wir wieder zu euch kommen* (1 Mose 22,5).

In Hebräer 11,19 offenbart das Wort Gottes, dass Abraham glaubte, Gott würde Isaak von den Toten auferwecken. Er sah Isaak niemals als endgültig tot, denn Gott hatte zugesagt, ihm eine Vielzahl an Nachkommen durch Isaak zu geben, und Isaak hatte zu diesem Zeitpunkt noch keine Kinder gehabt. Deshalb musste Isaak weiterleben. Abraham dachte nicht an Tod, er dachte an Auferstehung.

Woran denkst du? Schaust du auf das Opfer oder die Belohnung? Womit sich deine Gedanken beschäftigen, bestimmt deine Reaktion auf Gottes Bitten. Wenn du deine Aufmerksamkeit auf das Opfer richtest, wird sich dein Glaube an Gott in Luft auflösen. Selbst wenn du gehorchst, wirst du keinen Sieg erwarten. Aber wenn du über das Versprechen Gottes nachdenkst, so wirst du wie Abraham den Glauben haben, jegliches Opfer zu bringen. Die Wahl liegt bei dir, und deine Wahl bestimmt, ob du dich den Plänen Gottes widersetzt oder über sie jubelst.

Jesus, der Eckstein

Matthäus 16,13-19

Und ich sage dir auch: Du bist Petrus, und auf diesen Felsen will ich meine Gemeinde bauen, und die Pforten des Totenreiches sollen sie nicht überwältigen.
Matthäus 16,18

Einige Leute haben diesen Abschnitt fälschlicherweise so interpretiert, dass Petrus das Fundament sei, auf welches Christus seine Gemeinde bauen würde. Dies jedoch widerspräche vielen Schriftstellen, in denen von Jesus als dem Eckstein die Rede ist. Epheser 2,20 erwähnt die Apostel als Teil des Fundaments, auf dem die Gemeinde Christi erbaut ist, jedoch wird Petrus unter den anderen Aposteln nicht in besonderer Weise hervorgehoben. Dieselbe Schriftstelle erwähnt Jesus als den Eckstein.

Es sind zwei unterschiedliche griechische Worte, die in Vers 18 für *Petrus* und *Fels* Anwendung finden. Das Wort, welches mit *Petrus* übersetzt wird, spricht von einem Stück eines Felsens, ähnlich einem Kieselstein. Im Gegensatz dazu beschreibt das mit *Fels* übersetzte Wort einen massiven Felsbrocken, was eindeutig auf Jesus, den Eckstein, hinweist. Manche haben gemeint, dass der Fels als Fundament sich auf das Bekenntnis des Petrus bezieht, dass Jesus *der Christus, der Sohn des lebendigen Gottes* sei (Mt 16,16). Es stimmt, dass wir Jesus als Herrn bekennen müssen, um in Gottes Königreich zu gelangen (Röm 19,9 f.). Im Licht der alttestamentlichen Prophetien und neutestamentlicher Hinweise muss sich dieser Abschnitt jedoch direkt auf Jesus beziehen, den Fels, auf welchen er seine Kirche bauen wird.

Es ist einer der wesentlichen Unterschiede zwischen Gläubigen des Alten Testaments und des Neuen Testaments, dass die Heiligen des Neuen Testaments der Tempel Gottes sind. Gott selbst lebt tatsächlich in dir und mir. Gott wohnt nicht in einem von Menschenhand errichteten Gebäude. Er lebt nun in den Herzen derer, die Jesus zu ihrem Herrn gemacht haben (Röm 10,9).

Der Eckstein deines Lebens in Gott muss eine immer stärker wachsende Offenbarung seines Sohnes sein. Wenn du die Tatsache des Christus in dir wirklich verstanden hast (Kol 1,27), dann verändert dies deine Einstellungen, Empfindungen und Handlungen grundlegend.

Erkenne den wahren Feind

Markus 8,30-33

Er aber wandte sich um und sah seine Jünger an und ermahnte den Petrus ernsthaft und sprach: Weiche von mir, Satan! Denn du denkst nicht göttlich, sondern menschlich!
Markus 8,33

Jesus wollte damit nicht andeuten, dass Petrus und Satan dieselbe Person sind. Er wollte damit klarstellen, dass Satan Petrus zu dieser Aussage inspiriert hat. Diese Art von Metapher finden wir auch an anderen Stellen der Schrift, beispielsweise als Gott im Garten Eden mit der Schlange redete, obwohl er zum Teufel sprach (1 Mose 3,15). Die Schlange war lediglich der Kommunikationsweg, den Satan benutzte, um Adam und Eva zu versuchen. Ebenso war Petrus Satans Kommunikationsweg, um Jesus zu versuchen.

Jesus erkannte, als er seinen Tod voraussagte, dass sein Feind Satan hinter der Reaktion von Petrus steckte, und so wandte er sich direkt an die Quelle. Wir müssen es genauso machen. Epheser 6,12 zeigt uns, dass unser Kampf nicht gegen Menschen ist, sondern gegen böse geistliche Mächte, welche Menschen beeinflussen und benutzen. Jeder Christ befindet sich im Krieg. Da ist dieses fortwährende Ringen gegen Satan und sein Reich. Bei diesem Kriegsgeschehen gibt es keinen „Heimaturlaub“ und auch keine „Dienstbefreiung“. Unser Feind geht umher wie ein brüllender Löwe, auf der Suche nach jemandem, den er verschlingen kann (1 Petr 5,8). Doch diejenigen, die dem Teufel widerstehen, werden ihn fliehen sehen (Jak 4,7).

Manche von uns glauben, dass unser Zorn andere in ihre Schranken verweist. Aber *der Zorn des Mannes vollbringt nicht Gottes Gerechtigkeit* (Jak 1,20). Wenn wir auf Menschen zornig sind, spielen wir dem Teufel geradewegs in die Hände. Die Art und Weise, wie wir geistliche Mächte, die in Menschengestalt gegen uns kommen, überwinden, ist durch Vergebung, und indem wir ihnen die andere Wange hinhalten (Mt 5,39). Das lässt die Dämonen vor Entsetzen fliehen! Manche glauben, dass es einer größeren Kraftanstrengung bedarf, den höheren Rängen im Reich des Teufels zu gebieten oder sie zu vertreiben. Doch das stimmt nicht. Es gibt keine dämonische Macht, und sei es der Teufel höchstpersönlich, die nicht Reißaus nimmt, wenn der Name Jesu im Glauben ausgesprochen wird.

Du kannst einen geistlichen Kampf nicht mit fleischlichen Mitteln gewinnen. Du musst erkennen, wer dein tatsächlicher Feind ist und ihn mit den geistlichen Waffen bekämpfen, die der Herr dir gegeben hat. Wenn du heute jemandem begegnest, der vom Feind benutzt wird, dann bete für die Person und gebiete dem Feind in Jesu Namen. Welch wunderbarer Name!

Die Hoffnung seiner Berufung

Epheser 1,15-23

[Gott] erleuchte [die] Augen eures Verständnisses, damit ihr wisst, was die Hoffnung seiner Berufung und was der Reichtum der Herrlichkeit seines Erbes in den Heiligen ist, ...
Epheser 1,18

Paulus betete, dass wir die *Hoffnung seiner Berufung* erkennen würden. Wir führen nicht unsere eigene, sondern Jesu Berufung aus. Große Hoffnung, großer Friede und Glaube entspringen dem Wissen, dass wir seine Berufung erfüllen und nicht unser eigenes Ding drehen. Das fand ich 1969 heraus, als ein Anwerber der Armee zu mir nach Hause kam, um mir aufzuzeigen, welche Vorteile ein freiwilliger Eintritt in die Armee gegenüber einer Zwangsrekrutierung hätte.

Ich sagte dem Anwerber, dass er sich eine Menge Zeit ersparen könne, wenn er mir zuhören würde. Ich erklärte ihm, dass ich deshalb in die engste Auswahl kam, rekrutiert zu werden, weil ich mein Studium abgebrochen hatte. Er stimmte zu. Dann habe ich ihm erzählt, wie der Herr mich dazu geführt hat, die Universität zu verlassen und dass ich deshalb in Gottes Hand sei. Wenn Gott es wollte, dass ich eingezogen werde, so würde es geschehen; und wenn er es nicht wollte, so würde ich nicht eingezogen werden.

Der Anwerber fing an zu lachen und sagte: „Junge, ich kann dir garantieren, dass du eingezogen wirst!" Das machte mich wirklich wütend. Ich sagte ihm, wenn es Gottes Wille für mich wäre, dass ich zu Hause bleibe, dann könnten weder er noch die Regierung der Vereinigten Staaten, noch sämtliche Dämonen der Hölle mich zum Kriegsdienst einziehen. Er dachte, ich sei verrückt. Tatsächlich erhielt ich am nächsten Tag einen Einberufungsbefehl mit der Post.

Als ich nach Vietnam ging, wusste ich jedoch in meinem Herzen, dass ich aufgrund meines Gehorsams Gott gegenüber dort war. Es war seine Berufung, nicht meine. Dies gab mir eine Zuversicht und eine Hoffnung, welche die anderen nicht hatten. Ich wusste, dass der Herr für meine Sicherheit und mein Leben verantwortlich war.

Lebe dein Leben heute in der Hoffnung *seiner* Berufung, dann wirst du totalen Frieden darüber haben, dass, wo auch immer seine Berufung dich hinführen wird, du in seinen allmächtigen, liebenden Händen sicher sein wirst.

Eingepackt in Gottes Liebe

Matthäus 24,1-13

Und weil die Gesetzlosigkeit überhandnimmt,
wird die Liebe in vielen erkalten.
Matthäus 24,12

Ich bin in Vietnam durch einige Prüfungen gegangen. Abgesehen von dem Druck, unter dem jeder Soldat im Krieg steht, hatte ich noch einen anderen Kampf auszutragen. Ich hatte immer in einem sehr geschützten Umfeld gelebt und auf einmal wurde ich mitten in eine Welt von Versuchungen und Sünde geworfen, von der ich nicht einmal wusste, dass sie existiert. Gesetzlosigkeit nahm wirklich überhand.

Obwohl meine äußeren Umstände zu jener Zeit auf dem absoluten Tiefstpunkt waren, so war meine Liebe zu Jesus jedoch auf absolutem Höchststand. Das Übermaß der Gesetzlosigkeit muss unsere Liebe zu Jesus nicht abkühlen. Aufgrund der Entscheidungen, die ich traf, wurde ich näher zu Jesus gezogen. In jeder Situation entschied ich mich, ihm anstatt meinem Fleisch zu folgen.

Eines Nachts, ich hatte Wache vor dem Bunker, zitterte ich wegen der Kälte. Ich war bis auf die Knochen durchnässt und halb erfroren. Sobald meine Wache vorüber war, ging ich in den Bunker und, in eine Decke eingewickelt, fühlte ich, wie langsam die Wärme wieder in meine Glieder zurückkehrte. Das war ein wunderbares Gefühl, an das ich mich immer noch erinnern kann.

Ich erinnere mich auch daran, wie ich ein Gebet sprach. Ich verglich die Kälte mit der Sünde, die überall um mich herum stattfand. Ohne einen Schutz würde jedem kalt werden. Aber eingewickelt in der Liebe des Herrn, so wie diese Decke, die ich um mich geschlungen hatte, wusste ich, dass ich es schaffen könnte.

Wie nie zuvor bricht heutzutage die Gesetzlosigkeit wie eine Kältewelle in unsere Gesellschaft ein. Ohne Schutz wird deine Liebe zum Herrn erkalten, aber das muss nicht geschehen. Du kannst dich passend für das Wetter kleiden. Ein bisschen mehr Zeit in den Armen des Herrn wird dein Herz so aufwärmen, dass deine Liebe nicht erkalten kann. Seine Liebe in dir wird sogar die verhärteten Herzen der Menschen um dich herum schmelzen lassen.

Niemand hat eine Ausrede

Römer 1,18-20

Denn sein unsichtbares Wesen, nämlich seine ewige Kraft und Gottheit, wird seit Erschaffung der Welt an den Werken durch Nachdenken wahrgenommen, so dass sie keine Entschuldigung haben.
Römer 1,20

Als ich in Vietnam war, fuhr ich oft an einem antiken Tempel vorbei, der immer wieder meine Aufmerksamkeit auf sich zog. Der Dschungel war bereits dabei, ihn zurückzuerobern; aus den Steinen auf dem Dach und an der Seite des Gebäudes wuchsen Bäume und Pflanzen. Was mich jedoch am meisten faszinierte, war die Tatsache, dass der Tempel aus drei einzelnen Gebäuden bestand und trotzdem eins war. Die Gebäudeteile waren ungefähr drei Stockwerke hoch und nur durch einige Zentimeter voneinander getrennt.

Ich hörte mich um und fand heraus, dass der Tempel einem Gott geweiht war, der sich in drei verschiedenen Personen offenbarte. Erstaunlich! Dieser Tempel wurde fast 500 Jahre vor der Verbreitung des Christentums in Vietnam errichtet. Er ist also ein sehr eindrucksvolles Beispiel für die oben genannte Schriftstelle.

Der Herr hat ein intuitives Wissen über sich in jede Person hineingelegt, die jemals auf der Erde gelebt hat. Sogar seine Gottheit ist unter seiner Schöpfung bekannt. Davon gibt dieser Tempel Zeugnis. In den folgenden Versen von Römer, Kapitel 1, spricht Paulus davon, wie die Menschheit dieses Wissen verdreht und Götzendienst und andere Perversionen daraus gemacht hat. Ich sage nicht, dass die Vietnamesen damals den einen wahren Gott angebetet haben, den wir kennen, trotzdem bestätigt es, dass sie ein Körnchen Wahrheit kannten, das nur von Gott gekommen sein kann.

Die Bibel sagt, dass selbst diejenigen, die niemals eine klare Verkündigung des Evangeliums von Jesus Christus gehört haben, keine Entschuldigung haben. Auch wenn sie nicht für das zur Rechenschaft gezogen werden, was sie nicht wissen, haben sie doch ein eingebautes Navigationsgerät, um zu Gott zu finden. Deshalb müssen sie sich für das verantworten, was sie mit ihrem Wissen getan haben. Während du heute anderen Menschen die Gute Nachricht erzählst, mach dir bewusst, dass Gott ihnen die Wahrheit schon in ihr Herz gelegt hat.

Glaube ist eine Herzenssache

Römer 10,8-17

Denn mit dem Herzen glaubt man, um gerecht zu werden, und mit dem Mund bekennt man, um gerettet zu werden.
Römer 10,10

Ich bin in Vietnam ein paar Leuten begegnet, die behaupteten Atheisten zu sein und in ihren Herzen keinerlei Zweifel daran hätten, dass ihre Überzeugung richtig sei. In keiner Weise ließen sie es gelten, dass Gott zu ihren Herzen sprechen würde. Sie waren sich sicher, es gäbe keinen Gott. Und doch, als die Kugeln anfingen zu fliegen, riefen genau diese Männer aus voller Kehle zu Gott. Es gibt wahrlich keine Atheisten in Schützengräben.

Es sind nur Gedankenspiele in den Köpfen mancher Leute, die zu den Überzeugungen des Atheismus oder des Agnostizismus führen. Niemand glaubt wirklich in seinem Herzen, dass es keinen Gott gibt. Die Schrift belegt das in Römer 1,18-20. Wenn du also einem bekennenden Atheisten von deinem Glauben erzählst, brauchst du über die Existenz Gottes gar nicht mit ihnen zu diskutieren. Denn eigentlich wissen sie es. Sprich einfach Gottes Wort, wie der Heilige Geist dich leitet, und er wird sie von der Wahrheit überführen.

Du denkst vielleicht: Aber sie glauben doch überhaupt nicht an Gott oder die Bibel. Vollkommen egal. Du musst nicht an ein Schwert glauben, um davon getötet zu werden. Sein Wort ist ein Schwert (Eph 6,17) und es wird ausrichten, was du im Glauben aussprichst, ganz egal was sie sagen, dass sie glauben. Glaube du an den Herrn, dass er sich ihrer Herzen annimmt.

Mit dem Herzen wird geglaubt. Glaube ist keine Kopfsache, Glaube ist Herzenssache! Wenn wir unser Ziel aus den Augen verlieren und aufhören, direkt zu den Herzen zu sprechen, verlieren wir die überführende Kraft des Heiligen Geistes. Das bedeutet nicht, dass Glaube irrational ist. Glaube an Gott ist die ultimative Weisheit, aber dennoch ist und bleibt es eine Herzenssache.

Gott hat dich dazu berufen, ein Zeuge zu sein, kein Richter oder Anwalt. Erzähl heute den Menschen einfach, was Jesus für dich getan hat und lass den Heiligen Geist seine Aufgabe verrichten. Er wird sie zu Jesus ziehen, indem er an ihren Herzen arbeitet, genau wie er das bei dir gemacht hat.

Die Macht einer Erfahrung

Johannes 9,1-28

Da antwortete jener und sprach: Ob er ein Sünder ist, weiß ich nicht. Eines weiß ich: dass ich blind war und jetzt sehend bin!
Johannes 9,25

Als ich in Vietnam war, veranstaltete ich einen Bibelkreis mit ungefähr sieben oder acht Männern. Es lief gut, bis ein Mann auftauchte, der sich als Atheist ausgab. Er hatte in Princeton studiert, war sehr redegewandt und pflückte meine Worte regelrecht auseinander. Er ließ mich wie einen Idioten aussehen, weil ich an Gott glaubte. Die ganze Gruppe verließ mit ihm den Raum, während sie mich auslachten.

Dreißig Minuten später saß ich immer noch in dem Raum und wunderte mich, was ich hätte anders machen können, wenn jener Atheist noch einmal die Kapelle betreten würde. Ich betete, dass der Herrn mir eine zweite Chance geben möge. Zu meinem großen Erstaunen kam er wirklich wieder und ich erlebte ein blaues Wunder: Er sagte mir, dass er das haben wollte, was ich hatte. Ich konnte es einfach nicht glauben.

Ich antwortete ihm: „Du hast alle meine Argumente widerlegt und hast mich zum Narren gehalten, und trotzdem willst du haben, was ich habe?“ Er erklärte mir, dass sein ganzes Leben auf Argumenten und auf der Gewissheit, recht zu haben, basiert hatte. Wenn jemand seine Argumente so zerpflückt hätte, wie er meine, hätte er sich umgebracht. Aber er stellte fest, dass ich mehr als nur Argumente hatte. Ich hatte Glauben, der aus einer persönlichen Beziehung mit Gott herrührte. Das wollte er auch.

An diesem Tag habe ich aus erster Hand gelernt, dass ein Mensch mit seiner Erfahrung, die er gemacht hat, niemals einem Besserwisser unterlegen sein wird. Der Blinde, den Jesus geheilt hat, hatte keine theologische Ausbildung und trotzdem hatte er durch seine Erfahrung mit Jesus ein besseres Verständnis von Gott als die Pharisäer. Er wusste nicht alles, aber ihm konnte keiner das ausreden, was er wusste. Seine Überzeugung überführte all die Theologen, die dort waren.

Wenn du Gottes Liebe erfahren hast, bist du ein Experte. Vollkommen egal was für Beweise oder Argumente andere anführen werden, deine Beziehung zu Jesus ist ein besserer Wegweiser. Sei heute kühn und zeige anderen den Weg.

Lebendig für Gott

Matthäus 17,1-8; Markus 9,1-8; Lukas 9,28-36

Und er wurde vor ihnen verklärt, und sein Angesicht leuchtete wie die Sonne, und seine Kleider wurden weiß wie das Licht.
Matthäus 17,2

Es ist interessant, die Verklärung Jesu mit der des Mose zu vergleichen. Jesu *Angesicht leuchtete wie die Sonne und seine Kleider wurden weiß wie das Licht*. Das übertraf definitiv das, was Mose erlebt hatte, und doch hörte sein Gesicht im Gegensatz zu Moses auf zu leuchten, als er vom Berg herunterstieg.

Moses Angesicht spiegelte die Herrlichkeit Gottes wider, aber Jesus *war* die Herrlichkeit Gottes (Joh 1,14; Hebr 1,3). Mose legte eine Decke auf sein Angesicht, um die Herrlichkeit Gottes zu bedecken (2 Mose 34,29-35), damit das Volk sich nicht fürchtete, sich ihm zu nahen. Jesu Körper war sein Schleier, der die wahre Herrlichkeit in ihm verdeckte. Während seiner Verklärung, zog er diesen körperlichen Schleier zurück und die Jünger erhaschten einen Blick auf die Herrlichkeit, die er beim Vater hatte, ehe die Welt war (Joh 17,5). Als Jesus starb, wurde der Schleier seines Körpers zerrissen, um uns unmittelbaren Zugang zu gewähren (Hebr 10,19-20).

Wir müssen dem Tod und der Auferstehung Christi gleichgemacht werden. Wenn wir uns nur darauf konzentrieren, der Sünde zu sterben, vernachlässigen wir es leicht oder betrachten es als zweitrangig, für Gott lebendig zu sein. Oft wird angenommen, dass es automatisch dazu führe, für Gott zu leben, wenn wir der Sünde sterben. Das wäre genauso falsch, wie zu behaupten, dass unser natürlicher, körperlicher Tod automatisch eine körperliche Auferstehung zur Folge hat. Wir müssen für Gott lebendig sein, um der Sünde zu sterben.

Gott will, dass du heute für ihn lebst. Er will, dass du weißt, wer du in Christus bist, und dass du in dem Sieg lebst, den der auferstandene Christus tatsächlich durch dich lebt. Es gibt über hundert Schriftstellen, die davon sprechen, dass die Gegenwart des Herrn in dir lebt. Schlag die Bibel auf und sieh, was Gott über dich zu sagen hat!

Fasten treibt Unglauben aus

Markus 9,28-29

Und er sprach zu ihnen, diese Art kann durch nichts ausfahren als durch Gebet und Fasten.
Markus 9,29

Durch Gebet und Fasten als solches werden keine Dämonen ausgetrieben. Wenn der Name Jesus und der Glaube an seinen Namen es nicht ausrichten können, dann wird es auch nicht durch Fasten und Gebet geschehen. Jesus meinte, dass Fasten und Gebet die einzigen Mittel sind, um diese Art des Unglaubens auszutreiben.

Unglauben durch Unwissenheit wird durch das einfache Erkennen der Wahrheit aus dem Wort Gottes verschwinden (Röm 10,17; 2 Petr 1,4). Doch der Unglaube, der die Jünger in diesem speziellen Fall behinderte, war eine natürliche Art von Unglauben. Sie hatten ihr ganzes Leben hindurch gelernt, nur das zu glauben, was sie mit ihren fünf Sinnen wahrnehmen konnten. Sie wurden durch dieses natürliche Wissen stärker geprägt als durch das Wort Gottes. Die einzige Möglichkeit, diesen Unglauben, der durch unsere Sinneswahrnehmung entsteht, zu überwinden, besteht darin, dass wir uns durch Fasten und Gebet weigern, unseren fünf Sinnen Folge zu leisten.

Fasten bewirkt viele Dinge. Eins der wichtigsten positiven Resultate ist, dass wir durch Fasten den Lüsten des Fleisches Widerstand leisten und somit der innere Mensch die Oberhand gewinnen kann. Das Fasten wurde schon immer als Mittel genutzt, um Gottes Gegenwart zu suchen, ohne sich von irgendetwas anderem ablenken zu lassen. Durch Fasten werden keine Dämonen ausgetrieben, sondern Unglauben! Fasten bringt großen Nutzen in jedem Bereich unseres christlichen Lebens – nicht nur bei der Austreibung von Dämonen.

Die wirkliche Kraft des Fastens liegt in der Demütigung durch Selbstverleugnung (Ps 35,13; Ps 69,10), die nur wirksam wird durch den vollständigen Verzicht auf Nahrung. Ein Teilfasten kann ebenfalls von Vorteil sein, ebenso ein Verzicht auf zeitraubende Aktivitäten und Vergnügungen. Da der Appetit auf Nahrung einer unserer stärksten Triebe ist, ist der Verzicht auf Nahrung der schnellste Weg, um das Ziel zu erreichen.

Wenn du noch niemals gefastet hast, bete dafür, es einmal zu tun. Bitte den Herrn, dir zu zeigen, wie, wofür und wie lange du fasten sollst. Das Fasten sollte ein wichtiger Bestandteil deines Lebens sein, um das Angesicht Gottes zu suchen.

Einhundertmal null

Matthäus 17,24-27

Damit wir ihnen aber keinen Anstoß geben, geh hin an den See, wirf die Angel aus und nimm den ersten Fisch, den du herausziehst, und wenn du sein Maul öffnest, wirst du einen Stater finden; den nimm und gib ihn für mich und dich!
Matthäus 17,27

Die Jünger waren beunruhigt, weil sie Geld benötigten, um ihre Steuern zu bezahlen. Darum gab Jesus ihnen die in diesem Vers aufgeführten Anweisungen. Was für ein Wunder! Sie wurden nicht nur mit dem benötigten Geld für ihre Steuern versorgt, der Betrag entsprach auch genau der geforderten Summe, und außerdem steckte das Geld im ersten Fisch, den sie fingen.

Obwohl dies ein Präzedenzfall für Gottes Versorgung durch ein Wunder zu sein scheint, so ist es doch wichtig zu bedenken, dass Gott kein „Falschgeld" produziert. Er hat das Geld im Maul des Fisches nicht gemacht, sondern er hat den Fisch auf wundersame Art und Weise dazu veranlasst, die von den Jüngern benötigte römische Münze zu finden und sie zu verschlucken. Es ist ein Fehler, dafür zu beten und dann darauf zu warten, dass Gott Geld vom Himmel regnen lässt. In Lukas 6,28 lesen wir, dass Gott andere Menschen benutzt, um uns finanziell zu segnen. Er kann dieses auf eine völlig unerwartete, übernatürliche Weise tun, aber es bezieht immer andere Menschen mit ein und auch eine real existierende Währung. Wir müssen daran glauben, dass der Herr unsere Gebete nicht nur hört, sondern erhört, und dann für die Menschen beten, die Gott gebrauchen möchte, die Antwort auf unser Gebet zu sein. Dabei könnte es sich um unseren Arbeitgeber handeln, oder eine Person, der wir etwas verkaufen oder irgendjemand anderes.

Der Herr segnet zudem alles, was wir mit unseren Händen tun. Wenn du dich in einer Not befindest, dann folge dieser Richtlinie und suche nach etwas, an das du Hand anlegen kannst. Vertraue ihm, dass er das Ergebnis deiner Arbeit segnet und multipliziert. Einhundertmal null ist null. Verpasse dein Wunder nicht, nur weil du nie den ersten Glaubensschritt getan und das eingesetzt hast, was du bereits hast! Gott kann dir heute eine kreative Idee geben, die dich genug segnen wird, um all deine künftigen Bedürfnisse zu stillen, und dir zusätzlich eine Gelegenheit gibt, ein Segen für andere zu sein.

Demütig wie ein Kind

Matthäus 18,1-5; Markus 9,30-37; Lukas 9,46-48

Wer nun sich selbst erniedrigt wie dieses Kind,
der ist der Größte im Reich der Himmel.
Matthäus 18,4

Es ist interessant, dass Jesus ein kleines Kind gebraucht, um zu veranschaulichen, was Demut bedeutet. Obwohl es stimmt, dass kleine Kinder im Gegensatz zu den meisten Erwachsenen unschuldig und belehrbar sind, sind sie jedoch sicherlich nicht selbstlos. Wenn Babys zur Welt kommen, sind sie total selbstbezogen und wollen, was sie wollen und wann sie es wollen. Eltern müssen ihren Kindern diese Selbstbezogenheit abgewöhnen.

Jesus gebrauchte diese Kinder als Beispiel für Demut, weil das Hauptmerkmal von Demut die völlige Abhängigkeit von Gott anstelle eines Vertrauens auf die eigenen Fähigkeiten ist. Kinder sind in allen Dingen vollkommen auf die Hilfe ihrer Eltern angewiesen. Sie erwarten von ihnen die Liebe, Weisheit, Versorgung, den Schutz und die Segnungen ihres Lebens. Jesus spricht hier über die Demut, vollständig in Gottes Hände ausgeliefert zu sein.

Der Weg der Demut würde nicht funktionieren, wenn es keinen Gott gäbe. Andere Menschen würden uns nur mit Füßen treten und ausnutzen. Aber Demut ist ein Glaubensschritt, nämlich der Glaube daran, dass Gott der Richter ist, der uns erhöhen wird (Ps 75,6-7). Er widersteht den Hochmütigen und gibt den Demütigen Gnade (1 Petr 5,5).

Demütig zu sein bedeutet, Glauben an Gott zu haben, anstatt an sich selbst zu glauben. Darum ist es so leicht, demütig zu sein, wenn du versagt hast; aber es ist so schwer, wenn du erfolgreich bist. Wenn du heute danach strebst, Gottes Willen zu tun und mit den Gaben dienst, die er dir gegeben hat, mach dir bewusst, dass *er* es ist, der dich berufen hat, und dass *er* dir diese Gaben gegeben hat. Wenn du in Demut lebst und ihm vollständig vertraust, wird er dir seine Liebe geben, seine Weisheit und die Kraft, die du brauchst. Er wird dich versorgen, dich beschützen und dich segnen auf eine Weise, die du dir selbst nie erträumt hättest.

Schutzengel

Matthäus 18,10-11

Seht zu, dass ihr keinen dieser Kleinen verachtet! Denn ich sage euch: Ihre Engel im Himmel schauen allezeit das Angesicht meines Vaters im Himmel.
Matthäus 18,10

Wir sind von Engeln umgeben, die zu unserem Schutz gesandt wurden. Hebräer 1,14 zeigt uns darüber hinaus, dass es ihre Aufgabe ist, uns zu dienen. Das Alte Testament lehrt uns in Psalm 91 über den Dienst der Engel für das Volk Gottes. Einige Menschen haben diese Wahrheit erkannt und gehen dabei so weit, dass sie meinen, wir sollten zu den Engeln sprechen und sie müssten unseren Befehlen gehorchen. Es gibt dafür weder eine Anleitung in der Bibel, dass wir das tun sollen, noch gibt es ein Beispiel in der Schrift, wo dies getan wurde. Viele der beschützenden Dienste der Engel sind Vorbeugungsmaßnahmen und wir könnten diese Aktivitäten sicherlich nicht sehr wirksam befehlen.

Engel werden genau auf die Weise ausgesandt, wie es in diesen Versen beschrieben wird: während sie in das Angesicht des himmlischen Vaters schauen. Der allmächtige Gott gibt ihnen die Anweisungen, uns zu dienen; dennoch müssen wir auch unseren Teil dazu beitragen. In Psalm 91 steht, dass diejenigen, die sich unter dem Schirm des Höchsten bergen, von den Diensten der Engel profitieren werden (Vers 1). Der zweite Vers lehrt uns darüber hinaus, dass der Herr unsere Zuflucht und unsere Burg sein soll, und dass wir auf ihn vertrauen sollen.

Es ist die Kombination aus unserem Glauben an Gott und seiner Treue zu uns, die den Dienst der Engel um unsretwillen freisetzt. Wenn es allein von Gott abhängen würde, wäre seine Versorgung für jeden gleich, denn sie würde nur von seiner Barmherzigkeit und Gnade abhängen. Wir empfangen Gottes Gnade jedoch durch Glauben (Eph 2,8).

Heute kannst du in dem Wissen ruhen, dass Gottes Engel erschaffen wurden, um dir zu dienen. Wann immer du Worte des Glaubens und des Lobpreises sprichst und dabei das Angesicht des himmlischen Vaters suchst, wird er um deinetwillen seine Engel senden.

Gott liebt dich

Matthäus 18,12-14

So ist es auch nicht der Wille eures Vaters im Himmel, dass eines dieser Kleinen verloren geht.
Matthäus 18,14

Es ist eine der bedeutendsten Wahrheiten der Bibel, die gleichzeitig auch eine der am schwersten zu verstehenden ist, dass wir das Objekt von Gottes Liebe sind. Es war nicht nur aus Mitleid oder aus moralischer Verpflichtung, dass Gott uns errettet hat.

Er hat uns errettet, weil er uns so sehr liebt (Joh 3,16). Er liebt die Menschen. Er liebt sogar die Menschen, die in die Irre gehen. In einem ähnlichen Gleichnis (Lk 15,7) sagte Jesus: *Ich sage euch, so wird auch Freude sein im Himmel über einen Sünder, der Buße tut, mehr als über neunundneunzig Gerechte, die keine Buße brauchen!*

Wenn wir selbst die lebensverändernde Kraft von Jesus erlebt haben, tendieren wir dazu, streng und ungeduldig gegenüber den Menschen zu sein, die ihr Leben weiterhin ohne Jesus führen wollen. Wir vergessen manchmal, *dass die Liebe und Güte Gottes uns zur Buße führten* (Röm 2,4), und wir verhalten uns verdammend und verurteilend gegenüber den Verlorenen. Das entspricht nicht der Gesinnung Jesu und ist auch nicht die Haltung, die wir in seinen Augen haben sollten.

Sogar als wir in unserer Sünde geistlich tot waren, wirkte sich Gottes Langmut zu unseren Gunsten aus. Er war nachsichtig, geduldig und freundlich zu uns. Gott zeigte uns in überaus großem Maß seinen guten Willen, Barmherzigkeit und Hilfsbereitschaft. Sein ganzes Wesen und die Art und Weise, wie er sich uns gegenüber verhielt, waren liebevoll, barmherzig und voller Vergebung. Er setzte alles in Bewegung, unsere Not zu lindern und uns Erleichterung von unserer Sündenlast zu verschaffen, indem er uns Leben anstelle von Tod gab. Diese Errettung wurde uns fest zugesichert durch Christus. Durch Gnade, Freundlichkeit und Gottes Gunst wurden wir errettet. All das war und ist das Ergebnis von Gottes tiefer, überschwänglicher Liebe, mit der er uns liebt und immerfort unser Wohlergehen und unser Bestes im Sinn hat. Gott mag uns! (frei nach Epheser 5,2 wiedergegeben).

Was auch immer heute passiert, denke daran, wie sehr Gott dich liebt!

Zurechtweisung bringt Leben hervor

Matthäus 18,15-19

Wahrlich, ich sage euch: Was ihr auf Erden binden werdet, das wird im Himmel gebunden sein, und was ihr auf Erden lösen werdet, das wird im Himmel gelöst sein. Weiter sage ich euch: Wenn zwei von euch auf Erden übereinkommen über irgendeine Sache, für die sie bitten wollen, so soll sie ihnen zuteilwerden von meinem Vater im Himmel.
Matthäus 18,18-19

Die Verse 18 und 19 können auf vielfältige Weise ausgelegt werden, aber im Kontext betrachtet, stehen sie im Zusammenhang mit der Zurechtweisung eines Bruders oder einer Schwester in der Gemeinde. Mancher mag denken, dass „Gemeindezucht" eher symbolhaft zu verstehen ist und nicht wirklich von Bedeutung ist. Jesus stellt jedoch klar, dass eine solche Zurechtweisung in der geistlichen Welt viel bewirken kann, wenn sie vom Heiligen Geist geführt ist.

Die biblischen Anweisungen im Zusammenhang mit der Zurechtweisung von Geschwistern in der Gemeinde dienen dazu, einen Bruder oder eine Schwester wieder zurückzubringen, wenn diese Person in Sünde gefallen ist. In gleicher Weise soll aber auch die restliche Gemeinde vor Sünde geschützt werden. Wenn die betreffende Person Buße tut, dann ist das gewünschte Ziel erreicht und es sollten keine weiteren Maßnahmen mehr getroffen werden. Diese Zurechtweisung geschieht in zweifacher Hinsicht: Es geht darum, der betreffenden Person sowohl unsere Gemeinschaft als auch unsere Fürbitte zu versagen.

Fürbitte, in richtiger Weise ausgeführt, kann bewirken, dass Satan einer Person, die in Sünde lebt, fern bleiben muss. Das ist gut so, wenn diese Person die Freiheit von den Auswirkungen der Sünde dazu gebraucht, Buße zu tun und zurück zu Gott zu kommen. Auf der anderen Seite, wenn das Ausbleiben des „Lohnes der Sünde" dazu führt, noch mehr zu sündigen, dann ist der Punkt erreicht, wo es nicht mehr hilfreich ist, Fürbitte zu tun. In diesem Fall sollte man aufhören, Satans Angriffe durch Fürbitte abzuwenden und diese Person stattdessen an ihre Sünde binden. Auf diese Weise kann dieser Mensch nicht mehr weiter in Sünde leben, ohne auch mit dem Tod konfrontiert zu sein, den die Sünde hervorbringt (Röm 6,23). Wenn er dann anfängt zu ernten, was er gesät hat, wird das hoffentlich dazu führen, dass er umkehrt zu der Güte Gottes, die er einst erleben durfte.

Dies ist das Binden und Lösen, von dem in diesem Vers die Rede ist. Unser Binden und Lösen wird Auswirkungen im Himmel und auf Erden haben. Wenn du heute Fürbitte tust für jemanden, der in Sünde gefallen ist, dann lass dich vom Heiligen Geist führen, ob du diese Person an ihre Sünde binden oder sie davon lösen sollst.

Unbegrenzte Vergebung

Matthäus 18,21-35

Solltest denn nicht auch du dich über deinen Mitknecht erbarmen, wie ich mich über dich erbarmt habe?
Matthäus 18,33

Petrus dachte, er sei sehr großzügig, als er sich bereit erklärte, seinem Bruder sieben Mal an einem Tag zu vergeben. Jesus sagte jedoch, er sollte ihm 490 Mal am Tag vergeben. Natürlich ist es unmöglich, dass dir jemand an einem Tag 490 Mal Unrecht zufügt. Damit drückte Jesus aus, dass unsere Vergebung unbegrenzt sein sollte.

Wenn wir beleidigt oder verletzt sind, fühlen wir uns oftmals im Recht, wenn wir einen Groll hegen. Das Alte Testament drückte es so aus: *Auge um Auge, Zahn um Zahn* (2 Mose 21,23-25). Menschen fühlen sich nicht in der Lage zu vergeben, bis für das begangene Unrecht bezahlt ist. Gott hat jedoch eine Lösung vorbereitet, indem er all das Unrecht dem schuldlosen Erretter auferlegte, der dafür an unserer Stelle gerichtet wurde. Die Vergebung Gottes in Anspruch zu nehmen und dann zu verlangen, dass sich andere Menschen unsere Vergebung verdienen, entspricht nicht dem Wesen Christi. Er starb für die Sünden aller Menschen und bot uns Vergebung an, als wir noch Sünder waren, deshalb sollten wir das Gleiche tun.

In seiner Hauptbedeutung weist dieses Gleichnis darauf hin, dass wir uns dann, wenn uns jemand Unrecht getan hat, daran erinnern, welche große Gnade wir von Gott erfahren haben und deshalb ebenso handeln. Jede Schuld, die wir von anderen einfordern können, ist unbedeutend, wenn wir diese mit der Schuld vergleichen, die Gott uns vergeben hat. Wir sollten anderen genauso Barmherzigkeit entgegenbringen, wie Jesus dies uns gegenüber getan hat.

Dir wurde Gottes unbegrenzte Vergebung durch das vergossene Blut Jesu zuteil. Lass diese Wahrheit noch heute in dein Herz fließen und sie wird dich in die Lage versetzen, sofort zu vergeben, wenn jemand dich beleidigt oder verletzt hat. Dies ist einer der Hauptpunkte, wie du in Gott wachsen und Jesus Christus in glaubhafter Weise bezeugen kannst. Indem du jedem vergibst, der dich angegriffen hat, lässt du die Liebe Gottes durch dich zu diesem Menschen fließen.

Eine Herzenssache

Johannes 7,21-24

Mose hat euch die Beschneidung gegeben (nicht dass sie von Mose kommt, sondern von den Vätern), und ihr beschneidet den Menschen am Sabbat.
Johannes 7,22

Der Bund der Beschneidung wurde Abram in 1. Mose 17,9-14 gegeben. Gott sagte, dass jeder Mann getötet werden sollte, der dieses Zeichen des Bundes nicht an seinem Fleisch trägt. Daran sieht man, welche Bedeutung der Beschneidungshandlung beigemessen wurde. Paulus schreibt in Römer 4,3-13, dass Abraham durch Glaube gerechtfertigt wurde, noch bevor er beschnitten war. Abrams Glaube an Gott und seine Verheißungen retteten ihn mindestens 13 Jahre bevor Gott ihm die Beschneidung befahl.

Im Laufe der Jahrhunderte richteten die Juden, wenn es um Errettung ging, ihr Augenmerk immer mehr auf den äußeren Akt der Beschneidung, statt auf eine innere Haltung des Glaubens. Dies war ein ständiger Streitpunkt zwischen Jesus und den religiösen Führern. Sie betonten die äußeren Taten, die der Herr befohlen hatte, und ließen dabei die innere Herzenshaltung völlig außer Acht. Jesus sagte, dass die Werke eines Menschen sich zwangsläufig verändern, wenn er sein Herz reinigen würde.

Der Zustand des Fleisches ist nicht das Wesentliche. Es spielt keine Rolle, ob das Fleisch beschnitten ist oder nicht. Es ist der Zustand des Herzens, der für Gott von Bedeutung ist. Heutzutage ist Beschneidung nicht mehr das Thema, aber wir versteifen uns auf Lehrmeinungen über die Wassertaufe, Mitgliedschaft in einer Kirchengemeinde und andere äußere Handlungen, von denen manche Prediger unsere Errettung abhängig machen wollen.

Gott verlangt lediglich deinen Glauben an seine Liebe, die durch das Kreuz und die Auferstehung Jesu geoffenbart wurde. Das reicht aus, um gerechtfertigt zu werden. Religiöse Rituale bedeuten gar nichts, wenn es um Errettung geht. Du kannst dich heute darüber freuen, dass alleine dein Glaube an Jesus Christus als deinen Herrn und Erlöser bei Gott zählt.

Mühelose Frucht

Johannes 7,37-41

Wer an mich glaubt, wie die Schrift gesagt hat,
aus seinem Leib werden Ströme lebendigen Wassers fließen.
Johannes 7,38

Diese *Ströme lebendigen Wassers* beziehen sich auf den Heiligen Geist und die Dinge, die er im Leben eines Gläubigen hervorbringt. In Galater 5,22-23 steht: *Die Frucht des Geistes aber ist Liebe, Freude, Friede, Langmut, Freundlichkeit, Güte, Treue, Sanftmut, Selbstbeherrschung.* Diese Eigenschaften sollten aus uns fließen wie ein artesischer Brunnen. Es sollte keine Pumpe notwendig sein. Sie werden fließen, wenn wir unser Denken in Übereinstimmung mit dem Wort Gottes bringen.

In Johannes 15 spricht Jesus davon, wie wir Frucht bringen, und sagt: *Getrennt von mir könnt ihr nichts tun* (Vers 5). Diese Frucht ist das Produkt des Heiligen Geistes und nicht unserer Anstrengungen. Trotzdem ist es aber auch eine Frucht unseres wiedergeborenen Geistes, denn in 1. Korinther 6,17 lesen wir: *Wer aber dem Herrn anhängt, ist ein Geist mit ihm.* Unser Geist ist immer dazu in der Lage, Frucht hervorzubringen, unabhängig davon, was uns unsere Gefühle sagen.

Weil viele Christen diese Wahrheit nicht verstehen, denken sie, es sei heuchlerisch, Freude auszudrücken, auch wenn man sich depressiv fühlt. Es ist aber nur unsere Seele, die depressiv wird. Unser Geist bringt immer die Frucht des Geistes hervor. Jemand, der versucht, im Geist zu leben, ist heuchlerisch, wenn er seinen seelischen Gefühlen erlaubt, seine geistlichen Empfindungen zu beherrschen. Diejenigen, die dies verstehen, haben die Wahl, sich entweder durch ihre Seele in Depressionen führen zu lassen oder es dem Heiligen Geist zu erlauben, in ihnen durch ihren wiedergeborenen Geist Freude und Frieden freizusetzen.

Deine Frucht ist nicht von dir geschaffen; sie kommt vom Heiligen Geist in dir. Es liegt nun an dir, sich ihm hinzugeben, damit er *seine* Gefühle durch dich zeigen kann, und nicht deine eigenen. Wenn du das heute tust, wirst du in Einheit mit ihm leben und Frucht hervorbringen!

Das Maß des Glaubens

Römer 12,1-12

Denn ich sage euch kraft der Gnade, die mir gegeben ist, jedem unter euch, dass er nicht höher von sich denke, als sich zu denken gebührt, sondern dass er auf Bescheidenheit bedacht sei, wie Gott jedem Einzelnen das Maß des Glaubens zugeteilt hat.
Römer 12,3

Wenn jemand verschiedenen Leuten Suppe aus einem großen Topf mit einer Schöpfkelle serviert, dann ist die Schöpfkelle das Maß und jeder erhält die gleiche Menge Suppe. Gleichermaßen gibt uns der Herr nicht ein unterschiedliches Maß an Glauben. Jedem Gläubigen hat er *das* Maß des Glaubens gegeben.

Wie sieht es mit den Schriftstellen aus, wo Jesus von großem Glauben (Mt 8,10) und kleinem Glauben (Mt 8,26) spricht? Er sagt dort, dass wir einen großen oder kleinen Glauben einsetzen und dementsprechend sichtbare Resultate sehen können, aber es verändert nicht das Maß, das wir erhalten haben. Wir haben alle *das* Maß des Glaubens erhalten.

Paulus sagte, dass sein Glaube der Glaube des Sohnes Gottes wäre (Gal 2,20). In der englischen *King James-Bibel* steht dort in Anlehnung an den Grundtext nicht *Glaube an den Sohn Gottes,* sondern *Glaube des Sohnes Gottes*. Wir haben den Glauben Jesu erhalten! Und wenn wir alle das gleiche Maß des Glaubens haben und das Maß von Paulus das gleiche war wie das von Jesus, dann haben auch wir das gleiche Maß bekommen. Es gibt keinen Mangel an Glauben. Es gibt nur einen Mangel an Menschen, die den Glauben einsetzen, den Gott ihnen gegeben hat.

Es gibt vieles, was du tun kannst, um den von Gott gegebenen Glauben in dir freizusetzen, aber bevor du damit anfängst, musst du glauben, dass es Jesu Glaube ist und dass *sein* Glaube alles verändern und überwinden kann. Anstatt dir deines Mangels und deiner Unzulänglichkeiten bewusst zu sein, solltest du in deinem Herzen ein Bewusstsein für den Glauben Jesu entwickeln. Dies ist der erste Schritt, dass der Glaube in dir wirksam wird (Phlm 1,6) und auf diese Weise großen Glauben in deinem Leben sichtbar werden lässt.

Schlechten Umgang vermeiden

1. Korinther 15,32-34

Lasst euch nicht irreführen: Schlechter Umgang verdirbt gute Sitten!
1. Korinther 15,33

Ist dir schon einmal aufgefallen, dass es einfacher ist, Gewicht zuzunehmen als abzunehmen? Es ist auch einfacher, Dinge zu zerstören, als sie aufzubauen, krank zu werden, als gesund zu bleiben, und eine Beziehung zu zerstören, als sie aufrechtzuerhalten. Es scheint so, dass alles, was wir uns wünschen, schwerer zu bekommen ist als das, was wir lieber vermeiden würden. In gleicher Weise geschieht es mit dem, was wir hören.

Werte und Überzeugungen, die über eine lange Zeit gereift sind, können leicht mit nur ein paar Worten zerstört werden. Viele von uns haben es sicherlich schon erlebt, dass wir unsere Begeisterung für eine Sache plötzlich verloren haben, nur weil eine andere Person ein paar missbilligende Worte geäußert hat. Unsere eigenen Worte sind wichtig, aber genauso wichtig sind die Worte einer jeden anderen Person, die wir hören. Um im Reich Gottes zu bestehen, müssen wir nicht nur darauf achten, was wir sagen, sondern ebenfalls darauf, was wir hören.

Heutzutage sind Christen den negativen Worten der Welt ausgesetzt wie niemals zuvor. Wenn irgendwo etwas Schlimmes auf der Welt passiert, empfangen wir diese Worte bereits Sekunden später dort, wo wir sind, in unseren Häusern und Autos. Manche Menschen hören zu ihrer Unterhaltung sogar Lieder, die die Sorgen und Nöte der Menschheit beklagen. Trotzdem haben diese Worte Kraft – eine zerstörerische Kraft. Sie können uns deprimieren oder Angst einjagen. Das ist nicht das, was wir brauchen, denn schließlich sollten wir Menschen des Glaubens und der Hoffnung sein.

Achte einmal auf die Worte, die du heute hörst. Brauchst du das wirklich, was du hörst und siehst? Wähle das Leben statt den Tod (5 Mose 30,19). Wenn du ein Wort hörst, das deinen Glauben nicht auferbaut und dich nicht zu Jesus zieht, dann weise es zurück und wende dich in deinen Gedanken Gottes Wort zu und sei fröhlich.

Die glückselige Hoffnung

Titus 2,11-15

... indem wir die glückselige Hoffnung erwarten und die Erscheinung der Herrlichkeit des großen Gottes und unseres Retters Jesus Christus.
Titus 2,13

Die Verheißung des zweiten Kommens unseres Herrn Jesus Christus ist ein großer Trost. Gleichgültig wie schlimm die Dinge in unserem Leben werden, wir haben die Verheißung, dass unser Herr mit Macht und in völligem Triumph wiederkommt.

Während meiner Grundausbildung, bevor ich nach Vietnam ging, war ich oft überwältigt von der Gottlosigkeit um mich herum. Meine Ausbilder genossen es, sich über Gott lustig zu machen. Jedes Training begannen sie damit, mich vor die Einheit hinzustellen, während irgendjemand Gotteslästerungen oder einen dreckigen Witz losließ oder verlautbarte, was er mit einer hiesigen Prostituierten in der vergangenen Nacht gemacht hatte.

Das taten sie, um mich in Verlegenheit zu bringen und um mich zu provozieren. Ich erinnere mich, wie der Sergeant zu mir sagte: „Prediger, es bereitet mir Vergnügen, wenn du vor Scham rot anläufst."

Zeitweise konnte ich das alles kaum mehr ertragen. Ich sehnte mich danach, dass der Herr kommen und diese Leute einfach hinwegfegen würde. Aber ich wusste, das war nicht richtig. Dann, eines Abends, als wir gezwungen waren zu marschieren und mein Körper und meine Gefühle aufbegehrten, sah ich auf einmal einen der herrlichsten Sonnenuntergänge, den ich je gesehen hatte. Die überwältigende Herrlichkeit Gottes stand in solcher Weise vor meinen Augen, dass all die Verdorbenheit um mich herum verblasste. Das Fluchen der fiesesten Typen konnte Gott nicht davon abhalten, seine Herrlichkeit zu zeigen. Jesus ist trotzdem noch der Gleiche und sitzt auf seinem Thron und eines Tages wird ein Tag der Abrechnung kommen (Mt 12,36).

Dies ist die Hoffnung der Wiederkunft Jesu. Er ist nicht taub oder blind, wie die Taten mancher Leute vermuten lassen. Er wartet geduldig, bis die volle Seelenernte eingebracht ist, bevor er sich offenbart. Dann wird jede Zunge bekennen, dass Jesus Herr ist, und die Gerechten werden hell wie die Sonne scheinen. Unser Sieg ist uns näher als wir meinen. Haltet auch heute fest an dieser glückseligen Hoffnung.

Vergebung bewirkt Wunder

2. Könige 5,1-14

Und die Aramäer waren in Streifscharen ausgezogen und hatten ein kleines Mädchen aus dem Land Israel entführt, das nun im Dienst von Naemans Frau war.
2. Könige 5,2

Jesus kam, um Vergebung für unsere Sünden zu bewirken und unsere Herzen nach seinem Vorbild in vergebende Herzen zu verwandeln. Es gibt kein besseres Beispiel dafür, was Vergebung bewirken kann, als die Heilung des aussätzigen Naeman. Dies war eins der größten Wunder, das der Herr durch Elisa bewirkt hat. Dies hätte jedoch nie geschehen können, wenn es nicht eine junge Magd gegeben hätte, die sich entschieden hatte zu vergeben.

Diese Magd berichtete der Frau Naemans über die heilende Kraft Gottes. Kein Wunder wäre geschehen, wenn sie nicht darüber gesprochen hätte. Dies ist besonders bedeutungsvoll, wenn man sich bewusst macht, dass dieses junge Mädchen eine Israelitin war, die während eines syrischen Feldzuges gefangen genommen und als Sklavin nach Syrien gebracht worden war. Das hebräische Wort, das in diesem Vers für *Magd* gebraucht wird, bedeutet so viel wie: ein junges Mädchen, das kein Kind mehr ist, aber auch noch nicht erwachsen. Das heißt, dass sie höchstwahrscheinlich noch nicht mündig war. Sie war ihren Eltern weggenommen worden. Es ist möglich, dass ihre Eltern von den Syriern umgebracht oder ebenfalls versklavt worden waren. Es wäre ein Leichtes gewesen, in einer solchen Situation zu verbittern und sich dazu zu entscheiden, der Herrin nichts von dem Gott zu erzählen, der Kranke heilt.

Aussatz wurde in jenen Tagen von vielen als ein Gericht Gottes über Sünden angesehen. Sie hätte denken können: *Das geschieht ihm nur recht!* Sie hätte sogar dafür beten können, dass er sterben möge. Stattdessen zeigte sie Anteilnahme und Mitleid für ihren Herrn. Offensichtlich hatte sie ihm vergeben und alle Bitterkeit überwunden. Dadurch konnte Gott sie als Instrument gebrauchen, um den ranghöchsten General des syrischen Heeres zu berühren. Zweifellos kamen dadurch viele Syrier zum Glauben an Gott, weil sie sich entschieden hatte zu vergeben und Gott dort zu dienen, wo sie war.

Du kannst deine Vergangenheit nicht verändern, aber du kannst dich entscheiden, wie deine Zukunft aussehen wird und welchen Einfluss du auf andere Menschen haben wirst. Egal in welcher Situation du dich befindest, lass dort Früchte wachsen, wo du eingepflanzt bist. Möglicherweise sind es gerade die Menschen, die dir zu schaffen machen, die auf Gottes Berührung reagieren würden, wenn du dich ihnen zuwendest und von Gott erzählst. Zeige doch heute jemandem Gottes Liebe.

Ganze Sache machen

2. Könige 5,1-14

Da stieg er hinab und tauchte sich sieben Mal im Jordan unter, nach dem Wort des Mannes Gottes; und sein Fleisch wurde wieder wie das Fleisch eines jungen Knaben, und er wurde rein.
2. Könige 5,14

Wenn jemand zu Jesus kam, um geheilt zu werden, war er immer gewillt zu heilen und heilte die Menschen sofort. In dieser Hinsicht waren Elisas Handlungen und Anweisungen Naeman gegenüber seltsam. Was versuchte er damit zu erreichen, als er Naeman sagte, sieben Mal im schmutzigen Jordan unterzutauchen?

Zum einen hatte sich Naeman noch nicht wirklich vor dem Herrn gedemütigt, was ein sehr wichtiger Bestandteil von Glauben ist. Jesus sagte, dass niemand glauben kann, der die Ehre, die von den Menschen kommt, mehr sucht, als die Ehre, die von Gott kommt (Joh 5,44). Naeman war zu sehr von sich selbst eingenommen. Deshalb bemühte sich Elisa noch nicht einmal hinauszugehen, um Naeman zu sehen. Er sandte seinen Diener, um ihm seine Anweisungen zu überbringen.

Das bracht Naeman völlig in Rage. Wütend drehte er gleich wieder um, um nach Syrien zurückzugehen. Elisa hatte ihn nicht so behandelt, wie es seiner Position gebührt hätte. Zudem hielt er jeden Fluss in Syrien für besser als den Jordan in Israel. Naeman hatte definitiv ein Problem mit Stolz. Doch seine Diener überredeten ihn schließlich, die Anweisungen des Propheten wenigstens auszuprobieren. Not treibt Menschen oft dazu, Dinge zu tun, die sie sonst nie tun würden. Und so demütigte sich Naeman und tauchte im Jordan unter.

Nichts passierte beim ersten und zweiten Mal. Seine Heilung kam nicht schrittweise.

Er war immer noch aussätzig, nachdem er zum sechsten Mal im Jordan untergetaucht war. Als er aber zum siebten Mal untertauchte, wurde sein Fleisch vollkommen wiederhergestellt. Man bedenke, Naemans Stolz hätte ihn fast um sein Wunder gebracht!

Gibt es Probleme mit Stolz in deinem Leben, die dich davon abgehalten haben, das zu tun, was Gott dir gesagt hat? Wenn das der Fall ist, dann demütige dich und gehorche. Mach es nicht halbherzig. Deine Freisetzung wird kommen, wenn du ganze Sache machst.

In gleicher Weise versucht wie wir

Hebräer 4,15

Denn wir haben nicht einen Hohenpriester, der nicht Mitleid haben könnte mit unseren Schwachheiten, sondern der in allem in gleicher Weise wie wir versucht worden ist, doch ohne Sünde.
Hebräer 4,15 (ELB)

Hast du schon einmal über die Versuchungen Jesu nachgedacht? Wie konnte er eigentlich Versuchungen erleben, die mit der Ehe zu tun haben, wenn er doch gar nicht verheiratet war? Wie konnte er der Versuchung begegnen, drogenabhängig zu werden, wo es noch kein Kokain gab? Es gibt viele Bereiche, mit denen wir zu kämpfen haben, die er anscheinend gar nicht kannte. Trotzdem sagt das Wort Gottes unmissverständlich, dass er in allem versucht wurde in gleicher Weise wie wir. Das unterstreicht die Wahrheit, dass die Versuchung nicht auf unsere Taten ausgerichtet ist. Es sind unsere Glaubensgrundsätze, die versucht werden.

Jesus wurde genauso wie wir versucht, Gott nicht zu glauben. Trotzdem glaubte er weiter und ließ sich nicht beirren. Die materiellen Dingen, mit denen Satan uns versucht, sind nicht die eigentliche Versuchung. Alle seine Schliche sind letztendlich ein Köder, um uns an den Haken des Unglaubens zu bringen, nämlich fehlender Glaube, dass Gott willens und in der Lage ist, uns mit all dem zu versorgen, was wir in unserem Leben brauchen, und was wir uns wünschen.

Zu oft werden in der Gemeinde Argumente gegen Sünde angeführt, die mit den sichtbaren Auswirkungen dieser Sünde zu tun haben. So sagt man beispielsweise, dass Homosexualität falsch ist, da dadurch Krankheiten hervorgerufen werden. Was wäre jedoch, wenn man ein Heilmittel für Aids finden würde? Wäre Homosexualität dann nicht mehr länger eine Sünde? Doch, natürlich! So schlimm die Auswirkungen unserer Taten auch sein mögen, die wahre Wurzel der Sünde ist, dass wir Gottes Wort zurückweisen. Das ist die Versuchung, die in unseren Herzen stattfindet, lange bevor wir daraufhin handeln. Eine Person wird versucht, nicht der biblischen Wahrheit zu glauben, dass Gott Mann und Frau zur Ehe geschaffen hat. Genau das ist der Punkt! Wenn sie dieser Versuchung erliegt und Gottes Wort zurückweist, dann führt das unausweichlich zur Sünde. Die Wurzel aller Sünde ist es, Gottes Wort abzulehnen. Das ist die wirkliche Versuchung.

Nimm es dir heute vor, Gott und seinem Wort zu glauben, egal was Menschen sagen oder tun, um dich zu versuchen nicht zu glauben. Dein Glaube an Gott wird dir Freude und Frieden bringen, ganz unabhängig von den Umständen, in denen du dich befindest.

Schau nicht zurück

Hebräer 11,1-15

Und hätten sie dabei jenes im Sinn gehabt, von dem sie ausgegangen waren, so hätten sie ja Gelegenheit gehabt, zurückzukehren.
Hebräer 11,15

Wenn Abraham und Sarah an das Land gedacht hätten, aus dem sie ausgezogen sind, wären sie versucht gewesen, zurückzukehren. Da sie aber nicht daran dachten, waren sie nicht einmal versucht, dorthin zurückzukehren. Was für eine Offenbarung! Ihre Versuchung hing mit ihren Gedanken zusammen. Du kannst durch nichts versucht werden, über das du dir keine Gedanken machst. Du brauchst nur deine Gedanken unter Kontrolle zu halten und kannst somit der Versuchung aus dem Wege gehen. Welche Vollmacht könnten wir als Kinder Gottes haben, wenn wir es vermeiden würden, in Versuchung zu geraten. Das geschieht, indem wir unser Denken beherrschen.

Viele Gläubige versuchen ihre Taten zu kontrollieren und übersehen dabei, dass ihre Taten ein direktes Resultat dessen sind, was sie denken. Sie genehmigen sich den Luxus, über schlechte Dinge nachzugrübeln. Wenn dann die Versuchung kommt, haben sie große Mühe, Gott treu zu bleiben – und dann fragen sie sich noch, warum sie die ganze Zeit versucht werden. Es hat mit den Dingen zu tun, über die sie nachdenken.

Gott hat jeden von uns dazu berufen, Dinge hinter sich zu lassen. Es mag sich dabei vielleicht nicht um ein Land handeln, sondern eher um einen Lebensstil oder um bestimmte Freunde. Vielleicht sind auch Gewohnheiten oder Hobbys gemeint, von denen Gott uns gezeigt hat, damit aufzuhören. Das Geheimnis, davon wegzukommen, besteht darin, nicht in ihnen zu verweilen. Wenn du denkst: *Was wäre wenn ...?* wird das deinen Glauben zerstören! Es ist nicht notwendig, nach hinten zu schauen; es ist wichtig, nach vorne auf die Dinge zu blicken, die Gott uns verheißen und zu denen er uns berufen hat.

Entscheide dich heute, nicht mehr an das zu denken, was du hinter dir gelassen hast und schau stattdessen nach vorne, auf dein Leben in Jesus Christus. Versuche im Glauben vorauszuschauen auf das, wozu Gott dich berufen hat, und denk an all die wunderbaren Glaubensgeschwister, mit denen du diese Dinge gemeinsam tun wirst. Du wirst schnell merken, dass deine positiven Gedanken dir Hoffnung anstelle von Versuchung bringen werden.

Tausche deine bösen Gedanken einfach aus!

Hebräer 11,1-16

Nun aber trachten sie nach einem besseren (Land).
Hebräer 11,16 a

Du kannst negative Gedanken nicht einfach loswerden, indem du ihnen gebietest zu weichen. Unerwünschte Gedanken müssen durch neue ersetzt werden.

Denk an einen Apfel! Jetzt hör auf, an diesen Apfel zu denken! Gebiete dem Gedanken an einen Apfel zu weichen! Denk nicht mehr an den Apfel in Jesu Namen! Weigere dich, über Äpfel nachzudenken! Denkst du immer noch an Äpfel? Natürlich tust du das! Wenn du versuchst, über etwas nicht mehr nachzudenken, treibt es dich nur dazu, noch mehr darüber nachzudenken.

Anstatt an einen Apfel zu denken, lenke deine Aufmerksamkeit auf Erdbeeren. Stell dir eine wunderbare, pralle, rote Erdbeere vor. Stell dir vor, wie süß sie schmecken würde. Mal dir ein ganzes Feld von köstlichen Erdbeeren aus, die nur darauf warten, gepflückt zu werden. Oder denk mal an Bananen. Stell dir ganz viele Bananen vor. Stell dir vor, du würdest auf einer tropischen Insel sein und sie alle selbst pflücken. Wäre das nicht großartig?

Wenn du diesen Gedankengang weiterverfolgst, wirst du in kurzer Zeit gar nicht mehr an Äpfel denken. Du kannst Gedanken nur loswerden, indem du sie durch andere ersetzt. Jeder Aufwand, den du betreibst, um schlechten oder sündigen Gedanken zu widerstehen, bewirkt, dass sie sich dir nur noch stärker einprägen. Es ist die bessere Methode, sie durch Gottes Gedanken aus seinem Wort zu ersetzen. Während du die Schrift liest, werden seine Gedanken anfangen, dein Denken zu bestimmen und die negativen Gedanken werden bald verschwunden sein.

Abraham hat sein Denken auf etwas Besseres ausgerichtet als das, was er zurückgelassen hat. Er wollte ein besseres Land. Gott hat dir in Jesus Christus ein neues Leben gegeben. Ich bin mir sicher, dass du etwas Wunderbares hast, über das du heute nachsinnen kannst.

Was zweifelst du?

1. Mose 3,1-13

Sondern Gott weiß: An dem Tag, da ihr davon esst, werden euch die Augen geöffnet, und ihr werdet sein wie Gott und werdet erkennen, was gut und böse ist.
1. Mose 3,5

Die Sünde von Adam und Eva war ihr Unglaube. Von der verbotenen Frucht zu essen, war nur der Ausdruck ihres Unglaubens, der bereits in ihren Herzen vorhanden war. Worin bestand ihr Zweifel? Zwei Dinge gebrauchte die Schlange, sie dazu zu verführen, an Gott zu zweifeln.

Zuerst zweifelten sie an Gottes Wort. Sie glaubten nicht an die Konsequenzen, die Gott ankündigte, wenn sie vom Baum der Erkenntnis des Guten und des Bösen essen würden. Gott sagte, sie würden sterben. Sie trafen die Entscheidung, von der Frucht zu essen, weil sie offensichtlich nicht mehr an das glaubten, was Gott gesagt hat. Sie zweifelten an Gottes Wort, was ihre erste Sünde war.

Aber weitaus wesentlicher war, dass Adam und Eva Gottes Liebe infrage stellten. Satan beschuldigte Gott, dass er nicht das Beste für sie wollte. Er sagte, dass Gott ihnen etwas vorenthielte, was sie noch weiser machen würde. Dies war ein direkter Angriff auf Gottes Liebe und Integrität. Er war wirklich gut zu ihnen gewesen, versorgte sie mit allem, was sie benötigten und besuchte sie sogar jeden Tag. Dennoch entschieden sich Adam und Eva dafür, an seiner Liebe zu zweifeln. Das Wort einer sprechenden Schlange hatte für sie mehr Gewicht als Gottes Wort.

Wenn du dir Jesu Tod am Kreuz und seine Auferstehung bewusst machst, ist es unlogisch, jemals an Gottes Liebe zu zweifeln. Du hast hier eine Offenbarung, wie unermesslich groß Gottes Liebe ist, und dann machst du dir Sorgen darüber, ob deine Bedürfnisse gedeckt werden oder dein Körper Heilung erfährt. Du versuchst deine Sorgen damit zu rechtfertigen, indem du sagst: „Jeder hat sie, das ist doch normal." Das ist nur normal für Menschen, die Gottes große Liebe nicht kennen! Wenn du eine vollkommene Offenbarung über Gottes Liebe erfährst, werden deine Zweifel verschwinden.

Wenn du Zweifel an Gottes unendlicher Liebe und Fürsorge für dich hast, dann öffne deine Bibel, lies und glaub, was er über dich in seinem Wort sagt. Zerstreue alle Zweifel, indem du dich dafür entscheidest, zu glauben, was er sagt. Dann wird dein Glaube an ihn seine Segnungen in allen Bereichen deines Lebens freisetzen.

Glaube gibt Verständnis

Hebräer 11,1-3

Durch Glauben verstehen wir, dass die Welten durch Gottes Wort bereitet worden sind, so dass die Dinge, die man sieht, nicht aus Sichtbarem entstanden sind.
Hebräer 11,3

Im finsteren Mittelalter verlangte die Kirche, dass man ihre Vorschriften und ihre Glaubensdoktrin einfach akzeptiert, ohne eine ausreichende Erklärung oder Begründung dafür zu liefern. Die Unfehlbarkeit des Papstes ließ keine anderen Meinungen zu. Dies führte zu erheblichen Auseinandersetzungen, sowohl innerhalb als auch außerhalb der Kirche. Die Wissenschaft wurde verachtet und viele Wissenschaftler wurden verfolgt und angeklagt.

Dann kam die Zeit der Reformation, der Renaissance und das Zeitalter der Aufklärung. Man kam zu der Erkenntnis, dass die Erde rund und nicht flach ist. Es kam heraus, dass viele Seuchen, die die Kirche als Strafgericht Gottes deklariert hatte, in Wirklichkeit durch Viren und unhygienische Lebensbedingungen entstanden sind. Viele sogenannte „von Gott auferlegte" Beschränkungen beruhten einfach auf Unwissenheit und Ignoranz der Menschen.

Hierdurch kam es zu einem totalen Richtungswechsel im menschlichen Denken – vom blinden Glauben an religiöse Doktrinen hin zum Zeitalter der Vernunft, wo man Glauben spöttisch belächelte. Dies führte zweifellos zu einer Befreiung des Menschen von den Irrtümern falscher Religion. Aber es führte auch dazu, dass der moderne Mensch keinen Zugang mehr zu einfachem Glauben hatte.

Der Verfasser des Hebräerbriefes legt dar, dass einige Dinge nur durch Glauben verstanden werden können. Gott hielt es nicht für notwendig, uns alles zu erklären. Er ist größer und umfassender als alles, was wir mit unserem winzig kleinen Hirn erfassen können. Es ist unmöglich, ihn und seine Wege vollkommen zu verstehen – wir müssen an ihn glauben.

In unserer durch Technologie bestimmten Zeit ist die Notwendigkeit von Glauben größer als jemals zuvor – nicht ein blinder Glauben, der zu Aberglauben führt, sondern ein durch Gottes Wort und deiner Erfahrung mit dem Heiligen Geist geschulter Glaube. Glaube ist nicht ohne Verstand, er bestätigt nur, dass es eine geistliche Wirklichkeit gibt, die man nicht in einem Reagenzglas untersuchen kann.

Wunderbare Gnade

Johannes 8,1-11

Und sie sprachen zu ihm: Meister, diese Frau ist während der Tat beim Ehebruch ergriffen worden. Im Gesetz aber hat uns Mose geboten, dass solche gesteinigt werden sollen. Was sagst nun du?
Johannes 8,4-5

Diese Fangfrage, die die Pharisäer und Schriftgelehrten an Jesus richteten, hätte das Potenzial gehabt, den größtmöglichen Schaden anzurichten. Jesus war gerade deshalb beim Volk so beliebt, weil er über Gottes Gnade und Vergebung der Sünden lehrte. Das wurde von den Leuten mit großer Begeisterung aufgenommen, weil ihnen bis dahin nur das Bild eines harten, gesetzlichen und richtenden Gottes aufgezeigt wurde.

Die Schriftgelehrten und Pharisäer versuchten oftmals, Jesus so darzustellen, dass er Sünde billigt oder sogar praktiziert, da er mit Sündern Umgang pflegte und ihnen diente. Das traf insbesondere dann zu, wenn er gegen die jüdischen Traditionen verstieß, wie beispielsweise das Sabbatgebot. Jesus verwandelte jedoch jeden Angriff gegen ihn in einen Sieg für Gottes Gnade und Erbarmen.

Dieses Mal glaubten die Juden, dass sie Jesus in die Enge getrieben hatten. Wenn er seine Lehre der Vergebung aufrechterhielt und es ablehnte, die Frau zu steinigen, wäre dies eine direkte Auflehnung gegen das Gesetz des Mose. Das hätte diesen Juden eine rechtliche Handhabe gegeben, ihn zu töten. Ließe er andererseits die Frau steinigen, wie es das Gesetz verlangte, würden ihn die Leute verlassen. Es sah so aus, als hätten sie ihn in der Falle – ganz gleich wie er sich verhielt.

Wie immer ist die Torheit Gottes weiser als Menschen es sind, und somit war Jesus dieser Lage gewachsen. Weder billigte er die Sünde noch missachtete er das Gesetz Mose. Er sagte einfach nur, dass derjenige, der ohne Sünde sei, den ersten Stein werfen sollte. Als nun der Heilige Geist begann, sie ihrer Sünden zu überführen, mussten sie alle unverrichteter Dinge weggehen; so konnten sie Jesus nichts anhaben, weil er die Frau nicht steinigte.

Wenn du heute in deinen Tag gehst, begegnen dir sicherlich Situationen, die dich verletzten, verärgern oder beleidigen, wenn jemand gegen dich oder andere sündigt. Aber was auch immer passiert, denke daran, wie Jesus diese Frau behandelte und praktiziere seine wunderbare Gnade.

Geheimnis der Dreieinigkeit

Johannes 8,12-27

Da sprachen sie zu ihm: Wo ist dein Vater? Jesus antwortete: Ihr kennt weder mich noch meinen Vater. Wenn ihr mich kennen würdet, so würdet ihr auch meinen Vater kennen.
Johannes 8,19

Jesus sprach davon, eins mit dem Vater zu sein – hierüber lesen wir besonders im Johannesevangelium, Kapitel 17. Dieses Einssein bedeutet mehr, als nur einer Meinung zu sein oder ein gemeinsames Ziel zu verfolgen. Sowohl das Alte als auch das Neue Testament sprechen von dem einen Gott (Mal 2,10; 1 Tim 2,5). Diese Wahrheit ist in der Heiligen Schrift so fest verankert, dass einige Gläubige nicht zwischen Vater, Sohn und Heiligem Geist unterscheiden; sie glauben, dass diese drei einfach ein Gott sind, der sich auf drei verschiedene Weisen ausdrückt. In Johannes 8 unterscheidet Jesus jedoch zwischen sich und seinem Vater. Er und sein Vater sind die zwei Zeugen, die die Anforderungen in 5. Mose 17,6 erfüllen. Jesus hätte die Juden getäuscht, wenn es keinen Unterschied zwischen ihm und seinem Vater geben würde, und trotzdem sind sie eins (Joh 10,30; 1 Joh 5,7). Das ist ein großes Geheimnis!

In 5. Mose 6,4 steht: *Der Herr ist unser Gott, der Herr allein.* Wir haben nicht drei Götter, sondern einen Gott, der klar als drei Personen zu identifizieren ist. Dies ist ein großes Geheimnis, das noch nicht ausreichend erläutert wurde. Die Heilige Schrift offenbart uns die Wahrheit der Dreieinigkeit, macht aber keinen Versuch, sie zu erklären. Wir sollen diese Offenbarung akzeptieren, so wie sie ist. Eines Tages werden wir alle Dinge erkennen, so wie auch wir erkannt sind (1 Kor 13,12).

Jesus erklärt, dass der Vater das wichtigste Zeugnis darüber ablegt, wer Jesus ist. Er sagte, wer ihn kennt, würde auch den Vater kennen. Wenn immer du darüber nachdenkst, ob du wirklich die Stimme und die Wege des Vaters im Himmel kennst, dann schaue auf Jesus. Jesus ist dem Vater gleich. Was immer Jesus glaubt, fühlt und tut, das glaubt, fühlt und tut auch der Vater. Für alle Fragen und Probleme, die du heute hast, ist Jesus der Schlüssel, um den Vater zu verstehen.

Jesus wurde für dich erhöht

Johannes 8,12-30

Darum sprach Jesus zu ihnen: Wenn ihr den Sohn des Menschen erhöht haben werdet, dann werdet ihr erkennen, dass ich es bin; und ich tue nichts von mir selbst aus, sondern wie mich mein Vater gelehrt hat, so rede ich.
Johannes 8,28

Dieses war die zweite von drei Begebenheiten, wo Jesus davon sprach, dass er erhöht werden wird. Das erste Mal lesen wir davon in Johannes 3,14 und das dritte Mal in Johannes 12,32-33. Wie die Bibel uns in Johannes 12,33 erklärt, handelt es sich dabei um einen Hinweis auf die Kreuzigung. Der Begriff *Erhöhtsein* bezieht sich darauf, dass er von der Erde emporgehoben und zur Kreuzigung an ein Kreuz gehängt wird. Die Juden verstanden, dass Jesus von seinem Tod sprach, als er sagte, dass er erhöht werden wird.

Die Kreuzigung fand nicht einfach nur so statt. Es war der Plan Gottes, was jedoch nicht bedeutet, dass Gott die ganze Verantwortung dafür trägt und diejenigen, die Jesus ablehnten und ihn kreuzigten nicht schuldig sind. Jesus kam auf die Erde, um für uns zu sterben und dadurch für unsere Errettung zu bezahlen. Es war Gottes Plan, aber Gott hat niemanden gezwungen, diesen zu erfüllen. Jesu Dienst und Botschaft brachten ihn in direkte Konfrontation mit dem Teufel und seinen Gefolgsleuten. Ihr Hass gegen ihn brachte sie dazu, Jesus aus eigenem freien Willen zu kreuzigen. Gott in seiner unendlichen Weisheit wusste, was sie tun würden, und er beschloss, ihre Ablehnung dazu zu nutzen, seinen Plan der Errettung zu vollenden. Er kontrolliert niemals unseren Willen, um seinen Willen zu verwirklichen.

Wenn du die Botschaft vom Kreuz wirklich verstehst, dann verstehst du wahre Liebe und Gnade. Jesus brachte kein geringes Opfer für dich; er wurde für dich erhöht. Er bezahlte voll und ganz für deine Schuld, sodass du voll und ganz zu ihm gehören kannst.

Sohnschaft oder Sklaverei

Johannes 8,34-36

Jesus antwortete ihnen: Wahrlich, wahrlich, ich sage euch: Jeder, der die Sünde tut, ist ein Knecht der Sünde.
Johannes 8,34

Der Teufel hat die Welt schon seit dem Garten Eden getäuscht in Bezug auf Sünde. Er sagte zu Eva, dass sie durch das Begehen einer Sünde so sein würde wie Gott. Die Zeit hat es gezeigt, nicht nur bei Eva, sondern auch bei jedem von uns, dass dies nicht wahr ist. Sünde bringt Tod, kein Leben. Jesus stellt auch klar, dass Sünde uns zum Sklaven macht. Wir werden nicht nur Sklaven der Sünde selbst, sondern auch Sklaven des Urhebers der Sünde: dem Teufel. Entweder sind wir durch Gehorsam Diener Gottes oder durch Sünde Diener des Teufels.

Jesus vergleicht einerseits das Gebundensein in Sünde mit der Sklaverei und andererseits die Freiheit, die wir haben, wenn wir Gott dienen, mit liebevoller Sohnschaft. Niemand würde bezweifeln, dass es besser ist, ein Sohn zu sein, als ein Sklave. Gleichermaßen ist es besser, Gott zu gehorchen, als sich der Sünde hinzugeben. Wahre Freiheit finden wir nur, wenn wir Gott dienen. Aber die Menschen lassen sich immer wieder von der Lüge Satans täuschen, dass Sünde wahre Freiheit bedeutet. Hin und wieder hat er uns alle dahingehend getäuscht, dass wir denken, Gott sei ein Tyrann, der nicht möchte, dass wir unser Leben genießen, und uns deshalb verbietet, bestimmte Dinge zu tun. Weil wir dieser Lüge glauben, gehorchen wir Gott nicht, d. h. wir sündigen im Namen der Freiheit. Aber es ist eine falsche und vergängliche Freiheit, die schlimme Konsequenzen nach sich zieht.

Das Wort Gottes und auch unsere persönlichen Erfahrungen beweisen schlüssig, dass Tod der Lohn der Sünde ist (Röm 6,23). Jesus nimmt der Sünde jeden Glanz, mit dem der Teufel sie verkleidet. Sünde legt uns in Fesseln. Die einzig wahre Freiheit finden wir bei Jesus. Er ist nicht nur mit der Ursünde fertiggeworden, die die Menschen verseucht hat; sondern auch mit jeder einzelnen sündhaften Tat.

Wenn du von Neuem geboren bist, dann lebst du heute in wahrer Freiheit. Du hast die Natur Gottes, um das Richtige zu tun, und seine Liebe, die in dir den Wunsch hervorbringt, das Richtige zu tun. Sei dankbar, dass du ein Sohn oder eine Tochter Gottes bist und nicht länger Sklave des Teufels und der Sünde.

Abrahams Kinder

Johannes 8,33-38

Ich weiß, dass ihr Abrahams Same seid; aber ihr sucht mich zu töten, denn mein Wort findet keinen Raum in euch.
Johannes 8,37

Die Juden waren von ihrer Abstammung her direkte Nachkommen Abrahams. Aber wie es bei zahlreichen biblischen Wahrheiten der Fall ist, gehörte mehr zum Bund Gottes mit Abraham, als wir auf den ersten Blick erkennen. Tatsächlich waren einige Juden keine geistlichen Kinder Abrahams.

Der Heilige Geist enthüllte durch den Apostel Paulus in Galater 3, Verse 16 und 29, dass Gott seinen Bund geschlossen hat mit Abraham und mit seinem „Samen", was auf *einen* bestimmten Nachkommen hinweist, nämlich Jesus. Keiner wurde jemals nur durch seine Abstammung Erbe der Verheißungen Gottes. Bevor Jesus sein Leben als Opfer für unsere Sünden gab, wurden die Heiligen des Alten Testaments gerechtfertigt durch Glauben an die Verheißungen Gottes über den Messias, der noch kommen sollte. Nach Jesu Tod und Auferstehung sind die Heiligen des Neuen Testaments gerechtfertigt durch Glauben an das, was Jesus bereits getan hat. Keiner wurde jemals durch die Abstammung von seinen Eltern errettet.

Diejenigen, die durch Glauben an Jesus wiedergeboren sind, wurden in ihren Herzen beschnitten (Kol 2,11-12) und sind die wahren Juden. Sie sind keine Juden in Bezug auf Nationalität oder Religion, aber sie sind das wahre Volk Gottes. Nichtjuden, die durch ihre neue Geburt mit Christus vereint sind, sind jetzt das Volk Gottes. Jeder, der durch Glauben an Jesus errettet wurde, ist jetzt Abrahams Same und Erbe, wie es verheißen wurde (Gal 3,16.22.26-29).

Das lässt keinen Zweifel daran, dass die Gemeinde jetzt Gottes auserwähltes Volk auf Erden ist. Das heißt nicht, dass Gott die leiblichen Nachkommen von Abraham aufgegeben hat. Es gibt immer noch prophetische Worte, die dem Volk Israel gelten und noch zu erfüllen sind. Die neutestamentliche Gemeinde, bestehend aus Juden und Nichtjuden, ist jetzt Gottes Reich auf Erden. Wir gehören alle zu ihm.

Heute kannst du dir Gedanken darüber machen, was es bedeutet, dass du als wiedergeborener Gläubiger in Jesus Christus ein wahrer Jude und Erbe aller Verheißungen Gottes an Abraham bist.

Was Gott gefällt

Johannes 8,53-56

Abraham, euer Vater, frohlockte, dass er meinen Tag sehen sollte; und er sah ihn und freute sich.
Johannes 8,56

Jesus sprach von jenem Tag, an dem die Menschen durch den Glauben an Gott gerechtfertigt sein würden und nicht aufgrund ihrer Werke. Gott hat Abraham diese Wahrheit offenbart (Röm 4,13) und als dieser dann daran glaubte, wurde er durch den Glauben gerechtfertigt (Röm 4,3.9). In Hebräer 11,6 steht: *Ohne Glauben aber ist es unmöglich, ihm wohlzugefallen.* Es war Abrahams Glaube, der Gott wohlgefällig war.

Es gibt viele Hinweise, die uns erkennen lassen, dass es einzig und alleine Abrahams Glaube war, der Gott gefiel. Wenn wir alle Fakten aus Abrahams Leben anschauen, gab es mehr was Gott hätte missfallen können, als was ihm gefallen hätte! Gemäß 3. Mose 18,9.26 war es ein Gräuel für einen Mann, die Halbschwester zu heiraten. Sarah, Abrahams Ehefrau, war seine Halbschwester (1 Mose 20,12). Also, war Abrahams Ehe mit Sarah nicht etwas, was Gott gefiel.

Abraham hat gelogen, als er behauptete Sarah sei nicht seine Ehefrau, um seine eigene Haut zu retten. Er nahm es in Kauf, dass ein Mann mit ihr Ehebruch begangen hätte, anstatt die Wahrheit zu sagen und dabei zu riskieren, dass der Mann, der Sarah eventuell haben wollte, ihn umbringt. Und dennoch rechnete ihm der Herr unmittelbar nach diesem Ereignis seinen Glauben als Gerechtigkeit an (1 Mose 15,6). Abraham versuchte den Willen Gottes mit Hagar auf fleischliche Weise zu erfüllen (1 Mose 16) und wiederholte danach die furchtbare Sünde, in dem er nochmals leugnete, dass Sarah seine Ehefrau sei (1 Mose 20).

Jeder, der sich mit dem Leben von Abraham und dessen Gunst bei Gott beschäftigt, muss zu dem Schluss kommen, dass es sein Glaube war, der Gott wohlgefällig war. Also, egal was du jemals gesagt oder getan hast, wovon du wusstest, dass es Gott missfiel, empfange einfach heute seine Vergebung und gehe im vollkommenen Glauben an ihn voran. Dann wirst du wahrhaft gesegnet sein.

Der fleischgewordene Gott

Johannes 8,57-59

Jesus sprach zu ihnen: Wahrlich, wahrlich, ich sage euch: Ehe Abraham war, bin ich!
Johannes 8,58

Mit diesem Satz gab Jesus ein neues Bekenntnis ab. Er sagte, dass diejenigen, die nicht glaubten, dass er der fleischgewordene Gott sei (1 Tim 3,16), auch nicht in der Lage seien, das zu verstehen, über was er sprach. *Ehe Abraham war, bin ich,* dieser Satz gibt nicht nur zu erkennen, dass er bereits vor Abraham existierte, er bringt Jesus auch in Verbindung mit dem großen *Ich-bin*-Bekenntnis Gottes in 2. Mose 3,16. Dieser Ausspruch von Jesus lässt keinen Zweifel daran, dass Jesus für sich beanspruchte, Gott zu sein.

Jesus proklamierte: *Ich bin.* Auf diese Weise hat sich auch Gott der Herr Mose gegenüber zu erkennen gegeben (2 Mose 3,14). Als Jesus unter der Salbung des Heiligen Geistes ausrief: *Ich bin es*, wichen alle, die ihn festnehmen wollten, zurück und fielen zu Boden (Joh 18,5.6). Jesus ist der fleischgewordene große *Ich bin, der ich bin* aus 2. Mose 3,14.

Als die religiösen Führer der Juden hörten, dass Jesus Gott seinen Vater nannte, verstanden sie sofort, dass er für sich in Anspruch nahm, Gott zu sein. Dieser Anspruch war entweder Gotteslästerung, die mit dem Tode bestraft werden musste, oder Jesus war wirklich, was er vorgab zu sein.

Die Zielsetzung des Johannesevangeliums ist klar formuliert: ... *damit ihr glaubt, dass Jesus der Christus, der Sohn Gottes ist, und damit ihr durch den Glauben Leben habt in seinem Namen* (Joh 20,31). Du hast heute sein Leben, weil du an seinen Namen glaubst. Lass nicht zu, dass der Feind, die Welt oder dein Fleisch dich verführen zu zweifeln, dass Jesus kein Geringerer als der fleischgewordene Gott ist.

Körperliche Heilung

Jesaja 53,1-5; Matthäus 8,16-17

Fürwahr, er hat unsere Krankheit getragen und unsere Schmerzen auf sich geladen; wir aber hielten ihn für bestraft, von Gott geschlagen und niedergebeugt.
Jesaja 53,4

Das Thema körperliche Heilung hat eine so herausragende Stellung in der Heiligen Schrift, insbesondere im Neuen Testament, dass darüber eigentlich keine Debatte geführt werden müsste. Und doch wird sie geführt. Viele Menschen interpretieren Verheißungen für Heilung nur in einem geistlichen Sinn. Sie glauben, dass Verse wie Jesaja 53,4-5 allein über geistliche Heilung sprechen.

Am besten lässt sich die Bibel durch die Bibel belegen. Wenn eine bestimmte Bibelstelle nochmals an einer anderen Textstelle genannt und angewendet wird, erhalten wir ein klares Verständnis darüber, was genau der Herr sagen möchte. Jesajas Prophezeiung über den Messias, der uns Heilung bringt, ist eine solche Schriftstelle.

In Matthäus 8,16 lesen wir, dass eine große Menschenmenge zu Jesus kam, um geheilt zu werden, und er heilte sie alle von ihren körperlichen Gebrechen. In Vers 17 bezieht sich Matthäus auf die Prophezeiung des Propheten Jesaja, der sprach, dass *er alle unsere Gebrechen weggenommen und unsere Krankheiten getragen hat.* Dies bestätigt ausdrücklich, dass die Verheißung Jesajas unseren körperlichen Krankheiten gilt. Dank sei Gott dafür!

Heilung ist ebenso Teil des Sühneopfers Christi wie die Vergebung unserer Sünden. Das hundertfach im Neuen Testament gebrauchte griechische Wort für *Errettung* heißt *sozo.* An anderen Stellen bezieht sich dieses Wort ganz klar auch auf körperliche Heilung, wie in Matthäus 9,22, Markus 5,34, Lukas 8,48 und Jakobus 5,15 beschrieben ist.

Dein Glaube an körperliche Heilung beginnt dort, wo du glaubst, dass es Gottes Wille ist, dich zu heilen. Die Wahrheit, dass Heilung Teil des Sühneopfers Christi ist, gibt uns diese Gewissheit.

Es ist bereits vollbracht!

1. Petrus 2,21-25

Er hat unsere Sünden selbst an seinem Leib getragen auf dem Holz, damit wir, den Sünden gestorben, der Gerechtigkeit leben mögen; durch seine Wunden seid ihr heil geworden.
1. Petrus 2,24

Der letzte Teil dieses Verses stimmt mit Jesaja 53,4 überein, allerdings mit einer wichtigen Ausnahme: Hier steht unsere Heilung in der Vergangenheitsform. Wir sind bereits geheilt worden. Dieser Gedanke ist für einige Menschen nur schwer zu begreifen. Sie können nicht verstehen, wie sie schon geheilt worden sind, wenn doch noch Krankheit in ihrem Körper steckt. Man könnte es so versuchen zu erklären, dass es in diesem Vers um geistliche Heilung geht. Aber Matthäus 8,17 stellt klar, dass die Heilung, von der Jesaja sprach, körperlich und nicht geistlich war.

Den Schlüssel, um diese Wahrheit zu verstehen, finden wir, wenn wir Heilung im Bezug auf die Vergebung unserer Sünden betrachten. Wann wurden unsere Sünden vergeben? Gemäß der Heiligen Schrift wurden diese bereits vergeben, als Jesus starb, lange bevor wir es in Anspruch genommen haben. Unsere Gebete dienen nur dazu, das zu erhalten, was in der geistlichen Welt bereits vollbracht wurde, und es in die Realität unserer sichtbaren Welt zu bringen. So ist es auch mit Heilung.

Jesus hat unsere Heilung bereits vollbracht. Dieselbe Kraft, die ihn von den Toten auferweckte, steckt auch in jedem Gläubigen (Eph 1,19-20). Es ist bereits vollbracht. Alles was wir tun müssen ist, das zu glauben, was bereits in unserem wiedergeborenen Geist vorhanden ist, und eine feste Zuversicht zu haben, dass diese Dinge auch sichtbare Realität werden (Hebr 11,1). Es ist auf jeden Fall einfacher, etwas freizusetzen, was wir bereits haben, als etwas zu bekommen, was wir nicht haben. Und Heilung haben wir bereits erhalten.

Fange an, deine Heilung freizusetzen, indem du bekennst, was du im Glauben bereits hast und dann gemäß deinem Glauben handelst, anstatt deinen Glauben darauf zu verwenden, dass du Gott bittest, er möge dich heilen. Er hat es bereits vollbracht.

Glauben kann man sehen

Matthäus 9,1-8

Und siehe, da brachten sie einen Gelähmten zu ihm, der auf einer Liegematte lag. Und als Jesus ihren Glauben sah, sprach er zu dem Gelähmten: Sei getrost, mein Sohn, deine Sünden sind dir vergeben!
Matthäus 9,2

Wie sieht Glaube aus? Glaube ist wie der Wind. Du kannst den Wind nicht sehen, aber sehr wohl seine Auswirkungen beobachten. Du kannst zum Beispiel wahrnehmen, wie Dinge vom Wind umhergeweht werden. Genauso kannst du zwar Glauben nicht sehen, aber durch die Taten einer Person durchaus beurteilen, ob sie sich im Glauben bewegt.

Wenn es heißt, dass Jesus den Glauben dieser Männer sah, ist damit gemeint, dass er sah, was sie taten: Sie kletterten auf das Dach, deckten es ab und ließen ihren kranken Freund direkt vor Jesus hinunter, inmitten einer ihnen nicht wohlgesonnenen Menschenmenge. Sie konnten fest damit rechnen, von den religiösen Leitern kritisiert zu werden, und würden ganz sicher einige Probleme mit dem Besitzer des Hauses bekommen, dessen Dach sie gerade abgedeckt hatten! Sie müssen geglaubt haben, dass das, was sie empfangen würden, seinen Preis wert war. Sie glaubten daran, dass ihr Freund geheilt werden würde.

Diese Männer hätten auch glauben können, dass Jesus ihren Freund heilen würde, ohne jedoch irgendetwas zu unternehmen. Wenn sie nicht ihrem Glauben gemäß gehandelt hätten, hätte es ihrem Freund nichts gebracht. Ohne Taten hätte ihr Glaube nichts bewirkt. Taten sind ein lebenswichtiger Teil des Glaubens. Glaube ohne dementsprechende Taten ist überhaupt kein Glaube (Jak 2,17).

Welche Tat wäre heute in deiner Situation ein Kennzeichen wahren biblischen Glaubens? Handelst du auch dementsprechend? Wenn nicht, warum nicht? Liegt es daran, dass du noch keinen wahren biblischen Glauben hast? Entscheide dich heute in deinem Herzen, in echtem Vertrauen und echter Zuversicht Gott gegenüber zu leben. Dann wirst du sehen, wie sich auch deine Taten verändern werden.

Ist dein Herz krank?

Sprüche 13,12

Hingehaltene Hoffnung macht das Herz krank; ein erfüllter Wunsch aber ist ein Baum des Lebens.
Sprüche 13,12

Als ich in der sechsten Klasse war, nahm ich an einem Rechtschreibwettbewerb teil. Ich war entschlossen zu gewinnen und lernte deshalb wochenlang fleißig dafür. Ich kannte jedes Wort in meinem Buch auswendig. Als der Tag des Wettbewerbs kam, war ich bereit. Ich sagte jedem, auch meinen Lehrern, dass ich gewinnen würde. Deshalb wurde ich als Erster drangenommen, und das vorgegebene Wort lautete „Rhein“. Zuversichtlich buchstabierte ich r – h – e – i – n. Das war zwar richtig, aber ich hatte vergessen, das „r“ großzuschreiben, und schied deshalb als Erster aus dem Wettbewerb aus.

Ich fühlte mich gedemütigt und enttäuscht, weil ich jedes einzelne Wort, das vorgegeben wurde, kannte, und den Wettbewerb mit Leichtigkeit hätte gewinnen können – wenn ich nur das „r“ großgeschrieben hätte. Mein Herz war krank. Ich verlor alle Lust, gut in Rechtschreibung zu werden. Tatsächlich schwor ich mit dem Dickkopf eines Sechstklässlers, nie wieder Rechtschreibung zu üben. Das war keine gute Idee! Meine Rechtschreibung war seitdem katastrophal schlecht. Sehr viel später erst setzte ich mich mit dieser Phase meines Lebens auseinander und fing wieder an, mich mit Rechtschreibung zu befassen. Ich brauchte 30 Jahre, um den Schmerz, die Bitterkeit und den Zorn dieses Tages zu überwinden.

Ist dein Herz krank wegen einer Enttäuschung, die du erlebt hast? Vielleicht ist dein Schmerz tiefgreifender als meiner, aber das Ergebnis ist dasselbe. Vielleicht hast du alle Hoffnung verloren und die Sache längst aufgegeben, aber lass nicht zu, dass dich das auch nur einen Tag länger quält. Bring die Angelegenheit vor Gott und lass dir von ihm neue Hoffnung und eine neue Freude geben. Ein Leben ohne Hoffnung und Freude kommt nicht von Gott.

Krankheit kommt nicht von Gott

Johannes 9,1-4

Und seine Jünger fragten ihn und sprachen: Rabbi, wer hat gesündigt, so dass dieser blind geboren ist, er oder seine Eltern?
Johannes 9,2

Die Jünger stellten hier eine Frage, die auch heute noch viele Menschen beschäftigt. Warum werden Kinder mit Behinderungen geboren? Ist das Gottes Strafe für irgendeine Sünde der Eltern oder straft Gott vielleicht das Kind wegen der Sünden, die es noch begehen wird? Jesus hatte zuvor einen Zusammenhang zwischen Krankheit und Sünde hergestellt; in diesem Fall jedoch erklärte er, dass die Blindheit nicht durch eine Sünde des Mannes oder seiner Eltern entstanden war.

Das hat viele dazu verleitet, den Rest des Verses folgendermaßen zu interpretieren: Gott hat den Mann blind gemacht, nur damit er ihn dann heilen und dadurch verherrlicht werden kann. Daraus entstanden verschiedene Lehrmeinungen, die behaupten, dass Krankheiten und andere Probleme eigentlich Segnungen von Gott sind, die dazu dienen, Gott zu verherrlichen und uns zu ermahnen. Diese Argumentation steht jedoch nicht im Einklang mit den anderen Wahrheiten in Gottes Wort.

Es war nicht Gott, der diesen Bettler blind gemacht hat. Der Mann wurde auch nicht wegen der Sünden irgendeines Menschen blind geboren, sondern deshalb, weil Sünde im Allgemeinen das natürliche, vollkommene Gleichgewicht von Gottes Welt verletzt hat. Das bedeutet, dass Krankheiten nicht das direkte Resultat der Sünde eines einzelnen Menschen, sondern indirekt die Folge von Sünde im Allgemeinen sind.

In 5. Mose 28 wird die Frage, ob Krankheit, Armut und Unterdrückung tatsächlich getarnte Segnungen sind, ein für alle Mal geklärt. Gott sagt, dass Krankheit und Armut Flüche sind – keine Segnungen von ihm! Christus hat uns von diesen Flüchen des Gesetzes erlöst, sodass wir nun durch ihn Segnungen empfangen können (Gal 3,13).

Der Fluch aller Sünde und Krankheit wurde von Jesus getragen und als du ihn als deinen Herrn und Retter angenommen hast, wurden alle Flüche aus deinem Leben entfernt. Heute bist du durch das Sühneopfer des Blutes Jesu mit Heilung und Gesundheit gesegnet!

Entscheidend ist, wen du kennst

Johannes 9,28-30

Da antwortete der Mensch und sprach zu ihnen: Das ist doch verwunderlich, dass ihr nicht wisst, woher er ist, und er hat doch meine Augen geöffnet.
Johannes 9,30

Die Taten eines Menschen sind die „Feuerprobe", um zu beweisen, ob er von Gott beauftragt ist oder nicht. Jesu Taten waren so übernatürlich und so hundertprozentig im Einklang mit Gottes Wort, dass damit eigentlich alle Bedenken, ob er wirklich von Gott gesandt worden ist, überflüssig geworden sind. Bei dieser Begebenheit, wie auch in Markus 7,13, hatten die Pharisäer und manche Gesetzeslehrer jedoch ihre eigenen Traditionen über Gottes Wort gestellt und dadurch Gottes Wort in ihrem Leben wirkungslos gemacht. Heute handeln Theologen manchmal genauso und sind dann die Letzten, die bereit sind, eine Bewegung, die Gott ins Leben ruft, anzuerkennen, wenn diese ihre überlieferten Lehrmeinungen infrage stellt. Das einfache Volk jedoch *hörte ihm mit Freuden zu* (Mk 12,37).

In geistlichen Dingen ist es möglich, so viel theologisches Wissen anzuhäufen, dass es mehr Schaden anrichtet als Gutes hervorbringt. Es ist durchaus möglich, eine theologische Debatte zu gewinnen und doch den Kampf um das Herz einer Person zu verlieren, *denn die Erkenntnis bläht auf, die Liebe aber erbaut* (1 Kor 8,1). Argumentationen über theologische Ansichten lenken oft von viel wichtigeren Dingen ab. Es gibt zwar keinen Lohn für Unwissenheit, aber Liebe ist dennoch dem Wissen haushoch überlegen. *... die größte aber von diesen ist die Liebe* (1 Kor 13,13).

Lass dich heute von deinem Wissensdurst nicht von einer persönlichen Beziehung mit Gott ablenken. Was du weißt, ist viel weniger wichtig, als *wen du kennst*, insbesondere wenn es um Gott geht! Das wichtigste Ziel in deinem Leben muss es sein, Gott zu lieben und eine enge, persönliche Beziehung zu ihm zu haben.

Über diese Pharisäer

Johannes 9,34

Sie antworteten und sprachen zu ihm: Du bist ganz in Sünden geboren und willst uns lehren? Und sie stießen ihn hinaus.
Johannes 9,34

Die Pharisäer hatten ein großes Problem mit ihrem Stolz, was diese Aussage bestätigt. Sie waren durch ihre Arroganz so verblendet, dass sie es nicht für möglich hielten, dass jemand, der nicht auf ihre Schule gegangen ist, sie irgendetwas lehren könne.

Der Name *Pharisäer* stammt von einem hebräischen Wort, das *sich absondern* bedeutet. Diese Sekte wurde so bezeichnet wegen ihrer extremen Unterwerfung unter das Gesetz des Mose und der Verpflichtung, sich von den Ungläubigen abzusondern. Strenggläubige Juden gründeten diese Sekte, als sie aus der babylonischen Gefangenschaft nach Jerusalem zurückkamen und überall die heidnischen Gewohnheiten und Einflüsse der Babylonier sahen. Nicht nur ihre Religion, sondern auch ihre Identität als Nation war gefährdet gewesen.

Die Pharisäer waren sowohl Patrioten als auch religiöse Eiferer, die anfangs eine wichtige Funktion in der ums Überleben kämpfenden jüdischen Nation übernahmen. Über die Jahrhunderte schrieben die Pharisäer ihre eigene Interpretation des Gesetzes, eine Interpretation, die sie für von Gott inspiriert und dem Gesetz Mose gegenüber als gleichwertig betrachteten. Zur Zeit von Jesus war diese Gruppe durch Heuchelei und Selbstgerechtigkeit gekennzeichnet. Alle zusammen verfolgten sie Jesus und seine Nachfolger und wurden vom Herrn aufs Schärfste zurechtgewiesen.

Wie viele Leute heutzutage, wussten die Pharisäer nicht, dass man Gerechtigkeit vor Gott durch ein einfaches Empfangen von Gottes Vergebung durch Glauben erlangt. Sie versuchten ihre Errettung durch eigene Werke zu verdienen. Niemand kann Gottes Gebote halten (Röm 3,23) außer Jesus (Hebr 4,15). Um gerecht zu werden, müssen wir daher unseren Glauben auf das setzen, was er für uns getan hat.

Vergewissere dich, dass du heute all dein Vertrauen auf Jesus setzt.

Sucht Jesus nach dir?

Johannes 9,35

Jesus hörte, dass sie ihn ausgestoßen hatten, und als er ihn fand, sprach er zu ihm: Glaubst du an den Sohn Gottes?
Johannes 9,35

Es ist eine Sache, Gott zu suchen. Es ist aber eine andere Sache, wenn Gott nach dir sucht. Jesus spürte diesen Mann auf, als andere ihn verlassen hatten. Von Jesus akzeptiert zu werden, ist weit mehr wert als alles, was die Welt zu bieten hat. Das ist, was den Gläubigen in die Lage versetzt, durchzuhalten und selbst inmitten von Verfolgung vor Freude zu springen. Wenn unsere Leiden in Christus überhandnehmen, dann ist der Trost Christi in noch viel größerem Maße vorhanden. Jesus suchte nicht nach den Eltern dieses Mannes, die die Wahrheit kannten, sich aber aus Angst vor Verfolgung weigerten, diese zu bekennen (Joh 9,22). Sie wählten die Gemeinschaft mit den heuchlerischen Schriftgelehrten und Pharisäern und das ist genau das, was sie auch bekamen.

Obwohl wir erlöst und von vielen Bedrängnissen befreit sind, die aus der Sünde resultierten, sind wir trotzdem dazu berufen, an dem teilzuhaben, was die Bibel die *Leiden* oder *Bedrängnisse Christi* nennt (2 Kor 1,5; Kol 1,24). Diese Bedrängnisse sind nicht Krankheit und Armut, sondern die *Gemeinschaft der Leiden*, die wir erfahren werden, wenn wir den Willen Gottes tun und Jesus Christus gegenüber loyal sind. Die gute Nachricht ist, dass er auf eine ganz besondere Weise mit uns ist, genau wie bei diesem Mann im Johannesevangelium.

Der Apostel Paulus erinnert uns daran, dass diese Prüfungen unseres Glaubens zu Lob, Preis und Ehre führen werden bei der Wiederkunft Jesu (1 Petr 1,7). Jesu Trost, Stärke, Hilfe und Liebe sind da, um dir in jeder Prüfung, der du heute begegnest, überreichlich zur Verfügung zu stehen. Wenn du zu ihm stehst, wird er dir zur Seite stehen.

Das Leben aus Gott

Johannes 10,7-10

Der Dieb kommt nur, um zu stehlen, zu töten und zu verderben; ich bin gekommen, damit sie das Leben haben und es im Überfluss haben.
Johannes 10,10

Das griechische Wort, das mit *Leben* übersetzt wird, *Zoe,* bedeutet Leben in seiner Absolutheit, oder Leben, wie Gott es hat. Jeder, der atmet, hat Leben im Sinne von körperlicher Existenz. Aber nur diejenigen, die Jesus empfangen, können Leben so erfahren, wie Gott es vorgesehen hat. Jesus kam nicht nur, um uns von der Qual der ewigen Hölle zu erlösen, sondern um uns dieses gottgemäße *Zoe*-Leben im Überfluss zu geben. Das Leben aus Gott erwartet uns nicht erst im Himmel, sondern alle wiedergeborenen Menschen besitzen es jetzt schon in ihrem Geist.

Wir können dieses *Zoe*-Leben jetzt erleben und es genießen, indem wir unser natürliches Leben loslassen und uns ganz auf unser übernatürliches Leben in Christus konzentrieren. Wir können unser natürliches Leben loslassen, indem wir jedem Gedanken, jeder Emotion oder jeder Tat widerstehen, die nicht im Einklang mit Gottes Wort steht, das das *Zoe*-Leben ist (Joh 6,63). Wenn wir unsere Gedanken, Emotionen und Taten mit den Anweisungen aus Gottes Wort in Übereinstimmung bringen, dann wird Gottes *Zoe*-Leben in unserem Körper und auch in unserer Seele sichtbar werden.

Das Wort ist Geist und muss durch unseren Geist verstanden werden (1 Kor 2,14). Die Bibel ist einfach eine schriftliche Darstellung von Jesus, der das lebendige Wort ist. Er verkörpert alle geistliche Wahrheit. Das Wort ist von Gott eingegeben und daher absolut korrekt und zuverlässig. Trotzdem ziehen wir keinen Nutzen aus der Bibel, wenn wir nicht den Geist dieser Worte empfangen haben (Hebr 4,2).

Du kannst heute dieses überfließende Leben erfahren, das Jesus dir durch seinen Tod am Kreuz gegeben hat, indem du einfach beständig in seinem Wort bleibst. Sein Wort ist Geist und Leben für dich (Joh 6,63).

In der Gnade wachsen

Lukas 9,54-56

Er aber wandte sich um und ermahnte sie ernstlich und sprach: Wisst ihr nicht, welches Geistes [Kinder] ihr seid?
Lukas 9,55

Als ein Samariterdorf es ablehnte, Jesus aufzunehmen, fragten die Jünger: „Herr, willst du, dass wir befehlen sollen, dass Feuer vom Himmel herabfällt und sie verzehrt, so wie es auch Elia getan hat?“ (Lk 9,54). Diese Haltung war in direkter Übereinstimmung mit dem Alten Testament, aber Jesus wies seine Jünger entschieden zurecht, da es nicht in Übereinstimmung mit Gottes Gnade war, denn Jesus war gekommen, um der Menschheit diese Gnade zu bringen.

Jesus ist nicht gekommen, um das Leben von Leuten zu zerstören, sondern um sie zu retten (Joh 3,16). *Weil nämlich Gott in Christus war und die Welt mit sich selbst versöhnte, indem er ihnen ihre Sünden nicht anrechnete und das Wort der Versöhnung in uns legte* (2 Kor 5,19). Er tat dies, weil er unsere Sünden getragen hat (Jes 53,4-6) und ebenfalls den damit einhergehenden Zorn Gottes (Mt 27,46; Hebr 2,9). Er hat dadurch nicht aufgehoben, dass Gott Sünde richtet. Er hat die Sünde auf sich genommen (2 Kor 5,21). Darum war er in der Lage, die Gnade und Barmherzigkeit Gottes an Menschen weiterzugeben, die unter dem Gesetz Mose zur Strafe verurteilt gewesen wären (Apg 13,38-39).

Das alttestamentliche Gesetz war wie ein Richter, der das Urteil über Sünde spricht. Jesus wurde zu unserem Strafverteidiger. Noch mehr als das, er ist an unsere Stelle getreten und hat *unsere Sünden selbst an seinem Leib getragen auf dem Holz* (1 Petr 2,24). Er hat Gottes Urteil nicht zunichtegemacht; er hat die Strafe auf sich genommen, damit wir frei sein können. Dadurch hat sich Gottes Umgang mit sündigen Leuten für immer verändert.

Im Lichte dessen, was Jesus in dem Neuen Bund getan hat, indem er uns alle unsere Sünden vergeben hat, sollten wir uns niemals umdrehen und Gottes Zorn über anderen freisetzen, so wie es im Alten Bund gemacht wurde. Es gibt einen Unterschied zwischen alttestamentlichem Gesetz und neutestamentlicher Gnade. *Denn das Gesetz wurde durch Mose gegeben; die Gnade und die Wahrheit ist durch Jesus Christus geworden* (Joh 1,17). Wachse heute in der Gnade, vergib und bete für diejenigen, die Unrecht tun und Jesus ablehnen.

Was es kostet, für Jesus zu leben

Matthäus 8,18-22; Lukas 9,51-62

Und Jesus sprach zu ihm: Die Füchse haben Gruben, und die Vögel des Himmels haben Nester; aber der Sohn des Menschen hat nichts, wo er sein Haupt hinlegen kann.
Lukas 9,58

Dieser Vers wurde häufig dazu benutzt, um das Missverständnis zu verstärken, dass Jesus und seine Jünger in Armut lebten. Der Grund, warum Jesus nirgendwo sein Haupt hinlegen konnte, war in diesem Fall jedoch Verfolgung. Aufgrund religiöser Vorurteile verweigerten die Samariter Jesus und seinen Jüngern auf ihrer Reise nach Jerusalem die Gastfreundschaft und einen Ort zum Übernachten. Verfolgung ist ein Teil dessen, was es kostet für Jesus zu leben. Jesus versuchte dem Mann klarzumachen, dass es zu diesen Kosten gehören würde, kein Nachtquartier zu haben.

Es gibt viele Arten von Verfolgung. Wenn dein Leben bedroht wird, weil du an Jesus glaubst, ist das nur eine mögliche Art von Verfolgung. Aber es ist noch nicht einmal die schlimmste. Viel tödlicher ist es, wenn Menschen, die wir bewundern, lieben oder deren Anerkennung wir suchen, über uns lästern und uns aus ihrer Gemeinschaft ausschließen. Dies hat viel schlimmere Auswirkungen für uns, weil es unterschwellig ist und unser persönliches Empfinden betrifft.

Viele Gläubige, die den Herrn nie direkt verleugnen würden, verfallen in Selbstmitleid oder geraten in Streit, wenn jemand sie kritisiert. Das ist insbesondere dann der Fall, wenn sie zu einer Person aufsehen und diese beeindrucken wollen. Dadurch ist ihr Christsein genauso uneffektiv, als wenn jemand aus Angst um sein Leben falsch reagiert und den Herrn verleugnet.

Es ist für uns hilfreich, zu erkennen, dass nicht wir es sind, die verfolgt werden, sondern Christus in uns. Somit werden wir Teilhaber an seinem Leiden und werden als Resultat davon auch an seiner Auferstehungskraft und an seiner Belohnung teilhaben. So gesehen solltest du eigentlich vor Freude jubeln und springen, wenn du um seinetwillen abgelehnt wirst.

Gottes Liebe weitergeben

Lukas 10,1-2

Er sprach nun zu ihnen: Die Ernte ist groß, aber es sind wenige Arbeiter. Darum bittet den Herrn der Ernte, dass er Arbeiter in seine Ernte sende.
Lukas 10,2

Es wird gemeinhin angenommen, dass ein Evangelist jemand ist, der eine Leidenschaft dafür hat, Menschen zum Herrn zu führen. Aber Evangelisten sind nicht die Einzigen mit dieser Berufung. Jeder Gläubige sollte eine Leidenschaft für Seelen haben. Wenn wir das Evangelium weitergeben, dann sprechen wir nicht lediglich von einer Theorie über Gott, sondern über das, was Gott, gemäß seinem Wort, tatsächlich für die Menschheit getan hat. Das bedeutendste Zeugnis für die Wahrheit ist die körperliche Auferstehung Jesu. Unser persönliches Zeugnis, dass Jesus real ist und in uns lebt, lässt die Theorie zur Wirklichkeit werden.

Die frühen Christen erlebten Jesu Liebe auf eine ganz persönliche und lebensverändernde Weise. Dies spornte sie – mehr als jede andere Generation von Christen seither – dazu an, die damals bekannte Welt mit dem Evangelium zu erreichen. Sie hatten nicht die Vorzüge unserer modernen Technik, doch sie hatten den Vorteil, völlig von der Liebe Christi erfüllt zu sein. Wenn wir die Liebe Christi erleben, dann werden wir von der Fülle Gottes erfüllt sein (Eph 3,19), was uns zu einem Zeugnis macht, dem die Welt nicht widerstehen kann (Joh 13,35).

Heute werden bestimmte Techniken der Evangelisation oder der geistlichen Kampfführung in den Vordergrund gestellt. Wir motivieren Leute durch Schuldgefühle oder drohende Strafe zum Evangelisieren. Unser Evangelisieren ist vielfach so tot und unproduktiv geworden wie das der Sekten, die an Türen klopfen und versuchen mit ihren Argumenten, den Leuten ihre Art zu denken aufzuzwingen.

Die frühen Christen hatten einen viel größeren Einfluss auf ihre Welt, weil sie von der Liebe Gottes erfüllt und motiviert waren. Das ist es, was wir heute in unseren Kirchen brauchen! Wenn wir mit Paulus sagen können, dass die Liebe Christi uns drängt, dann werden auch wir unsere Welt für den Herrn gewinnen.

Du kannst nicht weitergeben, was du nicht besitzt. Du musst die Liebe Christi selbst persönlich erfahren haben, bevor du versuchst, sie an andere weiterzugeben.

Gottes Frieden

Lukas 10,5-6

Wo ihr aber in ein Haus hineingeht, da sprecht zuerst: Friede diesem Haus!
Lukas 10,5

Jesus sagt, dass seine Nachfolger Frieden mitbringen und Frieden zurücklassen, wo auch immer sie hingehen. Jeder Christ hat zuerst Frieden mit Gott durch Jesus Christus (Röm 5,1). Wenn wir einen Raum mit Menschen betreten, bringen wir den Frieden Gottes mit hinein, ganz gleich was vorher zwischen den Menschen vorgefallen ist. Wir bieten ihnen zumindest Frieden an durch unsere Gegenwart, unsere Worte und unsere Taten, unabhängig davon, ob sie ihn empfangen wollen oder nicht.

Frieden ist auch eine Frucht des Geistes Gottes, der ja in unserem Geist lebt und deshalb ist Frieden immer gegenwärtig in unserem Geist. Unser Verstand, unsere Gefühle und unser Körper können mitgerissen werden von der Unruhe dieser Welt, aber in unserem Innern können wir immer aus dem Frieden Gottes schöpfen. Petrus ermahnt uns, dass wir immer unsere Sorgen auf den Herrn werfen sollen (1 Petr 5,7), weil er wusste, dass Sorgen uns von einem Leben im Frieden Gottes abhalten würden. Wenn wir jedoch unsere Sorgen abgeben, dann fließt der Friede ungehindert von unserem Geist in unseren Verstand, unsere Gefühle und unseren Körper.

Viele Gläubige bitten Gott, dass er ihnen Frieden gibt, damit sie sich nicht mehr zu sorgen brauchen. Auf diese Weise funktioniert es nicht. Im Glauben werfen wir unsere Sorgen auf den Herrn, und erst danach wird der Friede in unseren Herzen und unserem ganzen Wesen freigesetzt. Christen, denen es am Frieden Gottes mangelt, haben ihre Sorgen noch nicht beim Herrn abgegeben.

Menschlicher Friede ist nur dann möglich, wenn es keine Probleme gibt. Gottes Friede jedoch ist unabhängig von Umständen. Er ist unendlich viel größer als jedes Problem, das dir heute begegnen könnte. Gott hat dir seinen übernatürlichen Frieden gegeben, damit du ihn genießen und an andere Menschen weitergeben kannst.

Der Glaube an den Namen Jesus

Lukas 10,17-18

Die Siebzig aber kehrten mit Freuden zurück und sprachen: Herr, auch die Dämonen sind uns untertan in deinem Namen!
Lukas 10,17

Die Kraft des Namens Jesu und der Glaube der Jünger an diesen Namen brachte die Dämonen dazu, sich ihnen zu unterwerfen. Diese Wahrheit wurde in Apostelgeschichte 19,13-17 demonstriert, als gewisse Juden den Namen Jesus anriefen, als sie Dämonen aus einem Mann austreiben wollten. Sie benutzten den Namen Jesus, aber es funktionierte nicht, weil sie überhaupt keinen Glauben an diesen Namen hatten.

Diese Juden waren umherziehende Exorzisten, die durch Beschwörungen versuchten, von Dämonen besessene Menschen zu befreien. Josephus, der Historiker des ersten Jahrhunderts, beschrieb einen Exorzismus, dem er als Augenzeuge in der Gegenwart von Vespasian und vielen seiner Soldaten beiwohnte. Der Exorzist folgte einem Befreiungsritual, das angeblich von König Salomon überliefert wurde. Im Verlauf der Geschichte haben Menschen versucht, dämonischen Geistern zu widerstehen. Dieses Beispiel beweist jedoch, dass nur Jesus und diejenigen, die sein ewiges Leben empfangen haben, dabei erfolgreich sind.

Diejenigen, die nicht an die Existenz von Dämonen glauben und sie als Aberglauben abtun, glauben nicht an das gesamte Wort Gottes. Allein die Evangelien enthalten über 90 Hinweise auf den Teufel oder die Teufel (Dämonen). Der Apostel Paulus sprach zu den Ephesern: *... denn unser Kampf richtet sich nicht gegen Fleisch und Blut, sondern gegen die Herrschaften, gegen die Gewalten, gegen die Weltbeherrscher der Finsternis dieser Weltzeit, gegen die geistlichen [Mächte] der Bosheit in den himmlischen [Regionen]* (Eph 6,12). Der Teufel und die Dämonen existieren zwar, aber die an Jesus Gläubigen haben Anteil an seinem vollkommenen Sieg über sie.

Der Name Jesus ist nicht magisch. Er funktioniert nicht wie eine Zauberformel. Petrus drückte es folgendermaßen aus: Sein Name, nur der Glaube an seinen Namen (vgl. Apg 3,16) ist das, was wirklich Ergebnisse bringt. Wenn du Jesus vertraust, kannst du, wann immer du einem dämonischen Geist begegnest, ihn zuversichtlich austreiben und Menschen freisetzen.

Richte dein Augenmerk auf Jesus

Lukas 10,20-25

Doch nicht darüber freut euch, dass euch die Geister untertan sind; freut euch aber lieber darüber, dass eure Namen im Himmel geschrieben sind.
Lukas 10,20

Niemand hat behauptet, dass wir einen Doktortitel in Dämonologie benötigen, aber dennoch sind manche Menschen der Ansicht, dass es notwendig ist, ihr Augenmerk in übermäßiger Weise auf Satan und auf seine Aktivitäten zu richten. Dies wird jedoch dämonische Aktivitäten geradezu fördern und ein Mittel werden, das Satan gegen sie verwenden kann. Wie Paulus schon sagte, sollten uns die Absichten Satans nicht unbekannt sein. Wir müssen wissen, dass Teufel und Dämonen existieren und ihre Aktivitäten als solche erkennen, aber dennoch sollten wir unser volles Augenmerk auf Jesus richten. Manche Menschen verbringen so viel Zeit mit geistlicher Kampfführung, dass sie mehr Zeit am Tag damit verbringen, mit dem Teufel zu reden als mit Gott. Das ist nicht richtig.

Die beste Verteidigung gegen den Teufel ist es, so auf Gott ausgerichtet zu sein, dass wir dem Satan keinen Raum geben. Menschen, die geübt darin sind, die Gegenwart Satans wahrzunehmen, sind in der Regel nicht fähig, Gottes Gegenwart zu spüren. David sagte: *Machte ich das Totenreich zu meinem Lager, siehe, so bist du auch da* (Ps 139,8). Zu jeder Zeit, wenn Satans Bedrückung spürbar ist, ist Gott ebenso gegenwärtig (Hebr 13,5). Es ist lediglich eine Frage, auf wen wir uns konzentrieren. Es ist ein Trick des Teufels, wenn es ihm gelingt, unsere ganze Aufmerksamkeit auf sich zu lenken.

Deine Fähigkeit, ein christliches Leben zu führen, ist in Jesus Christus begründet. Es ist nicht deine Fähigkeit, sondern deine Verfügbarkeit, die zählt. Paulus sagte: *Denn wenn ich schwach bin, bin ich stark* (2 Kor 12,10). Er wollte damit ausdrücken, dass erst dann, als er sich seiner Unfähigkeit bewusst wurde und sich völlig auf Gottes Fähigkeiten verließ, der Zeitpunkt gekommen war, an dem ihn die Kraft Gottes durchströmte. Heute vermagst du alle Dinge zu tun durch den, der dich stark macht, Jesus Christus (Phil 4,13), wenn du deine Augen auf ihn gerichtet hältst.

Aus Gnade durch den Glauben

Lukas 10,25-29

Er aber sprach zu ihm: Du hast recht geantwortet; tu das, so wirst du leben. Er aber wollte sich selbst rechtfertigen und sprach zu Jesus: Wer ist denn mein Nächster?
Lukas 10,28-29

Stolz bringt viele Menschen dazu, sich gegen die Wahrheit zu sträuben, dass wir unsere Rechtfertigung durch den Glauben an Gottes Gnade erhalten. Dieser Schriftgelehrte liebte nur sich selbst und die öffentliche Anerkennung, die er aufgrund seiner heiligen Taten erhielt. Er war nicht gewillt, Gott zuerst zu lieben und andere Menschen über sich selbst zu stellen. Seine Frage war ein Versuch, sich der Verantwortung für seine Selbstbezogenheit zu entziehen. Er versuchte, durch seine Taten aus Gottes Sicht gerechtfertigt zu werden. Er wusste, dass er niemanden so liebte wie sich selbst, deshalb versuchte er die Schrift (3 Mose 19,18) so auszulegen, dass sie sich eher auf seine Taten beziehen würde und nicht auf sein Herz. Er wollte den Begriff *Nächster* als *gute Freunde* definieren, also Menschen, die er gut behandelt hatte. Selbstgerechtigkeit führt immer wieder zu Entschuldigungen, während Buße und Glauben an Gott dagegen Hingabe und Gehorsam hervorbringen.

Die Basis für unsere Rettung ist Gnade. Damit ist Gottes unverdiente Gunst uns gegenüber gemeint, die ihren Ausdruck in dem Erlösungswerk von Jesus Christus findet. Die Art und Weise, wie Gott uns rettet, ist jedoch durch Glauben. Durch den Glauben nehmen wir sein kostenloses Geschenk der Erlösung an, das durch seine Gnade erbracht wurde. Wir sind gerettet *aus Gnade ... durch den Glauben* (Eph 2,8), nicht durch die Gnade allein. Der Glaube gibt uns den Zugang zu Gottes Gnade. Ohne Glauben ist Gottes Gnade verschwendet und ohne Gnade ist Glauben kraftlos. Der Glaube an Gottes Gnade muss freigesetzt werden, damit wir empfangen können, was Gott uns durch Jesus Christus zur Verfügung gestellt hat.

Natrium und Chlor sind für sich allein giftig und Gnade oder Glauben sind ebenfalls tödlich, wenn man nur das eine ohne das andere anwendet. Aber wenn man Natrium und Chlor mischt, bekommt man Salz, das wir zum Leben brauchen. Genauso ist es, wenn wir Glauben an das haben, was Gott schon längst durch seine Gnade bereitgestellt hat: Darin liegt der Schlüssel zu einem siegreichen christlichen Leben.

Wer ist dein Nächster?

Lukas 10,29-37

Er aber wollte sich selbst rechtfertigen und sprach zu Jesus:
Und wer ist mein Nächster?
Lukas 10,29

Diese Frage, *Wer ist mein Nächster?,* kann von Satan gebraucht werden, um uns in mehrfacher Hinsicht zu täuschen. Nicht nur kann er uns täuschen, indem er uns meinen lässt, dass wir unseren Nächsten wirklich so lieben wie uns selbst, obwohl wir es nicht tun. Er kann auch versuchen, uns dadurch in Verdammnis zu führen, indem er uns denken lässt, dass wir nicht genug tun, um unsere Nächsten zu lieben und ihnen die Gute Botschaft von Jesus Christus mitzuteilen.

Wir können nicht den Nöten jeder einzelnen Person in der Welt begegnen. Jesus hat uns das so weder gelehrt noch vorgelebt. Der verwundete Mann im Gleichnis vom barmherzigen Samariter lag mitten auf dem Weg, als drei Männer vorbeikamen. Der Priester und der Levit mussten ihm ausweichen. Jesus lehrt uns auf einfache Weise, dass wir die Gelegenheiten nutzen sollten, die sich uns bieten. Nur weil wir nicht jedem helfen können, sollte dies für uns keine Entschuldigung sein, niemandem zu helfen.

In diesem Gleichnis definiert Jesus, dass der *Nächste* jeder Mensch sein kann, der uns über den Weg läuft und unsere Hilfe benötigt. Der Samariter tat alles, was ihm möglich war, um dem Mann zu helfen, dagegen taten der Priester und der Levit gar nichts. Vor dem Hintergrund, dass Juden und Samariter sich wegen ihrer unterschiedlichen Herkunft und Religion hassten, war die Gegenüberstellung des Priesters und Leviten auf der einen Seite, wie sie den Verletzten ignorierten, und dem Samariter auf der anderen Seite, der dem Mann schließlich half, eine interessante Variante, die Jesus gebrauchte. Jesus machte deutlich, dass wir unseren *Nächsten* nicht nach geografischer Herkunft definieren können und es auch unbedeutend ist, ob und wie gut wir ihn kennen.

Nach Jesu Definition ist dein Nächster jeder, den Gott dir über den Weg schickt. Mach dir das heute bewusst, dann wirst du die Menschen, die dir begegnen, in einem völlig neuen Licht betrachten.

Jesu Worte an dich

Lukas 10,38-42

Martha aber machte sich viel zu schaffen mit der Bedienung. Und sie trat herzu und sprach: Herr, kümmerst du dich nicht darum, dass mich meine Schwester allein dienen lässt? Sage ihr doch, dass sie mir hilft!
Lukas 10,40

Es gibt nur drei Stellen in der Schrift, die uns Informationen über Martha liefern. Aus diesen Berichten wissen wir, dass Martha einen Bruder namens Lazarus hatte, den Jesus vom Tod auferweckte, und eine Schwester namens Maria. Martha hatte bei dieser Begebenheit in Lukas 10 ihre Prioritäten falsch gesetzt und wurde von Jesus korrigiert. Später, bei einem Abendessen für Jesus im Haus von Simon dem Aussätzigen, diente Martha wieder am Tisch, während ihre Schwester Maria Jesus anbetete, als sie mit kostbarem Parfüm seine Füße salbte.

Martha war ebenfalls die Erste, die Jesus entgegenlief, als er zu ihrem Haus kam, nachdem Lazarus gestorben war. Zu diesem Zeitpunkt sagte Martha, sie wisse, dass Jesus Lazarus' Sterben hätte verhindern können und ihn sogar vom Tod auferstehen lassen könne. Sie gab ein Bekenntnis des Glaubens an Jesu Göttlichkeit ab, das nicht weniger stark war wie das von Petrus, welches einen Segen von Jesus erhielt.

Martha hatte nichts Falsches getan, indem sie Jesus und seine Jünger bediente. Andere Frauen dienten Jesus in dieser Weise, ohne dass er sie korrigiert hätte. Dienen ist eine gute Sache, aber Martha hatte es an die falsche Stelle gesetzt. Ihr Problem waren die Prioritäten, nicht was sie tat. Es war eine große Ehre, dass Jesus bei ihnen zu Besuch war und dass sie hören konnten, wie er ganz persönlich zu ihnen sprach. Martha hätte seinen Worten dieselbe Priorität geben sollen, wie es Maria getan hat.

So wie Martha könntest du beschäftigt sein mit Dingen, die dich davon abhalten, Jesu Worte im Lauf deines Tages zu hören. Es ist einfach, die offensichtlichen Sünden zu erkennen und ihnen aus dem Weg zu gehen, aber auch die guten Dinge, mit denen du dich beschäftigst, müssen nach Priorität sortiert werden, sodass nichts anderes wichtiger wird wie das Hören von Jesu Worten, die er für dich hat.

Lass kein Vakuum in dir sein

2. Korinther 4,7-18

Darum lassen wir uns nicht entmutigen; sondern wenn auch unser äußerer Mensch zugrunde geht, so wird doch der innere Tag für Tag erneuert.
2. Korinther 4,16

Ich erinnere mich, dass mein Lehrer in der sechsten Klasse eine Metalldose erhitzte. Als sie sehr heiß war, verschloss er sie fest und luftdicht und stellte die Dose auf sein Pult. Die ganze Klasse beobachtete, wie es nun zu knacken und zu krachen begann. Dann, direkt vor unseren Augen, wurde die Dose eingedrückt, ohne dass jemand sie berührt hatte!

Heiße Luft benötigt mehr Raum als kalte Luft. Als die Luft in der Dose heiß war, hatte sie den gleichen atmosphärischen Druck. Als sie dann in der verschlossenen Dose abkühlte, verdichtete sich die Luft wieder und ließ ein teilweises Vakuum entstehen. In dem Moment konnte der normale atmosphärische Druck die Dose eindrücken. Was für eine fantastische Veranschaulichung für das tägliche Leben. Wir alle sind mit Druck von außen konfrontiert. Wenn unser Leben mit der Gegenwart Gottes gefüllt ist, stellt dieser Druck kein Problem dar. Nur wenn wir ein teilweises Vakuum in unseren Herzen haben, kann diese tägliche Belastung uns zerdrücken. Diejenigen, die das tägliche Leben zu erdrücken scheint, sind abgekühlt in ihrer Beziehung zu Gott.

Das Leben ist nicht schlechter oder stressiger geworden in unserer modernen Zeit, wie manche behaupten. Das Leben war immer hart. Denk mal an die Menschen, die im Zweiten Weltkrieg gekämpft haben. Was ist mit denjenigen, deren Familien noch vor ein paar Generationen Sklaven in den USA waren? Wie erging es den Menschen in der großen Wirtschaftskrise? Den meisten von uns sind Bedrängnisse, wie sie diese Menschen erlebt haben, unbekannt. Und doch scheint es, als ob es heute mehr Depressionen, Selbstmord und seelischen Kummer gibt als früher.

Der Unterschied ist nicht der Druck von außen, sondern das Vakuum in uns. Steh heute nicht aus deinem Bett auf, ohne leidenschaftlich voller Liebe, Glauben und Hoffnung an Gott zu sein. Sorge dafür, dass kein Vakuum für Gott in deinem Herzen ist, dann wird keine Bedrückung, der du begegnest, ein Problem für dich sein.

Wie siehst du dich?

Richter 6,11-24

Da erschien ihm der Engel des Herrn und sprach zu ihm: Der Herr ist mit dir, du tapferer Held!
Richter 6,12

Gideon war ein Mann, den Gott mächtig gebraucht hat. Mit nur 300 Männern besiegte er eine Armee von mehr als einer Million Soldaten. Es war einer der größten militärischen Siege aller Zeiten. Doch begonnen hatte Gideon ohne jegliches Selbstvertrauen.

Der Engel des Herrn begrüßte ihn mit: „Der Herr ist mit dir, du tapferer Held!“ Doch Gideon entgegnete: „Warum kann ich das dann nicht sehen?“ Er sah sich selbst keinesfalls als mächtigen Helden. Aus Angst, die Midianiter könnten seine magere Ernte stehlen, drosch er seinen Weizen im Verborgenen. Gideon sah sich selbst nicht so, wie Gott ihn sah.

Nach dem Besuch des Engels war Gideon so verunsichert, dass er Gott mehrmals hintereinander auf die Probe stellte, um sich selbst davon zu überzeugen, dass Gott wirklich mit ihm war, und dass er zu seinem Wort stehen würde. Die Wahrheit ist, dass Gideon in dem Moment zu einem Helden wurde, als Gott es über ihm aussprach. Er brauchte nur eine Weile, um dies zu erkennen. Gott wusste, wer Gideon wirklich war, bevor dieser es selbst erkannte.

Genauso kennt Gott auch uns und unsere Fähigkeiten, schließlich hat er uns ja geschaffen. Dabei geht es nicht nur um unsere persönlichen Gaben und Talente. Wir haben die Verheißung, die gleichen Werke wie Jesus tun zu können. Jeder Einzelne von uns hat ein unbegrenztes Potenzial in Christus. Leider spielt es keine Rolle, wie groß unser Potenzial ist, solange wir nicht daran glauben, dass wir das sind, was Gott über uns sagt. Wie wir selbst über uns denken ist der entscheidende Faktor.

Bist du davon überzeugt, dass du so bist, wie Gott dich in seinem Wort beschreibt? Wenn nicht, so kannst du davon überzeugt werden, indem du Gottes Wort liest, studierst und darüber nachsinnst, bis du dich selbst so siehst, wie Gott dich definiert. Wenn du weißt, dass das, was Gott über dich sagt, die Wahrheit ist, dann wirst auch du mächtig von Gott gebraucht werden.

Versuche nicht, den Altar zu umgehen

Richter 6,25-32

Und baue dem Herrn, deinem Gott, oben auf dem Gipfel dieser Bergfeste durch Aufschichtung einen Altar; und nimm den zweiten Stier und opfere ein Brandopfer mit dem Holz des Aschera-Standbildes, das du umhauen wirst!
Richter 6,26

An demselben Tag, an dem der Herr Gideon erschien, gab er ihm die Anweisung, den Altar seines Vaters umzuhauen und dem Herrn an der Stelle einen neuen Altar zu bauen. Viele übergehen diese Stelle einfach und gehen gleich weiter zu Gideons großem Sieg über die Midianiter, aber die Wiedererrichtung des Altars für den Herrn ist dennoch ein sehr wichtiges Detail.

Der Altar ist ein Ort der Anbetung. Gideons Tat symbolisierte eine Abkehr von allen anderen Formen der Anbetung und eine alleinige Hingabe an Gott. Das war keine Kleinigkeit! Die Dorfbewohner hätten Gideon dafür getötet, deshalb errichtete er den Altar bei Nacht. Er war sich des Risikos, das er einging, bewusst und sein Handeln zeugte von vollkommener Hingabe an den Herrn. Gideon war bereit, Gott sogar bis in den Tod zu folgen.

Unser Glaube und unsere Siege kommen aus unserer Beziehung zum Herrn. Die Unfähigkeit, eine enge Beziehung zu ihm aufrechtzuerhalten, ist der Hauptgrund für Niederlagen im Kampf. Bevor Gott Gideon wirklich gebrauchen konnte, musste dieser sich ihm erst ganz hingeben und seinen Fokus auf Gott richten.

Man beachte, dass Gott Gideon den Altar nicht vor seiner Berufung umhauen ließ. Gottes Gaben und Berufungen erhalten wir ganz unabhängig von unseren Leistungen. Der Herr hat noch nie jemanden berufen, weil er dessen würdig war. Wenn dann aber der Ruf kommt, werden wir ohne eine enge Beziehung zu unserem himmlischen Vater niemals Erfolg haben.

Versuchst du vielleicht, den Altar zu umgehen und dich gleich in die Schlacht zu stürzen? So funktioniert das bei Gott nicht. Leg alles zur Seite, was dich an deiner Hingabe für den Herrn hindert, und erst dann wirst du bereit sein, den Herausforderungen deines Tages entgegenzutreten.

Hast du zu viel?

Richter 6,33–7,8

Der Herr aber sprach zu Gideon: Das Volk, das bei dir ist, ist zu zahlreich, als dass ich Midian in seine Hand geben könnte. Israel könnte sich sonst gegen mich rühmen und sagen: Meine [eigene] Hand hat mich gerettet!
Richter 7,2

Gideon hatte mit Unglauben zu kämpfen gehabt. Deshalb hatte er den Herrn um ein Zeichen gebeten, indem er ein Wollvlies auslegte. Und jetzt sagte ihm der Herr auch noch, er habe zu viele Soldaten in seiner Armee. Obwohl die Feinde ihnen zahlenmäßig bereits weit überlegen waren, gab der Herr ihm die Anweisung, seine Reihen noch mehr zu lichten. Also befahl Gideon allen, die sich fürchteten, die Truppe zu verlassen. 22 000 Mann machten sich auf den Heimweg! 10 000 blieben übrig, aber der Herr sagte, es seien immer noch zu viele. Er ließ Gideon die Männer auswählen nach der Art und Weise, wie sie Wasser aus einem Bach tranken. So wählte Gideon die 300 aus, die sich auf ein Knie stützten und das Wasser mit der hohlen Hand zum Mund führten.

Warum ließ Gott Gideon die Armee, die sowieso schon zu klein war, weiter reduzieren? Er wollte die Möglichkeit ausschließen, dass jemand anderes die Anerkennung für den Sieg bekam. Mit so wenigen Männern würde niemand daran zweifeln, dass ein Sieg allein einem Wunder Gottes zuzuschreiben wäre. Er brachte sie ganz bewusst in eine auswegslose Situation, damit sein Volk erkennen würde, wie mächtig er war.

Der Herr brachte die Midianiter weder gegen sein Volk auf noch führte er selbst das Problem herbei. Als das Problem aber entstand, führte er Gideon ganz bewusst so, dass allein Gottes übernatürliche Macht ihn retten konnte. Für dich möchte er heute dasselbe tun. Er wird dir vielleicht zeigen, Dinge zu tun, die dein natürlicher Verstand für verrückt halten würde, einfach damit er sich dir in wunderwirkender Weise offenbaren kann. Oftmals verschmäht er das, was wir einen gesunden Menschenverstand nennen, damit wir sicher wissen, dass unsere Hilfe von ihm allein kommt.

Vergiss es nicht!

Psalm 103,1-22

Lobe den Herrn, meine Seele, und vergiss nicht, was er dir Gutes getan hat!
Psalm 103,2

Im Mai des Jahres 1991 saß ich, kurz bevor ich predigen sollte, auf der Bühne einer Gemeinde und lauschte dem letzten Lied: *Wie groß ist der Herr*. Auf einmal fühlte ich mich zurückversetzt in den Mai des Jahres 1961, als ich zwölf Jahre alt war und mein Vater beerdigt wurde. Die Kapelle war damals brechend voll mit über 500 Leuten, die dieses Kirchenlied, das Lieblingslied meines Vaters, sangen. Ich erinnere mich sehr deutlich daran, was ich in dem Augenblick dachte. Ich war nicht in Tränen aufgelöst, weil ich noch gar nicht begriffen hatte, was wirklich geschehen war. Aber ich wusste, dass etwas passiert war, was mein Leben für immer verändern würde.

Der Prediger sprach damals von Sieg und Hoffnung, was das krasse Gegenteil von dem zu sein schien, was geschehen war. Auch das Lied passte irgendwie nicht so richtig, berührte aber dennoch mein Herz. Ich fühlte Glauben in mir aufsteigen, also betete ich zum Herrn: „Wenn du wirklich so groß bist, dann beschütze mich und leite mich den Rest meines Lebens."

Ich hatte seit 30 Jahren nicht mehr an dieses Gebet gedacht, aber dieses Lied brachte es mir in einem Augenblick in die Erinnerung zurück. Ich war überwältigt von der Treue, mit der der Herr das einfache Gebet eines zwölfjährigen Jungen erhört hatte. Er hat weit über die Maßen mehr getan, als ich bitten oder verstehen konnte! Mich an seine Treue zu erinnern ist immer ein wesentlicher Bestandteil meines Glaubens gewesen. Gute Erinnerungen rütteln mich wach (2 Petr 1,13). Der Herr hat uns geboten, nicht zu vergessen, weil er weiß, dass genau das passiert, wenn wir uns nicht ganz bewusst darum bemühen, uns zu erinnern.

Wir haben alle schon Gebete gesprochen – egal ob laut oder in Gedanken –, die wir wieder vergessen haben, aber Gott erinnert sich. Erst die Ewigkeit wird uns das Ausmaß seiner Treue offenbaren, aber in der Zwischenzeit kannst du dich selbst darum bemühen, dich an seine dir erwiesene Güte zu erinnern. Erlaube, dass der Heilige Geist dich heute wieder an Situationen erinnert, in denen dir Gott seine Treue gezeigt hat, und sei dabei genauso gesegnet wie ich damals.

Die Kraft des Gebets

Lukas 11,1-4

Und es begab sich, dass er an einem Ort im Gebet war; und als er aufhörte, sprach einer seiner Jünger zu ihm: Herr, lehre uns beten, wie auch Johannes seine Jünger lehrte!
Lukas 11,1

Wenn man bedenkt, dass Jesus der größte Prediger und Wundertäter war, der jemals auf dieser Erde lebte, dann erstaunt es umso mehr, dass seine Jünger ihn baten, sie das Beten zu lehren. Warum baten sie ihn nicht darum, ihnen beizubringen, wie man Wunder tut oder wie man so predigt, dass die Menschen über diese Lehre erstaunt sind? Sie wussten, dass hinter seinem Gebetsleben mehr Kraft steckte, als hinter seinen Wundern oder seiner Lehre. Es war in der Tat diese Einheit mit dem Vater, die ihm die Kraft gab, Wunder zu tun, und die Autorität verlieh, so zu sprechen, wie es vor ihm kein Mensch getan hatte.

Jesus sagte ihnen immer wieder, dass es sein Vater ist, der die Wunder durch ihn tut und dass es sich nicht um seine, sondern um die Lehre seines Vaters handelt. Genau dasselbe ist heute wahr. In Johannes 15,5 sagt Jesus, dass wir *getrennt von ihm nichts tun können!* Es gibt viele Dinge, die wir zusätzlich zum Gebet tun sollten, aber es gibt nichts, was wir ohne Gebet effektiv tun können, denn Gebet ist das, was wir am meisten benötigen, um in Gott *zu bleiben* (Joh 15,7).

Als die Jünger Jesus baten, ihnen das Beten beizubringen, lehrte er sie, was wir das *Vaterunser* nennen. Auch wenn jeder Gläubige dieses Gebet wörtlich betet, hat Jesus uns doch eigentlich einen Leitfaden dafür geben wollen, wie wir zu unserem Vater kommen und welche Themen wir mit ihm besprechen können. Er möchte nicht von uns allen das gleiche, auswendig gelernte Gebet hören. Er will das hören, was unsere Herzen und Gedanken bewegt, weil er sich nach einer Beziehung zu uns sehnt, durch die er uns auf jede Art und Weise helfen und segnen kann.

Du kannst heute beten und Antworten von deinem Vater erwarten. Er möchte bereitwillig deine Gebete erhören. Woher wissen wir das? Jesus hat es gesagt! Deine Gebete sind der Schlüssel für ein christliches Leben in Autorität.

Sei erfüllt

Lukas 11,11-13

Wenn nun ihr, die ihr böse seid, euren Kindern gute Gaben zu geben versteht, wieviel mehr wird der Vater im Himmel [den] Heiligen Geist denen geben, die ihn bitten!
Lukas 11,13

Der Heilige Geist ist eine Gabe (Apg 2,38) und es ist einfach Gottes Wille, dass du ihn hast. Du kannst dir nicht die Gabe des Heiligen Geistes durch gute Werke verdienen, sondern musst darum bitten. Ich spreche von der Taufe im Heiligen Geist, die auf die Wiedergeburt folgt.

Der Heilige Geist wohnt in unserem Geist und wenn er einmal gekommen ist, wird er uns nicht mehr verlassen (Joh 14,16). Wir werden zunächst erfüllt, wenn der Heilige Geist zum ersten Mal auf uns kommt. Allerdings ist das Ausmaß, indem er unsere Seele und unseren Körper lenkt und leitet, direkt davon abhängig, wie sehr wir unseren Sinn gemäß seinem Willen erneuern (Röm 12,2). Das bedeutet, dass wir mehr oder weniger mit dem Heiligen Geist erfüllt sein können, obwohl die Gegenwart und Kraft des Heiligen Geistes in unserem Geist nicht kommt und geht. Auch nachdem wir die Taufe im Heiligen Geist empfangen haben, gibt es Zeiten in denen unsere Seele und unser Körper sich von der Führung des Heiligen Geistes abwenden und wir erneut mit dem Heiligen Geist erfüllt werden müssen.

In Epheser 5,18 wird uns Gläubigen aufgetragen: *Und berauscht euch nicht mit Wein, ... sondern werdet voll Geistes.* „Werdet voll Geistes" steht in der Gegenwart, es ist also ein ständiger Befehl an den Gläubigen. Im Buch der Apostelgeschichte wurden dieselben Leute, die schon an Pfingsten mit dem Heiligen Geist erfüllt waren, danach wieder erfüllt. Die meisten Menschen werden nicht von nur einem Glas betrunken. Ganz genauso ist das Erfülltsein mit dem Heiligen Geist keine einmalige Erfahrung. Es gibt eine erstmalige Erfüllung, aber auch viele darauffolgende.

Bekanntermaßen kann das Betrunkensein den Charakter einer Person verändern, sodass diese sich dann total anders verhält. Und so kann das Erfülltsein mit dem Heiligen Geist dich dazu bringen, dich wie Jesus zu verhalten. Sei heute erfüllt mit Gottes Geist, ebenso auch morgen und übermorgen.

Zweierlei Denkweisen

Lukas 11,37-41

Als das der Pharisäer sah, wunderte er sich, dass er sich nicht vor dem Essen gewaschen hatte.
Lukas 11,38

Ein klarer Hinweis auf den Irrtum der Gesetzlichkeit sind falsch gesetzte Prioritäten. Das sehen wir an den Pharisäern. In der Bibel gibt es keinen Hinweis darauf, dass sie über die Wundertaten Jesu gestaunt hätten. Sie waren zu sehr damit beschäftigt, etwas zu finden, das sie kritisieren konnten (Mk 3,2). Stattdessen waren sie erstaunt darüber, dass Jesus sich die Hände nicht wusch. Dies ist ein klassisches Beispiel für jemanden, der Mücken aussiebt, aber Kamele verschluckt (Mt 23,24).

Wer versucht, sich durch das Halten des Gesetzes Gerechtigkeit zu verdienen, wird davon verzehrt, immer selbst etwas tun zu müssen. Wer aber die Gerechtigkeit durch Glauben empfängt, der bekennt einfach nur das, was bereits getan worden ist. Dies ist ein einfacher, doch tiefgreifender Unterschied. Wenn wir Gott immer noch durch unsere Leistung dazu bringen wollen, etwas in unserem Leben zu bewirken, dann handeln wir noch aus einer Gesetzesmentalität heraus, die nichts mit Glauben zu tun hat (Gal 3,12). Wir wachsen in der Gnade durch unseren Glauben, wenn wir einfach das annehmen und bekennen, was durch Christus schon bereitgestellt worden ist.

Jemand, der unter dem Gesetz lebt, legt wahrscheinlich die gleichen heiligen Handlungsweisen zutage wie jemand, der aus Gnade lebt, aber deren Motivationen unterscheiden sich grundsätzlich. Der Gesetzliche hat sein Augenmerk auf das gerichtet, was er tun muss, während derjenige, der aus Glauben lebt, seine Aufmerksamkeit darauf richtet, was Jesus bereits für ihn getan hat. Die Bibel lehrt uns beispielsweise, mit unserem Mund zu bekennen und mit unserem Herzen zu glauben, um von Gott zu empfangen (Mk 11,23). Der Gesetzliche denkt: Ich kann Gott dazu bringen mich zu heilen, indem ich bekenne: Durch seine Wunden bin ich geheilt. Wer Gottes Gnade versteht, bekennt: „Durch seine Wunden bin ich geheilt", weil er wirklich glaubt, dass Jesus seine Heilung bereits am Kreuz erwirkt hat.

Wenn du herausfinden möchtest, ob du aus Glauben oder aus Gesetzlichkeit heraus handelst, musst du nur deine Denkweise überprüfen.

1. August

Wenn dein Motiv darin besteht, von Gott angenommen zu sein oder Gott dazu zu bewegen, etwas für dich zu tun, dann ist das Gesetzlichkeit. Wenn du voller Glauben und Dankbarkeit bist wegen dem, was Gott in Christus bereits getan hat, dann ist das Gnade. Entscheide dich dafür, immer Gottes Gnade vor Augen zu haben, weil Jesus schon alles zur Verfügung gestellt hat, was du brauchst: alles, um ein gottgefälliges Leben zu führen (2 Petr 1,3).

Heiligung ist eine Frucht

Lukas 11,42-44

Aber wehe euch Pharisäern, dass ihr die Minze und die Raute und alles Gemüse verzehntet und das Recht und die Liebe Gottes umgeht! Dieses sollte man tun und jenes nicht lassen.
Lukas 11,42

Als Jesus sagte: „… und jenes nicht lassen", hat er sich nicht dagegen ausgesprochen, dass man das tut, was richtig ist. Gottes Wort betont sogar, dass unsere Taten heilig sein sollen. Jesus wehrte sich jedoch entschieden gegen die falsche Annahme der Pharisäer, dass ihre Taten ihnen eine gute Beziehung mit Gott verschaffen. Eine richtige Beziehung zu Gott erhalten wir jedoch nur, indem wir uns demütigen und unseren Glauben auf unseren Retter setzen: Jesus Christus.

Gott reinigt unsere Herzen aus Gnade durch Glauben (Eph 2,8) und daraus erwächst die Heiligung als unsere Frucht (Röm 6,22). Demnach ist Heiligung nicht die Wurzel, sondern die Frucht der Errettung. In einer ähnlichen Situation sagte Jesus in Matthäus 23,26: *Du blinder Pharisäer, reinige zuerst das Inwendige des Bechers und der Schüssel, damit auch ihr Äußeres rein werde!* Wahres Christentum wirkt von innen nach außen. Ein gutes Herz kann die Taten einer Person verändern, aber die Taten einer Person können nicht ihr Herz verändern.

Einer der Lieblingsgrundsätze von Religion lautet: *Tu Recht und du bist gerecht.* Nichts liegt der Wahrheit ferner! Du musst durch den Geist Gottes wiedergeboren sein, dann lebst du heilig, weil du heilig bist. Dein Inneres ist heilig, und das wird äußerlich immer mehr sichtbar.

Dies ist das Kernstück des Evangeliums. Jede Weltreligion gründet Errettung auf moralische Maßstäbe. Das Christentum ist ganz anders, denn es bietet Errettung durch einen Erlöser an. Wenn du einmal errettet bist, hast du es nicht mehr nötig, nach außen hin heilig zu erscheinen.

Seine Heiligkeit ist in dir. Du musst einfach nur zulassen, dass sie heute in deinen Gedanken, Worten und Taten sichtbar wird. Das wird dir immer besser gelingen, wenn du dem Geist Gottes gehorchst und dein Denken durch Gottes Wort erneuerst (Röm 12,2). Die Frucht der Heiligung wird sich auf jedem Gebiet deines Lebens zeigen.

Die Furcht Gottes

Lukas 12,4-5

Ich will euch aber zeigen, wen ihr fürchten sollt: Fürchtet den, welcher, nachdem er getötet hat, auch Macht besitzt, in die Hölle zu werfen! Ja, ich sage euch, den fürchtet!
Lukas 12,5

In 2. Timotheus 1,7 heißt es: *Gott hat uns nicht einen Geist der Furchtsamkeit gegeben, sondern der Kraft und der Liebe und der Zucht*. In 1. Johannes 4,18 heißt es: *Furcht ist nicht in der Liebe, sondern die vollkommene Liebe treibt die Furcht aus, denn die Furcht hat mit Strafe zu tun; wer sich nun fürchtet, ist nicht vollkommen geworden in der Liebe.* Diese beiden Bibelstellen scheinen auf den ersten Blick im Widerspruch zur Aussage Jesu zu stehen, dies ist jedoch nicht der Fall.

Es gibt zwei Arten von Furcht. Das *American Heritage*-Wörterbuch definiert *Furcht* als *Gefühl von Beunruhigung oder Unruhe, verursacht durch die Erwartung von Gefahr, Schmerz, Unheil oder Ähnlichem; Grauen; Besorgnis; dunkle Vorahnung*. Eine weitere Definition von *Furcht* ist außerdem *höchste Ehrerbietung oder Ehrfurcht, zum Beispiel einer hohen Macht gegenüber*. Gottes Wort lehrt die Gläubigen, Ehrfurcht oder Ehrerbietung Gott gegenüber an den Tag zu legen. In Hebräer 12,28 heißt es der englischen *King James*-Übersetzung gemäß, dass wir Gott in *göttlicher Furcht* dienen sollen. Das bedeutet, dass es auch eine ungöttliche Furcht gibt, die im Dienst für Gott nicht angebracht ist.

Satan gebraucht immer ungöttliche Furcht oder Schrecken, um die Gläubigen zu quälen. Diejenigen jedoch, die von Neuem geboren sind, brauchen keine Furcht und keine Angst vor Gott zu haben – es sei denn, sie haben vor, ihren Glauben an Jesus als ihren Erretter zu widerrufen. Wir haben einen Bund, der uns die Gnade und die Annahme Gottes versichert (Eph 1,6), solange wir an unserem Glaubensbekenntnis an das Sühneopfer unseres Retters Jesus Christus festhalten.

Für einen Ungläubigen ist die Furcht des Herrn eine wirksame Abschreckung vor Sünde. Doch für dich als jemand, der die Gnade Gottes empfangen hat, ist es seine Güte, die in dir Ehrfurcht bewirkt und dich von Sünden abhält. Die Furcht des Herrn, in der du heute lebst, bedeutet für dich nicht Angst oder Schrecken, sondern Frieden und Freude darüber, dass er der allmächtige und gleichzeitig dich liebende Vater ist.

Verwalter der Gnade Gottes

Lukas 12,42

Der Herr aber sprach: Wer ist wohl der treue und kluge Haushalter, den der Herr über seine Dienerschaft setzen wird, damit er ihnen zur rechten Zeit die verordnete Speise gibt?
Lukas 12,42

Ein Verwalter ist jemand, dem die Verwaltung des Besitzes oder der Angelegenheiten einer anderen Person anvertraut worden ist. Die Besitztümer, die ein Verwalter unter seiner Kontrolle hat, gehören ihm nicht. Er hat nicht das Recht, mit ihnen zu verfahren, wie er gerne möchte. Er sollte die Wünsche dessen, der ihn zum Verwalter gemacht hat, ausführen.

Ein Bankangestellter ist ein Verwalter. Ihm wurde das Geld anderer Leute anvertraut. Er hat die Freiheit, dieses Geld weise zu investieren, damit es seinen Kunden Gewinn bringt. Er würde jedoch im Gefängnis landen, wenn er all das Geld einfach selbst verbrauchen würde. Ein Bankangestellter ist gegenüber denjenigen, die ihm ihr Geld anvertraut haben, rechenschaftspflichtig (Lk 16,2). Obwohl sich das Geld in seinem Besitz befindet, gehört es ihm nicht.

Dieses Gleichnis sowie weitere Schriftstellen (1 Kor 4,1; Tit 1,7; 1 Petr 4,10) beschreibt jeden Gläubigen als einen Verwalter der Gnade Gottes. Der Wohlstand, die Talente und die Fähigkeiten, die wir besitzen, sind – ebenso wie die Offenbarung der Liebe Gottes, die uns gegeben wurde – nicht unser Eigentum, mit dem wir machen können, was uns gefällt. Wir haben diese Dinge von Gott empfangen und sind daher rechenschaftspflichtig über den Gebrauch oder Missbrauch dieser Gaben. Sich dessen bewusst zu sein ist die Voraussetzung dafür, unsere Verpflichtung Gott gegenüber, als Verwalter seiner *mannigfaltigen Gnade*, zu erfüllen.

Sei heute ein treuer und weiser Verwalter der Gnade Gottes. Zeige anderen Menschen die Liebe und Vergebung, die du von ihm empfangen hast, und verweise sie in allem, was du sagst und tust, auf ihn.

Keine Ausreden

Lukas 12,45-48

Wer ihn aber nicht kannte und doch tat, was Schläge verdient, der wird wenig Schläge erleiden müssen. Denn wem viel gegeben ist, bei dem wird man viel suchen; und wem viel anvertraut ist, von dem wird man desto mehr fordern.
Lukas 12,48

Dieser Vers spricht über unterschiedliche Grade des göttlichen Gerichts, ausgehend vom Wissensstand der Person, welche die Sünde begangen hat. Das gesamte vierte Kapitel des dritten Buchs Mose handelt von Sünde, die in Unwissenheit begangen wurde. Jesus sagt in Johannes 9,41: *Wenn ihr blind wärt, so hättet ihr keine Sünde; nun sagt ihr aber: Wir sind sehend! – deshalb bleibt eure Sünde.* Auch Römer 5,13 sagt: *... wo aber kein Gesetz ist, da wird die Sünde nicht in Rechnung gestellt.*

Paulus sagt in 1. Timotheus 1,13, ihm sei Gnade widerfahren, da er *unwissend im Unglauben* gesündigt habe. Die Sünde, von der er sprach, war Gotteslästerung, von der Jesus lehrte, dass sie, wenn sie gegen den Heiligen Geist geschieht, nicht vergeben werden kann. Hier sehen wir, dass Paulus in diesem Fall wegen seiner Unwissenheit eine zweite Chance bekommen hat. Er hätte sicherlich den Preis dafür bezahlen müssen, hätte er – nachdem er die Wahrheit erkannt hatte – Gott weiterhin gelästert.

Das soll aber nicht heißen, dass eine Person, die keine völlige Offenbarung von Gottes Willen hat, unschuldig ist, egal wie sie sich verhält. 3. Mose 5,17 stellt klar, dass ein Mensch trotzdem schuldig ist, auch wenn er aus Unwissenheit sündigt. Römer 1,18-20 zeigt, dass es ein intuitives Wissen von Gott in jedem Menschen gibt, durch das er Gott erkennen und sogar begreifen kann. Im selben Kapitel wird weiter erklärt, dass die Menschen diese Wahrheit abgelehnt und verändert haben. Doch Gott hat das Wissen gegeben und somit haben sie keine Entschuldigung.

Keiner wird am Jüngsten Tag vor Gott stehen und sagen können: *Gott ist nicht fair.* Er hat jedem Menschen, der bisher auf dieser Erde gelebt hat, die Gelegenheit gegeben, ihn kennenzulernen – selbst wenn dieser noch so abseits und isoliert gelebt haben mag.

Versöhnung

Lukas 12,56-59

Denn wenn du mit deinem Widersacher zur Obrigkeit gehst, so gib dir auf dem Weg Mühe, von ihm loszukommen, damit er dich nicht vor den Richter schleppt und der Richter dich dem Gerichtsdiener übergibt und der Gerichtsdiener dich ins Gefängnis wirft.
Lukas 12,58

Jesus hatte gerade erst über Beziehungen gesprochen, als er dieses Gleichnis erzählte. Es ist eine deutliche Warnung, dass wir alles in unserer Macht Stehende tun sollten, um Streit zu vermeiden (Röm 12,18). Wenn wir es nicht schaffen, unsere Streitigkeiten aus dem Weg zu räumen, dann bringt es uns auf jeden Fall Schlimmeres ein, als nur eine körperliche Züchtigung oder eine Gefängnisstrafe.

Streit und Unfrieden können zu geistiger und emotionaler Gefangenschaft führen. Jakobus 3,16 sagt dazu: *Denn wo Neid und Selbstsucht ist, da ist Unordnung und jede böse Tat.* Depression, Angst, Einsamkeit, Bitterkeit, Krankheit, finanzielle Probleme und jede Menge anderer Dinge können zu Gefängnissen werden, aus denen wir erst freikommen, wenn wir uns versöhnt haben.

Laut Wörterbuch bedeutet Versöhnung: *Freundschaften wiederherstellen, Streit schlichten oder beilegen.* Es ist der Schlüssel zur Versöhnung, wenn wir gezielt Feindseligkeit, Boshaftigkeit und Hass – also die Ursache des Streits – aus dem Weg räumen. Es gibt verschiedene Möglichkeiten, sich zu versöhnen. Falls wir zum Beispiel durch lieblose Worte jemanden beleidigt haben, können wir uns dafür entschuldigen. Wenn wir jemandem Geld schulden, können wir die Schulden begleichen. Haben wir jemandem Schaden zugefügt, können wir ihn angemessen entschädigen. In jedem Fall besteht die Versöhnung darin, die Wurzel des Streits auszuräumen.

Der Streitpunkt zwischen Gott und dir ist die Sünde, aber Gott hat die Initiative ergriffen und dieses Hindernis durch das Blut Jesu weggeräumt. Dadurch gewann er uns als Freunde zurück. Du bist durch Jesu Tod und Auferstehung mit Gott versöhnt worden. Jetzt hast auch du einen Dienst der Versöhnung (2 Kor 5,18). Du bist heute von Gott gesalbt, dich mit den Menschen zu versöhnen, mit denen du Streit hast, und andere dazu zu führen, sich durch Jesus Christus mit Gott zu versöhnen.

Du musst empfangen

Lukas 13,10-17

Diese aber, eine Tochter Abrahams, die der Satan, siehe, schon 18 Jahre gebunden hielt, sollte sie nicht von dieser Bindung gelöst werden am Sabbattag?
Lukas 13,16

Die Krankheit dieser Frau war Satans Werk – nicht Gottes. Jesus sagte, die Krankheit hätte sie achtzehn Jahre lang gebunden und nicht etwa gesegnet. Die Lehre, Krankheit sei eine versteckte Segnung, durch die der Herr seinen Plan im Leben eines Menschen verwirklicht, findet sich nicht in der Schrift. In Apostelgeschichte 10,38 heißt es: Jesus *tat Gutes und heilte alle, die vom Teufel überwältigt waren.*

Siebzehn Mal wird in den Evangelien davon berichtet, dass Jesus alle Kranken heilte, die anwesend waren. Siebenundvierzig weitere Male heilte er einen oder mehrere Kranke gleichzeitig. Nirgendwo erleben wir, dass Jesus jemandem die Heilung verweigerte. Er sagte: *Ich kann nichts aus mir selber tun, sondern nur was ich den Vater tun sehe.* Jesu Worte und Taten sind Beweis genug, dass Heilung immer Gottes Willen entspricht!

Gottes Wille ist, dass niemand verloren geht, dennoch gehen viele aufgrund ihres Unglaubens verloren. Ganz genauso ist es Gottes Wille, dass wir alle geheilt sind, aber nicht alle werden geheilt wegen ihres Unvermögens, daran zu glauben. Es ist ein Fehler, davon auszugehen, dass Gottes Wille immer automatisch geschieht und dass wir bezüglich dessen, was wir von Gott empfangen, keine Rolle spielen.

In Hebräer 3,18-19 steht, dass die Kinder Israels wegen ihres Unglaubens nicht in Gottes Ruhe (d. h. Rettung, die körperliche Heilung einschließt) eingingen. Kurz davor steht in Vers 12: *Habt acht, ihr Brüder, dass nicht in einem von euch ein böses, ungläubiges Herz sei, das im Begriff ist, von dem lebendigen Gott abzufallen!* Der Heilige Geist spricht zu *Brüdern*, also zu dir und mir.

Heute musst du seinem Wort im Hinblick auf Heilung glauben, damit du die göttliche Gesundheit und Heilung empfängst, die er für dich vorgesehen hat.

Drehst du dich im Kreis?

Kolosser 2,1-12

Und ihr seid zur Fülle gebracht in ihm, der das Haupt jeder Herrschaft und Gewalt ist.
Kolosser 2,10

Fast jeder von uns hat schon Mal einen Hund gesehen, der seinen eigenen Schwanz zu fassen versuchte. Das ist lustig und verwirrend zugleich. Wozu etwas zu kriegen versuchen, was man bereits hat? Ich bin natürlich nicht in der Lage, mich in die Gedanken eines Hundes zu versetzen, aber ich schätze, dass dieser Hund, der seinen Schwanz jagt, der Einzige ist, der nicht sieht, dass sein Schwanz bereits zu seinem Körper gehört.

Erstaunlicherweise neigen Christen zu dem gleichen Denken. Wir bitten um Freude, Heilung, Weisheit, alle möglichen Segnungen und die Erfüllung unserer Bedürfnisse, aber Gottes Wort zufolge besitzen wir in Jesus Christus schon alles, was wir für unser Leben und unser Leben mit Gott benötigen (2 Petr 1,3). Im Christenleben geht es nicht darum, beständig mehr von Gott zu erbitten und mehr von Gott zu bekommen. Es geht vielmehr um die Erneuerung unseres Sinnes, damit wir erkennen und uns zu eigen machen, was uns in Christus schon gehört. In ihm sind wir bereits vollkommen!

Heilung ist nicht „irgendwo außerhalb von uns“. Gottes Heilungskraft ist schon in uns. Jesus muss nicht erst kommen und seine mächtige Hand auf uns legen, um uns zu heilen, denn durch seine Striemen sind wir bereits geheilt (1 Petr 2,24). Du musst das nur glauben, es im Glauben aussprechen, entsprechend deinem Bekenntnis handeln und erwarten, dass die Heilung in deinem Körper sichtbar wird.

Bitte den Herrn heute um eine Offenbarung dessen, was dir in Jesus Christus wirklich und wahrhaftig zusteht. Hör mit den Bemühungen auf, es zu bekommen und freue dich an deinem Erbe.

Nötige sie zu kommen

Lukas 14,16-24

Er aber sprach zu ihm: Ein Mensch machte ein großes Mahl und lud viele dazu ein. (...) Und der Herr sprach zu dem Knecht: Geh hinaus an die Landstraßen und Zäune und nötige sie hereinzukommen, damit mein Haus voll werde!
Lukas 14,16.23

Der Mann, der das Mahl vorbereitet hat, versinnbildlicht Gott, der jeden, der kommen will, zu dem Mahl eingeladen hat, wobei das gemeinsame Essen für enge Gemeinschaft mit Gott steht. Dieses Gleichnis lehrt uns, dass nicht etwa Gott es verpasst, den Menschen seine Erlösung anzubieten, sondern dass vielmehr die geladenen Gäste seine Einladung ablehnen.

In dem Gleichnis, das Jesus erzählt, haben die Menschen ziemlich schwache Ausreden, die sich kaum von denen unterscheiden, die die Menschen heute vorbringen. Sämtliche Ausreden haben entweder mit materiellem Wohlstand oder familiären Verpflichtungen zu tun, denen mehr Gewicht gegeben wird als der Beziehung zu Gott – mit dem Ergebnis, dass der Herr seine Diener anweist, rauszugehen und die Armen, Obdachlosen und Unterdrückten einzuladen. Und sie kamen!

Das Hochzeitsmahl des Lammes wird voll sein mit Menschen, die aus weltlicher Sicht unerwünscht sind. Und das nicht, weil Gott die Schönen und Reichen verworfen hätte, sondern weil sie ihn verworfen haben. Jene, die – was weltliche Güter angeht – im Überfluss leben, neigen weniger dazu zu erkennen, dass sie Gott brauchen als diejenigen, die nichts besitzen. Auch hatte Gott ja zuerst den Juden die Erlösung angeboten, aber die lehnten ihn im Großen und Ganzen ab. Also sandte Gott seine Diener zu den Heiden, um sein Königreich zu bevölkern.

Dieses Gleichnis beweist, dass Gott die Anwendung von Gewalt nicht im Geringsten befürwortet, wenn es darum geht, Menschen zum Christentum zu bekehren. Er respektiert den freien Willen eines jeden Menschen, ihn entweder anzunehmen oder abzulehnen. Nichtsdestotrotz ermahnt er uns, die Menschen durch Überzeugungskraft und Liebe zu bedrängen, ja zu nötigen. Bei dem Wort Nötigung klingt Aggressivität an und das heißt, es reicht nicht, einfach ein Schild aufzuhängen und darauf zu warten, dass die Welt schon zu uns kommen wird. Wir sind vielmehr aufgerufen, ihnen mit der Guten Nachricht quasi auf den Fersen zu sein.

Dir ist dringendst befohlen, ein Zeuge der Liebe und Vergebung Christi zu sein, weil nicht mehr viel Zeit bis zu seiner Wiederkunft bleibt. Verpasse an keinem Tag die Gelegenheit, die Gute Nachricht des Evangeliums an jemanden weiterzugeben!

Der Preis der Nachfolge

Lukas 14,25-35

Denn wer von euch, der einen Turm bauen will, setzt sich nicht zuvor hin und berechnet die Kosten, ob er die Mittel hat zur gänzlichen Ausführung?
Lukas 14,28

Das Gleichnis von dem Mann, der einen Turm baut, ist die Fortsetzung der Lehre von Jesus darüber, was es kostet, sein Jünger zu sein. Dieses Gleichnis fordert zum Einsatz heraus. Eine „Gefängnis-Religion“, bei der ein Mensch lediglich bedauert, gefasst worden zu sein und nun versucht, irgendwie aus dieser Lage wieder herauszukommen, wird niemals echte Jüngerschaft hervorbringen. Um ein Nachfolger von Jesus zu sein, muss man alles zurücklassen, und Jesus rät hier schlicht und einfach: *Berechne die Kosten.*

Jesu Lehre über Jüngerschaft betont die unerschütterliche Gefolgschaft und Treue ihm gegenüber, die über allem und jedem steht. Genau wie ein König nicht in den Krieg ziehen würde, ohne vorher sorgfältig alle denkbaren Folgen abzuwägen, sollte niemand anstreben, ein Jünger Jesu zu werden, der nicht vorher alle Kosten berechnet hat. Es wäre nämlich besser, ihm erst gar nicht zu folgen, als sich darauf einzulassen, dann in unerwartete Bedrängnisse zu geraten und sich schließlich abzuwenden.

Zuallererst, wenn jemand neu zu Jesus kommt, ist es ihm unmöglich, vollständig zu erfassen, was die Nachfolge mit sich bringen wird. Allerdings sollte niemand wegen all der Dinge, die eventuell passieren könnten, davor zurückschrecken, sich ganz zu ihm zu bekennen. Ein Blick auf das Kreuz reicht, um zu wissen, dass Jesus uns durch alles hindurchbringt!

Hast du angefangen Jesus zu folgen und dich schon einige Male wieder abgekehrt? Dann ist jetzt vielleicht die Zeit gekommen, innezuhalten, die Kosten abzuwägen und eine verlässliche Selbstverpflichtung einzugehen, ihm unerschütterlich zu vertrauen und zu folgen, was auch immer das Leben für Erschütterungen für dich bereithalten mag. Ich verspreche dir: wenn du erst einmal diese Entscheidung gefällt hast, wird er auf erstaunliche, wunderbare Weise in dir leben (Gal 2,20). Du wirst eine Kraft und Stärke erfahren, die nicht deine eigene ist, aber in jeder einzelnen Bewährungsprobe ausreichen wird.

Schicksalsschläge oder Wort Gottes?

Lukas 15,11-17

Er kam aber zu sich selbst und sprach: Wie viele Tagelöhner meines Vaters haben Brot im Überfluss, ich aber verderbe vor Hunger!
Lukas 15,17

Gottes Wort sagt deutlich, dass der Lohn der Sünde der Tod ist (Röm 6,23). Römer 1,18-20 offenbart, dass selbst die Menschen, die Gottes Wort nicht kennen, ein intuitives Wissen von Gut und Böse, Richtig und Falsch haben und sich auch über Gottes Gericht über die Sünde im Klaren sind. Jeder, der in Sünde lebt, ist demnach einer täuschenden Irreführung erlegen, was auch der Fall des verlorenen Sohnes veranschaulicht. 2. Korinther 4,4 besagt genau das: ... *bei den Ungläubigen, denen der Gott dieser Weltzeit die Sinne verblendet hat, sodass ihnen das helle Licht des Evangeliums von der Herrlichkeit des Christus nicht aufleuchtet, welcher Gottes Ebenbild ist.* Als Jesus in dem Gleichnis sagte: *Er kam aber zu sich selbst*, bezog er sich auf diese Verblendung, die aufgehoben wurde, sodass sich die geistigen Augen des Sohnes öffneten.

Genau wie in der Geschichte vom verlorenen Sohn werden Menschen meist erst durch Tragödien aufgerüttelt und kommen zur Besinnung. Dabei ist es nicht so, dass Gott diese Tragödien schickt. Durch den Propheten Jeremia erklärt Gott: *Dein Wandel und deine Taten haben dir das eingetragen!* (Jer 4,18). In tragischen Situationen wird deutlich, *dass der Weg des Menschen nicht in seiner Macht steht* (Jer 10,23). Zudem können sie uns dazu veranlassen, nach Hilfe zu suchen. Obwohl es immer segensreich und vorteilhaft ist, sich Gott zuzuwenden, sind Schicksalsschläge nicht die besten Lehrer.

Paulus sagt in 2. Timotheus 3,16-17: *Alle Schrift ist von Gott eingegeben und nützlich zur Belehrung, zur Überführung, zur Zurechtweisung, zur Erziehung in der Gerechtigkeit, damit der Mensch Gottes ganz zubereitet sei, zu jedem guten Werk völlig ausgerüstet.* Gottes Wort ist uns zur Ermahnung und Zurechtweisung gegeben, und wenn wir uns ihm unterordnen, können wir *ganz zubereitet und völlig ausgerüstet* sein, ohne dafür erst Schicksalsschläge durchleben zu müssen.

Heute kannst du durch Gottes Wort gelehrt, zurechtgebracht und unterwiesen werden. Auf diese Weise bist du imstande, die richtigen Entscheidungen zu fällen. Dadurch wirst du Versagen und Unheil vermeiden und nicht nur selbst Freude und Erfolg erleben, sondern auch den Menschen in deinem Umfeld ein Segen sein.

Lebensverändernde Buße

Lukas 15,18-19

Ich will mich aufmachen und zu meinem Vater gehen und zu ihm sagen: Vater, ich habe gesündigt gegen den Himmel und vor dir.
Lukas 15,18

Hier sehen wir ein gutes Beispiel echter Buße. Dieser Sohn erhob nicht den Anspruch, selbst gut zu sein oder versuchte gar, sein Verhalten zu rechtfertigen. Stattdessen demütigte er sich und appellierte an die Gnade und Güte seines Vaters. Genauso wenig können wir uns Gott in Selbstgerechtigkeit nähern. Wir müssen uns demütigen, all unseren Glauben auf den Erlöser richten und von unseren bösen Wegen umkehren (2 Chr 7,14). So sieht echte Buße aus – innerlich verändern sich unser Verstand und unser Herz und infolgedessen verändern sich äußerlich unsere Einstellungen und unser Verhalten.

Buße ist ein notwendiger Bestandteil der Erlösung. Der Andachtstext vom 30. April geht detaillierter auf den Unterschied zwischen göttlicher und ungöttlicher Reue ein. Dieser junge Mann empfand in Bezug auf sein Verhalten göttliche Reue und diese Reue führte ihn zur Buße. Ungöttliche Reue, die Betrübnis dieser Welt also, ist selbstzentriert und führt nur in Selbstmitleid und in eine Opferhaltung, die alle anderen für die eigenen Probleme verantwortlich macht. Mit dieser Einstellung kann es natürlich keine Buße geben und damit kann es auch keine Wiederherstellung der Beziehung zum Vater geben.

Der junge Mann fühlte sich aufgrund seiner Sünde schlecht und erkannte, dass er sowohl gegen seinen irdischen als auch gegen seinen himmlischen Vater gesündigt hatte. Diese Erkenntnis war der Beginn der vollständigen Wiederherstellung beider Vaterbeziehungen. Wenn du heute den Herrn suchst, lass nicht zu, dass irgendetwas zwischen ihm und dir steht. Wenn dich gottgewollte Betrübnis belastet, geh damit zu ihm und lass dir vergeben und dich für immer davon reinigen. Das wird nicht nur diesen Tag, sondern auch den Rest deines Lebens verändern!

Die Liebe des Vaters

Lukas 15,20

Und er machte sich auf und ging zu seinem Vater. Als er aber noch fern war, sah ihn sein Vater und hatte Erbarmen; und er lief, fiel ihm um den Hals und küsste ihn.
Lukas 15,20

Dass der Vater seinen Sohn schon von Weitem sah, lässt darauf schließen, dass er die Heimkehr seines Sohnes schon sehnlichst erwartet hatte. Geistlich gesehen bedeutet dieses Gleichnis sicherlich, dass unser himmlischer Vater sich danach sehnt, jeden Sünder zu reinigen und aufzunehmen. Ein Sünder muss einfach nur bereuen, umkehren und Gottes Vergebung annehmen.

Jesus rügte mit diesem Gleichnis die Pharisäer wegen ihrer harten, selbstgerechten und nicht vergebungsbereiten Einstellung Sündern gegenüber. Der ältere Bruder in diesem Gleichnis symbolisiert die Pharisäer und alle Religiösen, die glauben, sie könnten sich ihre Errettung und Gottes Annahme mit ihren guten Werken verdienen. Wie dieser ältere Bruder hatten auch die Pharisäer nicht in offensichtlicher Rebellion gelebt und waren überzeugt, dass andere, die ihren Maßstäben nicht entsprachen, mit Sicherheit von Gott gehasst wurden.

In der Bibel steht jedoch: *So sehr hat Gott die Welt geliebt* und *Jesus Christus kam in die Welt, um Sünder zu retten.* Diese und andere Schriftstellen offenbaren das Vaterherz Gottes allen Sündern gegenüber. Er will einfach nur, dass sie nach Hause kommen! Er will, dass die Gemeinschaft mit ihnen wiederhergestellt ist, damit er in ihr Leben eingebunden wird und sie segnen kann. Er liebt Sünder!

Der reumütige verlorene Sohn hatte die Eitelkeit und Oberflächlichkeit des Materialismus und der Unmoral kennengelernt und war dann in eine Beziehung zum Vater zurückgekehrt, die weder er noch sein älterer Bruder zuvor gekannt hatten. Wie sieht es zurzeit mit deiner Beziehung zum Vater aus? Wenn du deine Beziehung zu ihm in irgendeiner Weise erneuern musst, dann sollst du wissen, dass er mit offenen Armen dasteht und sich danach sehnt, dass du jetzt zu ihm rennst.

Tu das Richtige aus dem richtigen Grund

Lukas 15,25-28

Da wurde er zornig und wollte nicht hineingehen. Sein Vater nun ging hinaus und redete ihm zu.
Lukas 15,28

Wenn die Beziehung des älteren Sohnes zu seinem Vater wirklich innig gewesen wäre, hätte er sich gefreut zu sehen, wie dessen Vaterbeziehung zu seinem Bruder wiederhergestellt wurde. Die Freude seines Vaters hätte auch ihm Freudentränen in die Augen getrieben. Abgesehen davon – hätte der ältere Sohn nur ein wenig Mitleid mit seinem Bruder gehabt, hätte er sich über dessen Rückkehr genauso gefreut wie sein Vater. Stattdessen reagierte er völlig selbstzentriert (was nichts anderes als Stolz ist) und wurde wütend. Diese Geschichte veranschaulicht die Aussage aus Sprüche 13,10, wo es heißt: *Stolz führt zu Streit* (NLB).

Der ältere Bruder war stolz, weil er dachte, er wäre besser als sein jüngerer Bruder. Und auch wir können jemanden, vom dem wir glauben, er könne uns nicht das Wasser reichen, nicht lieben oder respektieren. Manche Menschen sind bessere Sportler als andere. Wieder andere sind bessere Geschäftsleute, andere sind rhetorisch begabter und so weiter. Das sind ungöttliche Vergleiche (2 Kor 10,12). Wir müssen erkennen, dass unsere Leistungen uns nicht besser – oder schlechter – machen als andere. Gott bewertet uns nicht anhand dessen, was wir tun; er sieht auf unser Herz und unsere Motive.

Besseres Verhalten macht jemanden nicht zu einem besseren Menschen. Der Charakter eines Menschen kann in hohem Maße fehlerhaft sein, auch wenn sein Verhalten ausgezeichnet ist. Der ältere Bruder ist dafür ein klassisches Beispiel. Er machte alles richtig – aber aus den falschen Motiven. Innerlich war er verdorben und selbstbezogen. Er verhielt sich rechtschaffen, um die Gunst und schließlich das Vermögen des Vaters zu erlangen.

Warum tust du, was du tust? Was ist die eigentliche Motivation für deinen Wunsch, in deinen Fähigkeiten, Fertigkeiten und Begabungen zu wachsen? Bitte den Herrn heute, dir bei allen deinen Bestrebungen zu zeigen, wo du das Richtige aus den falschen Motiven heraus tust. Wenn es da etwas gibt, verdamme dich nicht selbst dafür! Tu Buße (also ändere dein Denken und deine Einstellung) und fahre fort, das Richtige mit der richtigen Motivation zu tun.

Gesegnet um ein Segen zu sein

Lukas 16,1-18

Er sagte aber auch zu seinen Jüngern: Es war ein reicher Mann, der hatte einen Haushalter; und dieser wurde bei ihm verklagt, dass er seine Güter verschleudere.
Lukas 16,1

Der ungerechte Verwalter war habgierig. Er war weder seinem Herrn noch dessen Schuldnern gegenüber gewissenhaft. Die Güter seines Herrn hatte er zu seinem eigenen Nutzen verbraucht. Als das ans Licht kam, zog er, seiner eigennützigen Natur folgend, alle Möglichkeiten in Betracht und kam zu dem Schluss, dass sich etwas ändern müsse. Er beschloss, ab jetzt das Geld seines Herrn dazu zu verwenden, sich Freunde zu verschaffen, damit er, wenn er gefeuert würde, wenigstens jemanden hätte, der ihm dann helfen würde.

Anscheinend war sein Herr so wohlhabend, dass er keinen Anstoß daran nahm, dass sein Verwalter das Geld, das eigentlich ihm zustand, den Schuldnern erließ. Im Gegenteil – er lobte den Verwalter sogar dafür. Er befürwortete zwar dessen unehrliche Handlungsweise nicht, lobte ihn aber dafür, dass er das Geld seines Herren schließlich dafür einsetzt, seine Zukunft zu gestalten, anstatt es weiter für sich selbst zu verschleudern. Obwohl der Verwalter nach wie vor seinen eigenen Nutzen im Sinn hatte, war sein Handeln im Gegensatz zu vorher nun umsichtiger.

Jesus sagt, dass in dieser Hinsicht die Kinder dieser Welt (die Verlorenen) weiser sind als die Kinder des Lichts (die Wiedergeborenen), denn sie sorgen für ihre Zukunft vor. Jesus rät uns, das Geld (den ungerechten Mammon) dafür einzusetzen, Freunde zu gewinnen, damit sie uns später in die *ewige* Wohnstatt aufnehmen. Das Wort *ewig* deutet darauf hin, dass Jesus von unserer Zukunft in der Ewigkeit spricht. Die Menschen, die aufgrund unserer Investitionen ins Königreich Gottes gerettet und gesegnet wurden, werden uns buchstäblich in unserer ewigen Wohnung begrüßen, nachdem wir entschlafen und beim Herrn sind.

Gott gab dir materielle Güter, demnach bist du ein Verwalter seiner Ressourcen. Er gab dir Wohlstand, um seinen Bund auf Erden aufzurichten – und nicht, damit du ihn zur Befriedigung deiner Begierden verbrauchst. Setze heute dein Geld und deine Güter mit der Absicht ein, ein Segen zu sein, weil du gesegnet bist.

Wahre Gerechtigkeit

Lukas 16,14-15

Und er sprach zu ihnen: Ihr seid es, die sich selbst rechtfertigen vor den Menschen, aber Gott kennt eure Herzen; denn was bei den Menschen hoch angesehen ist, das ist ein Gräuel vor Gott.
Lukas 16,15

Rechtfertigung kann nicht erarbeitet werden, sondern ist ein Geschenk, welches empfangen werden muss. Der Versuch, die Errettung zu verdienen, ist die einzige Sünde, die einen Menschen davon abhält, errettet zu werden. Solange du versuchst deine eigene Gerechtigkeit aufzurichten, kannst du die Gerechtigkeit Gottes, die als Geschenk durch Glauben kommt, nicht empfangen.

Die meisten Menschen sind sich der zwei Arten von Gerechtigkeit nicht bewusst. Nur eine Art von Gerechtigkeit ist für Gott annehmbar. Auf der einen Seite steht unsere Gerechtigkeit, die wir durch das Einhalten des Gesetzes erlangen wollen, und auf der anderen Seite steht Gottes Gerechtigkeit, die wir als Geschenk durch unseren Glauben empfangen. Unsere Gerechtigkeit ist unvollkommen, weil unsere gefallene Natur unfähig ist, das Gesetz zu erfüllen. Gottes Gerechtigkeit hingegen ist vollkommen, weil Jesus das ganze Gesetz erfüllt hat.

Gott bezeichnet unsere Gerechtigkeit als *befleckte Kleider* (Jes 64,5). Jemand, der glaubt, Gottes Annahme durch Taten verdienen zu müssen, glaubt nicht an Gottes Gerechtigkeit, die ein Geschenk ist. Wir müssen uns entscheiden, ob wir unser Leben im Glauben Gott hingeben und seine Gerechtigkeit empfangen, oder versuchen wollen, das Gesetz aus unserer eigenen Kraft heraus zu erfüllen. Gottes Gerechtigkeit besteht nicht aus dem Werk Jesu plus irgendwelchen zusätzlichen Werken unsererseits. Es ist entweder ganz seine Gerechtigkeit oder ganz unsere eigene. Wir können beides nicht vermischen!

Du weißt wahrscheinlich schon, dass du den rechten Stand vor dem heiligen Gott nicht durch das Halten des Gesetzes erreichen kannst. Du kannst nur durch demütiges Vertrauen in die Person und das Werk Jesu Christi gerettet werden. Du kannst heute nicht auf deine Gerechtigkeit vertrauen und gleichzeitig die Segnungen der Gerechtigkeit Christi genießen. Diese beiden Arten von Gerechtigkeit passen nicht zusammen. Wenn du aber deinen Glauben und dein Vertrauen auf ihn setzt, macht er dich so gerecht wie er selbst ist – denn das ist die wahre Gerechtigkeit.

Vom Gesetz befreit

Lukas 16,16-17

Das Gesetz und die Propheten [weissagen] bis auf Johannes; von da an wird das Reich Gottes verkündigt, und jedermann drängt sich mit Gewalt hinein.
Lukas 16,16

Die Bibel lehrt, dass es in der Art, wie Gott mit der Menschheit verfährt, unterschiedliche Epochen oder unterschiedliche göttliche Wege gibt. Eine Epoche ist einfach ein Zeitabschnitt, in dem Gott auf bestimmte Weise mit der Menschheit umgeht.

Das Gesetz des Alten Testaments war nur eine begrenzte Epoche und dauerte von der Gesetzgebung (2 Mose 20) bis zum Dienst von Johannes dem Täufer. Als Christus kam, machte er der Erlangung von Gerechtigkeit durch Gesetz und Opfer ein Ende (Röm 10,4). Jeder, der die Erlangung eines gerechten Standes vor Gott durch Einhaltung des Gesetzes vertritt, identifiziert sich mit diesem System des Alten Testaments. Dies jedoch hat Jesus durch das Kreuz und seine Auferstehung abgeschafft.

Der neutestamentliche Gläubige lebt im Zeitalter der Gnade Gottes, doch das bedeutet nicht, dass das Gesetz vergangen ist. Jesus hat das Gesetz nicht einfach abgeschafft; er erfüllte das Gesetz (Mt 5,17-18). Er erfüllte jeden Buchstaben und jedes Detail des Gesetzes für uns, und wenn wir ihn als unseren Herrn und Erretter annehmen, wird uns seine Gerechtigkeit angerechnet. Wir haben einen gerechten Stand vor Gott – nicht aufgrund unserer Leistung, sondern aufgrund unseres Glaubens an ihn.

Der Zweck des Gesetzes bestand darin, uns begreiflich zu machen, dass wir Sünder sind, die einen Erretter brauchen. Diesem Zweck dient es noch immer für diejenigen, die noch nicht wiedergeboren sind. In diesem gegenwärtigen Zeitalter sagt Jesus, dass er nicht gekommen ist, um dich zu verdammen, sondern dich durch seine Gnade und durch Glauben und Vertrauen in ihn zu erretten. Danke Gott heute für seine Gnade.

Deine Schuld wurde bezahlt

Lukas 16,17

Es ist aber leichter, dass Himmel und Erde vergehen, als dass ein einziges Strichlein des Gesetzes falle.
Lukas 16,17

Das Jota ist nicht nur der kleinste Buchstabe des griechischen Alphabets, sondern auch der unbedeutendste. Er wurde nach Gutdünken des Schreibers weggelassen. Das Strichlein war nur eine Markierung oder ein Punkt auf einer Linie, der dazu diente, einzelne Buchstaben zu unterscheiden und war vergleichbar mit unserem Punkt oder Apostroph. Jesus macht hier deutlich, dass nicht einmal das winzigste Detail des Gesetzes vergehen würde.

Jesus Christus erfüllte jedes Jota und jedes Strichlein des Gesetzes, was gut ist, denn niemand sonst konnte dies tun. Er erfüllte das Gesetz und der Preis für diese Erfüllung war das ewige Leben Gottes. Genau das gewährte ihm ewiges Leben, was wiederum ihn dafür qualifizierte, für unsere Schuld zu bezahlen. Wir waren unfähig, das Gesetz zu halten, und bevor er uns ewiges Leben geben konnte, musste er für unsere Sünden zahlen.

Dies ist vergleichbar mit jemandem, der wegen eines abscheulichen Verbrechens zum Tode verurteilt wird, und irgendein Milliardär überlässt ihm sein gesamtes Vermögen. Es würde dem verurteilten Mann nichts helfen – es sei denn, dass der unschuldige Milliardär den Platz des Verbrechers einnimmt und für ihn stirbt. Das ist es, was Jesus für uns tat. Er nahm unsere Sünden auf sich und gab uns seine Gerechtigkeit.

Jesus hat viel mehr getan, als uns nur ewiges Leben zu geben; er hat auch für die Folgen unserer Sünden bezahlt (Röm 6,23). Gott hat buchstäblich die Verdammnis und das Urteil gegen uns auf seinen eigenen Sohn gelegt. Jesu reines Fleisch wurde verdammt, sodass unser beschmutztes Fleisch frei ausgehen konnte. Was für ein Tausch! Jesus trug die Strafe der Verdammnis, Schuld und Scham, damit wir dies nicht länger ertragen müssen. Sei heute mit dir selbst im Reinen, weil du weißt, dass deine Schuld für alle deine Sünden vollständig bezahlt wurde.

Trost in der Ewigkeit

Lukas 16,19-31

Es geschah aber, dass der Arme starb und von den Engeln in Abrahams Schoß getragen wurde. Es starb aber auch der Reiche und wurde begraben.
Lukas 16,22

Diese Geschichte macht deutlich, dass es ein Leben nach dem Tod gibt. Sie zeigt, dass es keinen „Seelenschlaf" gibt, wo unsere Seelen auf die Auferstehung unserer Körper warten, sondern wir treten unmittelbar in eine bewusste Ewigkeit ein. Sie zeigt ebenso, dass es nach dem Tod nur zwei mögliche Ziele gibt. Entweder gehen wir an einen Ort der Schmerzen für die Gottlosen oder an einen Ort des Segens für die Gerechten. Es gibt keine „Vorhölle" und kein „Fegefeuer" und es gibt auch keine zweite Chance. Diese Geschichte illustriert die Endgültigkeit unserer ewigen Bestimmung, wenn wir eines Tages sterben.

Abrahams Schoß ist ein symbolischer Ausdruck für einen wirklichen Ort, an den diejenigen nach ihrem Tod gingen, die in der Zeit des Alten Testaments gläubig, aber noch nicht wiedergeboren waren. Dieser Ort befand sich im Zentrum der Erde, in dem gleichen Bereich wie die Hölle, wohin diejenigen gehen, die ihr Leben niemals Gott gegeben haben. Der Körper des reichen Mannes befand sich in seinem Grab und doch spricht die Schrift davon, dass er seine Augen aufhob und Lazarus in Abrahams Schoß sah. Das zeigt, dass unser Geist unsere physische Erscheinung so ähnlich widerspiegelt, dass wir nach unserem Tod wiedererkannt werden können.

Ein Teil der Qualen dieses Mannes waren die Flammen der Hölle. Allerdings wurde er auch durch den Gedanken gequält, dass seine Lieben auf Erden das gleiche Schicksal erwartete, das er selbst nun erlebte. Sicherlich machte seine Verzweiflung, sie warnen zu wollen, sein Elend noch schlimmer. Auch die Tatsache, Lazarus und Abraham an einem Ort von Gottes Segen und Trost zu sehen, trug für ihn selbst nicht dazu bei, sich mit seiner Situation abzufinden.

Im Licht der Worte Jesu wird deutlich, dass die Hölle weit mehr als ein Ort der physischen Qualen ist. Die, welche an diesen Platz verdammt sind, werden auch von dem Gedanken gequält, was hätte sein können, wenn sie auf Jesus vertraut hätten und wie sie andere dazu verleitet haben, ihnen in die Hölle zu folgen. In diesem Wissen strecke heute dein Herz zu denjenigen aus, die den Herrn noch nicht kennen. Lass keine Gelegenheit aus, ihnen die Gute Nachricht weiterzugeben.

Abraham glaubte auf Hoffnung hin

Römer 4,16-22

Er hat da, wo nichts zu hoffen war, auf Hoffnung hin geglaubt, dass er ein Vater vieler Völker werde, gemäß der Zusage: „So soll dein Same sein!"
Römer 4,18

Hoffnung scheint heute Mangelware zu sein. Viele Menschen widerstehen absichtlich jeglicher Hoffnung, weil sie den Schmerz und die Enttäuschung nicht ertragen wollen, falls ihre Hoffnungen enttäuscht werden. Ihre Philosophie ist: *Mach dir nicht zu viele Hoffnungen, dann kannst du nicht enttäuscht werden.* Offensichtlich kennen sie Jesus nicht, der in allen Situationen und für alle Zeiten unsere glückselige Hoffnung ist (Tit 2,13).

Menschen, die sich von der Masse abheben und großartige Dinge vollbringen, sind diejenigen, die an die Hoffnung glauben. Darum wurden auch die meisten der großen Erfindungen von Juden oder Christen gemacht, die auf Gott vertrauen. Abraham war einer dieser Menschen. Dieser Vers besagt, dass er auf Hoffnung hin glaubte. Er kannte die Kraft der Hoffnung und ließ sie nicht los. Als Abraham fast 100 und seine Frau über 90 Jahre alt war, hielt er immer noch an der Hoffnung auf Gottes Verheißung fest, ihm ein Kind zu geben. Obwohl ihm sein Glaube den Sieg gab, war es seine Hoffnung, die seinen Glauben lebendig hielt.

Woher kommt die Hoffnung? Dieser Vers sagt, dass Abrahams Hoffnung, Vater zu werden, aus den Worten kam, die Gott zu ihm gesprochen hatte. Der Heilige Geist gibt uns ständig Hoffnung, wenn wir über die Worte nachsinnen, die Gott zu uns gesprochen hat. Gottes Wort setzt seine Hoffnung in unseren Herzen frei. Wenn wir kein Wort von Gott haben, haben wir auch keine Hoffnung. Die Welt bringt keine Hoffnung hervor, vielmehr zerstört sie Hoffnung durch fortschreitenden Pessimismus, Skepsis und Furcht. Unsere einzige Quelle für wahre Hoffnung liegt in dem, was Gott uns verheißen hat.

Nimm dir heute bewusst Zeit dafür, auf Gottes Wort zu hören, und lass die Hoffnung in deinem Leben zu wirken beginnen. Lass Gott auf der Leinwand deines Herzens ein Bild davon malen, was du durch seine Fähigkeit sein und tun kannst!

Geistliche Augen der Hoffnung

Römer 8,20-25

Denn auf Hoffnung hin sind wir errettet worden. Eine Hoffnung aber, die man sieht, ist keine Hoffnung; denn warum hofft auch jemand auf das, was er sieht?
Römer 8,24

Wusstest du, dass du mehr Informationen mit deinen Augen aufnimmst als mit jedem anderen deiner Sinne? Denke nur einmal darüber nach, wie drastisch sich dein Leben verändern würde, wenn du nicht sehen könntest. Daher ist es leicht zu verstehen, warum du so sehr auf dein natürliches Sehvermögen angewiesen bist. Dennoch gibt es Dinge, die du nicht sehen kannst.

Im Reich Gottes glaubt die Hoffnung an Dinge, die sich äußerlich nicht beweisen lassen. Hoffnung ist ein zuversichtliches Vertrauen auf Gott, Ergebnisse hervorzubringen, die im Natürlichen nicht sichtbar sind. Diejenigen, die sich nicht von ihren natürlichen Sinnen – besonders ihrem Sehvermögen – lösen können, werden nie in der Lage sein, göttliche Hoffnung in ihrem Leben zu erfahren.

Wie überwinden wir das, was uns unsere natürlichen Augen sagen? Wenn unsere Umstände im Gegensatz stehen zu dem, was wir als Gottes Willen erkannt haben, wie überwinden wir dann diese negativen Informationen? Die Antwort ist Gottes Wort. Indem wir über Gottes Wort nachsinnen und dementsprechend handeln, gewinnen wir geistliches Sehvermögen und können mit unseren geistlichen Augen klarer sehen. Wir haben tatsächlich geistliche Sinne. Das ist es, was Jesus meinte, als er sagte: *Wer Ohren hat zu hören, der höre* (Mt 11,15). Wir haben geistliche Ohren und Augen, die es uns möglich machen, Dinge wahrzunehmen, die für unsere natürlichen Sinne verborgen sind.

Wenn du noch nicht begonnen hast, deine geistlichen Sinne zu gebrauchen, dann fang heute damit an. Hier ist ein Tipp: Du kannst mit deinen natürlichen Augen nicht sehen, wenn du sie geschlossen hältst. Ebenso kannst du mit deinen geistlichen Augen nicht sehen, wenn sie nicht für den Geist und das Wort geöffnet sind. Wenn du deine Welt nicht gemäß dem vom Heiligen Geist eingegebenen Wort Gottes siehst, bist du geistlich blind. Du möchtest sicherlich nicht blind in deinem Geist sein, deshalb öffne deine geistlichen Augen, indem du dein Herz für Gottes Wort öffnest, und dann wird dir auch Hoffnung zuteilwerden.

Feste Hoffnung = standhaftes Ausharren

Römer 8,20-25

Wenn wir aber auf das hoffen, was wir nicht sehen, so erwarten wir es mit standhaftem Ausharren.
Römer 8,25

Hast du schon einmal bemerkt, welches geduldige Ausharren Athleten aufbringen müssen? Alle vier Jahre nur treten sie bei den Olympischen Spielen an, aber sie trainieren ständig und nehmen fortwährend an irgendwelchen Spielen und Wettbewerben teil. Manche arbeiten ihr ganzes Leben für einen kurzen Moment des Ruhms. Wie schaffen sie das? Was motiviert sie durchzuhalten? Sie haben eine starke Hoffnung.

Athleten, die gewinnen wollen, müssen sich selbst Dinge versagen, die für andere selbstverständlich sind. Sie essen nur bestimmte Nahrungsmittel und meiden andere. Die Trainingseinheiten erfordern ihre ganze Hingabe, nehmen ihre meiste Zeit in Anspruch und bedürfen aller Anstrengung. Sie trainieren, während andere Freizeit haben. Es gibt keinen Sommerurlaub für diejenigen, die es auf eine Goldmedaille abgesehen haben. Was macht sie fähig, sich an einen derartig disziplinierten Lebensstil zu halten? Es ist ihre Hoffnung zu siegen!

Gleichermaßen sind es auf der Rennbahn des Glaubens diejenigen, die eine starke Hoffnung haben, bis zum Ende durchhalten zu können. Gläubige ohne Hoffnung sind wie Athleten, die nicht damit rechnen zu siegen. Deshalb strengen sie sich nicht besonders an. Geduld, die für ein standhaftes Ausharren unerlässlich ist, können nur diejenigen aufbringen, die glauben, dass sie es auch erreichen können, eine Belohnung für ihre Anstrengungen zu erzielen.

Mose war in der Lage, die Reichtümer Ägyptens zurückzuweisen und sich dem Volk Israel zu widmen, *denn er schaute auf die Belohnung* (Hebr 11,26; ELB). Diejenigen, die im Leben als Christ Erfolg haben, haben eine sichere Hoffnung auf das, was sie erwartet. Sie wissen, dass sie die Ewigkeit im Himmel mit dem Herrn verbringen werden. Das macht sie fähig, bis zur Ziellinie auf Kurs zu bleiben.

Dein Leben in Jesus Christus ist kein Kurzstreckenlauf, sondern ein Marathon. Die Bibel sagt, dass nicht diejenigen den Sieg erringen, die gut starten, sondern diejenigen, die als Erste die Ziellinie erreichen. Also bewahre deine feste Hoffnung auf Jesus und du wirst in der Lage sein, am Ende zu siegen.

Gottes Wort gibt dir Hoffnung

Römer 15,1-4

Denn was zuvor geschrieben ist, das ist uns zur Lehre geschrieben, damit wir durch Geduld und den Trost der Schrift Hoffnung haben.
Römer 15,4

Die Menschen suchen an vielen unterschiedlichen Orten nach Hoffnung. Einige von ihnen befragen ihr Horoskop oder Wahrsager, während sich andere auf ihre Ehepartner, Freunde oder Behörden verlassen. Dieser Vers macht deutlich, dass es die Schrift ist, aus der unsere Hoffnung kommt. Natürlich ist Gott der Gott aller Hoffnung (Röm 15,13), doch er gebraucht sein Wort, um uns seine Hoffnung zu vermitteln.

Viele Menschen entscheiden sich, alles auf harte Weise zu lernen. Sie wollen dem Wort Gottes so lange nicht glauben, bis sie nicht persönlich einen Sieg erlebt haben, doch wenn sie dem Wort Gottes nicht glauben, werden sie keinen Sieg erleben! Nach biblischen Maßstäben nennen wir so etwas Torheit. Was ist also die Lösung?

Jedes Problem, das uns begegnet, und noch schlimmere hat bereits jemand in der Bibel durchlebt. Die Schrift hält sehr anschaulich die Kämpfe und die Siege derer fest, die auf Gott vertraut haben. Das gibt uns Hoffnung. Wenn Gott wirklich auf kein Ansehen der Person achtet (Röm 2,11), wird er für uns das Gleiche tun, das er bereits für andere getan hat. Wir durchleben quasi indirekt das Leben der biblischen Charaktere und empfangen dadurch Hoffnung für die Situationen, in denen wir stehen.

Nicht erst wenn du in einer Krise steckst oder unter Druck gerätst, wächst in dir Hoffnung. Durch die Vorbilder in der Schrift „bist du schon dort gewesen und hast das durchlebt“ und in dir ist bereits die Hoffnung und der Glaube gewachsen, der zum Überwinden nötig ist. Du musst nicht jedes Mal aufs Neue Gottes Reaktion austesten, wenn Schwierigkeiten auftauchen. Dies haben bereits unzählige Male die Heiligen der vergangenen Jahrhunderte getan, deren Erfahrungen in der Bibel niedergeschrieben sind. Lerne aus deren Erfahrungen. Dies ist viel besser, als immer alles am eigenen Leib erfahren zu müssen.

Hoffnung macht fröhlich

Römer 12,9-15

Seid fröhlich in Hoffnung, in Bedrängnis haltet stand,
seid beharrlich im Gebet.
Römer 12,12

Laut diesem Vers ist es die Hoffnung, die uns fröhlich macht; in 1. Petrus 1,8 steht jedoch: *Ihn habt ihr nicht gesehen und dennoch liebt ihr ihn; ihr seht ihn auch jetzt nicht; aber ihr glaubt an ihn und jubelt in unsagbarer, von himmlischer Herrlichkeit verklärter Freude* (Einheitsübersetzung). Was also bewirkt Freude in uns, Glaube oder Hoffnung? Die Antwort ist: Beides. Hoffnung ist einfach nur Glaube in Zukunftsform. Hoffnung heißt, Gott für etwas zu glauben, das gegenwärtig nicht sichtbar ist. Glaube heißt überzeugt zu sein, dass Gott *jetzt* etwas in Existenz bringt (Hebr 11,1), doch Hoffnung ist der Glaube, der eine zukünftige Erfüllung sieht. Wenn wir wirklich glauben, dass Gott das bereitstellt, auf das wir hoffen, werden wir uns freuen.

Wenn ich dir heute fest versprechen würde, in einem Jahr eine Million Euro auf dein Bankkonto zu überweisen, und du es glauben würdest, könntest du dich in dieser Hoffnung darauf freuen. Genauso ist es, wenn du wirklich den Verheißungen glaubst, die Gott dir gibt: Du freust dich in dieser Hoffnung darauf. Wenn du diese Freude nicht hast, dann glaubst du nicht wirklich an das, worauf du hoffst.

Erwartungsvolle Freude ist ein sicheres Zeichen für Hoffnung. Genauso, wie du echtes Gold anhand seiner Merkmale von identisch aussehendem Metall unterscheiden kannst, kannst du echte Hoffnung an der Freude erkennen. Wenn die Freude fehlt, dann ist auch keine echte Hoffnung vorhanden.

Unsere Gefühle kann man mit dem Schwanz eines Hundes vergleichen. Der Schwanz ist nicht der Hund selbst, doch indem du den Schwanz beobachtest, erkennst du, was in dem Hund vorgeht. Du kannst viel über dich selbst lernen, indem du deine Gefühle überprüfst. Bist du fröhlich? Wenn du heute wahre biblische Hoffnung hast, dann bist du es!

Gott ist ein Gott der Hoffnung

Römer 15,8-13

Der Gott der Hoffnung aber erfülle euch mit aller Freude und mit Frieden im Glauben, dass ihr überströmt in der Hoffnung durch die Kraft des Heiligen Geistes!
Römer 15,13

Gott ist ein Gott der Hoffnung. Bei Gott ist nichts unmöglich. Das ist unserem begrenzten Denken fremd, doch es gibt keine Situation, für die Gott keine Lösung hat. Stell dir nur einmal die Kinder Israels am Roten Meer vor. Es sieht unmöglich aus, doch nur für diejenigen, die außer Acht lassen, dass Gott das Undenkbare tun kann. Denke an Daniel in der Löwengrube. Seine Ankläger glaubten, dass es keinen Ausweg für ihn gäbe, doch sie kannten Gott nicht. Erinnerst du dich an die hebräischen Kinder im Feuerofen? Gibt es etwas Unmöglicheres als das? Doch Gott schuf einen Ausweg für jeden von ihnen.

Schau die Auferstehung von Lazarus an, Jesus, der auf dem Wasser ging, und Tausende weitere Beispiele in der Schrift, wo Gott das Unmögliche tat. Er ist der wunderwirkende Gott! Deswegen gibt es immer Hoffnung für die, die auf ihn vertrauen. Egal wo du jetzt bist oder in welcher Situation du dich befindest, Gott kann für dich einen Kurs zurück in das Zentrum seines vollkommenen Willens festlegen. Niemand ist unerreichbar und keine Situation zu verzweifelt für sein wundersames Eingreifen.

Der erste Schritt aus einer verzweifelten Situation heraus ist Hoffnung. Bevor du vollkommen glauben kannst, musst du hoffen. Glaube bewirkt nur das, was du hoffst (Hebr 11,1). Hoffnung entsteht aus den Verheißungen Gottes. Ergreife die Hoffnung, dass Gott deine Situation wandeln kann, und sei heute in deinem Herzen ermutigt. Finde das Wunder, das du brauchst, im Wort und erkenne: Wenn er es für sie getan hat, wird er es auch für dich tun!

Hoffnung bewirkt Reinheit

1. Johannes 3,1-3

Und jeder, der diese Hoffnung auf ihn hat, reinigt sich, gleichwie auch Er rein ist.
1. Johannes 3,3

Wann immer der Apostel Paulus die Gnade predigte, kam die Frage auf: *Sagst du, dass ich sündigen kann, weil ich unter Gnade bin?* Paulus behandelte diese Frage drei Mal in seinen Schriften (Röm 3,8; 6,1-2.15; Gal 2,17) mit der schallenden Antwort: *Gott bewahre!* Natürlich hat Paulus das nicht vermittelt und wenn du die Evangelien liest, siehst du, dass auch Jesus zwar mitfühlend und barmherzig zu den Sündern war, doch immer sagte: *Geh hin und sündige nicht mehr* (Joh 8,11).

Die Bibel macht klar, dass jeder wiedergeborene Mensch, der die Hoffnung auf die Auferstehung hat, bestrebt ist, sich zu reinigen und rein zu sein wie Jesus. Das bedeutet nicht unbedingt, dass sie das Ziel erreichen. Es gibt viele Dinge, die die Gnade Gottes in ihrem Leben wirkungslos machen und sie in der Bindung an die Sünde halten. Doch gleichzeitig ist es eine unwiderlegbare Tatsache der Bibel, dass diejenigen, die Gottes Kinder sind und den Moment erwarten, wo Jesus sie am Tag der Auferstehung mit sich nimmt, ein Leben führen wollen, das ihm wohlgefällt. Das ist eines der Unterscheidungsmerkmale wahrer Christen.

Die gleiche Überlegung gebrauchte Jesus, als er sagte: *Denn ihr wisst nicht, in welcher Stunde euer Herr kommt* (Mt 24,42). Wenn wir das Kommen des Herrn im Blick behalten, beeinflusst das unser Handeln. Die Christen, die kein reines Leben führen, haben die Verheißung des Wortes Gottes vergessen, dass der Tag kommen wird, an dem sie vor Jesus stehen, Rechenschaft für ihr Leben ablegen und seine Belohnung empfangen werden. Erinnere dich heute, dass diese Welt und alles, was dich betrifft, zeitlich ist und bei der Erscheinung deines Herrn in Vergessenheit geraten wird. Das wird es dir viel leichter machen, Prioritäten zu setzen.

Hoffnung überwindet Schmerz

1. Thessalonicher 4,13-18

Ich will euch aber, Brüder, nicht in Unwissenheit lassen über die Entschlafenen, damit ihr nicht traurig seid wie die anderen, die keine Hoffnung haben.
1. Thessalonicher 4,13

Die Hoffnung darauf, mit geliebten und bereits verstorbenen Menschen wieder vereint zu werden, versetzt den Gläubigen in eine andere Situation als die Menschen, die diese Hoffnung nicht haben. Für den Ungläubigen ist der Tod endgültig. Es gibt keine Möglichkeit, die Kluft zwischen den Lebenden und den Toten zu überbrücken, und diejenigen, die sterben, sind auf ewig verloren. Die Ewigkeit ist eine lange, lange Zeitspanne.

Für den Gläubigen ist der Tod nur eine zeitlich begrenzte Trennung von geliebten Menschen, die ebenfalls gläubig sind. Wir haben die Hoffnung darauf, einander im Himmel wiederzusehen und für immer gemeinsam in der Herrlichkeit Gottes zu wohnen. Diese Hoffnung entschärft den fürchterlichen Schmerz, den die Ungläubigen erleben. Ein Christ mag einen Verstorbenen zwar vermissen, doch es ist nicht der gleiche hoffnungslose Schmerz, den die Ungläubigen verspüren. Diese Art von Schmerz verursacht Tod (2 Kor 7,10), daher kann der Tod eines geliebten Menschen die Lebenden förmlich zerreißen.

Jeder Mensch kann mit Trennung umgehen, solange er weiß, dass sie nicht für immer ist. Wir verabschieden unsere Kinder in die Schule, wir gehen zur Arbeit, unsere Freunde fahren in den Urlaub. Es wäre unlogisch zu trauern, als wären sie gestorben, weil sie doch nur für eine kurze Zeit fort sind. Gleichermaßen wissen diejenigen, die an die Auferstehung glauben und die Gewissheit auf ein ewiges Leben mit Gott im Himmel haben, dass sie ihre Geliebten wiedersehen werden.

Sorge dafür, dass du jede Situation deines Lebens heute voller Hoffnung betrachtest. So wie dein Schmerz über den Verlust eines geliebten Menschen heute durch die Hoffnung verringert wird, dass du ihn wiedersehen wirst, wird der Druck des täglichen Lebens durch die Hoffnung reduziert, dass Gottes Verheißungen wahr sind. Jede negative Situation deines Lebens ist nur vorübergehend!

Überlass Gott die Rache

Lukas 17,2

Es wäre für ihn besser, wenn ein großer Mühlstein um seinen Hals gelegt und er ins Meer geworfen würde, als dass er einem dieser Kleinen einen Anstoß zur Sünde gibt
Lukas 17,2

Gott nimmt die Verfolgung seiner Kinder persönlich. Als Jesus in Apostelgeschichte 9,4 Saul auf der Straße nach Damaskus erscheint und zu ihm über die Verfolgung der Heiligen spricht, sagt Jesus: „Saul, Saul, warum verfolgst du mich?" Saul verfolgte Jesus nicht direkt, doch er verfolgte seine Heiligen. Dennoch sagte Jesus: „Warum verfolgst du mich?" Das Gericht gegen die, die Gottes Kinder verfolgen, wird nicht immer rechtzeitig kommen, um Schaden von ihnen abzuwenden, doch wie uns diese Warnung deutlich zeigt, wird Gott die Seinen rächen (Röm 12,19).

Es ist eine Glaubenssache, Gott denjenigen sein zu lassen, der uns verteidigt. Wenn es keinen Gott gibt, der die Menschen zur Rechenschaft für ihr Handeln zieht, ist das Schlimmste, was wir tun könnten, dem anderen die andere Wange hinzuhalten. Doch wenn es einen Gott gibt, der verheißt, dass die Rache sein ist und er vergelten wird, dann zeigt es einen Mangel an Glauben an ihn und sein Wort, wenn wir die Dinge selbst in die Hand nehmen.

Wir sollen die Angelegenheiten nicht selbst in die Hand nehmen und uns selbst verteidigen. *Mein ist die Rache, ich will vergelten, spricht der Herr* (5 Mose 32,35.36; Röm 12,19; Hebr 10,30). Das Ringen um die eigene Verteidigung zeigt stattdessen den Mangel an Glauben, dass Gott seine Verheißung erfüllen wird. Es zeigt auch eine geistliche Kurzsichtigkeit, die nur den Moment betrachtet, statt die Dinge aus dem Blickwinkel der Ewigkeit anzuschauen.

Jesus ist nicht gekommen, um die Welt zu verdammen, und er hält den Menschen ihre Sünden nicht vor. Wir sollten das Gleiche tun. Wenn jemand dich übervorteilt, betrogen oder verleumdet hat, dann erinnere dich daran, was Jesus zu Saul gesagt hat: *Was immer du einem meiner Nachfolger tust und sagst, tust und sagst du mir!* Dein himmlischer Vater weiß alles und er wird dich verteidigen.

Der Glaube, zu vergeben

Lukas 17,5

Und die Apostel sprachen zum Herrn: Mehre uns den Glauben!
Lukas 17,5

Es ist sehr interessant festzustellen, dass die Apostel Jesus bitten, ihren Glauben zu vermehren, nachdem er über Vergebung gesprochen hat. Sie beobachteten all die großartigen Wunder, die er vollbrachte, doch das hat sie nie dazu veranlasst, um größeren Glauben zu bitten. Tatsächlich wird der Wandel in Liebe und Vergebung anderen gegenüber genauso viel Glauben erfordern wie irgendein Wunder, für das wir jemals glauben werden.

Die Grundlage von Vergebung ist die Liebe und Barmherzigkeit Gottes. Nur weil Gott uns zuerst geliebt und vergeben hat, können wir andere lieben und ihnen vergeben. Wenn wir nicht in der Liebe und Vergebung Gottes uns selbst gegenüber wandeln, können wir sie anderen gegenüber nicht ausdrücken. Er hat uns geliebt, als wir noch nicht liebenswert waren (und manchmal noch immer nicht sind), und er vergab uns, bevor wir Buße taten oder um Vergebung baten.

Die Schrift ermahnt uns zu vergeben, so wie Christus uns vergeben hat. Gott hat uns seine Vergebung angeboten, als wir noch Sünder waren, also wurde uns die Vergebung bedingungslos angeboten. Genauso sollen wir anderen ihre Übertretungen vergeben, wie Gott uns unsere Übertretungen vergeben hat. Wir vergeben unabhängig davon, ob die andere Person Reue zeigt oder unsere Vergebung sucht.

Nur Gott kann eine Person zur Buße führen, sie erretten und wiederherstellen. In der Zwischenzeit ist es unsere Aufgabe, sie zu lieben und ihr zu vergeben, so wie er uns geliebt und vergeben hat. Das erfordert großen Glauben! Gleichzeitig, während wir unaufhörlich lieben und vergeben, erlaubt uns der Heilige Geist und das Wort möglicherweise nicht, die Beziehung fortzusetzen. Wenn uns zum Beispiel ein Geschäftspartner mehr als einmal bestiehlt, müssen wir, nachdem wir ihm vergeben haben, unsere Partnerschaft mit ihm beenden. Die Vergebung ist bedingungslos, doch die Wiederherstellung einer Beziehung erfolgt nach göttlichen Bedingungen wie wahrer Buße und wiedererlangtem Vertrauen.

Sei heute in deinen Beziehungen weise. Du kannst in Liebe und Vergebung wandeln und gleichzeitig in deinen Beziehung Entscheidungen treffen, die dich vor Schaden und Kummer bewahren.

Korrektur oder Verdammnis?

Johannes 11,5

Jesus aber liebte Martha und ihre Schwester und Lazarus.
Johannes 11,5

Es ist interessant, dass die Liebe Jesu zu Martha besonders hervorgehoben wird. Dies geschah nach dem Ereignis, das in Lukas 10,38-42 beschrieben wird, wo Martha mehr mit dem Dienen beschäftigt war, statt Jesus anzubeten. Er wies sie dafür nicht zurecht, sondern ermahnte sie, dass ihre Prioritäten nicht richtig waren. Wenn der Herr Problembereiche in unserem Leben anspricht, geschieht das immer zu unserem Besten, nicht als Strafe, und wir sollten es nicht als Ablehnung auffassen. Dies ist ein Weg, um die Korrektur durch Gott von der Anklage des Teufels zu unterscheiden: *Geschieht es verdammend?*

Gott überführt uns von Sünde, doch er verdammt uns nicht. Überführung geschieht ausschließlich zu unserem Besten, während die Verdammnis eine Strafe beinhaltet. Satan verdammt Christen, doch er tut es unrechtmäßig, denn Römer 8,1 sagt: *So gibt es jetzt keine Verdammnis mehr für die, welche in Christus Jesus sind.* Wenn wir uns verdammt fühlen, dann haben wir Verdammnis und Scham vom Teufel empfangen. Diese Dinge sind nicht von Gott.

Der Herr überführt uns durch den Dienst des Heiligen Geistes in uns. Dies geschieht immer auf eine positive Weise, die uns dazu ermutigt, uns von der Sünde abzuwenden. Die negative Art des Feindes verdammt uns für unser Sündigen. Dadurch fühlen wir uns wie darin gefangen. Doch der Heilige Geist führt uns sanft und fest von der Sünde weg und gibt uns Hoffnung und Glauben, sie schließlich vollkommen zu überwinden.

Bist du in einigen oder sogar mehreren Bereichen deines Lebens unter Verdammnis? Wenn das so ist, dann hast du es selbst zugelassen, vom Teufel manipuliert und herabgesetzt zu werden. Du kannst heute frei von aller Verdammnis werden, indem du dem Feind ganz einfach im Namen Jesus befiehlst zu gehen, und proklamierst, dass du durch das Blut von Jesus Christus vollkommen gerecht bist. Und dann gehe weiter in der Kraft des Heiligen Geistes. Wenn du sündigst oder gesündigt hast, wird er es dich wissen lassen! Halte dich nur an ihn und er wird dich korrigieren und dich davor bewahren, unter die Verdammnis des Teufels zu geraten.

Wandle im Licht

Johannes 11,9-10

Jesus erwiderte: Hat der Tag nicht zwölf Stunden? Wenn jemand bei Tag wandelt, so stößt er nicht an, denn er sieht das Licht dieser Welt.
Johannes 11,9

Jesus vergleicht seinen Entschluss, nach Judäa zurückzukehren, mit einem Mann, der bei Tag reist. Eine Reise bei Tag garantiert keine Gefahrlosigkeit, doch das Licht erlaubt ihm, die Gefahren zu erkennen. In der Dunkelheit der Nacht stolpern wir zwangsläufig. Gleichermaßen bedeutet es nicht, dass wir keine Schwierigkeiten haben werden, wenn wir in dem Licht der Anweisungen Gottes wandeln. Doch die Alternative, unser eigenes Ding zu machen (Wandel in der Finsternis), wird uns garantiert in Schwierigkeiten bringen.

Jesus gehorchte der Führung des Heiligen Geistes, als er nach Judäa zurückkehrte, Er konnte genau sehen, was geschehen würde, und er ging in dem Licht, das sein Vater ihm gegeben hatte. Unsere Entscheidungen sollten nicht darauf beruhen, ob wir als Resultat unseres Handelns in irgendeiner Weise verletzt werden könnten, sondern wir müssen Gottes Willen erkennen und tun, egal wie hoch der Preis ist.

Die irrige Auffassung *Wenn Gott dabei ist, wird es keine Probleme geben* ist nicht nur falsch, sondern sogar gefährlich. Diese Denkweise hat dazu geführt, dass viele Menschen von dem abgewichen sind, was Gott ihnen aufgetragen hat, weil die Dinge nicht so gelaufen sind, wie sie es erwartet hatten. Die Bibel sagt uns, dass wir nicht überrascht sein sollen, wenn Prüfungen kommen (1 Petr 4,12) und dass wir weiter in dem Licht wandeln sollen, das wir von ihm empfangen haben, denn das ist sein Wille.

Du kannst heute im Licht wandeln und klar sehen, solange du dich im Willen Gottes befindest. Wenn du das tust, wozu er dich berufen hat, und Probleme auftauchen, wirst du klar erkennen, wie du mit ihnen in göttlicher Weise umgehen kannst.

Dein auferstandener Leib

Johannes 11,11-14

Jesus aber hatte von seinem Tod geredet; sie dagegen meinten, er rede vom natürlichen Schlaf.
Johannes 11,13

Jesu Freund Lazarus war gestorben. Es gibt viele Schriftstellen, in denen der Tod als Schlaf bezeichnet wird; in diesem Fall dachten die Jünger jedoch, dass Jesus davon sprach, Lazarus würde lediglich schlafen, um sich auszuruhen. Schließlich klärte Jesus das Missverständnis auf, indem er das Wort *Tod* gebrauchte – aber dieser Begriff war nicht seine erste Wahl, denn Gottes Verständnis vom Tod unseres menschlichen Körpers ist anders als das unsere. Der physische Tod mag für uns etwas Endgültiges sein, jedoch nicht für Gott, denn es wird eine Auferstehung geben.

Genau so wie ein Same sich von der Pflanze unterscheidet, die er hervorbringt, wird sich auch unser auferstandener Leib von unserem irdischen unterscheiden, wenngleich er ihm auch in der äußeren Erscheinung ähneln wird. Das wissen wir, weil die Schriften es über Jesu verherrlichten Leib offenbaren. Er sah noch immer wie ein Mensch aus. Er nahm Nahrung zu sich. Er behielt die Male seiner Kreuzigung an seinen Händen und Füßen und in seiner Seite zurück. Er sagte, er sei aus Fleisch und Blut. Und doch konnte er einfach verschwinden und an einem anderen Ort wieder auftauchen. Unser auferstandener Körper wird also unsterblich sein – dem Tod nicht mehr unterworfen –, und dem auferweckten Leib Jesu gleichen.

Dein physischer Körper ist bereits eine wundervolle Schöpfung – doch dein verherrlichter, auferweckter Leib wird noch viel erstaunlicher sein! Er wird nicht länger Krankheit und Tod unterworfen sein und er wird sich mit Leichtigkeit vom Himmel zur Erde und von Ort zu Ort bewegen können, genauso wie Jesus. Du kannst dir sicher sein, dass Gott nicht den Nachtisch zuerst serviert! Dein jetziger Leib ist an sich schon wundervoll, doch selbst wenn du chronische Beschwerden hast, die noch nicht völlig verschwunden sind, kannst du dich auf diesen herrlichen Segen freuen, dass dann dein auferstandener Leib in jeder Hinsicht vollkommen sein wird.

Bekenne Gottes Wahrheit

Johannes 11,14

Daraufhin nun sagte es ihnen Jesus frei heraus: Lazarus ist gestorben.
Johannes 11,14

Zunächst sprach Jesus davon, dass Lazarus nur schlafen würde, dann aber sagte er ihnen frei heraus, dass Lazarus gestorben sei. Er tat dies, weil für die Jünger in ihrer fleischlichen Gesinnung Tod etwas Endgültiges war, Schlaf aber nicht. Als er sagte: *Lazarus ist gestorben*, schien diese Aussage in direktem Gegensatz zu stehen zu dem, was er eigentlich tun wollte, nämlich Lazarus vom Tod aufzuerwecken. In Vers 15 fügte er jedoch hinzu: *... und ich bin froh um euretwillen, dass ich nicht dort gewesen bin, damit ihr glaubt.* Damit bezog er sich darauf, Lazarus vom Tod aufzuerwecken und verwandelte so eine negative Tatsache (den Tod von Lazarus) in ein positives Bekenntnis des Glaubens (die Auferweckung).

In dieser Angelegenheit hat es viel Verwirrung gegeben. Viele Menschen weigern sich einfach, Umstände anzuerkennen oder einfach nur davon zu reden, wenn diese im Gegensatz zu Gottes Verheißungen stehen. Ganz sicher ist es erstrebenswert, nicht ständig über unsere Probleme zu reden; das hat auch eine biblische Grundlage (2 Kön 4,20.26). In diesem Fall vermied es Jesus, für die Beschreibung von Lazarus' Zustand ein Wort zu gebrauchen, das den Herzen der Jünger Angst eingeflößt hätte, aber als sie ihn nicht verstanden hatten, legte er einfach die natürlichen Tatsachen dar.

Ein wahres, positives Bekenntnis leugnet die natürlichen Umstände nicht. Wir weigern uns lediglich, ihnen das letzte Wort zu überlassen! Stattdessen sprechen wir die geistliche, größere Wahrheit aus, so wie Jesus, und folgen damit seinem Beispiel. Es ist also nicht falsch, es einzugestehen, wenn man ein körperliches Problem, beispielsweise eine Krankheit hat, solange wir in ebensolchem oder noch größeren Maße die geistliche Wahrheit anerkennen, dass wir *durch seine Wunden heil geworden* sind (1 Petr 2,24).

Leugne nicht die Probleme, die du heute in deinem Leben hast, aber verweigere ihnen das Recht, weiterhin in deinem Leben zu existieren, indem du deinen Glauben an Gott und sein Wort bekennst.

Ewiges Leben in ihm

Johannes 11,26

Und jeder, der lebt und an mich glaubt, wird in Ewigkeit nicht sterben. Glaubst du das?
Johannes 11,26

Manche Menschen haben diesen Vers dahingehend ausgelegt, dass es möglich ist, niemals körperlichen Tod zu erleiden. Deshalb glauben einige Leute, dass sie bis zu Jesu Wiederkunft nicht sterben werden, selbst wenn es noch Tausende von Jahren dauern würde. Obwohl es naheliegend ist, dass man den Vers auf diese Weise interpretiert, ist es jedoch unwahrscheinlich, dass Jesus es in diesem Sinne gemeint hat.

Erstens wäre eine solch tief greifende Lehre sicherlich auch noch durch andere Schriftstellen belegt. Manche Verse mögen eine solche Behauptung vielleicht unterstützen, geben aber diesbezüglich keinen klaren Hinweis. Diese Schriftstellen so zu interpretieren, dass ein Gläubiger bis zur Wiederkunft Jesus weiterlebt, wäre recht oberflächlich und entspricht keiner fundierten Bibelauslegung. Zweitens finden wir in der Bibel keinen einzigen solchen Fall. Allein das sollte uns zu denken geben. Henoch oder Elia könnten als Beispiele angeführt werden, aber sie sind verwandelt und in den Himmel aufgenommen worden. Sie sind nicht mehr körperlich auf dieser Erde anwesend.

Es gibt zwar einige Wahrheiten, die in der Geschichte der Kirche verloren gegangen sind und dann wiederentdeckt wurden, aber das Weiterleben bis zur Wiederkunft Jesu gehört nicht dazu. Kein Gläubiger hat das je getan. Deshalb ist man sich allgemein einig, dass sich *nicht sterben* in dieser Schriftstelle auf unseren Geist bezieht. Wenn wir wiedergeboren werden, empfangen wir Gottes ewiges Leben, und wir werden nie wieder geistlich sterben. Diese Verheißung finden wir an mehreren Stellen in der Schrift und sie gilt für jeden Gläubigen.

Weil du glaubst, dass Jesus von den Toten auferweckt wurde, und ihn als deinen Herrn bekannt hast, bist du gerettet (Röm 10,9-10); und das bedeutet auch, dass dein Geist nie wieder sterben oder ewig von Gott getrennt sein wird. Dein Geist steht jetzt und für immer mit Gottes Geist in Verbindung! Wenn dir an diesem Tag Schwierigkeiten begegnen, dann bedenke, dass diese nur vorübergehend sind; und dass deine Zukunft ewiges Leben, Liebe und Segen ist.

Seufzen im Geist

Johannes 11,33

Als nun Jesus sah, wie sie weinte, und wie die Juden, die mit ihr gekommen waren, weinten, seufzte er im Geist und wurde bewegt.
Johannes 11,33

Das griechische Wort, das hier mit *seufzen* wiedergegeben wird, bringt zum Ausdruck, dass Jesus tief bewegt war – wenn auch nicht unbedingt durch Trauer. Es war mehr ein Ausdruck des Zorns auf Satan wegen all des Leids, das Jesus um sich herum sah. Er kam, *damit er durch den Tod den außer Wirksamkeit setzte, der die Macht des Todes hatte, nämlich den Teufel* (Hebr 2,14), und es betrübte ihn, den Schmerz zu sehen, den der Feind den Menschen zugefügt hatte, die er liebte.

Es ist diese Art von Seufzen, die der Heilige Geist für uns ausstößt (Röm 8,26). Es bringt nicht nur zum Ausdruck, dass der Heilige Geist mit uns fühlt, sondern es bedeutet auch, dass er geistliche Schlachten für uns schlägt, wenn wir nicht wissen, wie wir beten sollen. In diesem Fall kämpften Jesus und der Heilige Geist gegen den Tod und die Zweifel der Anwesenden, die die Auferstehung von Lazarus hinderten.

Jeder Gläubige, in dem der Heilige Geist wohnt, hat das schon einmal erlebt oder wird es noch erleben. Das Seufzen des Heiligen Geistes ist nicht nur ein Ausdruck der Trauer, sondern auch des gerechten Zorns und des Widerstands gegen die Pläne Satans in unserem Leben. Das erkennen Christen oft nicht, weil sie denken, sie seien nur wegen ihrer Situation betrübt, stattdessen aber bewegt sie der Heilige Geist dahingehend, mit ihm Fürbitte gegen den Feind zu tun.

Auch wenn du das Seufzen des Heiligen Geistes in dir nicht als hörbares Seufzen vernimmst, kann es doch sein, dass du selbst mit einem hörbarem Seufzen oder entsprechenden Gesten darauf reagierst und einem Trauernden gleichst. Das ist auch in Ordnung, so lange du nicht deine Reaktion mit dem Wirken des Heiligen Geistes verwechselst. In Römer 8,26 heißt es, *der Geist selbst tritt für uns ein mit unaussprechlichen Seufzern.* Der Heilige Geist äußert selbst nichts; du jedoch reagierst auf seine stummen Seufzer in dir.

Ein echtes Seufzen des Heiligen Geistes ist kostbar und bringt immer gute Frucht in deinem Leben hervor. Wenn du es also erlebst, dann bewege dich einfach mit dem Geist. Du kannst heute dafür dankbar sein, dass du ihn als Lehrer und Tröster in allen Lebenslagen hast.

Sei frei gemacht!

Johannes 11,44

Und der Verstorbene kam heraus, an Füßen und Händen mit Grabtüchern umwickelt, und sein Gesicht war mit einem Schweißtuch umbunden. Jesus spricht zu ihnen: Macht ihn frei und lasst ihn gehen!
Joh 11,44 (ELB)

Symbolisch gesehen ist Lazarus wie viele Christen. Die Bibel spricht davon, dass wir, wenn wir wiedergeboren werden, vom Tod in ein neues Leben hinüberwechseln. Wir bringen jedoch unsere Leichentücher (schlechte Gewohnheiten, negative Haltungen und falsche Vorstellungen) aus unserem alten Leben mit und müssen davon frei gemacht werden, um unser neues Leben in Christus in seiner Fülle genießen zu können. Dies erreichen wir durch Veränderung unseres Denkens.

Unsere Gefühle, Einstellungen und Taten sind eine Folge unserer Gedanken. Schenken wir unseren Problemen unsere ganze Aufmerksamkeit, stehen diese für uns im Mittelpunkt; denken wir stattdessen über das nach, was Gott bereits für uns getan hat, rücken wir die Lösung für unsere Probleme in den Mittelpunkt. Das, worüber wir nachdenken, wird uns bestimmen. Wir sind entweder durch negative Gedanken gebunden oder durch göttliche Gedanken frei gemacht. Denken wir über Deprimierendes nach, werden wir deprimiert sein. Denken wir an erfreuliche Dinge, werden wir erfreut sein. Denken wir über Krankheit nach, werden wir krank sein. Wenn wir denken: *Durch seine Wunden bin ich geheilt,* werden wir geheilt sein.

Göttliche Zufriedenheit ist nicht abhängig von Umständen, obwohl die Welt das glaubt. Es wird gesagt, dass sich Zufriedenheit einstellt, wenn die Situation stimmt. Deshalb haben viele Menschen Depressionen. Sie glauben nicht, dass sie positive Gefühle wie Frieden und Freude inmitten negativer Umstände aufrechterhalten können. Die Bibel sagt uns jedoch, dass unsere Gefühle eine Folge unserer Denkweise sind. Wir können von unseren alten Leichentüchern frei gemacht werden, indem wir uns entschließen, über Dinge nachzusinnen, die liebenswert, wahrhaftig, lobenswert und so weiter sind (Phil 4,8). Wir reagieren mit unseren Gefühlen auf das, was wir denken.

Anstatt auf die vergänglichen, irdischen Umstände zu schauen, kannst du einfach dadurch, dass du deine Aufmerksamkeit auf die ewigen Segnungen und Wahrheiten Gottes konzentrierst, deinem Tag eine andere Wendung geben.

Wie ein Blitz

Lukas 17,24-31

Denn gleichwie der Blitz, der in einer Himmelsgegend erstrahlt, bis zur anderen leuchtet, so wird auch der Sohn des Menschen sein an seinem Tag.
Lukas 17,24

Dieser Vers und der Parallelvers in Matthäus 24,27 zeigen klar und deutlich, dass das zweite Kommen Jesu niemandem verborgen bleiben wird. Matthäus macht unmissverständlich klar, dass Jesus den Blitz als Beispiel gebraucht, damit wir nicht durch falsche Christusse getäuscht werden. Ebenso wie ein Blitz für jeden sichtbar ist, so wird auch die ganze Welt die Wiederkunft Jesu miterleben.

Wir brauchen keine Angst zu haben, seine Rückkehr zu verpassen und uns besorgt mit den Aussagen derer auseinanderzusetzen, die behaupten, dass er schon gekommen sei. Lehren, wie die der Bahaireligion, die davon ausgehen, dass Jesus bereits heimlich zurückgekehrt ist, werden durch diese Verse eindeutig widerlegt. Wir wissen, dass dies nicht stimmt, da Jesus uns sagte, dass sein zweites Kommen für jeden sichtbar sein würde.

Jesus erklärte auch, dass die Welt bis zum allerletzten Tag vor seiner Wiederkunft ihren gewohnten Gang gehen würde. Die Leute würden die Zeichen seines Kommens ebenso wenig erkennen wie die Leute zur Zeit Noahs die Zeichen des drohenden Gerichts wahrnahmen (Lk 17,27). Dies stimmt mit den Prophezeiungen des Neuen Testaments überein, die sein Kommen mit einem *Dieb in der Nacht* vergleichen (1 Thess 5,2; 2 Petr 3,10). Die Welt wird den *Blitz* sehen, wenn er auf der Erde einschlägt, aber dann wird es zu spät sein. Jesus betonte, dass sein Kommen für Ungläubige völlig überraschend sein wird.

Jesus zeigte die dringende Notwendigkeit auf, bereit für seine Wiederkunft zu sein. Ebenso wie ein Dieb kommt, wenn Leute am wenigsten darauf gefasst sind, wird Jesus zu einem Zeitpunkt kommen, wenn die Leute ihn nicht erwarten. In diesen letzten Tagen wird eine Gleichgültigkeit vorherrschen, die sogar die Glaubenden einzulullen droht, sollten sie den Worten Jesu keine Beachtung schenken.

Schlaf nicht ein! Verlier nicht deinen Eifer für die Angelegenheiten Gottes und achte feinfühlig auf das, was der Heilige Geist heute sagt und tut. Jesus drängt dich dazu, geistlich wachsam zu sein, damit du vorbereitet bist, wenn er kommt.

Gott erhört Gebet

Lukas 18,1-8

Er sprach: Es war ein Richter in einer Stadt, der fürchtete sich nicht vor Gott und scheute sich vor keinem Menschen.
Lukas 18,2

Jesus wollte mit seiner Geschichte von der Witwe und dem ungerechten Richter nicht aussagen, dass unser Vater ungerecht ist. Es ging ihm auch nicht darum, dass wir Gott so lange zusetzen sollen, bis wir ihn dermaßen ermüdet haben, dass er unsere Bitten erfüllt, nur um uns loszuwerden. Jesus wollte einfach den Gegensatz deutlich machen zwischen Gottes Bereitschaft, unsere Gebete zu erhören, und der Unwilligkeit des ungerechten Richters, dieser Frau ihre Bitte zu gewähren.

Wir haben in Gott nicht nur einen gerechten Richter, der seinen Auserwählten schleunigst zu ihrem Recht verhilft, wir haben auch Jesus als unseren Anwalt. Er leistet beständig Fürbitte für uns. Unser Widersacher, der Teufel, klagt uns fortwährend an und zeigt uns Gott, den Richter, in einem falschen Licht. Dies kann dazu führen, dass wir aufgeben und unsere Anliegen gar nicht erst vor Gott bringen, da wir bezweifeln, dass er uns überhaupt erhören wird.

Es ist keine gute Theologie, zu lehren, dass wir Gott so lange auf die Nerven gehen müssen, bis er das tut, was wir von ihm wollen. Jesus stellte fest, dass unser Vater *kein* ungerechter Richter ist, den man unter Druck setzen muss, damit er tut, was recht ist. Es ist eine Täuschung Satans, wenn wir denken, Gott sei nicht bereit, unsere Gebete zu erhören. Mit diesem Gleichnis wirkte Jesus dieser Täuschung entgegen. Er ermutigt uns, zu beten und Gott zu bitten – im Wissen um Gottes Liebe zu uns und sein Verlangen, uns zu segnen und unsere Bitten zu erfüllen.

Das Verhalten dieser Witwe war lobenswert. Sie wusste, was ihr rechtmäßig zustand, und sie lehnte ein *Nein* als Antwort ab. Wenn du so zuversichtlich und entschlossen im Umgang mit ungerechten Leuten sein kannst, dann kannst du umso mehr Zuversicht haben im Umgang mit deinem treuen Vater. Du kannst darauf vertrauen, dass er dir heute in allem zu deinem Recht verhelfen wird.

Gerechtigkeit ist ein Geschenk

Lukas 18,9-14

Er sagte aber zu einigen, die sich anmaßten, fromm zu sein, und verachteten die andern, dies Gleichnis.
Lukas 18,9

Selbstgerechte Leute verachten andere Menschen oft. Da sie sich nicht wohl in ihrer Haut fühlen, wenn sie sich mit Jesus vergleichen, vergleichen sie sich lieber mit anderen fehlbaren Leuten, um ihr Selbstvertrauen zu wahren. Dies erzeugt eine kritische Haltung, durch die man sich selbst erhöht, indem man andere herabwürdigt.

Aus Gottes Sicht kann niemand jemals durch eigene Gerechtigkeit gerecht sein. Unsere Taten helfen uns in unserer Beziehung mit anderen Menschen und verhindern, dass Satan etwas gegen uns in der Hand hat, aber sie können uns nicht vor Gott gerecht machen. Wir müssen sein Geschenk der Gerechtigkeit empfangen, einzig und allein auf der Grundlage des Glaubens an das, was Jesus für uns getan hat. Dies ist die Wahrheit, die in diesem Gleichnis steckt.

Den meisten Leuten ist nicht bewusst, dass es zwei Arten von Gerechtigkeit gibt und lediglich eine davon für Gott akzeptabel ist. Es gibt unsere eigene Gerechtigkeit, die sich auf unsere eigene Leistung gründet, und es gibt Gottes Gerechtigkeit, die sich auf das gründet, was Jesus getan hat.

Gottes Gerechtigkeit ist nicht etwas, was du tust, sondern etwas, was du geschenkt bekommen hast, als du deinen Glauben auf Jesus Christus gerichtet hast. In dem Moment, in dem du glaubst, dass Gott ihn von den Toten auferweckt hat und bekennst: „Jesus du bist mein Herr“, verwandelt der Heilige Geist deinen Geist und macht dich gerecht – so gerecht wie Jesus! Es ist ein Grund, heute zu jubeln und zu feiern, weil du in Gottes Augen gerecht gemacht bist.

Ehescheidung ist nicht Gottes bester Plan

Markus 10,2-6

Und Pharisäer traten zu ihm und fragten ihn, ob ein Mann sich scheiden dürfe von seiner Frau; und sie versuchten ihn damit.
Markus 10,2

Die Pharisäer wollten nicht wirklich wissen, was Jesus über Scheidung dachte. Sie legten keinen Wert auf seine Meinung. Sie wollten ihn nur dazu verführen, sich in das große Streitthema ihrer Zeit – strikt konservative oder eher freizügige Ansichten über Ehescheidung – verstricken zu lassen. Dies war damals wie heute ein sehr gefühlsgeladenes Thema und sie dachten, sie hätten Jesus nun in die Ecke gedrängt. Wie immer jedoch bewies Jesus, dass er ihnen mehr als gewachsen war, und er sagte ihnen wesentlich mehr, als sie wissen wollten.

Die Pharisäer stellten nicht infrage, ob Scheidung richtig wäre oder nicht; sie hielten das Recht, sich scheiden zu lassen, für selbstverständlich. Anstatt sich über akzeptable Gründe für eine Ehescheidung auszulassen, ging Jesus zur Wurzel des Problems und machte deutlich, dass Scheidung niemals Gottes Absicht war. Wenn sie die Bedeutung des *Ein-Fleisch-Bundes* zwischen Ehemann und -frau wirklich begriffen hätten, würden sie nicht nach einer Entschuldigung suchen, aus der Ehe herauszukommen. Dieser Ansatz brachte die Pharisäer zum Staunen und warf die Frage auf: „Warum hat Mose im Gesetz die Möglichkeit zur Ehescheidung gegeben?“

Jesus antwortete, dass die Ehescheidung zwar erlaubt, aber niemals von Gott beabsichtigt war. Gott erlaubte etwas, das er hasste, wegen der Hartherzigkeit der Menschen. Dies galt ebenso für Polygamie und Sklaverei. Sobald jemand anfängt sich zu fragen: *Wie kann ich mich am besten scheiden lassen?*, anstatt: *Wie kann ich diese Ehe retten?*, ist sein Herz bereits verhärtet und es besteht eine tiefe Kluft in der Beziehung beider Partner.

Jesus kam, um dein verhärtetes Herz wegzunehmen und dir ein Herz der Barmherzigkeit zu geben. Lass also nicht zu, dass dein Herz in irgendeiner Form hart wird! Triff heute die Entscheidung – egal ob du verheiratet bist oder nicht – dass Ehescheidung dein Feind ist, und Gottes Liebe und Barmherzigkeit werden dein Herz und deinen Verstand beherrschen. Dann wirst du in allen deinen Beziehungen nach Gottes bestem Plan leben.

Ein Fleisch

Matthäus 19,3-5

... und sprach: „Darum wird ein Mann Vater und Mutter verlassen und seiner Frau anhängen; und die zwei werden ein Fleisch sein."
Matthäus 19,5

Was bedeutet das, wenn ein Mann und eine Frau *ein* Fleisch werden? Die Ein-Fleisch-Beziehung ist die Folge des Geschlechtsverkehrs zwischen Mann und Frau. Ob diese nun in einer Ehebeziehung verbunden sind oder nicht, dieser körperliche Vorgang bindet sie trotzdem als *ein* Fleisch zusammen.

Deshalb sind sexuelle Beziehungen außerhalb der Ehe (ganz gleich ob während oder vor der Ehe) so zerstörerisch. Egal ob die Betroffenen nun dabei erwischt werden, die Frau schwanger wird oder jemand anderes durch diese Sünde verletzt wird, in erster Linie schadet man hauptsächlich sich selbst. Gott hat uns dazu geschaffen, durch Sex eins zu werden. Die Bibel empfiehlt keine *One-Night-Stands* und mehr gibt es dazu auch nicht zu sagen.

Interessanterweise sagt Jesus, dass Unzucht der einzige biblische Grund für eine Ehescheidung ist. Weder Alkoholismus, Kindesmissbrauch, Hass oder eines der vielen anderen Dinge, die mit Sicherheit in einer Ehe falsch sind, sind als Grund ausreichend. Das zeigt uns, dass der körperliche Geschlechtsverkehr machtvolle Auswirkungen hat, und es erklärt, warum Satan das, was Gott uns als Segen gegeben hat, sich zunutze macht. Der Teufel verdreht und pervertiert die sexuelle Beziehung, um diese Macht gegen uns zu verwenden.

Mit jemandem *ein* Fleisch zu werden (Sex zu haben) ist nicht mit der Ehe gleichzusetzen. Die Ehe geht weit darüber hinaus. Das erklärt sich aus Johannes 4,17-18. Die Frau am Brunnen hatte zuvor bereits fünf Ehemänner gehabt und ihr derzeitiger Partner war nicht ihr Ehemann. Es ist offensichtlich, dass sie eine sexuelle Beziehung mit ihm hatte, aber Jesus nannte ihn nicht ihren Ehemann.

Die Ehe beinhaltet mehr als sexuelle Beziehungen. Sie ist ein Bund oder eine lebenslange Verpflichtung zwischen einem Mann und einer Frau. Sie sind einander vollkommen hingegeben und das in jeder Hinsicht – genau so wie du im Bezug auf Jesus. Sinne heute über die Schönheit der Ehe nach, so wie Gott sie geschaffen hat, und mach dich dann mit der Realität deines ewigen Bundes mit dem Vater vertraut. Es wird dir Freude für deinen Tag bereiten.

Nicht was du tust, sondern was er getan hat

Matthäus 19,12-20

Und siehe, einer trat herzu und fragte ihn: Guter Meister, was soll ich Gutes tun, um das ewige Leben zu erlangen?
Matthäus 19,16

Es scheint so, als hätte der reiche Jüngling Jesus aufgesucht, um errettet zu werden. Er rannte zu ihm, kniete sich vor ihm nieder und bezeichnete ihn öffentlich als guten Meister. Was könnte daran falsch sein? Erstens: Er erkannte Jesus zwar als *gut*, aber nicht als *Gott*. Alle großen Weltreligionen bekennen, dass Jesus gelebt hat und ein guter Mensch war, jedoch nicht, dass er Gott ist. Wenn Jesus nur ein guter Mensch gewesen wäre, hätte er niemanden retten können.

Jesus ist nicht gekommen, um uns lediglich den Weg zu Gott zu zeigen; nein, er selbst ist der Weg, der einzige Weg zum Vater (Joh 14,6). Jesus hat das mehrmals öffentlich bezeugt und genauso antwortete er dem reichen jungen Mann. Er sagte: *Nur einer ist gut und das ist Gott. Du musst mich entweder als Gott annehmen oder gar nicht.* Entweder war Jesus der, für den er sich ausgab, oder er war der größte Schwindler aller Zeiten. Er muss eins von beiden sein, er kann nicht beides gleichzeitig sein.

Zweitens: Der junge Mann fragte, was er tun könne, um errettet zu werden. Er vertraute auf sich selbst und glaubte, dass es ihm gelingen würde, jedes gute Werk zu vollbringen, das Jesus ihm abverlangen würde. Das steht in totalem Gegensatz zu Gottes Errettungsplan. Jesus hat uns errettet, indem er stellvertretend für uns am Kreuz starb und bietet uns Erlösung nun als Geschenk an. Alles was wir tun müssen, ist zu glauben und zu empfangen.

Dieser reiche junge Mann suchte nicht nach einem Erlöser; er wollte sich selbst retten. Selbst wenn wir aus Gnade durch Glauben errettet sind, versuchen wir manchmal in unserem Leben als Christ, uns selbst zu erretten. Das funktioniert so nicht! Errettung kommt von ihm und sie steht uns nicht nur einmal, sondern immer wieder zur Verfügung. Versuchst du dich heute selbst zu retten? Du musst einfach nur auf ihn schauen, er wird dir alles, was du benötigst, zur Verfügung stellen.

Gott oder Geld?

Markus 10,21-27

Da blickte ihn Jesus an und gewann ihn lieb und sprach zu ihm: Eines fehlt dir! Geh hin, verkaufe alles, was du hast, und gib es den Armen, so wirst du einen Schatz im Himmel haben; und komm, nimm das Kreuz auf dich und folge mir nach!
Markus 10,21

Es wird in der Bibel besonders hervorgehoben, dass Jesus den reichen Jüngling lieb gewann – auch nach seiner Behauptung, er habe alle Gebote Gottes gehalten, was nicht der Wahrheit entsprach. Jesus zeigte ihm, dass er das erste Gebot *Du sollst keine anderen Götter neben mir haben* (2 Mose 20,3) und das zehnte Gebot *Du sollst nicht begehren* (2 Mose 20,17) bereits gebrochen hatte. Seine harte Antwort: *Geh hin, verkaufe alles, was du hast, und gib es den Armen!* sollte nicht verletzend sein. Jesus sagte das in gutem Willen und mit einem Herzen voller Liebe. Das Geld dieses jungen Mannes war für ihn zu einem Gott geworden, der vom Thron gestürzt werden musste, bevor Jesus sein Herr werden konnte.

Das Einzigste, was diesem jungen Mann fehlte, war Glauben, der allein auf Jesus gegründet ist. Jesus hatte gelehrt, dass man nicht gleichzeitig Gott und dem Mammon dienen kann; wer den einen liebt, wird den anderen hassen (Mt 6,24). Dieser Mann liebte seinen Reichtum. *Er aber wurde traurig [...] und ging betrübt davon* (Vers 22), nachdem Jesus ihm sagte, er solle all seinen Besitz verkaufen. Als der junge Mann wieder wegging, konnte Jesus nur seinen Kopf schütteln und sagen: „Wie schwer werden die Reichen in das Reich Gottes hineingehen!“ (Vers 23). Die Reaktion der Jünger war umso erstaunlicher: Sie waren entsetzt und fragten in Vers 26: „Wer kann dann überhaupt errettet werden?“

Jesus aber blickte sie an und sprach: „Bei den Menschen ist es unmöglich, aber nicht bei Gott! Denn bei Gott sind alle Dinge möglich“ (Vers 27). Wir zitieren diesen Vers immer, wenn wir Heilung oder einen finanziellen Durchbruch brauchen. Jesus sagte hier jedoch, dass die Wohlhabenden ein übernatürliches Eingreifen von Gott nötig haben, um ihr Vertrauen weg von ihrem Geld auf Gott setzen.

Worauf vertraust du heute? Wenn dein Gehalt oder dein Aktiendepot deine Sicherheit ist, dann kannst du deinen Frieden und deine Freude jederzeit verlieren. Setze all dein Vertrauen auf Jesus, dann wirst du nicht nur die Zuversicht ewiger Errettung haben, sondern es wird dich nichts erschüttern können. Du wirst wissen, dass du in den liebenden Händen des Herrn, der alles zu tun vermag, sicher bist.

Es geht nicht um das, was du tust

Matthäus 20,1-16

Als es aber Abend geworden war, sprach der Herr des Weinbergs zu seinem Verwalter: Rufe die Arbeiter und bezahle ihnen den Lohn, indem du bei den Letzten anfängst, bis zu den Ersten.
Matthäus 20,8

Dieses Gleichnis beginnt mit der Aussage Jesu, dass das Reich der Himmel einem Hausherrn (Großgrundbesitzer) gleicht. Früh am Morgen geht er aus, um Tagelöhner für seinen Weinberg anzuheuern. Er einigt sich mit den Arbeitern auf einen Denar, den normalen Tageslohn für einen Arbeiter. Später, so gegen neun Uhr vormittags, fordert der Hausherr andere, die untätig auf dem Marktplatz stehen, auf, in seinem Weinberg zu arbeiten – nicht für einen festgesetzten Lohn, aber für das, „was recht ist".

Um die Mittagszeit, gegen drei Uhr und sogar gegen fünf Uhr nachmittags, als nur noch eine Stunde zu arbeiten ist, stellt der Landbesitzer wieder Arbeiter ein. Nach dem jüdischen Gesetz muss der Lohn jeden Abend vor Sonnenuntergang ausgezahlt werden. Als die Zeit für den Verwalter kommt, den Lohn auszuzahlen, gibt er jedem einen Denar. Diejenigen, die den ganzen Tag gearbeitet hatten, fingen an zu murren, weil sie meinten sie sollten mehr empfangen, obwohl sie einverstanden gewesen waren, für einen Denar zu arbeiten.

Das ist eine Lektion über Gottes Gnade. Das Gleichnis zeigt uns, dass es unmöglich ist, sich das Wohlwollen des Meisters zu verdienen, und dass es egal ist, ob man besser oder länger arbeitet. Dieser Hausherr gab allen, die in seinem Weinberg gearbeitet hatten, den gleichen Lohn, und genauso gibt Gott allen den gleichen Lohn (ewiges Leben), die zu ihm im Glauben kommen. Jesus sagt uns hiermit, dass die Privilegien seines Königreiches für alle gleich sind, die ihrem König unterstehen, unabhängig von dem, was sie getan haben oder wie lang sie schon errettet sind.

Es ist vollkommen egal, wie lange du den Herrn schon kennst oder wie viel du schon für sein Reich gearbeitet hast, du kommst mit uns allen zusammen in den Himmel und du erhältst dieselbe Liebe, Vergebung und Gunst des Herrn, die jeder Gläubige bekommt. Sei heute glücklich darüber, dass du bist, wer du bist, deinen Teil tun kannst und Gott zufrieden mit dir ist.

Teilhaben an seinem Leiden

Matthäus 20,17-25

Aber Jesus antwortete und sprach: Ihr wisst nicht, um was ihr bittet! Könnt ihr den Kelch trinken, den ich trinke, und getauft werden mit der Taufe, womit ich getauft werde? Sie sprechen zu ihm: Wir können es!
Matthäus 20,22

Das griechische Wort für Taufe ist *baptizo*. Josephus gebrauchte dieses Wort, als er beschrieb, wie Jerusalem durch die Römer von Zerstörung *überwältigt* oder in Zerstörung *hineingetaucht* wurde. Plutarch gebrauchte ebenfalls im ersten Jahrhundert nach Christus das Wort *baptizo*, um eine Person zu beschreiben, die im Meer untergeht. In der Septuaginta, der griechischen Version des Alten Testaments, wird *baptizo* gebraucht, um auszudrücken, wie Naeman im Jordan untertauchte (2 Kön 5,14). Von der Zeit des Alten Testaments an bis hin zur Zeit, in der das Neue Testament geschrieben wurde, hat das griechische Wort *baptizo* mit *untertauchen* oder *eintauchen* die gleiche Bedeutung behalten. Jesus fragte seine Jünger, ob sie bereit waren, in die gleichen Leiden *einzutauchen*, die ihn erwarteten.

Die Jünger hatten zu dieser Zeit noch keine Ahnung, was Jesus für sie erleiden würde. Es war für sie unvorstellbar, dass diejenigen, unter denen er drei Jahre lang täglich Wunder vollbracht hatte, ihn gefangen nehmen und umbringen würden. Dies ist auch ein Bild für unser Leben als Christen. Der Herr, der Wunder vollbringt, lebt in uns und doch leiden wir um seines Namens willen. Wir führen Menschen zu Jesus, heilen Kranke, treiben Dämonen aus und helfen den Armen, und doch leiden wir hin und wieder.

Menschen reden über uns und stellen uns bloß. Manchmal betrügen sie uns und bestehlen uns. Aber unsere Leiden sind nicht wie die Leiden, die „normale" Menschen erfahren, denn wir haben an den Leiden Jesu teil. Wir gehören nicht uns selbst (1 Kor 6,19) und wie Jesus erdulden wir Leiden im Hinblick auf die Freude, die vor uns liegt (Hebr 12,2). Wir wissen, dass unsere Zukunft die Ewigkeit im Himmel ist, und so lange wir hier sind, leben wir in der Gewissheit des Sieges, den er bereits errungen hat für jede Situation, in der wir uns befinden.

Wenn du Teil hast an den Leiden des Herrn, wo Menschen dir Schwierigkeiten bereiten, weil du Gott liebst und ihm dienst, dann wirst du auch Teil an seinem Lohn haben. In dieser Gewissheit kannst du tatsächlich vor Freude jubeln in Zeiten, in denen du um seines Namens willen leidest.

Jesus hat das Lösegeld für dich bezahlt

Markus 10,45

Denn auch der Sohn des Menschen ist nicht gekommen, um sich dienen zu lassen, sondern um zu dienen und sein Leben zu geben als Lösegeld für viele.
Markus 10,45

Jesus erzählte seinen Jüngern oft von seinem Tod. Dies ist jedoch das erste Mal, dass er einen Hinweis auf den Grund für seinen Tod gab. Jetzt wissen wir, dass sein Tod als *Lösegeld* diente. In der Bibel haben die Begriffe *Lösegeld zahlen* und *Erlösung* die gleiche Bedeutung.

Nicht nur würde Jesus den Preis für die Sünde bezahlen, sein Tod sollte auch stellvertretend für uns sein. In 1. Timotheus 2,6 steht für das Wort *Lösegeld* im griechischen Urtext *antilutron.* Die Vorsilbe *anti* bedeutet: *an Stelle von.* Mit anderen Worten bedeutet dies, dass Jesus an unserer Stelle sterben würde. Er würde sein Leben in die Hand des Feindes geben, damit wir freigekauft wären.

Der Preis, der für unsere Errettung bezahlt wurde, ist das Leben Jesu, sein sündloses Blut (Kol 1,14). Nach Hebräer 9,12 ist diese Erlösung ewig und soll uns von aller Gesetzlosigkeit reinigen (Tit 2,14), damit wir dem lebendigen Gott dienen können (Hebr 9,14). Jesus bezahlte das Lösegeld aus Liebe zu uns, aber auch weil er uns mit einer Bestimmung für unser Leben geschaffen hat.

Es gab eine Zeit, als dein schlimmster Feind dich gefangen hielt und für deine Freilassung einen hohen Preis forderte. Dieser Feind war deine Sündernatur und es hätte ein Wunder erfordert, diese zu verändern! Gott sei Dank, dass Jesus dieses Wunder für dich vollbracht hat. Er nahm die Ketten und Fesseln der Sünde auf sich, damit du frei werden konntest. Er hat dich erlöst von der Sünde, vom Tod und von aller Macht des Teufels. Dafür kannst du Gott jeden Tag loben und preisen.

Umgang mit Ungläubigen

Lukas 19,1-8

Zachäus aber trat hin und sprach zu dem Herrn: Siehe, Herr, die Hälfte meiner Güter gebe ich den Armen, und wenn ich jemand betrogen haben, so gebe ich es vierfältig zurück!
Lukas 19,8

Zachäus war reich, aber Jesus forderte ihn nicht auf, alle seine Güter an die Armen zu verteilen, so wie er es an anderer Stelle mit dem reichen Jüngling tat. Es war offensichtlich, dass Zachäus Buße getan hat und Geld nicht länger sein Gott war. Viel mehr war er bereit, weit mehr zu geben, als das mosaische Gesetz forderte. Er bot an, die Hälfte seiner Güter den Armen zu geben und vierfach zurückzuerstatten, was er gestohlen hatte.

Zachäus war ein Oberzöllner. Zöllner waren verhasst bei allen Juden, ganz besonders bei den religiösen Juden. Für sie war ein Zöllner der Inbegriff eines Sünders. Religiöse jüdische Gesetze verboten den gläubigen Juden jeden Umgang mit ihnen. Gemeinsam mit Zöllnern zu essen war undenkbar, da es so gesehen wurde, als hätte man Teil an den Sünden der Zöllner. Das war der Grund, warum die Leute Jesus anfeindeten, als er bei Zachäus einkehrte.

Jesus kam nicht zum Essen in Zachäus' Haus, um dadurch an seiner Sünde teilzuhaben, sondern um ihm Gnade und Vergebung zu gewähren. Dies ist immer ein Kriterium, an dem wir messen können, ob wir uns in eine bestimmte Situation hineinbegeben sollten. Wir dürfen auf keinen Fall teilhaben an den Sünden anderer, aber der Herr will auch nicht, dass wir uns von der Welt zurückziehen. Wir sind das Salz der Erde (Mt 5,13); um etwas Gutes zu bewirken, müssen wir aus dem „Salzstreuer" herauskommen.

Wenn du in deinem Herzen fest in Gott verankert bist und seine Liebe an jemanden weitergibst, dann kannst du auch bei Sündern einkehren. Wenn du allerdings feststellst, dass du in Gottlosigkeit hineingezogen wirst, musst du umkehren (Buße tun) oder dich aus der Situation zurückziehen und wieder im Geist leben. Wenn du heute mit Ungläubigen zu tun hast, dann tu es in einer Haltung des Gebets.

Sei treu im Geringen

Lukas 19,12-13

Er sprach nun: Ein Edelmann zog in ein fernes Land, um sich die Königswürde zu holen und dann wiederzukommen. Und er rief zehn seiner Knechte, gab ihnen zehn Pfunde und sprach zu ihnen: Handelt damit, bis ich wiederkomme!
Lukas 19,12-13

In diesem Gleichnis sagt Jesus zu seinen Jüngern, dass es noch eine lange Zeit dauern würde, bis er zurückkommt, um als König auf dieser Erde zu regieren. In der Zwischenzeit sind wir sein Leib und er hat uns in seinem Namen Vollmacht gegeben, mit den zur Verfügung gestellten Ressourcen zu handeln bis er zurückkommt.

Die Knechte des Edelmanns wurden gerufen, um Rechenschaft darüber abzulegen, was sie mit dem Geld ihres Herrn während seiner Abwesenheit gemacht hatten. Diese Knechte sind ein Bild für die Nachfolger Jesu, an dem wir erkennen können, dass mehr dazugehört, ihm zu dienen, als nur die Haltung, ihn nicht abzulehnen; es ist eine aktive Hingabe erforderlich.

Einer der zehn Knechte diente sich selbst und nicht seinem Herrn. Er tat nichts mit dem, was sein Herr ihm gegeben hatte. Diesem bösen Knecht wurde auch noch das genommen, was er besaß, und es wurde dem gegeben, der weise mit dem Geld seines Herrn umgegangen war. Dies verdeutlicht, dass der Herr von uns Wachstum erwartet. Eigentlich geht es in fast allen Gleichnissen um Wachstum oder Zuwachs.

Was führte dazu, dass der Herr dem bösen Knecht das Geld wieder abnahm, das er ihm gegeben hatte? Es war seine Untreue. Diejenigen, die treu mit dem umgehen, was der Herr ihnen gegeben hat, werden noch mehr bekommen. Und denjenigen, die verschwenderisch sind, wird das, was Gott ihnen gegeben hat, wieder weggenommen und einem anderen gegeben werden.

Du bist hier auf der Erde, um mit den zur Verfügung stehenden Ressourcen zu handeln, womit Jesus meint, weise mit dem umzugehen, was Gott dir gegeben hat. Lebe heute in dem Bewusstsein, dass Jesus eines Tages zurückkommen wird und du Rechenschaft darüber ablegen musst, was du mit all den von ihm erhaltenen Gaben und Talenten gemacht hast.

Anderen unter die Arme greifen

Lukas 19,23

Warum hast du dann mein Geld nicht auf der Bank angelegt, so dass ich es bei meiner Ankunft mit Zinsen hätte einziehen können?
Lukas 19,23

Das mosaische Gesetz sollte sowohl den Schuldner als auch den Gläubiger schützen. In Israel war das Leihen und Verleihen allerdings nicht dazu bestimmt, große Unternehmen zu finanzieren, sondern es sollte den Armen und Bedürftigen als Hilfe dienen, wenn es ihnen am Lebensnotwendigen mangelte. Es handelte sich dabei also um einen Akt der Nächstenliebe, bei dem der Gläubiger seinem israelischen Bruder unter die Arme griff, wenn er in Schwierigkeiten geraten war. Auf jeden Fall war es den Israeliten verboten, Zinsen zu nehmen. Das griechische Wort für *Zins* bedeutet ursprünglich *etwas hervorbringen, Geburt* oder *Nachkommenschaft*. Metaphorisch gesehen ist es der Profit oder der Zugewinn, den der Verleihende erhält. Heutzutage spricht man von Darlehnszinsen.

Obwohl Jesus es nicht ausdrücklich verurteilt hat, Zinsen zu nehmen, so war er doch strikt gegen ungesunde Geldliebe und Unterdrückung der Armen. Sein Geld auf Kosten des Elends anderer zu verdienen, war noch niemals eine gottgefällige Geschäftspraxis. So heißt es in 5. Mose 23,19-20 unmissverständlich, dass ein Israelit niemals von einem anderen Israeliten Zinsen verlangen darf. Auf heutige Verhältnisse übertragen würde das bedeuten, von Geschwistern in Christus niemals Zinsen auf geliehenes Geld zu verlangen. In der Schrift wird das Leihen von Geld an sich nirgendwo verurteilt, es sei denn, man interpretiert Römer 13,8 diesbezüglich: *Seid niemandem etwas schuldig, außer dass ihr einander liebt.*

Die Schrift verdeutlicht, dass es nicht das Beste ist, das Gott vorgesehen hat, sich etwas zu leihen. Sich niemals etwas leihen zu müssen, wird in 5. Mose 28,12 unter den Segnungen aufgelistet, während es in 5. Mose 28,44 zum Fluch des Gesetzes gehört, wenn man sich etwas leihen muss. In dieser Angelegenheit weiß man am besten, was zu tun ist, wenn man sich einfach durch den Geist leiten lässt. Wenn er dich drängt, jemandem unter die Arme zu greifen, dann tu es. Wenn er dich so führt, dir etwas zu leihen und das Darlehen im Laufe der Zeit abzubezahlen, kannst du das im Vertrauen und in der Gewissheit tun, dass Gott selbst die Quelle deiner Versorgung und deiner Freude ist.

Wie viel ist Jesus dir wert?

Markus 14,3-6

Und als er in Bethanien im Haus Simons des Aussätzigen war und zu Tisch saß, da kam eine Frau mit einem Alabasterfläschchen voll Salböl, echter, kostbarer Narde; und sie zerbrach das Alabasterfläschchen und goss es aus auf sein Haupt.
Markus 14,3

Narde ist eine wohlriechende Pflanze, deren Wurzel zur Zeit Jesu zur Herstellung eines teuren aromatischen Parfüms oder Balsams verwendet wurde. Die Pflanze wächst im Himalaya in einer Höhe von 3 500 bis 5 000 Meter. Jahrhundertelang haben die Hindus sie für medizinische Zwecke und zur Herstellung von Düften genutzt. Sie war zudem ein wichtiges Handelsgut. Da sie ca. 6 000 Kilometer weit bis nach Palästina transportiert werden musste, erzielte sie dort einen Preis von ca. 400 Denar pro Pfund, was heute etwa einem Wert von 40 Euro pro Gramm entspricht. Damit war sie kostbarer als Gold.

Dieses Salböl war mindestens zwei bis zweieinhalb Mal so viel wert wie die dreißig Silberlinge, die Judas als Lohn für den Verrat an seinem Herrn erhielt, was wohl der Grund für seine Empörung war. Judas interessierte sich keineswegs für die Armen. Als Verwalter von Jesu Finanzen war er hinter dem Geld her, das der Verkauf des Parfüms eingebracht hätte, um es dann in seine Tasche zu stecken.

Diese Begebenheit zeigt auch, wie viel Jesus dem Einzelnen wert war. Für Judas war Jesus dreißig Silberlinge wert, aber für Maria war Jesus so kostbar, dass sie alles gab, was sie geben konnte. Sie hatte mit eigenen Augen gesehen, wie Jesus ihren Bruder von den Toten auferweckt hatte und ihr Herz floss über vor Liebe und Anbetung.

Die Reaktion von Judas auf diesen Akt purer Anbetung entspricht der Art und Weise, wie heute viele Leute über Lobpreis denken. Diejenigen, die nicht über den sichtbaren Bereich hinausschauen können und für die Geld alles ist, empfinden die Art und Weise, wie andere Gläubige ihren Lobpreis ausdrücken, als Ärgernis. Wahrer Lobpreis kommt vom Herzen und schließt die völlige Preisgabe von allem, was wir haben, an unseren Herrn und Erlöser mit ein.

Wie viel ist dir Jesus hier und heute wert? Wenn du diese Frage beantwortest, wirst du wissen, was auf deiner To-do-Liste ganz oben steht!

Wie groß bist du?

1. Samuel 17,1-11

Da trat aus dem Lager der Philister ein Vorkämpfer hervor mit Namen Goliath, aus Gat; der war sechs Ellen und eine Spanne groß.
1. Samuel 17,4

Als Teenager ging ich einmal zu einem Boxwettkampf mit Tausenden von Besuchern. Mir fiel ein glatzköpfiger Mann auf, der während des gesamten Wettkampfes zu stehen schien. Doch dann stand er wirklich auf. Dieser Mann war ein Riese! Ich erfuhr, dass er wegen seiner Größe von 2,80 Metern *Corn-King*-Riese genannt wurde. Ich ging hinab, um ihn mir aus der Nähe anzusehen. Seine Gürtelschnalle war auf meiner Augenhöhe. Ein unvergesslicher Eindruck!

Goliath hatte ungefähr diese Größe, doppelt so groß jedenfalls wie David. David hat wahrscheinlich nicht mehr gewogen als Goliaths Schuppenpanzer. Aber seine innere Größe übertraf Goliaths äußere Größe bei Weitem. Auch wir beurteilen Dinge oft nur nach dem, was vor Augen ist, den sichtbaren Aspekten.

Rein körperlich war Goliath ein Riese, aber was sein Gottvertrauen anbelangte, war er ein Zwerg. David dagegen war ein Glaubensriese und aus diesem Grund hat er den Kampf gewonnen. Jeder, der im Glauben an Gott stark ist, ist im geistlichen Bereich ein Riese und in der Lage, große Heldentaten zu vollbringen.

Wir überschätzen die Probleme, mit denen wir konfrontiert sind, und geben ihnen ein zu großes Gewicht, weil wir vergessen, wer wir in Christus sind. David war der von Gott gesalbte König, Jesus aber ist König, weil er den größten Riesen überwunden hat, dem die Menschheit je begegnet ist: Sünde. Jeder, der aus Gott geboren ist, ist ein geistlicher Riese ausgestattet mit einer Macht und Autorität, die weit größer ist als alles, was der Feind, die Welt oder unser Fleisch uns je entgegenbringen kann.

Bitte Gott darum, deine Augen dafür zu öffnen, wer du im Geist bist. Du wirst feststellen, dass du ein Riese bist, der sich von Zwergen hat einschüchtern lassen! In Wahrheit bist du genauso gesalbt und voller Kraft wie David, ja sogar weit mehr, weil heute der Heilige Geist in dir wohnt.

Du hast den Bund

1. Samuel 17,12-30

Da redete David zu den Männern, die bei ihm standen, und sprach: Was wird dem Mann zuteilwerden, der diesen Philister schlägt und die Schande von Israel abwendet? Denn wer ist dieser Philister, dieser Unbeschnittene, dass er die Schlachtreihen des lebendigen Gottes verhöhnt?
1. Samuel 17,26

Was gab David die Fähigkeit Goliath zu töten? Ein Grund war sicherlich, dass er von Gottes Bund mit dem Volk Israel wusste und darauf vertraute. Der Herr hatte zugesagt, dass niemand vor seinem Volk bestehen würde (5 Mose 11,25). Goliath war nur ein Mensch – ein Unbeschnittener noch dazu! Das bedeutet, dass er keinen Bund mit Gott hatte. David verließ sich vollkommen auf die Verheißungen, die Gott ihm durch seinen Bund mit Israel gegeben hatte.

Jeder einzelne israelische Soldat hatte denselben Bund, aber der Bund hat keinerlei Wirkung, solange er nicht im Glauben in Anspruch genommen wird. In Hebräer 4,2 lesen wir: *Denn auch uns ist eine Heilsbotschaft verkündigt worden, gleichwie jenen; aber das Wort der Verkündigung hat jenen nicht geholfen, weil es bei den Hörern nicht mit dem Glauben verbunden war.* David glaubte Gottes Wort und aktivierte die Kraft dieses Bundes mit Gott in seinem Leben.

König Saul versuchte, David seine Waffenrüstung anzulegen, aber der verzichtete darauf (Verse 38 und 39). David vertraute auf Gottes Bund, nicht auf seine Ausrüstung. Letzten Endes brachten Saul seine Waffen gar nichts. Wie alle anderen Soldaten suchte er sich ein sicheres Versteck. Davids Glauben war allein auf Gott gegründet.

Gottes Bund mit uns ist ein besserer Bund und beruht auf besseren Verheißungen (Hebr 8,6). Durch Jesu Blut leben wir in dem Sieg, den er für uns bereits errungen hat. Es gibt also für dich rein gar keinen Grund, dich vor deinen Feinden zu fürchten. Du hast alle Verheißungen aus Gottes Bund. Aktiviere sie, so wirst du die Riesen in deinem Leben fallen sehen.

Die überführende Wirkung eines reinen Herzens

1. Samuel 17,28-30

Aber Eliab, sein ältester Bruder, hörte ihn mit den Männern reden. Da entbrannte Eliabs Zorn gegen David, und er sprach: Warum bist du herabgekommen? Und bei wem hast du dort in der Wüste die wenigen Schafe gelassen? Ich kenne deine Vermessenheit und die Bosheit deines Herzens wohl; denn nur um den Kampf zu sehen bist du herabgekommen.
1. Samuel 17,28

Bei Eliabs Ärger ging es um mehr als die Vermutung, David hätte die Schafe des Vaters sich selbst überlassen, um sich das Kampfgeschehen anzusehen. Eliab, der Älteste der Brüder, war dabei gewesen, als Samuel ihn übergangen und stattdessen David gesalbt hatte (1 Sam 16,13). Gott hatte seinen jüngeren Bruder zum König gesalbt; er war ganz einfach neidisch auf David.

Stolz führt zu Streit (Spr 13,10; NL). Aus purer Eigenliebe wurde Eliab seinem jüngeren Bruder gegenüber so ausfällig. Er hatte Angst, dass David wirklich recht haben könnte. Dann wäre er, Eliab, ein Feigling. Er verdammte Davids Worte, damit sie ihn nicht verdammten! Genau das ist der Grund, warum selbstgerechte, religiöse Leute Jesus immer wieder angegriffen haben. Laufend wurden sie durch sein reines, von Weisheit und Mitgefühl erfülltes Herz überführt.

Ein Herz, das Gott gegenüber rein ist, wird religiöse Verfolgung erleiden. Wenn du einen Stein in eine Meute Hunde wirfst, kannst du dir sicher sein: Welcher am lautesten aufheult, der wurde getroffen. So ist das mit Verfolgung: Wer am lautesten protestiert, wenn ein Gläubiger die Wahrheit ausspricht, ist derjenige, der durch die Überführung des Heiligen Geistes unter Druck gerät.

Bevor du die Riesen in deinem Leben besiegen kannst, musst du den kritischen Bemerkungen anderer, insbesondere deiner Familienangehörigen, standhalten. David hätte Goliath nie überwunden, wenn er den Vorwürfen seines Bruders nichts entgegenzusetzen gehabt hätte. Hätte sich Jesus auf Kompromisse mit den religiösen Juden eingelassen, um ihnen zu gefallen, wäre er nie ans Kreuz gegangen und hätte weder Sünde noch Tod für uns überwunden.

Wenn du verstanden hast, dass Verfolgung und Widerstand eine Verteidigungsstrategie von Menschen ist, deren Herz überführt wurde, wird es dir leichterfallen, deinen Blick richtig auszurichten und die eigentlichen Kämpfe zu führen.

Als niemand es sah

1. Samuel 17,31-47

Sowohl den Löwen als auch den Bären hat dein Knecht erschlagen, und dieser Philister, dieser Unbeschnittene, soll wie einer von jenen sein; denn er hat die Schlachtreihen des lebendigen Gottes verhöhnt.
1. Samuel 17,36

In Matthäus 6,18 sagte Jesus, dass Gott uns öffentlich belohnen wird für das, was wir im Verborgenen tun. Dies war das Geheimnis hinter Davids Erfolg bei seiner Begegnung mit Goliath. David vertraute, dass Gott ihn befähigen würde, Goliath zu erschlagen und im Krieg zu siegen, denn er hatte schon zuvor einen Löwen und einen Bären getötet, die die Schafe seines Vaters angegriffen hatten. Es war niemand dabei gewesen. Er wollte damit nicht angeben und besonders tapfer erscheinen. Er hätte ja einfach weglaufen können und niemand hätte es bemerkt! Stattdessen entschied er sich, im Glauben zu stehen und Gott zu vertrauen.

Es waren Davids Siege über den Löwen und den Bären, die ihm Gewissheit und Vertrauen gaben, dass Gott ihm auch beistehen würde, um Goliath zu besiegen. Schließlich war das Volk Israel Gottes Volk und viel kostbarer als ein paar Schafe. David hatte gelernt, Gott zu vertrauen als niemand es sah, deshalb war sein Glaube stark und fest gegründet, als alle Augen auf ihn gerichtet waren. Er tat das Richtige mit den richtigen Motiven.

Viele Menschen träumen davon, gegen die „Riesen" in ihrem Leben zu siegen oder große Heldentaten zu vollbringen, aber sie sind in den alltäglichen Prüfungen nicht treu. Sie tun Dinge, um sich zu verherrlichen und nicht Gott. Sie warten erst auf ein großes Publikum, bevor sie bereit sind, ihr Bestes zu geben. Aber diejenigen, die sich nicht in der Regionalausscheidung bewährt haben, werden es auch nicht bis zu den olympischen Spielen schaffen.

Davids Treue im Kleinen ermöglichte es ihm, ein großer Herrscher zu sein (Lk 16,10). Sei treu in den Prüfungen, mit denen du heute konfrontiert wirst, dann wird dein Glaube stark und dein Herz am richtigen Platz sein, wenn du vor den großen Herausforderungen stehst.

Sorge dafür, dass sie tot sind!

1. Samuel 17,48-58

Und weil David kein Schwert in seiner Hand hatte, lief er und trat auf den Philister und nahm dessen Schwert und zog es aus der Scheide und tötete ihn und schlug ihm damit den Kopf ab. Als aber die Philister sahen, dass ihr Held tot war, flohen sie.
1. Samuel 17,50-51

Wir kämpfen jeden Tag gegen Riesen, aber wir machen oft den Fehler, dass wir aufgeben bevor der Kampf zu Ende ist. Anstatt unsere Feinde zu vernichten, jagen wir sie nur fort und geben ihnen Gelegenheit, uns an einem anderen Tag zu bekämpfen. David proklamierte: „Ich jagte meinen Feinden nach und holte sie ein und kehrte nicht um, bis sie aufgerieben waren“ (Ps 18,38). Nie wurde das deutlicher in Davids Leben als in seinem Kampf gegen Goliath.

David hegte einen heiligen Hass gegen seinen Feind. Er wollte ihn nicht nur in die Flucht schlagen; er wollte ihn töten. David handelte nicht zögerlich; er rannte direkt auf Goliath zu! Er schleuderte mit aller Kraft den Stein und Gott sorgte dafür, dass er ins Ziel traf. Goliath, der Riese aus Gat, fiel vor beiden Armeen auf sein Angesicht zur Erde, aber David war mit ihm noch nicht fertig.

In der Schrift steht nicht, ob Goliath tot war oder nicht. Die Philister, die vom Berg aus alles beobachteten, hatten keine Gewissheit darüber, also ließ David ihnen keinen Zweifel. Er stieg auf den Riesen, zog Goliaths Schwert und schlug ihm den Kopf ab. Sobald David den Kopf von Goliath in der Hand hielt, bestand kein Zweifel mehr daran, wer tot war und wer gesiegt hatte.

In der Bibel steht, dass Jesus das Gleiche mit dem Teufel machte. *Als er so die Herrschaften und Gewalten entwaffnet hatte, stellte er sie öffentlich an den Pranger und triumphierte über sie an demselben* (Kol 2,15). Heute lebst du in dem Sieg, den er für dich bereits errungen hat. Wenn du in letzter Zeit einen Kampf ausgefochten hast und bereits Erleichterung verspürst, dann höre nicht auf bevor du die Fülle dessen erfahren hast, wofür Jesus gestorben ist.

Alle eins in Christus

Johannes 12,20-23

Jesus aber antwortete ihnen und sprach: Die Stunde ist gekommen, dass der Sohn des Menschen verherrlicht werde!
Johannes 12,23

Philippus und Andreas hatten Jesus gerade davon berichtet, dass ihn bestimmte Griechen oder Heiden auf dem Fest suchen würden. Er hatte bereits anderen Heiden gedient, doch dies war das erste Mal, dass die Heiden gezielt nach *ihm* suchten, und nicht nach dem, was er *tun* konnte. Offensichtlich war dies ein weiteres Signal für Jesus, dass seine Zeit gekommen war und er seinen Dienst nicht länger auf die Juden beschränken konnte. Deshalb sprach er über seinen Tod und seine Verherrlichung, die die Scheidewand zwischen den Juden und den Heiden einreißen würde.

Im Tempel von Jerusalem gab es eine natürliche Scheidewand, die diese Trennung symbolisierte. Die Heiden durften einen ausgewiesenen Bereich des Tempels betreten, der als *Vorhof der Heiden* bezeichnet wurde, doch eine Steinmauer von etwa 1,5 Meter Höhe hinderte sie daran, noch weiter zu gehen. Ein Schild vor der Mauer besagte: „Zutritt für Angehörige anderer Nationen verboten. Wer dennoch erwischt wird, macht sich selbst des Todes schuldig!“

Viele Regeln und Vorschriften trennten Juden und Heiden über Jahrhunderte voneinander, doch das Werk Christi am Kreuz schaffte diese Trennung ab, indem es das Gesetz beseitigte. *Denn er ist unser Friede, der aus beiden eins gemacht und die Scheidewand des Zaunes abgebrochen hat, indem er in seinem Fleisch die Feindschaft, das Gesetz der Gebote in Satzungen, hinwegtat, um die zwei in sich selbst zu einem neuen Menschen zu schaffen und Frieden zu stiften* (Eph 2,14-15).

In der neutestamentlichen Gemeinde seid ihr *eins in Jesus Christus* (Gal 3,28; NL). Die Welt versucht Menschen auf jede erdenkliche Art und Weise zusammenzubringen, doch nur Jesus hat diese Trennung zerstört und Menschen eins gemacht durch den Heiligen Geist, der in ihnen wohnt. Heute kannst du feiern, dass du ein Teil des Leibes Christi bist, der „eine neue Mensch“, geschaffen aus allen möglichen Menschen quer durch die Jahrhunderte.

Entscheide dich zu glauben

Johannes 12,37-40

Darum konnten sie nicht glauben, denn Jesaja hat wiederum gesprochen: „Er hat ihre Augen verblendet und ihr Herz verhärtet, damit sie nicht mit den Augen sehen, noch mit dem Herzen verstehen und sich bekehren und ich sie heile.“
Johannes 12,39-40

Niemandem wurde jemals die Gelegenheit verwehrt, Errettung zu empfangen (Tit 2,11). Das Wort Gottes erklärt: *Jeder, der den Namen des Herrn anruft, wird gerettet werden* (Röm 10,13); *siehe, ich stehe vor der Tür und klopfe an. Wenn jemand meine Stimme hört und die Tür öffnet, so werde ich zu ihm hineingehen und das Mahl mit ihm essen und er mit mir* (Offb 3,20); und *wer da will, der nehme das Wasser des Lebens umsonst* (Offb 22,17).

Markus 6,5 besagt: *Er konnte dort kein Wunder tun, außer dass er wenigen Kranken die Hände auflegte und sie heilte.* Warum konnte Jesus bei dieser Gelegenheit keine Wunder tun? Offensichtlich lag es daran, dass er die wunderwirkende Kraft nicht gegen den Willen eines Menschen einsetzen wollte, und nicht daran, dass ihm die Kraft dazu gefehlt hätte. Er konnte keine Wunder tun, weil er sich entschieden hatte, unsere Entscheidungsfreiheit zu wahren.

Darüber hinaus konnten diese Juden nicht glauben, weil sie Jesus ablehnten. Sie konnten nicht glauben, weil sie sich entschieden hatten, nicht zu glauben. *Sie haben sich gestoßen am Stein des Anstoßes* (Röm 9,32), welcher Jesus war.

Es war nicht so, dass Jesaja Menschen dazu vorherbestimmte, nicht errettet zu werden. Er sah ganz einfach, dass nur sehr wenige der Verkündigung über den Messias glauben würden (Jes 53,1). Das Wissen über die Errettung würde für sie verschlossen bleiben, weil sie den ablehnten, in dem alle Schätze der Weisheit und Erkenntnis verborgen sind (Kol 2,3).

Sei heute vorsichtig in deiner Entscheidung darüber, was du empfängst und was du ablehnst. Lehne jeden Gedanken und jedes Wort ab, das dem Wort Gottes widerspricht, aber empfange mit Freuden alles, was im Namen und in der Kraft Jesu gesprochen wird. Dann wirst du sehen, in deinem Herzen verstehen, verändert werden und heil sein.

Der Feigenbaum

Markus 11,13-14

Und Jesus begann und sprach zu ihm: Es esse in Ewigkeit niemand mehr eine Frucht von dir! Und seine Jünger hörten es.
Markus 11,14

Jesus hatte Hunger und erblickte einen Feigenbaum, der bereits Blätter hatte. Das ließ darauf schließen, dass er dort auch Feigen vorfinden würde. Das war jedoch nicht der Fall. Es gab keine Feigen. Als Reaktion darauf verfluchte Jesus den Feigenbaum mit den Worten: *Es esse in Ewigkeit niemand mehr eine Frucht von dir.*

Jesus sprach direkt zu dem Feigenbaum. Im griechischen Urtext heißt es wörtlich: Und Jesus *antwortete* und sprach zu ihm. Damit ist gemeint, dass der Feigenbaum auch zu Jesus gesprochen hat. Einige Menschen halten das für seltsam, aber Dinge und Umstände können zu uns sprechen. Dein Kontoauszug sagt dir, dass du nicht genügend Geld besitzt. Dein Körper sagt dir, dass du krank bist. Situationen können auch ohne Worte negative Dinge über uns aussagen. Die meisten von uns greifen diese negativen Bemerkungen auf und sprechen sie dann selber mit dem Mund aus. Damit verleihen sie ihnen Macht über ihr Leben.

Jesus tat das einzig Richtige. Mit seinen eigenen Worten gebot er dieser Täuschung Einhalt. Der Baum hätte, da er schon Blätter hatte, auch entsprechend Früchte tragen sollen, konnte aber keine aufweisen. Er hatte Jesus etwas vorgetäuscht, was er nicht halten konnte. Jesus sprach, dass er nie wieder Frucht tragen würde, und so geschah es. Sofort fingen seine Wurzeln an zu vertrocknen und am nächsten Tag war es deutlich sichtbar, dass der Feigenbaum tot war (Mk 11,20).

Die Jünger waren völlig überwältigt von diesem Wunder und befragten Jesus dazu am nächsten Tag. Er erklärte ihnen, dass es sich hierbei um die Macht von Worten handelte. Jemand der im Glauben spricht, ohne in seinem Herzen zu zweifeln, wird genau das haben, was er gesagt hat. Das funktioniert im positiven wie auch im negativen Bereich.

Wann immer negative Umstände heute zu dir sprechen, antworte im Glauben und du wirst sehen, wie sich deine Situation verändert.

Glaube, der Berge versetzt

Matthäus 21,18-22

Jesus aber antwortete und sprach zu ihnen: Wahrlich, ich sage euch: Wenn ihr Glauben habt und nicht zweifelt, so werdet ihr nicht nur tun, was mit dem Feigenbaum geschah, sondern auch, wenn ihr zu diesem Berg sagt: Hebe dich und wirf dich ins Meer!, so wird es geschehen. Und alles, was ihr glaubend erbittet im Gebet, das werdet ihr empfangen!
Matthäus 21,21-22

Was ist das Besondere an diesem Berge versetzenden Glauben? Zunächst einmal versteht und gebraucht dieser Glaube Gottes seine Autorität, denn schließlich fordert uns Jesus auf, zu dem Berg zu sprechen. Die meisten Menschen reden zu Gott über ihren Berg; aber der Herr sagt deutlich, dass wir direkt zu dem Berg sprechen sollen. Das entspricht der uns von Gott gegebenen Autorität.

Ich hatte einmal Zahnschmerzen, die mich zwei Wochen lang nicht in Ruhe ließen. Ich betete mehrmals, dass Gott sie heilen möge. Während ich auf Reisen war, hörte ich mir eine Kassette an. In dem Vortrag ging es darum, direkt zu dem Berg, anstatt zu Gott zu sprechen. Da dämmerte es mir, dass ich genau das *nicht* getan hatte. Ich hatte von meiner Autorität in dem Namen Jesus keinen Gebrauch gemacht. Stattdessen hatte ich Gott um etwas gebeten, von dem er sagt, dass ich es selbst tun soll.

Als ich im Hotel ankam, sah ich in den Spiegel, steckte meinen Finger in den Mund, zeigte auf meinen Zahn und sprach: „Du bist geheilt in dem Namen Jesus. Schmerz verschwinde jetzt!" In weniger als zehn Minuten waren meine Schmerzen verschwunden und ich hatte nie wieder ein Problem mit diesem Zahn.

Der Berge versetzende Glaube hält daran fest, dass Gott uns Heilung bereits zur Verfügung gestellt hat. In dem Namen Jesus kannst du direkt zu dem Problem sprechen, anstatt mit Gott über dein Problem zu reden. Gebrauche deine von Gott gegebene Autorität und spreche heute zu deinem Berg. Wenn du wirklich glaubst, wird er sich bewegen.

Vergebung und Gebet

Matthäus 21,20-22; Markus 11,20-26

Und wenn ihr dasteht und betet, so vergebt, wenn ihr etwas gegen jemand habt, damit auch euer Vater im Himmel euch eure Verfehlungen vergibt.
Markus 11,25

Es gibt gewisse Voraussetzungen, um glauben und empfangen zu können. Eine davon ist, dass wir denen vergeben, die uns oder andere Menschen verletzt und beleidigt haben. Wenn wir Unversöhnlichkeit in unserem Herzen festhalten, verhindert es, dass unsere Gebete erhört werden.

Wir sollten anderen Menschen in dem Moment vergeben, in dem wir uns entscheiden zu beten. Wenn wir beten, müssen wir jedem Menschen vergeben haben, gegen den wir irgendeinen Groll hegen. Warum ist das so wichtig? Gott hat die Strafe für die Sünden aller Menschen auf Jesus gelegt. Er hat das Gericht stellvertretend für jeden einzelnen Sünder, der je gelebt hat, auf sich genommen. Wenn wir von anderen Menschen verlangen, dass sie sich unsere Vergebung erst verdienen müssen, während wir hingegen unsere eigene Vergebung unverdient empfangen haben, folgen wir nicht dem Beispiel Jesu. Er hat uns vergeben und wir sollten anderen Menschen auch vergeben.

Es ist fraglich dass eine Person, die sich weigert zu vergeben, jemals wirklich Vergebung erfahren hat. Dies ist vergleichbar mit dem Knecht, über den Jesus in Matthäus 18,23-25 spricht. Ihm wurde eine Schuld von über drei Millionen Euro erlassen und trotzdem weigerte er sich, seinem Mitknecht, der ihm nur 3 000 Euro schuldete, zu vergeben. Jesus nannte ihn *böse* (Vers 32). Kannst du nun verstehen, warum Gott unsere Gebete nicht erhören kann, wenn wir uns wie dieser böse Knecht verhalten und uns weigern, anderen Menschen zu vergeben, wie uns selbst vergeben wurde?

Die Vergebung, die du vom Herrn empfangen hast, ist unendlich größer als jede Schuld, die du jemals anderen vergeben könntest. Vergib freimütig, wie auch dir vergeben wurde; erst dann kannst du zuversichtlich im Glauben beten und Gott wird dein Gebet nicht nur hören, sondern erhören.

Gerecht vor Gott gemacht

Matthäus 21,23-30; Markus 11,27-33; 12,1-2; Lukas 20,1-9

Was meint ihr aber? Ein Mensch hatte zwei Söhne. Und er ging zu dem ersten und sprach: Sohn, mache dich auf und arbeite heute in meinem Weinberg! Der aber antwortete und sprach: Ich will nicht! Danach aber reute es ihn, und er ging. Und er ging zu dem zweiten und sagte dasselbe. Da antwortete dieser und sprach: Ich [gehe], Herr! und ging nicht.
Matthäus 21,28-30

Jesus zeigte den religiösen Führern auf verschiedene Weise, dass sie nicht gerecht vor Gott waren. In diesem Gleichnis offenbarte er, wer wahrhaftig nach dem Willen Gottes handelt. Es war nicht der Sohn, der nur darüber redete, sondern es war der Sohn, der zu Beginn rebellisch war, es später aber bereute und dann den Willen des Vaters ausführte.

Diese religiösen Führer hatten in gewisser Weise Ehrfurcht vor Gott wie der zweite Sohn, trotzdem waren sie nicht bereit, den Willen des Vaters zu tun. Die Zöllner und Huren hatten keinerlei Ehrfurcht vor Gott, aber als sie mit den Predigten von Johannes dem Täufer konfrontiert wurden, taten viele von ihnen Buße und begannen, den Willen des Vaters zu tun, so wie der erste Sohn aus dem Gleichnis.

Die religiösen Juden, die auf dem Thron des Mose saßen, disqualifizierten sich selbst, Gottes Repräsentanten auf Erden zu sein, wegen ihrer Heuchelei und Hartherzigkeit. Sogar die Zöllner und Huren, die Buße taten, hatten ihnen etwas voraus. Die Sünde, die am häufigsten bei religiösen Menschen anzutreffen ist, ist Selbstgerechtigkeit: sie ehren den Herrn mit ihren Lippen, während ihre Herzen weit von ihm entfernt sind (Mt 15,8).

Die schlimmsten Sünder taten Buße und kamen noch vor den streng religiösen Juden in das Reich Gottes, weil sie erkannten, dass sie Sünder waren und ihren Glauben ganz auf Jesus setzten. Eine der tödlichsten Auswirkungen von Selbstgerechtigkeit ist die Täuschung, dass wir aufgrund unserer guten Taten errettet werden. Wir können uns nicht selbst erretten, ganz gleich wie gut unsere Werke auch sind.

Erinnere dich daran, wie es war, als du gerettet wurdest und wer es eigentlich war, der dich gerettet hat. Bleib demütig und bedenke, dass du gerecht vor Gott bist wegen dem, was Jesus für dich getan hat. Du musst dich nicht selbst unter Druck setzen, um zu beweisen, dass du aus eigener Kraft vor Gott gerecht sein kannst. Dann wird dein Herz mit Freude und Lobpreis Gottes erfüllt, da er selbst dich bereits gerecht vor ihm gemacht hat.

Dein Leben gehört Gott

Matthäus 22,20-22

Und er spricht zu ihnen: Wessen ist dieses Bild und die Aufschrift? Sie antworteten ihm: Des Kaisers. Da spricht er zu ihnen: So gebt dem Kaiser, was des Kaisers ist, und Gott, was Gottes ist!
Matthäus 22,20-21

Das Bild auf dem Denar, der einzigen kleinen Silbermünze, die als Zahlungsmittel für die kaiserliche Steuer anerkannt wurde, war wahrscheinlich das von Kaiser Tiberius (Regierungszeit 14–37 v. Chr.). Auf der einen Seite der Münze stand *Kaiser Tiberius Augustus, Sohn des göttlichen Augustus* und auf der anderen Seite *Hohepriester*. Diese Inschrift gab dem Herrscher das Recht, als Gottheit angesehen und verehrt zu werden.

Die strenggläubigen Juden hatten schon mehrere Male versucht, Jesus durch Gesetzesfragen in die Falle zu locken, aber es war ihnen nicht gelungen. Jetzt befragten sie ihn über die Steuern, in der Hoffnung, dass er ihnen mit seiner Antwort die Gelegenheit geben würde, ihn vor Pilatus anzuklagen. Sie waren sicher, dass es keine richtige Antwort für ihn gab. Wenn er die römischen Steuern guthieß, würde sich das Volk von ihm abwenden. Wenn er sich aber gegen die Steuern äußerte, würden ihn die Juden den römischen Herrschern übergeben und Pilatus würde ihn beseitigen lassen. Es sah so aus, als hätten sie Jesus endlich in der Hand.

Jesus antwortete ihnen jedoch in so schlichter Weisheit, dass diese Pharisäer in ihre eigene Falle gingen und regelrecht bloßgestellt wurden. Er sagte: *Gebt dem Kaiser, was des Kaisers ist, und Gott, was Gottes ist!* (Mk 12,17). Da Menschen nach Gottes Ebenbild erschaffen sind, müssen sie Gott das geben, was ihm gehört (ihr Leben), und dem Kaiser die Dinge, die ihm gehören (Geld und andere Dinge, die ihm von Rechts wegen zustehen).

Viele Menschen beschweren sich heutzutage über Steuern und Rechnungen, aber selbst Jesus wusste, dass diese Dinge ihren Nutzen haben. Wenn du weißt, dass Gott dein Versorger ist und dein Leben ihm gehört, dann hast du den Wunsch, anderen zu geben und sie zu segnen, so wie auch er es tut. Wenn du das nächste Mal deine Rechnungen und Steuern bezahlst, dann ehre Gott, indem du es freudig tust. Sei dir bewusst, dass du dadurch das Leben anderer bereicherst.

Die Auferstehungskraft

Matthäus 22,23

An jenem Tag traten Sadduzäer zu ihm, die sagen, es gebe keine Auferstehung, und sie fragten ihn.
Matthäus 22,23

Die Auferstehung ist ein wichtiges Thema im Neuen Testament. Elf von dreizehn Predigten in der Apostelgeschichte sprechen direkt von der Auferstehung oder beziehen sich auf sie. Um die Kraft der Auferstehung zu verstehen, müssen wir zunächst begreifen, wie Gott uns geschaffen hat. Wir bestehen aus drei Teilen – Geist, Seele und Leib (1 Thess 5,23). Der gefallene Mensch ist geistlich tot (also getrennt von Gott) und seine Seele ist von Sünde verfinstert. Ein wiedergeborener Gläubiger ist geistlich lebendig (also mit Gott wiedervereint) und seine Seele wird verwandelt durch das Licht von Gottes Wort. Geist und Seele sind unsterblich. Wenn der Gläubige stirbt, gelangen sein Geist und seine Seele in den Himmel; wenn der Ungläubige stirbt, endet er in der Hölle.

Sowohl gläubige als auch ungläubige Menschen haben einen sterblichen Leib. Im Tod verfällt der Körper und kehrt damit wieder zurück zu seinen ursprünglichen Elementen. Bei der Auferstehung werden die dahingegangenen Seelen bzw. der Geist entweder aus dem Himmel oder der Hölle wieder hervorgerufen, und Gott wird sie mit ihrem auf übernatürliche Weise auferweckten und neu zusammengesetzten Leib vereinen. So wird jeder Einzelne von Gott vollständig wiederhergestellt werden – mit Geist, Seele und Leib. Jeder Mensch wird auferweckt werden, entweder zu einem ewigen Leben mit Gott im Himmel oder zu ewiger Verdammnis im Feuersee.

Die Hoffnung eines jeden Gläubigen ist die Auferstehung zum ewigen Leben mit Gott. Der natürliche, irdische und nutzlos gewordene Leib wird auferweckt und in einen himmlischen, verherrlichten und unsterblichen Leib verwandelt werden. Damit wird all das vollendet, was Jesus für uns mit seinem Blut erkauft hat. Diese Verwandlung vom natürlichen Zustand unseres Leibes in den Zustand eines verherrlichten Leibes stellt eine gewaltige Veränderung dar, aber die Macht Gottes kann das leicht bewirken.

Wenn der Herr das Wunder der Auferstehung wirken kann, dann kann er dich auch ganz sicher heilen und von anderen Lasten befreien. Wenn du heute für dein Wunder betest, lass die Hoffnung der Auferstehung deinen Glauben stärken.

Die Ehe gehört nur zum irdischen Leben

Lukas 20,27-40

Wessen Frau wird sie nun in der Auferstehung sein? Denn alle sieben haben sie zur Frau gehabt. Und Jesus antwortete ihnen und sprach: Die Kinder dieser Weltzeit heiraten und lassen sich heiraten.
Lukas 20,33-34

Höchstwahrscheinlich hat diese von den Sadduzäern beschriebene Begebenheit nie stattgefunden. Sie werden eher einen Fall konstruiert haben, der die Auferstehung infrage stellte, da sie nicht glaubten, dass diese schriftgemäß war. Wenn man ihre Grundannahme als wahr voraussetzt, dass nämlich eine Ehe im Himmel weiter besteht, dann war ihre Schlussfolgerung korrekt. Es wäre unmöglich, eine Ehe dort rechtmäßig fortbestehen zu lassen, wenn man auf Erden mehrere Ehepartner gehabt hat. Ihre Argumentation war logisch, aber die Fakten, auf denen sie basierte, waren nicht schriftgemäß.

Die Bibel spricht davon, dass in der Ehe zwei Menschen „ein Fleisch" werden; Engel sind allerdings keine Wesen aus Fleisch und Blut. Zudem schreibt Paulus, *dass Fleisch und Blut das Reich Gottes nicht erben können* (1 Kor 15,50). Daher ist die Ehe eine irdische Institution, die den Sterblichen auf der Erde vorbehalten ist und im Himmel nicht existiert. Die Ehe ist, wie der Tod, für Sterbliche nur vorübergehend, und besteht nur so lange sie auf Erden sind. Deshalb ist auch ein Ehepartner frei, wieder zu heiraten, wenn der andere gestorben ist. Die Ehe gehört nur zum diesseitigen Leben.

Das heißt jedoch nicht, dass ein Paar, das hier auf der Erde in tiefer Liebe verbunden war, sich im Himmel weniger lieben würde. Ihre Liebe füreinander wird im Gegenteil unendlich viel tiefer sein, aber sie werden sich mit Gottes Agape-Liebe lieben, nicht mit menschlicher romantischer Liebe, und diese Liebe wird nicht nur auf eine Person beschränkt sein. Wir können uns ganz sicher sein, dass der Himmel jede noch so hohe Erwartung meilenweit übertreffen und ganz sicher niemanden enttäuschen wird!

Viele Menschen versuchen heutzutage, mit logischen Argumenten bestimmte Lehren von Gottes Wort außer Kraft zu setzen. Jesus sagt, dass diese Leute im Irrtum sind, weil sie die Schriften nicht kennen (Mk 12,24). Argumentationen, die nicht auf der Schrift basieren, sind wertlos. Wenn du dich für eine bestimmte Auslegung irgendeiner Lehre der Schrift entscheidest, dann stelle sicher, dass du wirklich weißt, was die Bibel dazu sagt. Dann wird dein Leben auf einem festen Fundament stehen.

Die zwei höchsten Gebote

Matthäus 22,34-46

Meister, welches ist das größte Gebot im Gesetz? Und Jesus sprach zu ihm: „Du sollst den Herrn, deinen Gott, lieben mit deinem ganzen Herzen und mit deiner ganzen Seele und mit deinem ganzen Denken." Das ist das erste und größte Gebot. Und das zweite ist ihm vergleichbar: „Du sollst deinen Nächsten lieben wie dich selbst."
Matthäus 22,36-39

Jesus offenbart, dass alle Gebote des Alten Testaments darauf ausgelegt sind zu zeigen, dass man Gott und seine Mitmenschen lieben soll. Deshalb sind die beiden Gebote, die sich genau darum drehen (4 Mose 19,18; 5 Mose 6,5), die beiden wichtigsten.

Die religiösen Führer waren so besessen von dem Gedanken, jedes noch so kleine Detail des Gesetzes zu beachten, dass sie dessen eigentlichen Sinn völlig aus den Augen verloren. Sie liebten weder Gott noch ihre Mitmenschen, und doch glaubten sie, sie würden das Gesetz einhalten. Auch heute noch begehen Menschen diesen Fehler. Einige der grausamsten Taten der Geschichte wurden im Namen des Herrn begangen und in dem Glauben, Gottes Gebote zu verteidigen. Wenn wir jedoch eines der beiden höchsten Gebote brechen, um irgendein anderes Gebot durchzusetzen, dann wenden wir Gottes Wort genauso falsch an wie diese religiösen Juden.

Sowohl das Gesetz des Alten Testaments als auch das Gnadenkonzept des Neuen Testaments verpflichten uns dazu, Gott und alle Menschen zu lieben. Im Alten Testament bestand die Motivation der Menschen in der Angst vor Strafe im Falle des Versagens, während wir durch die Gnade des Neuen Testaments andere genauso bedingungslos lieben können, so wie Gott auch uns liebt.

Es ist möglich, sich heilig aufzuführen ohne Gott oder die Menschen zu lieben. Wenn aber Gottes Liebe in einem Menschen wohnt, kann das nicht ohne Folgen bleiben. Gottes Heiligkeit wird diese Person durchdringen. Betrachte heute deine Beziehungen mit den Augen der bedingungslosen Liebe Gottes. Indem du liebst, wirst du heilig sein.

Du hast Gottes Weisheit

Matthäus 23,1-39

Da redete Jesus zu der Volksmenge und zu seinen Jüngern.
Matthäus 23,1

In Matthäus 23 finden wir die schärfste Zurechtweisung, die Jesus je erteilt hatte, und sie richtete sich an die jüdischen Leiter. Er schalt sie für ihre Scheinheiligkeit, ihre harten Herzen und für ihren vollkommenen Mangel an Erkenntnis über Gott, sein Wort und seine Vorgehensweisen. Matthäus zufolge tat er dies öffentlich im Beisein genau jener Menschen, die diese Heuchler beeindrucken und lenken wollten.

Jesus hatte schon viele Auseinandersetzungen mit den Schriftgelehrten und Pharisäern hinter sich. An diesem Tag stellten die Hohepriester und Ältesten die Autorität Jesu infrage. Und er reagierte mit einer Gegenfrage, die wiederum ihre eigene Autorität anzweifelte. Dann gebrauchte er drei Gleichnisse um zu zeigen, dass die Anführer der Juden trotz ihrer frommen religiösen Handlungen die Herrschaft Gottes über ihrem Leben nicht anerkannten.

Die Pharisäer versuchten, Jesus mit einer Frage über Steuerzahlungen an die römische Regierung zu Fall zu bringen. Dann wollten die Sadduzäer ihn mit einer Diskussion über die Auferstehung stoppen. Und schließlich versuchte ein Anwalt, Jesus mit einer Frage über das wichtigste Gebot in die Falle zu locken. Jesus aber konnte ihnen so gut antworten, dass *sich von jenem Tag an niemand mehr getraute, ihn zu fragen* (Mt 22,46).

Als ein Gläubiger bist du vielleicht auch schon Leuten begegnet, die dich genauso in die Falle locken wollten, wie es diese religiösen Leiter mit Jesus versuchten. Der Teufel wird diese Menschen gebrauchen, um dich in deinen Glaubensüberzeugungen zum Zweifeln zu bringen. Doch der Bibel zufolge sind wir *in Christus Jesus, der uns von Gott gemacht worden ist zur Weisheit* (1 Kor 1,30); und derselbe Geist, der Jesus von den Toten auferweckt hat, lebt auch in uns (Röm 8,11). Das bedeutet, dass du eine Antwort auf jede Frage hast, mit der dich jemand angreift! Sei heute also zuversichtlich, dass du im Glauben fest bleiben wirst – egal welche Frage sich dir stellt.

Gott sieht unsere Opfer

Markus 12,41-44

Und Jesus setzte sich dem Opferkasten gegenüber und schaute zu, wie die Leute Geld in den Opferkasten legten. Und viele Reiche legten viel ein. Und es kam eine arme Witwe, die legte zwei Scherflein ein, das ist ein Groschen.
Markus 12,41-42

Der Opferkasten, von dem hier die Rede ist, befand sich im Frauenhof. Dieser gehörte zur Tempelanlage, befand sich aber nicht im Tempel. Frauen war der Zutritt zum Tempel nicht gestattet.

Jesus gebraucht diesen Vorfall, um seine Jünger eine wichtige Lektion zu lehren. Aufgrund der Verheißungen Gottes über das Geben wissen wir, dass das Opfer der Witwe Gott wohlgefällig war und dass er sie dafür segnete, aber die Witwe selbst hörte Jesu Lob für ihre Gabe gar nicht. Es gibt keinen Hinweis darauf, ob sie jemals erfuhr, dass jemand die Größe ihres Opfers zu schätzen wusste.

Ebenso kann es dir ergehen, wenn du das Gefühl hast, dass niemand von deinen finanziellen Opfern weiß oder sie wertschätzt. Das betrifft nicht nur das sonntägliche Opfer in der Gemeinde oder die finanzielle Unterstützung eines Dienstes, sondern auch die Unterstützung von Menschen in deinem Umfeld. Doch genauso wie Jesus die Gabe dieser Witwe sah und das Ausmaß ihres Opfers erkannte, so wird auch dein himmlischer Vater von deiner kleinsten Gabe Notiz nehmen und dich eines Tages dafür belohnen.

Vergleiche dein Geben nicht mit dem von anderen, ob es sich nun um Geld, Zeit oder Hingabe handelt. Denke daran, dass Gott dein Herz sieht. Freue dich, wenn du die Gelegenheit hast zu geben, denn damit verhältst du dich wie dein himmlischer Vater. Sei heute ein Geber, so wie er ein Geber ist.

Schutz vor Täuschung

Matthäus 24,3-5

Jesus sagte zu ihnen: Seid auf der Hut und lasst euch von niemand täuschen!
Matthäus 24,4 (GNB)

Wir können es vermeiden, getäuscht zu werden, denn sonst hätte Jesus nicht gesagt: *Lasst euch von niemandem täuschen!* Satan kann nur diejenigen täuschen, die es ihm erlauben. In Epheser 6,11 heißt es: *Zieht die ganze Waffenrüstung Gottes an, damit ihr standhalten könnt gegenüber den listigen Kunstgriffen des Teufels.* Gott sagt *die ganze Rüstung.* Viele Christen tragen lediglich den Helm des Heils. Aber es gehört mehr dazu, den Teufel zu überwinden, als nur errettet zu sein. Wir müssen unsere gerechte Stellung im Herrn kennen. Außerdem müssen wir Glauben besitzen, das Wort kennen und das Evangelium des Friedens verstehen.

Das Leben als Christ ist ein ständiger Kampf gegen den Teufel, der versucht uns zu zerstören. Die meisten von uns sind sich dieses Kampfes bewusst, aber sie wissen nicht, wo er stattfindet. Er spielt sich in unseren Gedanken ab. Ebenso wie die Schlange Eva nicht mit brutaler Gewalt begegnete, sondern sie mit Worten täuschte, so versucht uns Satan durch Gedanken zu vernichten, die dem Wort Gottes entgegenstehen. Seine Urtaktik war die Täuschung und daran hat sich bis heute nichts geändert.

Ein charakteristisches Merkmal von Kindern ist, dass sie leicht zu täuschen sind. Sie sind leichtgläubig. Damit ein Gläubiger vom Kind zum Sohn heranreifen kann, muss er ein geistliches Unterscheidungsvermögen entwickeln. Dies entsteht durch ein festes Gegründetsein im Wort Gottes. Um eine Täuschung zu erkennen, muss man nicht erst alle falschen Behauptungen genau untersuchen – sondern das Original so gut kennen, dass man die Fälschung auf den ersten Blick bemerkt.

Wenn du heute in Gottes Wort bleibst und weiterhin gemäß seinem Wort wandelst, so wirst du nicht getäuscht werden. Du wirst schnell jeden Gedanken erkennen, der nicht der Wahrheit entspricht.

Gründe deine Beziehungen in Gott

Matthäus 24,12

Und weil die Gesetzlosigkeit überhandnimmt, wird die Liebe in vielen erkalten.
Matthäus 24,12

Der einzige Grund dafür, dass das Maß an Gesetzlosigkeit die Liebe eines Menschen zum Herrn erkalten lassen kann, besteht darin, dass derjenige sich nicht von dieser Gesetzlosigkeit absondert. Lot war ein gerechter Mann, dessen Seele Tag für Tag davon gequält wurde, dass er die gesetzlosen Werke der Ungerechten sehen und hören musste (2 Petr 2,8).

Wir müssen uns mit der Welt und ihren Bewohnern auseinandersetzen, aber wir sollten dabei auch einen sorgfältigen und angemessenen Abstand bewahren. Wir sollten Beziehungen mit Menschen meiden, die uns stärker negativ beeinflussen, als dass wir sie positiv beeinflussen können. Das gilt ganz besonders für die Ehe. Es gibt im Leben keine engere Einheit als eine Ehebeziehung. Ein Gläubiger, der einen ungläubigen Ehepartner heiratet, handelt entgegen der Schrift und spielt mit dem Verderben (2 Kor 6,14). Der Herr sollte die wichtigste Person in unserem Leben sein. Wie können wir also eins werden mit jemandem, der den Herrn nicht liebt?

Es ist töricht zu glauben, dass unser ungläubiger Partner den Herrn nach der Hochzeit schon noch annehmen wird. Obwohl das manchmal passiert, gibt es keine Garantie dafür. Tatsächlich sprechen die Statistiken mit großer Mehrheit dagegen. Wenn du dich jedoch in einer solchen Situation befindest und Gott für die Errettung deines Ehepartners glaubst, dann brauchst du die Unterstützung anderer Gläubiger aus deiner Gemeinde, sodass du selbst stark bleiben und im Herrn wachsen kannst. Lass nicht zu, dass dein ungläubiger Partner dich an deinem geistlichen Wachstum behindert. Es hat niemand etwas davon, wenn du in deiner Entwicklung zurückfällst, nur um deinem Partner zu gefallen!

Mit Ungläubigen unter ein ungleiches Joch gespannt zu sein, funktioniert nicht. Gläubige und Ungläubige sind so verschieden wie Gerechtigkeit und Ungerechtigkeit, Licht und Finsternis, Jesus und der Teufel. Der eine hat Glauben und der andere nicht. Wenn du schon verheiratet bist, hoffe ich, dass du dies vermieden hast. Wenn du noch ledig bist, dann entscheide dich heute, dieser Irreführung nicht zum Opfer zu fallen.

Deine Natur in Christus

Matthäus 24,13

Wer aber ausharrt bis ans Ende, der wird gerettet werden.
Matthäus 24,13

Hier lehrt Jesus, dass der Gläubige im Glauben ausharren muss, um vollständige Errettung zu erlangen. Die Errettung ist ein Geschenk, das nicht verdient oder durch unsere eigenen Werke erreicht werden kann. Sie muss im Glauben empfangen werden und es erfordert eine gewisse Anstrengung unsererseits, diesen Glauben aufzubringen.

Heiligkeit wird keine Beziehung mit Gott bewirken, noch wendet sich Gott wegen mangelnder Heiligkeit von uns ab. Sein Umgang mit uns richtet sich nach unserem Glauben an Jesus und nicht nach unserer Leistung. Heiligkeit hält Satan davon ab, unseren Glauben zu rauben, während mangelnde Heiligkeit eine offene Einladung an den Teufel ist, in unserem Leben zu tun, was immer er will. Jemand, der bis zum Ende ausharren möchte, kann keinen Lebensstil führen, der Satan freien Einlass gewährt.

Obwohl Gott uns unsere Sünden nicht anrechnet, können wir uns den Luxus von Sünde nicht erlauben, weil sie dem Satan Zugang zu uns gestattet. Wenn ein Christ sündigt und dem Teufel eine Gelegenheit gibt, Tod in seinem Leben zu bewirken, kann das beendet werden, indem er die Sünde bekennt. Gott ist treu und gerecht und benutzt die Vergebung, die in unserem wiedergeborenen Geist bereits vorhanden ist, um uns von aller Ungerechtigkeit zu reinigen (1 Joh 1,9) – auf diese Weise werden Satan und seine Festungen beseitigt.

Heiligkeit ist ein Nebenprodukt einer engen Beziehung mit Gott, sie bewirkt keine Beziehung zu Gott. Es liegt in der Natur eines Christen, ein aufrechtes Leben führen zu wollen. Wenn ich dich fragen würde: *Möchtest du wirklich sündigen?*, würdest du *Nein* sagen, weil du aus deiner neuen Natur der Gerechtigkeit Gottes heraus lebst. Ruf dir diese Wahrheit heute in Erinnerung, wenn der Teufel dich versuchen will, und halte an deinem Glauben fest!

Widerstehe der Versuchung zur Sünde

Lukas 22,3

Es fuhr aber der Satan in Judas, der mit Beinamen Ischariot genannt wird, welcher aus der Zahl der Zwölf war.
Lukas 22,3

Einige Menschen vermuten, dass Judas Jesus mit der Absicht hintergangen hätte, eine Konfrontation zwischen Jesus und der römischen Besatzungsmacht zu erzwingen. Dann hätte er nämlich seine übernatürliche Kraft zur Selbstverteidigung einsetzen und die Römer überwältigen müssen, und auf diese Weise hätte er dem Volk Israel seine Unabhängigkeit zurückgegeben. Dieser Gedanke basiert hauptsächlich auf der Reaktion von Judas, als er sah, dass Jesus verurteilt wurde. Es *reute* ihn (Mt 27,3), was bedeutet, dass die Verurteilung Jesu nie seine Absicht war. Dennoch sagt die Bibel nicht, dass Judas edle Absichten hatte. Er war ganz einfach ein Dieb.

Dieser Vers macht deutlich, dass Satan in Judas gefahren und damit verantwortlich für den Verrat war. Wir können sicher sein, dass Satans einzige Absicht mit diesem Verrat an Jesus darin bestand, zu stehlen, töten und zu verderben (Joh 10,10). Darüber hinaus spricht die Tatsache, dass Satan von Judas Besitz ergriffen hatte, Judas nicht von der Verantwortung für sein Handeln frei. Der Teufel geht umher wie ein brüllender Löwe und sucht, wen er verschlingen kann (1 Petr 5,8). Doch er kann nicht einfach jeden verschlingen. Man muss ihm den Raum dafür geben. Dadurch dass Judas ein Dieb war, öffnete er Satan die Tür. Als er damit anfing, Jesus zu bestehlen, mag es nicht einmal seine Absicht gewesen sein, ihn eines Tages gänzlich zu verraten. Doch sobald er sich mit seinen Diebstählen dem Satan unterworfen hatte, war der Prozess kaum noch aufzuhalten.

Sünde kann nicht kontrolliert werden. Du kannst nicht nur „ein wenig" sündigen. In Gottes Augen ist Sünde ganz einfach Sünde. Je mehr du ihr nachgibst, desto mehr nimmt sie dich gefangen. Um dem Teufel zu widerstehen und seine Versuchungen zur Sünde zu überwinden, musst du dich als Erstes Gott hingeben (Jak 4,7). Sobald du dich ihm unterworfen hast, wird dich der Heilige Geist übernatürlich dazu befähigen, Nein zu allem zu sagen, was der Feind in deinem Leben tun will.

Das Abendmahl ist heilig

Lukas 22,19

Und er nahm das Brot, dankte, brach es, gab es ihnen und sprach: Das ist mein Leib, der für euch gegeben wird; das tut zu meinem Gedächtnis!
Lukas 22,19

Im Abendmahl symbolisiert das Brot den Leib Jesu, der durch seine Leiden für uns zerbrochen wurde. Er starb nicht nur für uns am Kreuz, sondern er erduldete auch 39 Striemen auf seinem Rücken, durch die wir geheilt sind (1 Petr 2,24). Wenn wir das Abendmahl nehmen, soll uns das an die seelische und körperliche Errettung erinnern, die Jesus für uns erworben hat.

Das Abendmahl hat seine Wurzeln in einem bestimmten Teil des Passahmahls, das nur einmal im Jahr gefeiert wurde. Die frühchristliche Gemeinde hat das Abendmahl wöchentlich oder sogar täglich genommen. In der Bibel finden wir keine bestimmte Vorgabe dafür, wie oft wir Abendmahl feiern sollen.

Wenn wir das Abendmahl nehmen, erinnern wir uns feierlich an den Tod des Herrn und auch an unsere Einheit mit ihm in diesem Tod. Wir starben mit ihm und sind mit ihm zu dem ewigen Leben auferstanden, in dem wir heute leben (Kol 1,12). Das Brot zu brechen bedeutet, an Heilung und Unversehrtheit teilzuhaben, weil sein Leib zerbrochen wurde, damit unser Leib wieder heil sein kann. Den Wein zu trinken steht dafür, an der Gerechtigkeit Anteil zu haben, die uns sein vergossenes Blut verliehen hat.

Innerhalb des gesamten Erlösungswerks Jesu ist das Abendmahl eines deiner stärksten Glaubensbekenntnisse. 1. Korinther 11,27 fordert uns auf, es nicht leichtfertig zu nehmen. Erinnere dich heute daran, wie übernatürlich Jesus dich errettet und dein Leben verändert hat. Wann immer du die Gelegenheit hast oder den Impuls verspürst, Abendmahl zu feiern, mache es zu der besonderen Zeit mit dem Herrn, wie er es sich gedacht hat.

Lass dir von Gott dienen

Johannes 13,5-8

Petrus spricht zu ihm: Auf keinen Fall sollst du mir die Füße waschen!
Jesus antwortete ihm: Wenn ich dich nicht wasche,
so hast du keine Gemeinschaft mit mir.
Johannes 13,8

Petrus Weigerung, sich von Jesus die Füße waschen zu lassen, kam aus der Erkenntnis heraus, dass er absolut unwürdig war, sich von dem sündlosen Sohn Gottes bedienen zu lassen wie von einem gewöhnlichen Diener. Petrus hat seinen eigenen Wert richtig eingeschätzt, doch er hatte übersehen, dass Gott uns nicht wegen unseres Wertes dient, sondern wegen seiner Liebe.

Obwohl die Einstellung von Petrus heilig und demütig erscheint, hat er faktisch dem Willen Gottes widerstanden und war stolz. Stolz ist selbstzentriert und eigenwillig, statt gottzentriert und dem Willen Gottes ergeben. Petrus hätte demütig genug sein müssen, um sich klar zu sein, dass Jesus wusste, was er tat! Stattdessen dachte er, er wüsste es besser.

Dieser gleiche Stolz hält viele Christen davon ab, die Segnungen Gottes zu empfangen, weil sie denken, dass sie seiner Gnade nicht würdig seien. Obwohl es stimmt, dass ihre Taten seine Güte nicht rechtfertigen, werden sie mehr von den Segnungen des Herrn empfangen, wenn sie sie als Ausdruck seiner Liebe und Güte betrachten.

Unangemessene Demut ist genauso schädlich wie übertriebener Stolz. Petrus wollte Jesus dienen, aber er war zu stolz, um sich selbst von Jesus dienen zu lassen. Jesus sagte zu Petrus, dass er ihm nicht dienen könne, solange er nicht den Dienst Jesu an sich selbst empfangen hatte. Mit anderen Worten sagte er: *Petrus, du kannst dich selbst nicht reinigen. Du musst mir erlauben, es zu tun.*

Du kannst dich selbst oder andere nicht reinigen. Mach dich völlig abhängig von Gottes Gnadenwerk in deinem Leben und er wird dich reinigen und zurüsten, um anderen zu dienen. Bevor du der Segen sein kannst, der du für Gott und die Menschen um dich herum sein möchtest, musst du erlauben, dass Gott der Segen für dich ist, der er gern für dich sein möchte.

Die Liebe steht an erster Stelle

Johannes 13,35

Daran wird jedermann erkennen, dass ihr meine Jünger seid, wenn ihr Liebe untereinander habt.
Johannes 13,35

Jesus hat nicht gesagt, dass uns alle Menschen als seine Jünger erkennen wegen unseren Lehrmeinungen, unseren Ritualen, unserem Hass der Sünde gegenüber oder sogar der Art, wie wir unsere Liebe für Gott ausdrücken. Er sagt sehr deutlich, dass diese eine Eigenschaft, an der uns die Welt als seine Jünger erkennt, unsere Liebe untereinander ist.

In der gleichen Nacht betet der Herr Jesus zu seinem Vater und bittet genau darum: ... *auf dass sie alle eins seien, gleichwie du, Vater, in mir und ich in dir; auf dass auch sie in uns eins seien, damit die Welt glaube, dass du mich gesandt hast* (Joh 17,21). Der einzige Weg, wie der Leib Christi eins wird, wie der Vater und der Sohn eins sind, ist durch Gottes Art von Liebe.

Den Worten Jesu gemäß besteht das beste Evangelisationswerkzeug, das die Gemeinde hat oder jemals haben wird, in der Einheit der Gläubigen durch aufrichtige, göttliche Art von Liebe. Die frühe Gemeinde hatte nicht diese riesigen organisatorischen Strukturen, wie wir sie heute haben, oder die Möglichkeit, innerhalb weniger Stunden an jedes erdenkliche Ziel in der Welt zu reisen. Sie hatten im Vergleich zu uns sicher nicht annähernd so viel Geld zur Verfügung, um das Evangelium zu verbreiten, wie wir heute. Und doch sagten die Ungläubigen aus Thessaloniki über Paulus und seine Begleiter: *Diese Leute, die die ganze Welt in Aufruhr versetzen, sind jetzt auch hier* (Apg 17,6). Sie hatten die damalige bekannte Welt in weniger als dreißig Jahren evangelisiert.

Bevor wir den Missionsbefehl aus Matthäus 28,19-20 überhaupt erfüllen können, muss eine Erweckung der Liebe in der Gemeinde stattfinden, wo Lehrmeinungen und Rituale zugunsten der Liebe untereinander in den Hintergrund treten. Bitte heute den Herrn, dir zu zeigen, wie du deine Liebe deinen Brüdern und Schwestern zum Ausdruck bringen kannst.

Petrus' Glaube hat nicht versagt

Lukas 22,31-61

Ich aber habe für dich gebetet, dass dein Glaube nicht aufhöre; und wenn du einst umgekehrt bist, so stärke deine Brüder!
Lukas 22,32

Jesus teilte Petrus mit, dass Satan begehrte, ihn zu sichten wie Weizen (V. 31). Wir wissen aus der Schrift, dass Petrus später in der gleichen Nacht drei Mal leugnete, Jesus zu kennen (Lk 22,54-62). Es sah so aus, als hätte der Teufel gewonnen, obwohl Jesus für Petrus gebetet hatte. Hatte Jesus ein Gebet gesprochen, das nicht erhört worden war? Sicher nicht!

In diesem Vers spricht Jesus auch darüber, was Petrus tun sollte, wenn er einst umgekehrt sei. Weil er den Verrat von Petrus voraussah, betete er, dass sein Glaube nicht aufhören würde – und tatsächlich hörte der Glaube von Petrus nicht auf. Es ist durchaus möglich, dass wir in unserem Handeln versagen, aber nicht in unserem Herzen.

In dieser Nacht versprach Petrus, dass er Jesus bis in den Tod folgen wolle (V. 33). Er bewies es, indem er versuchte, Jesus vor den römischen Soldaten zu beschützen, die ihn verhaften wollten (Lk 22,50-51). Dies war ein Himmelfahrtskommando. Hätte Jesus nicht eingegriffen, wäre Petrus getötet worden. Es gibt keinen Zweifel, dass das Herz von Petrus voller Hingabe für Jesus war.

Wie viele von uns war auch Petrus nach seinem großen Kühnheitsbeweis nicht auf den geistlichen Kampf vorbereitet, dem er später gegenüberstehen sollte. Hätte der Kampf in der realen Welt mit Fäusten und Schwertern stattgefunden, hätte er bis zum Tod gekämpft. Doch er wusste nicht, wie er geistlich bestehen konnte. Petrus hat den Herrn mit seinen Worten, aber nicht mit seinem Herzen verleugnet. Dies bewies er durch die Reue, die er empfand, als Jesus sich umdrehte und ihn anschaute (Lk 22,61).

Vielleicht hast du den Herrn durch deine Taten enttäuscht. Jesus hat für dich gebetet, dass dein Glaube nicht aufhören würde. In diesem Wissen kannst du wie Petrus wieder aufstehen und dem Herrn von ganzem Herzen dienen in allem, was du tust. Denke daran: Gott hat Petrus am Pfingsttag dazu gebraucht, die allererste Predigt über das Evangelium zu halten.

Der Trost der Ewigkeit

Johannes 14,2

Im Haus meines Vaters sind viele Wohnungen; wenn nicht, so hätte ich es euch gesagt. Ich gehe hin, um euch eine Stätte zu bereiten.
Johannes 14,2

Dies ist die letzte Lektion Jesu an seine Jünger vor seiner Kreuzigung. Sie standen kurz davor, ihre größte Glaubensprüfung zu durchlaufen, und er bereitete sie auf das vor, was kommen sollte. Warum sprach er davon, dass er ihnen eine Wohnung im Himmel bereiten würde? Er wollte sie ermutigen und ihnen helfen, die Dinge im rechten Licht zu sehen. In 1. Thessalonicher 4,18 fordert uns Paulus auf, uns gegenseitig zu ermutigen, indem wir uns an die bevorstehende Begegnung mit dem Herrn bei der Entrückung erinnern. Paulus sagt noch einmal: *Denn ich bin überzeugt, dass die Leiden der jetzigen Zeit nicht ins Gewicht fallen gegenüber der Herrlichkeit, die an uns geoffenbart werden soll* (Röm 8,18). Eines Tages werden uns all unsere Probleme bedeutungslos erscheinen und das kann schon heute ein großer Trost für uns sein.

Wenn wir darüber nachdenken, dass wir die Ewigkeit mit dem Herrn verbringen werden, hilft uns das, unsere jetzigen Probleme im rechten Licht zu betrachten. Es ist leicht, wegen unserer Probleme ängstlich zu werden und zu denken, dass alles verloren ist. Doch wenn alle Stricke reißen, haben wir als Wiedergeborene immer noch das Versprechen Jesu, dass er alle Tränen von unseren Augen abwischt und uns eine Wohnung vorbereitet, wo alle unsere Sorgen vorbei sein werden. Das hilft uns, nicht zu verzweifeln und ermutigt im Glauben weiterzugehen.

Im Himmel gibt es viele Wohnungen. Jesus bereitet eine ganz speziell für dich vor. Das, was den Himmel zum „Himmel" machen wird, ist, dass du bei ihm sein wirst. Ohne Zweifel wird es Dinge zu sehen und zu erleben geben, die wunderbar sein werden, aber das ist nichts im Vergleich dazu, mit dem einen zusammen zu sein, der dich liebt und für dich gestorben ist.

Ein Weg

Johannes 14,5-6

Thomas spricht zu ihm: Herr, wir wissen nicht, wohin du gehst, und wie können wir den Weg kennen?
Johannes 14,5

Thomas kannte Jesus. Er wusste nur nicht, dass Jesus *der Weg* war. Als er Jesus diese Frage stellte, sagte Jesus nicht: *Ich bin ein Weg, eine Wahrheit und ein Leben, durch den ihr zum Vater im Himmel kommt.* Stattdessen beansprucht er für sich, der einzige Weg, die einzige Wahrheit und das einzige Leben zu sein. Er sagt: *Niemand kommt zum Vater als nur durch mich* (V. 6). Das bedeutet, dass jeder, der behauptet, Jesus zu ehren, aber gleichzeitig meint, dass es neben Jesus weitere Wege gibt, zu Gott zu kommen, die Wahrheit zu wissen oder das ewige Leben zu haben, irregeführt ist und andere in die Irre führt.

Der Anspruch Jesu lässt keinen Raum für irgendeine andere Form der Errettung. Entweder er ist der, der er zu sein behauptet, oder er ist der größte Betrüger aller Zeiten. Seine Aussagen über sich selbst lassen keine andere Alternative zu. Daher liegen andere Religionen falsch, die Jesus und seine Lehren zwar als wunderbares Vorbild anerkennen, aber nicht glauben, dass er der einzige Weg ist zur Errettung ist.

Jesus sagt, dass er die Wahrheit ist, und Johannes offenbart ihn als das lebendige Wort (Joh 1,1.14). Heutzutage kennen viele Menschen Teile der Bibel, aber sie erkennen nicht, dass die in diesem Buch geschriebenen Worte der Weg zum Sieg in jedem Bereich ihres Lebens sind. Sie flehen Gott an, zu ihnen zu sprechen, während ihre Bibel ungeöffnet auf dem Nachttisch liegt. Würden sie die Bibel aufschlagen und lesen und das Wort in ihrem Herzen empfangen, wüssten sie, dass Jesus der Weg, die Wahrheit und das Leben ist.

Das Wort Gottes ist ein geistliches Buch, das von Menschen unter der Leitung des Heiligen Geistes geschrieben wurde. Es wurde nicht für unseren Verstand, sondern für das Innerste unseres Herzens geschrieben. Das ist der Grund, warum einige Menschen die Bibel für schwer verständlich halten. Sie versuchen sie mit ihrem Verstand zu erfassen. Doch das Wort Gottes muss unsere Herzen durchdringen, bevor es unseren Verstand erleuchten kann.

Öffne heute deine Bibel und lies sie, als würde der Herr zum Innersten deines Herzens sprechen – denn genau das tut er.

Gott handelt in den kleinen Dingen

Johannes 14,7

Wenn ihr mich erkannt hättet, so hättet ihr auch meinen Vater erkannt; und von nun an erkennt ihr ihn und habt ihn gesehen.
Johannes 14,7

Jesus zu kennen, heißt, den Vater zu kennen. Nicht nur weil Jesus genau das tat, was er seinen Vater tun sah, sondern auch weil Jesus menschgewordener Gott war. Er war nicht nach Gottes Ebenbild geschaffen wie Adam und wir (1 Mose 1,26). Vielmehr war er *Ausdruck seines Wesens* (Hebr 1,3), was bedeutet, dass er in allem exakt genauso war wie Gott.

Die Jünger hatten nicht verstanden, dass Jesus zu sehen bedeutete, dass sie Gott sahen. Sie hatten mehr erwartet. Oft verpassen wir Gott in unserem Leben und in unseren Umständen, weil wir nach etwas Spektakulärem Ausschau halten. Obwohl Gott absolut überwältigend ist, zeigt er sich nicht immer so. Er sprach zu Elia nicht durch Feuer, Wind oder Erdbeben, sondern in einer sanften, säuselnden Stimme (1 Kön 19,12). Jesus kam nicht auf pompöse Art auf diese Erde, sondern wurde von armen Eltern in einem Stall geboren. Jesaja 53,2 sagt uns, dass Jesus keine Gestalt und keine Pracht hatte, die darauf schließen ließ, dass er mehr als ein gewöhnlicher Mensch war.

Paulus offenbart in 1. Korinther 1,27-29, dass Gott diesen Weg erwählt hat, damit sich kein Fleisch vor ihm rühmen könne. Er möchte, dass wir uns im Glauben auf ihn ausrichten, und nicht auf die natürlichen Dinge, die er gebraucht. Als er im Alten Testament sichtbare Dinge gebrauchte, um seine Macht zu demonstrieren, machten die Israeliten daraus Götzen.

Genau wie die Jünger Jesus sahen, aber nicht erkannten, dass sie Gott sahen, kannst auch du ihn verpassen, wenn dein Fokus auf das gerichtet ist, was um dich herum geschieht, statt auf das, was der Heilige Geist in dir sagt. Vielleicht wartest du darauf, dass er so etwas Überwältigendes tut wie eine Totenauferweckung, während er nur möchte, dass du ein freundliches Wort zu jemandem sagst, der gerade Selbstmordgedanken hat. Er möchte dich für Großes gebrauchen, aber auch in den kleinen Dingen. Behalte das im Hinterkopf, während du ihm heute nachfolgst.

Gott ist dein Trost

Johannes 14,16-17

Und ich will den Vater bitten, und er wird euch einen anderen Beistand geben, dass er bei euch bleibt in Ewigkeit.
Johannes 14,16

Jesus bereitete seine Jünger vor, damit sie durch seine Kreuzigung und sein Begräbnis nicht getroffen oder niedergeschlagen sein würden. Nun spricht er mit ihnen über den Heiligen Geist, den Tröster. Der Dienst des Heiligen Geistes im Leben des Gläubigen besteht darin, die erste Verteidigungslinie gegen den Teufel und seine Fallstricke zu bilden. Der Ausdruck *der Gott allen Trostes* (2 Kor 1,3) beinhaltet die Vorstellung eines göttlichen Trösters, der ermutigt, erfrischt, stärkt, unterstützt, beisteht und eine allezeit gegenwärtige Hilfe in Zeiten der Not ist.

Die Art und Weise, wie Gott uns tröstet, ist nicht immer die gleiche. In einer schwierigen Situation mag er dich freisetzen und die Ursache der Bedrängnis beseitigen oder dich trösten und stärken und dir eine Zukunftsperspektive geben, damit du durchhältst. Vielleicht schickt er dir andere Gläubige, die ihren Glauben durch eine Weissagung mit dir teilen, Mitarbeiter seines Reiches, die dir dienen und dich stärken. Er nutzt den Leib Christi als ein Mittel, um dich mit Gebet und Ermutigung zu trösten. Der Punkt ist, dass Gott die Quelle allen Trostes ist – egal welchen Weg er dafür wählt.

In 2. Korinther 12,9 wird Paulus von Gott offenbart, dass seine Kraft in unserer Schwachheit mächtig ist (LUT). Paulus, der Gottes Trost auf eine Weise erlebt hatte wie vermutlich kein anderer Gläubiger, zeigt uns, wie der Herr dies bewerkstelligt hat. Es war durch die Kraft des Heiligen Geistes. Wahrer christlicher Glaube ist nicht die Abwesenheit von Prüfungen, sondern die Stärke und der Trost, dass Jesus uns mit der Kraft des Heiligen Geistes durch diese Prüfungen hindurchbringt.

Du kannst dem Druck des Alltags nur durch den Trost des Heiligen Geistes widerstehen. Er ist in dir, um dir Weisheit, Mut und Barmherzigkeit zu geben, wenn dir all die Schwierigkeiten des Lebens begegnen. Er ist auch da, um dich in der Demut zu halten, wenn die Siege kommen! Was immer du heute brauchst – suche in dir danach.

Jesus als Mensch

Johannes 14,28

Ihr habt gehört, dass ich euch sagte: Ich gehe hin, und ich komme zu euch! Wenn ihr mich lieb hättet, so würdet ihr euch freuen, dass ich gesagt habe: Ich gehe zum Vater; denn mein Vater ist größer als ich.
Johannes 14,28

Jesus hat seine Göttlichkeit und seine Einheit mit dem Vater so klar bezeugt, dass er mehr als nur einmal der Gotteslästerung beschuldigt wurde. In diesem Vers sagt er, dass der Vater größer ist als er. Wie kann es sein, dass diese Aussage nicht im Widerspruch zu seinen anderen Aussagen steht?

Ein Schlüssel, um diese Aussage zu verstehen, wird uns in Philipper 2,6-8 gegeben, wo Paulus sagt, dass Jesus es nicht wie einen Raub festhielt, Gott gleich zu sein, sondern sich selbst entäußerte und Knechtsgestalt annahm, was sich auf seine Menschlichkeit bezieht. In seiner göttlichen Natur war Jesus Gott gleich, doch im Hinblick auf seine menschliche Natur war er Gott unterlegen. Als Jesus Mensch wurde, hat er nichts von seiner Göttlichkeit verloren, doch nun lebte er in einem menschlichen Körper und musste sich dessen Begrenzungen unterwerfen. In diesem Sinne war der Vater größer als Jesus.

Jesus war Gott von Ewigkeit her, der sich entschieden hatte, Mensch zu werden, sodass er uns durch das Opfer seines eigenen Blutes erlösen konnte. Als er Mensch wurde, war er in seinem Geist noch immer zu hundert Prozent Gott, aber sein Körper war zu hundert Prozent menschlich. Sein Körper war ohne Sünde, aber er war trotzdem menschlich und all den natürlichen Dingen unterworfen, die wir alle erleben. Dieser natürliche Jesus musste an Weisheit und Gestalt wachsen, wie wir es auch tun.

Als Jesus geboren wurde, wusste sein natürlicher Verstand noch nicht alle Dinge. Ihm musste beigebracht werden, zu sprechen, zu laufen, zu essen und so weiter. Er musste lernen, dass er der menschgewordene Gott war, und dies im Glauben annehmen. Sein natürlicher Verstand wuchs in dem Bewusstsein, wer er im Glauben war – genau wie wir, wenn wir in dem Glauben wachsen, wer wir in ihm sind.

Jesu Verständnis seiner Göttlichkeit war etwas, das er lernte und durch Glauben annahm. Durch Offenbarung und Wissen musste er sich seiner wahren Identität bewusst werden. Du musst heute das Gleiche tun. Ist es nicht schön zu wissen, dass du einem Herrn dienst, der bereits alles durchgemacht hat, was du durchmachen musst?

Lass Gott dich auf seine Weise beschneiden

Johannes 15,2

Jede Rebe an mir, die keine Frucht bringt, nimmt er weg; jede aber, die Frucht bringt, reinigt er, damit sie mehr Frucht bringt.
Johannes 15,2

Was es mit dieser *Reinigung* auf sich hat, wurde schon auf viele Arten ausgelegt. Jesus benutzt in dem Vers das Bild der Rebenbeschneidung. Deshalb halten manche Menschen diese Reinigung für einen sehr schmerzhaften Prozess. Sie meinen, der Herr würde unser Fleisch und unsere fleischlichen Verhaltensweisen durch Krankheit, Tod, Armut und andere Arten des Leids sozusagen wegschneiden, damit wir mehr Frucht bringen. Diese Lehre stellt die Probleme nicht nur als etwas Gutes und von Gott Kommendes dar, sondern sieht sie auch als Notwendigkeit an, um mehr Frucht bringen zu können.

Diese Ansicht stimmt jedoch nicht mit dem übrigen Wort Gottes überein und auch der Vers selbst steht dazu in keinerlei Zusammenhang. In dieser Schriftstelle wird deutlich gemacht, dass die Reinigung, von der Jesus spricht, durch sein Wort geschieht, das er zu uns geredet hat. Paulus sagt in 2. Timotheus 3,16-17, dass Gott uns sein Wort gab, und dies *(...) ist nütze zur Lehre, zur Zurechtweisung, zur Besserung, zur Erziehung in der Gerechtigkeit, dass der Mensch Gottes vollkommen sei, zu allem guten Werk geschickt* (LUT). Auf diese Weise werden wir von Gott beschnitten. Dazu benötigt er nicht die Hilfe des Teufels! Sein Wort macht uns *vollkommen, zu allem guten Werk geschickt.*

Wenn du fälschlicherweise glaubst, dass es Gott sei, der das Leid in deinem Leben verursacht, damit du mehr Frucht bringst, dann wirst du dich dem Feind kampflos geschlagen geben. Er ist es nämlich, der wirklich dahintersteckt. Du kannst zwar auch durch Kummer und Leid etwas von Gott lernen, denn er ist immer bei dir, aber das steht nicht auf seinem Lehrplan. Heute belehrt dich Gott durch sein Wort und gebraucht dabei den Heiligen Geist, der dich sanft leitet und durch alles hindurchführt, was dir widerfährt.

Dein Leben ist in ihm

Johannes 15,4

Bleibt in mir, und ich bleibe in euch! Gleichwie die Rebe nicht von sich selbst aus Frucht bringen kann, wenn sie nicht am Weinstock bleibt, so auch ihr nicht, wenn ihr nicht in mir bleibt.
Johannes 15,4

Diese tiefe Wahrheit ist der Schlüssel zu einem fruchtbaren Leben und wird doch so schnell vergessen. Da die Frucht aus dem Zweig erwächst, liegt es auf der Hand, die Frucht dem Zweig zuzuschreiben – es ist aber der Weinstock, der das Leben aus dem Erdboden holt und es durch die Zweige lediglich hindurchleitet. Da wir die Zweige sind, durch die Gottes Leben hindurchfließt, verfallen wir manchmal ebenso dem Irrtum, es sei unsere eigene Heiligkeit, die die Frucht hervorbringt. In dem Augenblick, wo wir das glauben, halten wir nicht mehr am Weinstock fest und setzen unser Vertrauen nicht länger auf ihn. Wenn wir in dieser Sichtweise und Einstellung verharren, werden wir keine Frucht mehr hervorbringen.

Für Gläubige, die diese Wahrheit richtig verstehen und anwenden, ist sie eine große Entlastung, denn alle Verantwortlichkeit wird auf Jesus übertragen. Unsere Verantwortung ist einzig und allein, uns auf seine Fähigkeiten und Möglichkeiten zu beziehen. Niemals werden wir einen Zweig sehen, der sich damit abrackert, Frucht hervorzubringen und so bleibt auch uns nichts anderes zu tun, als uns mit aller Kraft darum zu bemühen, in seine Ruhe einzugehen (Hebr 4,11). Wir verlassen uns schlicht und einfach auf Jesus und vertrauen ihm, der unsere Quelle für alles ist, was wir brauchen. Wenn wir in ihm leben und an ihm bleiben, wird die Frucht ganz von alleine kommen.

Auf die gleiche Weise wie die Lebensgrundlage der Pflanze aus dem Boden kommt, der Zweig vom Weinstock versorgt wird oder der Fisch im Wasser lebt, wurzelt unser Leben in der Einheit mit Jesus Christus. Dein Glaube an das, was er für dich am Kreuz getan hat, hat dich errettet. Dein Glauben an ihn und dein Vertrauen auf ihn wird dazu führen, dass du alle Segnungen deiner Errettung genießen wirst. Ruhe einfach in ihm, habe Gemeinschaft mit ihm, folge ihm nach und du wirst erleben, dass sich in deinem Leben mannigfaltige Früchte zeigen werden!

Heiße den Heiligen Geist willkommen

Johannes 16,7

Aber ich sage euch die Wahrheit: Es ist gut für euch, dass ich hingehe; denn wenn ich nicht hingehe, so kommt der Beistand nicht zu euch. Wenn ich aber hingegangen bin, will ich ihn zu euch senden.
Johannes 16,7

Das Wort, das hier mit *gut* übersetzt wird, bedeutet im Griechischen *vorteilhaft, nützlich.* Wie ist es möglich, dass irgendetwas vorteilhafter sein kann als Jesus leibhaftig an seiner Seite zu haben? Doch als Jesus in menschlicher Gestalt auf Erden lebte, war er vielen natürlichen Begrenzungen unterworfen. So konnte er zum Beispiel nicht in jedem Moment mit jedem einzelnen seiner Jünger zusammen sein. Durch den Dienst des Heiligen Geistes ist es jedoch möglich.

Die Liste der Vorteile, die daraus erwachsen, dass der Heilige Geist in uns wohnt, ist lang im Vergleich dazu, Jesus in menschlicher Gestalt bei uns zu haben. Anstatt nur mit *einem* Jesus konfrontiert zu sein, sah Satan sich 120 „kleinen Christussen" (das bedeutet der Begriff *Christ* wortwörtlich) gegenüber, die am Pfingsttag aus dem Obergemach kamen, und weiteren dreitausend, die aufgrund von Petrus Predigt am gleichen Tag wiedergeboren wurden.

Jesus lehrte seine Jünger wie kein anderer Lehrer zuvor, trotzdem verstanden sie sehr wenig von seinen Worten, weil sie noch nicht wiedergeboren waren. Nachdem der Heilige Geist gekommen war, führte er sie in alle Wahrheit und zeigte ihnen sogar Dinge, die noch geschehen würden. Alle Vorteile können in der Aussage zusammengefasst werden, dass Jesu Macht jetzt vollkommen und umfassend ist (Mt 28,18), weil sie nicht länger auf einen einzigen Körper beschränkt ist.

Ohne eine Abhängigkeit vom Geist Gottes in dir, jeden Augenblick, jede Stunde, jeden Tag, kannst du kein siegreiches und erfüllendes Leben führen. Er ist da, um dich zu lehren, zu leiten, zu trösten und zu stärken. Berufe dich bei allem, was du heute tust, auf seine Möglichkeiten und Fähigkeiten.

Sei Zeuge, nicht Richter

Johannes 16,8

Und wenn jener kommt, wird er die Welt überführen von Sünde und von Gerechtigkeit und vom Gericht.
Johannes 16,8

Die Aufgabe des Heiligen Geistes besteht darin, von Sünde zu überführen. Das ist nicht unsere Aufgabe! Wir sind lediglich Zeugen. Ein Zeuge ist weder Richter noch Geschworener. Der Zeuge berichtet nur, was er erlebt hat, und bezeugt auf diese Weise die Wahrheit in einer bestimmten Angelegenheit. Durch unsere Worte und Taten bezeugen wir, dass Jesus in uns lebt. Dann treten wir zur Seite und überlassen es dem Heiligen Geist, eine Überführung von Sünde zu bewirken.

In ihrem Eifer sind so manche Gläubigen über ihren Zeugenstatus hinausgegangen und haben versucht, die Menschen zu richten. Wenn jemand sich selbst die Aufgabe des Heiligen Geistes anmaßt, macht das nicht nur sein Zeugnis zunichte, sondern treibt viele Menschen von Gott weg. Wir geben nämlich einen sehr armseligen Heiligen Geist ab! Wir sollten bei unserer Aufgabe als Zeugen bleiben und uns aus den Angelegenheiten des Heiligen Geistes raushalten.

Kurz bevor Jesus in den Himmel fuhr, erklärte er, dass der Heilige Geist gegeben würde, um uns mit der Kraft auszustatten, Zeugen zu sein, und er zählte auf, wo wir Zeugen sein sollen (Apg 1,8). Wir beginnen in Jerusalem (da, wo wir sind), dann Judäa (bei den Menschen in unserer Umgebung), dann Samaria (andere religiöse und kulturelle Gruppen) und gehen schließlich bis an die Enden der Erde (andere Länder). Für dieses Vorgehen gibt es einige praktische Gründe. Jesus sagt, dass ein Prophet überall außer in seiner Heimatstadt geehrt wird (Mt 13,57). Normalerweise ist die eigene Familie und der Freundeskreis – was das Zeugnisgeben angeht – der schwierigste Bereich. Wenn wir mit denen beginnen, die uns am besten kennen, wird uns das demütig machen und Gott alle Ehre geben. Jede Ablehnung wird uns und unser Zeugnis festigen, sodass wir effektiver und belastbarer sein werden, wenn wir zu den übrigen Menschen auf diesem Erdball gehen.

Sei stets aufmerksam darauf bedacht, dass du die Verantwortung hast, die Frohe Botschaft zu verkünden, wie der Heilige Geist dich führt, doch der Rest ist seine Angelegenheit. Dieses Wissen wird dich entlasten und wenn du abgelehnt wirst, weißt du, dass sie eigentlich Jesus ablehnen und nicht dich. Dann kannst du deinen Tag einfach weiter genießen in dem Wissen, dass du den Willen des Herrn getan hast.

Erfahre das ewige Leben

Johannes 17,3

Das ist aber das ewige Leben, dass sie dich, den allein wahren Gott, und den du gesandt hast, Jesus Christus, erkennen.
Johannes 17,3

Um völlig zu verstehen, was ewiges Leben eigentlich ist, ist es hilfreich, erst einmal zu klären, was es *nicht* ist. Ewiges Leben heißt nicht, ewig zu leben. Jeder lebt ewig, sei es im Himmel oder in der Hölle. Es bedeutet auch nicht, nach dem irdischen Tod auf ewig die himmlischen Segnungen zu genießen. Johannes 3,36 und 5,24 belegen vielmehr, dass der Glaubende das ewige Leben gegenwärtig besitzt.

In Johannes 17,3 definiert Jesus ewiges Leben folgendermaßen: *Gott, den Vater, und Jesus Christus kennen.* Das Wort *kennen* beschreibt hier keine rein intellektuelle Kenntnis, sondern vielmehr Vertrautheit und Offenbarung. Demnach besteht ewiges Leben darin, eine enge persönliche Beziehung mit Gott, dem Vater, und Jesus, dem Sohn, zu haben.

Johannes 3,16 zufolge geht es bei der Errettung allein darum. Sündenvergebung ist nicht der eigentliche Punkt bei der Errettung, sondern sie ist lediglich der Weg, wie wir unsere Errettung, also die Vertrautheit mit dem Vater, überhaupt erlangen können. Als unheilige Sünder können wir mit einem heiligen Gott keinen engen, vertrauten Umgang haben. Sünde stand als Hindernis zwischen Gott und uns. Dieses Hindernis musste beseitigt werden und Jesus hat es getan. Doch wenn unsere Errettung nicht weiter geht als bis zur Sündenvergebung, verpassen wir das ewige Leben – diese vertraute, enge Beziehung mit Gott.

Es ist wundervoll, Vergebung zu haben und durch das Blut Jesu Christi reingewaschen zu sein von aller Sünde und Ungerechtigkeit. Die Ewigkeit im Himmel verbringen zu können, ist eine gewaltige Hoffnung, auf die wir uns freuen können. Doch du kannst dich schon heute am größten Segen deiner Errettung erfreuen: der engen Beziehung mit Gott, dem Vater, und Jesus, dem Sohn – von Angesicht zu Angesicht.

Suche den Willen Gottes

Lukas 22,41-42

... und sprach: Vater, wenn du diesen Kelch von mir nehmen willst – doch nicht mein, sondern dein Wille geschehe!
Lukas 22,42

Jesus wusste: Es war der Wille seines Vaters, dass er zum Opfer für die Sünden der Welt werden sollte. Er hatte selbst oft seinen eigenen Tod und seine Auferstehung prophezeit. Doch wegen seiner einzigartigen Beziehung zu Gott bat Jesus ihn, seinen Willen auf eine andere Weise zu erfüllen. Gleichzeitig bekräftigte er seine Entschlossenheit, den Willen seines Vaters zu tun, und nicht seinen eigenen.

Jesus kannte den Willen Gottes und beendete diese Gebetszeit in dem Vertrauen darauf, dass passieren würde, was immer sein Vater für ihn für das Beste hielt. Als er zu beten begann, kannte er den Willen des Vaters, und als er seine Gebetszeit beendete, wusste er, dass der Wille Gottes auf keine andere Weise erfüllt werden konnte.

Wenn wir als Antwort auf eine Verheißung, die Gott uns gegeben hat, beten: *Herr, wenn es dein Wille ist ...*, dann ist das nichts anderes als Unglaube und hat nicht einmal entfernte Ähnlichkeit damit, was Jesus im Garten Gethsemane getan hat. Eines der Grundprinzipien für Gebetserhörungen besteht darin zu glauben, dass wir empfangen, wenn wir um etwas bitten (Mk 11,24). Diese Bedingung können wir unmöglich erfüllen, wenn wir den Willen Gottes in dieser Situation nicht kennen. Zu beten: *Wenn es dein Wille ist ...* führt uns aus der aktiven Glaubensposition heraus und führt uns in eine passive Stellung, in der wir abwarten und die Umstände über unser Leben bestimmen lassen.

Wenn du Richtungsweisung für einen Bereich suchst, wo Gottes Wille nicht schon durch sein Wort bekannt gemacht ist, dann solltest du Jakobus 1,5 beten und um Weisheit bitten. Du sollst nicht unverständig sein, sondern verstehen, was der Wille des Herrn ist (Eph 5,17). Der einzig angemessene Moment zu beten: *Wenn es dein Wille ist ...* ist dann, wenn du dich selbst dem Dienst Gottes hingibst.

Allezeit willig

Matthäus 26,36-45

Wacht und betet, damit ihr nicht in Versuchung kommt! Der Geist ist willig, aber das Fleisch ist schwach.
Matthäus 26,41

Wenn du von Neuem geboren bist, ist dein Geist nicht dein Problem. Der Heilige Geist hat deinen Geist erneuert, als er kam und in dir Wohnung nahm. Nun ist dein Geist genau wie Jesus (1 Joh 4,17) und ist immer bereit, den Willen Gottes zu tun. Es ist dein Fleisch, das dir Probleme macht.

Das Fleisch, wie Jesus es hier beschreibt, bezeichnet nicht nur deinen Körper, sondern auch deine Seele. Gott hat dir alles gegeben, was nötig ist, um im Sieg zu wandeln, doch gleichzeitig hast du den Schatz deines wiedergeborenen Geistes in einem irdenen Gefäß (2 Kor 4,7). Das bedeutet, dass dein Geist, in dem Gott all seine Kraft und Herrlichkeit deponiert hat, in deinem Fleisch wohnt.

Jesus bat seine Jünger in einer Zeit mit ihm zu wachen und zu beten, die für ihn am schmerzlichsten war. Er sagte ihnen: *Meine Seele ist tief betrübt bis zum Tod* und bat sie, für ihn zu beten. Keiner von ihnen war dazu in der Lage. Sie schliefen alle ein! Das erscheint uns ungeheuerlich – bis wir selbst körperlich erschöpft sind und der Heilige Geist uns ins Gebet ruft. Unser Geist (und manchmal zuerst unsere Seele) ist so willig, doch unser Fleisch ist *(trotzdem)* müde. Schließlich werden wir uns entweder dazu entscheiden, im Geist durchzuhalten oder unserem Fleisch nachzugeben.

Du musst bedenken, dass du in die Kraft des Heiligen Geistes in deinem Geist eintreten kannst, indem du deinen Sinn durch das Wort Gottes erneuerst. Je mehr dein Sinn erneuert ist, desto stärker wird die Kraft Gottes durch deine Seele und deinen Körper fließen. Du musst deine Seele, deinen Verstand und deinen Körper in der Gottesfurcht üben (1 Tim 4,7-8). Wenn dich dann der Heilige Geist um drei Uhr morgens bittet, Fürbitte zu tun und für jemanden in den Riss zu treten, wird dein Geist – der allezeit willig ist – ganz leicht über dein Fleisch dominieren.

Die Wichtigkeit von Lehre

Matthäus 26,55

In jener Stunde sprach Jesus zu der Volksmenge: Wie gegen einen Räuber seid ihr ausgezogen mit Schwertern und Stöcken, um mich zu fangen! Täglich bin ich bei euch im Tempel gesessen und habe gelehrt, und ihr habt mich nicht ergriffen.
Matthäus 26,55

In diesem Vers wird Jesus von der Tempelwache verhaftet und er erinnert sie daran, dass er noch immer die gleiche Person ist, die in den vergangenen drei Jahren unter ihnen gepredigt und gelehrt hat. Selbst als er wie ein gewöhnlicher Dieb behandelt wird, fordert er sie auf, sich zu erinnern, was er ihnen gesagt hat. Die vier Evangelien erwähnen 43 Mal, dass er lehrte, 19 Mal, dass er predigte und sechs Mal, dass er predigte und lehrte. Das gibt uns einen Hinweis darauf, dass Jesus doppelt so viel Zeit damit verbrachte zu lehren als zu predigen. Eine Predigt führt Menschen zu Jesus, aber Lehre macht sie zu Jüngern. Jesus brachte Jünger hervor, nicht einfach nur Bekehrte.

Das griechische Wort für Jünger bedeutet *ein Lernender* und verweist auf ein *Lernen mit Anstrengung.* Wir würden es „Training on the job" nennen. Jesus sagt in Johannes 8,31: *Wenn ihr in meinem Wort bleibt, so seid ihr wahrhaftig meine Jünger.* Jeder, der dabei bleibt, das Wort Gottes zu lesen, zu studieren, zu meditieren und Lehre darüber zu hören, ist ein Jünger Jesu.

Nennen wir es „Knastreligion", wo es jemand nur bedauert, erwischt worden zu sein und aus seiner misslichen Lage entkommen will – das führt nicht zu wahrer Jüngerschaft. Diese Menschen geben ihr Leben Jesus und in dem Moment, wo sie ihr Gefängnis verlassen, kehren sie zurück zu ihrem weltlichen Lebensstil. Solange sie sich nicht einer Gemeinde anschließen und sich unter die Lehre des Wortes begeben, sind sie keine Jünger des Herrn.

Heute kannst du deinen Lebensstil überprüfen und sehen, ob du „Knastreligion" lebst oder ob du ein wahrer Jünger des Herrn bist. Jeder Gläubige kann durch einen Prediger entflammt und inspiriert werden. Doch es ist dein Pastor oder ein anderer Lehrer, der dir das Wort Gottes in einer Weise darbringt, dass dein Herz es mit Freude empfängt und umgestaltet wird. Es ist die Lehre des Wortes, die wahre Stabilität und Freude in deinem Leben in Christus bewirkt.

Jesus möchte deine Heilung

Lukas 22,51

Da sprach Jesus: Lasst ab! Nicht weiter! Und er rührte sein Ohr an und heilte ihn.
Lukas 22,51 (LUT)

Dieser Vers beschreibt die Reaktion Jesu auf die unüberlegte Handlung von Petrus, der einem der Tempelwächter ein Ohr abschnitt, als dieser Jesus festzunehmen versuchte. Dieser Wächter tat nur seinen Job. Es ist möglich, dass er ein Nachfolger Jesu war, aber vielleicht hat er Jesus genauso gehasst wie die anderen religiösen Juden. Die Bibel sagt uns nichts darüber. Doch Jesus heilte ihn sofort – ohne Rücksicht auf die Gefühle oder Ansichten, die dieser Wächter ihm gegenüber hatte. Dies zeigt seinen großen Wunsch, dass alle Menschen gesund und unversehrt sein sollen, und wir erleben hier eine der vielen Arten, wie Jesus Menschen heilte.

Oft heilte Jesus die Menschen, indem er sie berührte. Andere empfingen ihre Heilung, indem sie Jesus berührten. Man kann die Kraft oder die Salbung Gottes durch Handauflegung übertragen (Mk 16,18; Hebr 6,2). Die heilende Kraft Gottes kann sogar auf Gegenstände übertragen werden, die dann der Person gebracht werden, die Heilung oder Befreiung braucht (Apg 19,12).

Heilung wurde für uns als Teil des Erlösungswerks Christi erkauft. Der Herr verwehrt uns weder Heilung noch Vergebung. Das heißt nicht, dass wir Heilung verdienen – denn wir verdienen sie nicht – aber genauso wenig haben wir Vergebung verdient! Es sind beides Geschenke Gottes (Röm 6,23; Eph 2,8). Heute weißt du, dass du aufgrund des Erlösungswerks Jesu errettet bist und nicht aufgrund deiner guten Taten. Ebenso bist du geheilt durch das Blut Jesu und nicht durch deine Werke. Du kannst Errettung oder Heilung nicht verdienen, aber du kannst beides durch Glauben empfangen. Wenn du daran zweifelst, ob du es wert bist geheilt zu werden, dann erinnere dich daran, wie Jesus das Ohr dieses Wächters heilte. Wenn Jesus ihn ohne Weiteres heilte, dann ist es sein brennendes Verlangen, dass auch du deine Heilung empfängst.

Das Rhema-Wort

Matthäus 26,69-75

Und Petrus erinnerte sich an das Wort Jesu, der zu ihm gesagt hatte: Ehe der Hahn kräht, wirst du mich dreimal verleugnen.
Und er ging hinaus und weinte bitterlich.
Matthäus 26,75

Petrus erinnerte sich an das Wort Jesu – das sagt alles! Das Wort wird mit unterschiedlichen griechischen Begriffen übersetzt. Der hier eingesetzte Ausdruck ist *rhema*. Gemeint ist ein gesprochenes Wort; ein Ausspruch, eine Rede, aber insbesondere ein gesprochenes Wort entsprechend der Situation. Nicht die Bibel, die auf deinem Kaffeetisch liegt, schlägt den Feind in die Flucht. Es ist vielmehr das Wort Gottes, verborgen in deinem Herzen, aktiviert durch die Kraft des Heiligen Geistes und in die jeweilige Situation gesprochen, das jede Täuschung zerstört und dich frei macht.

Der Begriff *rhema* erinnert uns an die Aussage, die Jesus in Johannes 6,63 macht: *Die Worte, die ich zu euch rede, sind Geist und sind Leben.* Die Worte, die wir gemäß dem geschriebenen Wort Gottes sprechen, werden bekräftigt durch den Heiligen Geist. Das Wort als solches macht uns nicht frei. Es ist das Wort, das wir kennen und im Glauben sprechen, das uns befreit (Joh 8,32). Das Wort ist wirksam und mächtig, weil es Gottes Wort ist. Sein Wort löst jegliche Autorität von Gemeinde, Verstand, Intellekt oder vom Feind ab. Wenn wir sein Wort mit unserem Herzen verbinden, und unsere Herzen sein Wort mit unserer Situation verbinden, haben wir ein *rhema*-Wort.

Genau das tat Petrus, nachdem er Jesus zum dritten Mal verleugnet hatte. Manchmal kommt ein *rhema*-Wort nach deinem größten Versagen, und zwar deshalb, weil der Heilige Geist dich an das einzige Wort erinnert, das dich wiederherstellen und in Bewegung bringen kann. Du kannst heute über deinem Versagen stehen, indem du auf den Heiligen Geist hörst, der dich immer an das Wort Gottes erinnern wird – und dann wird dich dieses *rhema*-Wort frei machen.

Alles über Wunder

Lukas 23,8

Herodes aber freute sich sehr, als er Jesus erblickte; denn er hätte ihn schon längst gern gesehen, weil er viel von ihm gehört hatte, und er hoffte, zu sehen, wie ein Zeichen von ihm vollbracht wurde.
Lukas 23,8

Nachdem Pilatus keine Anklage gegen Jesus finden konnte, sandte er ihn zurück zum jüdischen König Herodes. Herodes freute sich darüber, denn er wünschte sich seit Langem, Jesus ein Wunder vollbringen zu sehen. Die Fragen, die er Jesus stellte, machten sein Verlangen offensichtlich, aber Jesus sagte oder tat nichts als Antwort. Wunder sind ein Weg, wie Gott den Bedürfnissen derer begegnet, die ihm glauben. Manchmal demonstriert er seine übernatürlichen Fähigkeiten, um Glauben bei Menschen zu bewirken (Mk 2,10-11), aber er vollbringt keine Wunder für Skeptiker, die ihn versuchen wollen und kein wirkliches Verlangen nach ihm haben.

Ein Wunder ist ein übernatürliches Eingreifen von Gottes Macht, das Naturgesetze außer Kraft setzt. Heilungen geschehen innerhalb der Grenzen der Naturgesetze, während Wunder nicht durch Naturgesetze begrenzt sind. Eine Person mit hohem Fieber, die Gebet empfängt und sich dann langsam erholt, erfährt eine Heilung. Der Herr hat auf natürlichem Wege eingegriffen. Der Virus, die Infektion, oder was es auch immer war, wurde verwiesen und verließ den Körper (Lk 4,39) und der natürliche Heilungsprozess, den der Herr in den Menschen hineingelegt hat, übernahm den Rest. Wenn etwas Übernatürliches passiert – wie zum Beispiel das Wiederanwachsen des Ohres des Wächters, das dann sofort vollständig heil war – ist das ein Wunder. Es war zwar auch eine Heilung, aber dies war eine Wunderheilung.

Die Speisung der Fünftausend (Mt 14,19-20), auf dem Wasser laufen (Mt 14,25), ein Boot mit allen Insassen zur anderen Seite des Sees übersetzen (Joh 6,21) – all dies sind Wunder – und du, der du in Christus bist, kannst sie auch tun! Heute kannst du die volle Autorität des Namens Jesus gebrauchen, was bedeutet, dass du alles, was er tat, auch tun kannst. Solange die Motivation deines Herzens richtig ist und du möchtest, dass jemandem durch ein Wunder Jesus offenbart wird, solltest du nicht zögern, Gott für ein Wunder zu glauben.

Jesus – der Name über allen Namen

Lukas 23,9

Danach befragte er ihn mit vielen Worten; aber er antwortete ihm nicht.
Lukas 23,9

Als Herodes Jesus befragte, offenbarte Jesus, wie demütig er war. Er verteidigte sich nicht selbst und er erlaubte es sich auch nicht, seinen Zorn gegen den Mann zu richten, der Johannes den Täufer getötet hatte, der sein Cousin und möglicherweise einer seiner engsten Freunde gewesen war. Wegen dieser Demut und dem Gehorsam gegenüber dem Vater gab Gott ihm einen Namen, der höher ist als alle Namen im Himmel, auf der Erde und unter der Erde (Phil 2,9-11). Nichts und niemand ist von der Herrschaft Jesu ausgenommen. Er ist Herr über **alles.**

Jesus ist nicht nur über jedes *Wesen* mit einem Namen hoch erhoben worden, sondern er ist ebenso erhoben über jedes „Ding" mit einem Namen. Wenn du einer Sache einen Namen geben kannst, ist Jesus darüber erhoben. Krankheit, Armut, Depression, Ärger, dein Auto, deine Arbeit, deine Familie – alles muss sein Knie vor dem Namen Jesus beugen.

Der Tag wird kommen, da sich jedes Knie aller Männer, Frauen, Kinder, Engel und Dämonen beugen und bekennen wird, dass Jesus der Herr ist. Jedes Wesen eines jeden Zeitalters wird sich schließlich und endlich beugen und die Herrschaft von Jesus Christus anerkennen. Das ist die Auswirkung der Macht und Autorität des Namens Jesus.

Wenn du heute schon dein Knie vor ihm gebeugt hast, kannst du dich nicht nur schon heute auf eine Ewigkeit mit ihm im Himmel freuen, sondern du kannst ein wundervolles Leben hier auf der Erde genießen, weil du in der Kraft seines Namens leben kannst. Was auch immer dir entgegensteht, es muss sich dem Namen Jesus beugen!

Pilatus missachtet die Wahrheit

Matthäus 27,11-17

Als sie nun versammelt waren, sprach Pilatus zu ihnen: Welchen wollt ihr, dass ich euch freilasse, Barabbas oder Jesus, den man Christus nennt?
Matthäus 27,17

Obwohl Pilatus wusste, dass Jesus unschuldig war, suchte er nach einem diplomatischen Weg, um Jesus freizubekommen, ohne dabei sein Ansehen bei den jüdischen Führern zu verlieren. Aus diesem Grund sandte er Jesus zu Herodes. Er hoffte, dass Herodes Jesus verurteilen und ihm damit die Schwierigkeiten ersparen würde. Als dieser Plan fehlschlug, versuchte es Pilatus mit einem alten Brauch, nach dem ein Gefangener anlässlich eines Festes freigelassen werden konnte. Es war die Zeit des Passahfests und so gab er dem Volk die Wahl zwischen Jesus und Barabbas, einem Mörder. Pilatus dachte, dass die Menschen sicher Jesus wählen würden. Aber wegen der beharrlichen Einflussnahme der Hohepriester und Schriftgelehrten entschied das Volk, dass Barabbas freigelassen werden sollte.

Nun war Pilatus mit seinem Latein am Ende, wie er Jesus freilassen könnte, ohne dabei sein Gesicht vor den Juden zu verlieren. Also verurteilte er Jesus zum Tod. Aus Menschenfurcht und aus seinen Überlegungen heraus, was sie ihm wohl antun könnten, missachtete Pilatus die Wahrheit, die ihm sein Herz bezeugte (Spr 29,25). Ohne die Kooperation der Hohepriester riskierte er die Gefahr eines Aufstands unter den Juden, was ihm wiederum eine Strafe des Kaisers für sein Regierungsversagen einbringen würde.

Wie es sich herausstellen sollte, wurde Pilatus wenige Jahre später von Kaiser Tiberius abgesetzt und starb im Jahr 41 im Exil in Gallien. Die Verurteilung Jesu zum Tode brachte Pilatus nur eine Verlängerung seiner schwierigen Amtszeit um weitere fünf Jahren und die Verdammnis seiner Seele ein. Wofür auch immer jemand einen Kompromiss eingeht – er wird es verlieren. Entgegen der Wahrheit zu handeln, zahlt sich niemals aus.

Wenn du heute Entscheidungen treffen und Situationen beurteilen musst, richte dein Herz darauf aus, dich von der Wahrheit des Wortes Gottes und vom Heiligen Geist leiten zu lassen. Wenn du dem Willen Gottes folgst, hast du keinen Grund mehr, das zu fürchten, was Menschen dir antun könnten.

Jesus hat dich befreit

Lukas 23,18

Da schrie aber die ganze Menge und sprach: Hinweg mit diesem, und gib uns Barabbas frei!
Lukas 23,18

Was mit Barabbas geschah, ist ein Bild dafür, was mit uns geschieht, wenn wir von Neuem geboren werden. Barabbas war schuldig, Jesus war unschuldig. Jesus erlitt den Tod, den Barabbas verdient hatte, und Barabbas wurde freigelassen. In gleicher Weise waren auch wir schuldig (Röm 3,23) und zum Tode verurteilt (Röm 6,23), doch Jesus nahm unsere Strafe auf sich und wir wurden freigelassen (2 Kor 5,21). Genau wie Barabbas nicht um diesen Austausch gebeten hatte, beweist Gott *seine Liebe zu uns dadurch, dass Christus für uns gestorben ist, als wir noch Sünder waren* (Röm 5,8).

Durch den Tod Jesu wurde Barabbas befreit, aber er musste sich entscheiden, ob er diese neue Freiheit annehmen oder weiterhin in seinen selbstsüchtigen Wegen gehen und wieder unter das römische Urteil kommen wollte. In gleicher Weise wurden wir durch den stellvertretenden Tod Jesu befreit, aber auch wir müssen uns entscheiden, unsere Freiheit anzunehmen, indem wir unseren Glauben auf ihn setzen und ihm unser Leben zur Verfügung stellen.

Als Christen müssen wir ein ständiges Bewusstsein dafür entwickeln, dass unser Leben nicht uns selbst gehört. Wir haben nicht mehr die Freiheit zu tun, was uns gefällt. Wir haben durch Jesus Christus die Freiheit, Gott zu lieben, ihm zu dienen und ihn anzubeten. Wir sollen Gott unsere Leiber als lebendiges Opfer zur Verfügung stellen und anerkennen, dass dies unser vernünftiger Gottesdienst an dem ist, der sein Leben für uns hingegeben hat (Röm 12,1).

Die Herrschaft Jesu sollte heute der bestimmende Faktor für deine Handlungen sein (Röm 14,7-10). Jeder Gedanke, jedes Wort und jede Tat sollte die Prüfung bestehen: *Ist das der Wille Jesu?* Das ist der Schlüssel für einen großartigen Tag.

Ist das die Wahrheit?

Matthäus 27,4

Ich habe gesündigt, dass ich unschuldiges Blut verraten habe! Sie aber sprachen: Was geht das uns an? Da sieh du zu!
Matthäus 27,4

Die religiösen Juden hatten Judas dafür gewinnen können, ihnen bei der Gefangennahme Jesu zu helfen – er selbst jedoch war ihnen vollkommen gleichgültig. Sie haben ihn einfach nur benutzt. Die Horden des Teufels werden dich umwerben und es dir gut gehen lassen, so lange sie dich benutzen können. Doch wenn für sie nichts mehr dabei herausspringt, lassen sie dich fallen, genau wie der Hohepriester es mit Judas tat.

Die Schlange kam in den Garten zu Eva, um sie dazu zu bringen, von der verbotenen Frucht zu essen. Doch sie bedrohte Eva nicht mit einem Biss, falls sie sich weigern sollte – stattdessen kam sie mit einer Täuschung. Die Schlange tat so, als wäre sie um Evas Wohlergehen besorgt. Satans größte Waffe ist Täuschung, indem er die Wahrheit verdreht, Halbwahrheiten benutzt und unverblümt lügt. Er nimmt das Wort Gottes und verdreht es ein klein wenig, fügt etwas hinzu, und schließlich sagt er das genaue Gegenteil dessen, was Gott ursprünglich gesagt hat.

Genau wie der Erfolg eines Sportlers oder eines Soldaten teilweise davon abhängt, wie gut er seinen Gegner kennt, dürfen wir über die Tücken des Feindes nicht im Unwissenden sein (2 Kor 2,11). Jesus hat Satan alle seine Macht genommen (Mt 28,18) und Täuschung ist der einzige Einfluss, den Satan noch auf uns ausüben kann. Wenn er uns dazu bringen kann, eine Lüge zu glauben – etwas, das nicht mit Gottes Wort übereinstimmt – kann er uns dazu bringen, unsere eigene Kraft und Autorität gegen uns selbst zu richten. Was Täuschung so gefährlich macht, ist, dass die Getäuschten sie nicht erkennen. Wenn sie die Täuschung bemerken, sind sie nicht länger getäuscht.

Die beste Verteidigung gegen die Täuschungen des Teufels besteht also darin, so tief im Wort gegründet zu sein, dass du ihm keinen Raum mehr gibst. Wann immer du die Gegenwart des Bösen wahrnimmst oder eine Idee oder einen Gedanken hast, der böse sein könnte, dann geh ins Wort Gottes und prüfe diese Dinge. Bitte den Heiligen Geist, dir zu zeigen, was die Wahrheit ist.

Gottes Vergebung gilt für alle Sünden

Lukas 23,34

Jesus aber sprach: Vater, vergib ihnen, denn sie wissen nicht, was sie tun! Sie teilten aber sein Gewand und warfen das Los darüber.
Lukas 23,34

Die Sündenvergebung ist eines der größten Themen der Bibel. Das Wort Gottes sagt so viel darüber, dass man ganze Bände benötigen würde, um das Thema angemessen zu behandeln. Hier reicht es aus zu betonen, dass das Blut Jesu für uns die Vergebung der Sünden erworben hat. Sein Opfer war so groß, dass es alle unsere Sünden für alle Zeiten überwiegt. Es bedeckt die Sünden der ganzen Welt – vergangene, gegenwärtige und zukünftige.

Viele Christen haben die Vorstellung, dass alle Sünden, die sie begangen haben, bevor sie zum Glauben an Christus kamen, bei ihrer Errettung vergeben wurden, während alle Sünden, die sie nach ihrer Errettung begehen, erst dann vergeben werden, wenn sie Buße tun und um Vergebung bitten. Das ist nicht der Fall. Alle unsere Sünden – vergangene, gegenwärtige und zukünftige – wurden durch das eine Opfer Jesu vergeben. Wenn Gott keine zukünftigen Sünden vergeben würde, dann wäre niemand von uns errettet, denn Jesus starb nur einmal vor zweitausend Jahren, bevor wir auch nur eine einzige Sünde begehen konnten. Alle unsere Sünden sind vergeben.

Ewige Vergebung ist eines der größten Geschenke Gottes an seine Kinder. Wir können in unserem Leben in der Zuversicht vorangehen, dass er uns liebt und vergibt, selbst wenn wir versagen oder in Versuchung fallen. Alles, was wir tun müssen, ist, uns ihm zuzuwenden, uns vom Wort waschen zu lassen und wieder im Geist zu wandeln. Viele Menschen hören das und sagen: *Du sagst den Christen, dass es in Ordnung ist, zu sündigen.* Im Gegenteil – wenn die Gläubigen das volle Ausmaß von Gottes Vergebung begreifen, bewirkt es in ihnen ein weitaus größeres Verlangen, nicht mehr zu sündigen.

Durch den Reichtum der Gnade Gottes hast du die Vergebung deiner Sünden empfangen, und du empfängst sie auch weiterhin, wenn du sie brauchst. Das ist eine der größten Segnungen und eine starke Zuversicht, in der du heute leben kannst.

Das Paradies

Lukas 23,39-43

Und Jesus sprach zu ihm: Wahrlich, ich sage dir:
Heute wirst du mit mir im Paradies sein!
Lukas 23,43

Das Paradies wurde auch als *Abrahams Schoß* bezeichnet, wie Jesus es in der Geschichte über Lazarus und den reichen Mann erwähnte (Lk 16,22). Nach seinem Tod stieg Jesus hinab in die Niederungen der Erde (Eph 4,9). Johannes 20,17 zeigt, dass Jesus erst einige Zeit nach seiner Auferstehung zu seinem Vater auffuhr. Daraus ergibt sich, dass mit dem Paradies *Abrahams Schoß* gemeint war, welcher sich im Scheol, in den Niederungen der Erde, befand.

Die Formulierung *[er hat] Gefangene gefangen geführt* in Epheser 4,8 (ELB) spricht davon, dass Jesus die Heiligen des Alten Testaments aus einem bestimmten Teil der Hölle befreite, die auf Hebräisch *Scheol* heißt. Es ist dasselbe hebräische Wort, das in Psalm 16,10 mit *Totenreich* übersetzt wird und prophetisch auf Jesus hindeutet: *Denn du wirst meine Seele nicht dem Totenreich preisgeben und nicht zulassen, dass dein Heiliger die Verwesung sieht* (Apg 2,27-30).

Die gottlosen Verstorbenen kamen ebenfalls in den Scheol oder das Totenreich, doch Jesus lehrt in Lukas 16,19-31, dass dort eine breite Kluft zwischen den Frommen und den Gottlosen eingerichtet war. Diejenigen, die Höllenqualen litten, beneideten diejenigen, die sich in Abrahams Schoß oder im Paradies an den Segnungen des Herrn erfreuten.

Die Heiligen des Alten Testaments waren zwar gesegnet, es war ihnen jedoch nicht möglich, in die Gegenwart des Herrn einzutreten, da das Sühneopfer Jesu Christi noch nicht vollbracht worden war. So gesehen waren sie Gefangene. Als Jesus starb, stieg er in den Scheol hinab und nahm die Gefangenen gefangen. Er nahm sie mit in den Himmel, in die Gegenwart Gottes, und leerte das Paradies. Danach verblieben dort lediglich die Qualen der Hölle.

Der Dieb, der neben Jesus am Kreuz hing, bat Jesus, seiner zu gedenken, worauf Jesus ihm versicherte, sie würden sich in Kürze im Paradies treffen. Du kannst dich heute darauf freuen, dass nichts anderes als der Himmel dich erwartet – ob du nun entrückt wirst, um Jesus in der Luft zu treffen, oder einfach in hohem Alter stirbst.

Der Vorhang ist zerrissen

Lukas 23,45

Und die Sonne wurde verfinstert, und der Vorhang im Tempel riss mitten entzwei.
Lukas 23,45

Im Tempel trennte der Vorhang das Allerheiligste vom Heiligtum. Er reichte von der Decke bis zum Boden und von Wand zu Wand. Salomos Tempel war 30 Ellen hoch (1 Kön 6,2), doch gemäß den Schriften des Josephus, eines Geschichtsschreibers des ersten Jahrhunderts, stockte Herodes den Tempel auf eine Höhe von 40 Ellen auf. Je nachdem welchen Umrechnungsfaktor man nimmt (es gibt unterschiedliche Annahmen darüber, wie lang eine Elle in Metern und Zentimetern war), war dieser Vorhang zwischen 14 m und 22 m lang.

Es ist bedeutungsvoll, dass der Vorhang von oben nach unten zerriss (Mt 27,51; Mk 15,38). Kein Mensch hätte ihn auf diese Weise zerreißen können. Es war definitiv Gott selbst, der das tat. Es ist auch von großer Bedeutung, dass der Vorhang in genau dem Moment zerriss, als Jesus am Kreuz starb.

Der Vorhang trennte das Allerheiligste, die Wohnung Gottes, vom übrigen Tempel, dem Aufenthaltsort der Menschen (Hebr 9,1-9). Dies veranschaulichte die Trennung der Menschheit von Gott durch die Sünde (Jes 59,1-2). Nur dem Hohepriester war es gestattet, hinter diesen Vorhang zu treten – und das nur einmal im Jahr (2 Mose 30,10; Hebr 9,7). Dies symbolisierte den Messias, der in die Gegenwart Gottes tritt, um Sühnung für unsere Sünde zu erwirken.

In dem Moment, als Jesus starb, wurde der Vorhang entzweigerissen und offenbarte dadurch, dass das Opfer dargebracht war und es von nun an keine Trennung mehr zwischen Gott und dir gibt. Jesus zerriss den Vorhang, d. h. seinen Körper (Hebr 10,20), und eröffnete dadurch den Weg zum Vater – denselben Weg, den du heute nimmst, um zu ihm zu kommen. Juble und freue dich darüber!

Ehre deine Eltern

Johannes 19,26

Als nun Jesus seine Mutter sah und den Jünger dabeistehen, den er lieb hatte, spricht er zu seiner Mutter: Frau, siehe, dein Sohn!
Johannes 19,26

Das Evangelium von Johannes ist das einzige unter den vieren, das von diesem letzten Dienst Jesu an seiner Mutter Maria berichtet – vielleicht deswegen, weil es gerade Johannes war, dem Jesus seine Mutter anvertraute. In der Zeit seines schlimmsten Leidens gedachte Jesus seiner Mutter und ehrte sie, indem er sie in Johannes Obhut gab. Damit erfüllte Jesus das zweite Gebot des Gesetzes, das vorschrieb, seine Eltern zu ehren.

Christen sollten ihre Eltern selbst dann noch ehren, wenn sie bereits erwachsen sind. Das Gebot zu gehorchen jedoch gilt nur für eine bestimmte Zeit (Gal 4,1-2). Ehrerweisung führt natürlich zum Gehorsam, solange nichts verlangt wird, das dem Gebot Gottes zuwiderläuft. Trotzdem sind Ehren und Gehorchen nicht gleichbedeutend. Die Bibel lehrt, dass ein Mann, wenn er heiratet, Vater und Mutter verlassen wird, um sich an seine Frau zu binden (1 Mose 2,24). Darum ist die elterliche Einmischung in die Ehe des Sohnes oder der Tochter ein Hauptgrund für viele Scheidungen und Ehestreitigkeiten. Dennoch sollte ein Christ seine Eltern ehren.

Ehren bedeutet *achten, respektieren*. Das griechische Wort, das mit *ehren* übersetzt wird, bedeutet „würdigen, einen Wert beimessen“. Solange wir jung sind, ist es gut, die Ansichten unserer Eltern höher zu achten als die von Gleichaltrigen. Die Einstellung, Eltern seien altmodisch und wüssten nicht, wo es langgeht, entehrt sie und bringt uns um ihre Weisheit und ihren Trost. Wenn wir älter werden, mögen wir anderer Meinung sein als unsere Eltern – besonders wenn sie ungläubig sind – aber wir sollten sie niemals entehren oder sie geringschätzen. Falls sie uns missbraucht oder schlecht behandelt haben, bedeutet sie zu ehren nicht, wie sie zu denken oder zu handeln. Sie zu ehren bedeutet lediglich, ihre Rolle als diejenigen, die uns zur Welt gebracht haben, zu respektieren.

In 2. Mose 20,12, 5. Mose 5,16 und Epheser 6,1-3 heißt es, dass Vater und Mutter zu ehren das erste Gebot mit einer Verheißung ist. Es ist das erste unter zehn Geboten, welches denen Segen verspricht, die es befolgen. Ehre deine Eltern, wie Jesus die seinen geehrt hat, und du wirst ein langes, erfolgreiches Leben haben.

Die Bedeutung des Sabbats

Johannes 19,31-37

Weil es Rüsttag war – jener Sabbat war nämlich ein hoher Festtag –, baten die Juden nun Pilatus, damit die Leichname nicht während des Sabbats am Kreuz blieben, dass ihnen die Beine zerschlagen und sie herabgenommen würden.
Johannes 19,31

Nachdem Jesus am Kreuz gestorben war, setzte sich die Erfüllung der Prophetien über den Messias fort. Eine davon erfüllte sich, weil Sabbat war. Am Sabbat durfte nicht gearbeitet werden, was bedeutete, dass Jesus vor Beginn des Sabbats sterben und begraben werden musste. Deshalb baten die Juden Pilatus, dass seine Beine gebrochen werden sollten. Durch das Brechen der Beine tritt der Tod am Kreuz schneller ein. In Vers 33 heißt es, dass Jesus bereits tot war, womit die Schriftstelle erfüllt wurde: *Er bewahrt ihm alle seine Gebeine, dass nicht eines von ihnen zerbrochen wird* (Ps 34,21) – und das alles wegen des Sabbats.

Der Sabbat wird zum ersten Mal in 2. Mose 16 erwähnt. Wenig später befahl der Herr in den Zehn Geboten die Einhaltung des Sabbats (2 Mose 20,8-11). Gott stellte eine Verbindung her zwischen dem Sabbat und dem siebten Schöpfungstag, an dem er selbst von seinen Werken ruhte. Gemäß 2. Mose 23,12 sollte der Sabbat auch dazu dienen, Gottes Volk und dem Vieh einen Tag pro Woche zur körperlichen Ruhe zu geben. Die moderne medizinische Wissenschaft hat bewiesen, dass unser Körper mindestens einen Tag pro Woche Ruhe braucht, um optimal zu funktionieren.

In Kolosser 2,16-17 zeigt Paulus auf, dass der Sabbat nur ein Schatten der zukünftigen Dinge ist und in Christus erfüllt wurde. Hebräer 4,1-11 spricht von der Sabbatruhe, die allen Gläubigen zur Verfügung steht, aber nicht unbedingt in jedem gleichermaßen wirksam ist. Diese neutestamentliche Sabbatruhe besteht einfach in unserer Beziehung zu Gott, in der wir aufhören, uns selbst anzustrengen und Gott erlauben, durch uns zu wirken.

Wenn du darüber nachdenkst, welche Bedeutung der Sabbat beim Sterben Jesu gespielt hat, dann sei dir darüber im Klaren, dass er starb, um dir Ruhe zu geben. Wenn du heute aufgewühlt oder in irgendeiner Weise durcheinander bist, wirf deine Sorgen auf ihn und kehre zu seiner beständigen Sabbatruhe zurück.

Der Tod hat seine Macht verloren

Matthäus 27,51-53

Und die Gräber öffneten sich, und viele Leiber der entschlafenen Heiligen wurden auferweckt.
Matthäus 27,52

Nur Matthäus berichtet von diesem erstaunlichen Ereignis. Durch das Erdbeben wurden offensichtlich von vielen Gräbern in der Provinz Jerusalem die Steine weggerollt. Einige der Heiligen, die dort begraben waren, wurden wieder lebendig. Selbst als Jesus starb, wurde eine solche Kraft freigesetzt, dass der Tod die Gefangenen nicht halten konnte.

Nachdem Jesus auferstanden war, verließen diese Heiligen ihre Gräber, gingen nach Jerusalem hinein und erschienen dort vielen Menschen (V. 53). Wir können nur erahnen, was das bei den Menschen dort bewirkt haben muss! Durch die Auferstehung Jesu ist das Christentum eine Klasse für sich. Viele Menschen sind aufgetreten und gaben vor, göttliche Offenbarungen und neue Wege, wie man sich Gott nähern kann, erkannt zu haben, aber nur Jesus hat den Tod besiegt. Das macht ihn einzigartig und erhebt ihn über jeden Menschen, der jemals auf dieser Erde gelebt hat.

Weil Jesus den Tod besiegt hat, wurden die Todesangst und der Stachel des Todes für uns beseitigt. In 1. Korinther 15,55 ruft Paulus aus: *Tod, wo ist dein Stachel? Totenreich, wo ist dein Sieg?* Wir alle müssen uns von nahestehenden Menschen verabschieden, die sterben und in den Himmel gehen, und wir trauern für eine Weile. Aber der Tod hat keine Macht mehr über uns und der Kummer geht schnell vorüber.

Ungläubige haben keine Hoffnung, ihre Lieben jemals wiederzusehen. Darum sind sie zutiefst bekümmert und finden manchmal keinen Weg aus der Trauer. Bei dir ist das jedoch anders, denn du hast eine große Hoffnung: die Gewissheit, deine Lieben wiederzusehen und mit ihnen für alle Ewigkeit beim Herrn zu sein. Wann immer du wegen einer momentanen Situation die Hoffnung verlierst, denke einfach an diese „toten“ Heiligen, die durch Jerusalem gingen. Das wird dein Leben ins rechte Licht rücken und dir für den heutigen Tag eine neue Perspektive geben.

Deine Erwartung bestimmt deine Erfahrung

Johannes 20,11-17

Und als sie das gesagt hatte, wandte sie sich um und sah Jesus dastehen und wusste nicht, dass es Jesus war.
Johannes 20,14

Maria erkannte Jesus nicht. Sie war eine der Frauen, die ihm während seines irdischen Wirkens gefolgt waren und ihm gedient hatten (Lk 8,2-3). Sie kannte ihn gut und hatte seine Stimme Tausende Male gehört. Jesus ehrte sie, indem er sie erwählte, ihn nach seiner Auferstehung als Erste sehen zu dürfen und dennoch hielt sie ihn für den Gärtner.

Einer der Hauptgründe dafür war, dass Maria nicht erwartete, ihn lebendig zu sehen! Es war ihr noch nicht in den Sinn gekommen, dass Jesus am Leben sein könnte. Das veranschaulicht, wie ihre Erwartungen ihre Erfahrung bestimmten. Und für alle Gläubigen gilt dasselbe: Wir bekommen von Gott meistens das, was wir von ihm erwarten.

Gott ist so, wie er ist – egal was wir über ihn denken. Erfahrungsgemäß werden wir ihn nur so erleben, wie wir ihn uns vorstellen. Wer zum Beispiel glaubt, dass Gott heutzutage nicht mehr heilt, wird keine Heilung erleben, bevor er nicht umdenkt. Wer nicht an die Taufe im Heiligen Geist glaubt, wird sie auch nicht empfangen. Wer nicht glaubt, dass Jesus von den Toten auferstanden ist, wird den Auferstandenen nicht erkennen, selbst wenn er vor ihm steht.

Maria erkannte Jesus, als er sie beim Namen nannte. Die persönliche Beziehung, die zwischen den beiden bestand, öffnete ihr schließlich die Augen. Wie denkst du heute über ihn? Wenn du denkst, dass er zornig über dich ist, dann kannst du sein Wohlgefallen an dir nicht erleben, obwohl in der Bibel steht, dass du angenommen bist in dem Geliebten (Eph 1,6). Wenn du denkst, dass er dich im Stich gelassen hat, kannst du seine Gegenwart nicht erleben, obwohl er dich nie verlassen noch versäumen wird (Hebr 13,5). Glaube alles, was die Bibel über ihn sagt, und er wird das alles für dich sein und noch viel mehr.

Erinnerst du dich an Gottes Wort?

Lukas 24,1-9

Da erinnerten sie sich an seine Worte, und sie kehrten vom Grab zurück (...)
Lukas 24,8-9

Die Frauen, die zum Grab von Jesus kamen, wurden von zwei Engeln begrüßt, die sie daran erinnerten, was Jesus ihnen vorausgesagt hatte: nämlich, dass er am dritten Tag von den Toten auferstehen würde. Aber erst als sie sich an seine Worte erinnerten, hörten sie auf, einen toten Jesus zu suchen und hielten nach dem lebendigen Herrn Ausschau. Man bedenke: Nicht die beiden Engel, die Jesu Auferstehung verkündeten, verursachten diese Wandlung bei den Frauen, sondern es waren die Worte Jesu selbst.

Petrus sagt, dass das geschriebene Wort Gottes eine verlässlichere Prophetie ist als eine hörbare Stimme vom Himmel oder eine sichtbare Erscheinung des Herrn (2 Petr 1,16-20). Wir meinen oft, dass wir dann glauben würden, wenn wir etwas Übernatürliches erleben. Das Beispiel der Frauen am Grab und das Zeugnis von Petrus zeigen etwas anderes.

Das Spektakuläre weckt unsere Aufmerksamkeit, dabei kommt Glaube einzig und allein aus dem Wort Gottes (Röm 10,17). Das Wort Gottes ist alles, was wir brauchen. Oder genauer gesagt: Wir brauchen den Glauben an das Wort Gottes. Der Herr hat uns überaus große und kostbare Verheißungen gegeben (2 Petr 1,4), aber unser Unglaube führt dazu, dass einige von uns weiterhin Trübsal blasen, ganz so als hätte Jesus das Grab nie verlassen. Unser Unglaube leugnet seine Auferstehungskraft in unserem Leben.

Indem du dich eingehend mit Gottes Wort beschäftigst und darüber nachsinnst, wird dein Glaube gestärkt, und Zweifel und Unglaube werden fliehen. Das Wort Gottes bezeugt uns einen auferstandenen Herrn, den lebendigen Gott, der in der Lage ist, mit jedem unserer Probleme zurechtzukommen. Als die Frauen noch nicht wussten, dass Jesus lebte, waren ihre Herzen voller Sorge. Wenn dein Herz heute voller Sorge ist, liegt das daran, dass du den Sieg vergessen hast, den Jesus dir gegeben hat. Mache dir bewusst: Er lebt und ist Herr über alle Umstände und du wirst den gewaltigen Unterschied erleben, den diese Erkenntnis ausmacht.

Erkennst du Jesus?

Lukas 24,13-35

Und es geschah, während sie miteinander redeten und sich besprachen, da nahte sich Jesus selbst und ging mit ihnen.
Lukas 24,15

Zwei von den Jüngern Jesu waren auf dem Weg in eine Stadt namens Emmaus. Sie waren traurig, weil sie über Jesus nachdachten. Sie machten sich Gedanken über die Berichte von seiner Auferstehung, die ihnen zu Ohren gekommen waren, aber sie waren voller Unglauben. Sie hätten den Berichten gerne Glauben geschenkt, aber ihr Verstand hinderte sie daran.

Genau in diesem Augenblick schloss sich Jesus ihnen an, aber sie erkannten ihn nicht. Genau der, den sie liebten, war nun bei ihnen, aber sie bemerkten es nicht. Wie konnte das sein? Wären sie in der Lage gewesen, zu begreifen, dass Jesus gerade bei ihnen war, hätten sich ihre Fragen in Luft aufgelöst und ihre Trauer hätte sich sofort in Freude verwandelt.

Die gleiche Begebenheit wird in Markus, Kapitel 16, in den Versen 12-13 berichtet. Hier erzählt Markus davon, dass Jesus den beiden Jüngern *in einer anderen Gestalt* begegnete. Das heißt allerdings nicht, dass er anders aussah, denn später, noch am gleichen Tag, fordert Jesus seine Jünger auf, seine Wundmale an Händen und Füßen zu betrachten (Lk 24,39-40). Er sah so aus wie immer, doch er befand sich in seinem Auferstehungsleib. Der natürliche Verstand kann geistliche Wahrheiten nicht begreifen, denn die geistliche Realität muss geistlich wahrgenommen werden (1 Kor 2,14).

Auf die gleiche Weise ist der Herr allezeit mit uns. Er verlässt uns niemals, allerdings entgeht uns das oft. Wir nehmen seine Gegenwart einfach nicht wahr, weil wir mit den Augen des Verstandes sehen und nicht mit den Augen des Glaubens. Die Emmausjünger erkannten Jesus erst, als er mit ihnen das Brot brach (Lk 24,30-31). Wenn wir im Glauben mit ihm Gemeinschaft haben, werden unsere Augen für seine Gegenwart geöffnet. Öffne heute deine Augen des Glaubens und du wirst sehen, dass der, der versprochen hat, dich nie aufzugeben und niemals zu verlassen, in deinem Leben am Werk ist (Hebr 13,5).

Lass dich von Gottes Frieden leiten

Lukas 24,36

Während sie aber davon redeten, trat Jesus selbst in ihre Mitte, und er spricht zu ihnen: Friede sei mit euch!
Lukas 24,36

Es ist kein Zufall, dass das Erste, was Jesus seinen Jüngern sagte, *Friede sei mit euch* war. Durch seine Auferstehung konnte jeder von ihnen völligen und ewigen Frieden bei Gott finden. Aber sein Friede ist nicht nur eine Frage von Himmel oder Hölle, sondern auch für unseren Alltag bedeutsam. So wie es bei jedem Sport Schiedsrichter gibt, die alle Streitfragen klären, ist der Friede Gottes nun unser Schiedsrichter, der alle Unklarheit darüber beseitigt, was der Wille Gottes für unser Leben ist. Wir müssen lernen, hinzuhören und auf den Frieden Gottes in unserem Herzen zu achten.

Jeder wiedergeborene Gläubige hat diesen Frieden Gottes in seinem Herzen. Er ist eine Frucht des Geistes. Dieser Frieden gibt immer den Ton an – doch wir achten nicht immer darauf. Wie oft haben wir schon entgegen dem Frieden in unserem Herzen gehandelt und mussten dann ein Desaster erleben? Dann heißt es stets: *Ich hatte die ganze Zeit das Gefühl, dass es nicht richtig war.* Das war der Friede Gottes, der uns von diesem Weg abhalten wollte, doch wir entschieden uns, nach unseren eigenen Spielregeln und Vorstellungen zu handeln.

Es gibt einiges, was wir tun können, damit der Friede Gottes in unserem Herzen regiert. Als Erstes zieht man alle Möglichkeiten in Betracht. Wir sollten nicht aus Furcht die Möglichkeiten Gottes verwerfen. Als Nächstes gebrauche deine Vorstellungskraft und stell dir vor, was bei den jeweiligen Alternativen geschehen kann. Wenn du über die Richtung nachdenkst, in die der Herr dich führen möchte, solltest du einen größeren Frieden wahrnehmen als bei den anderen Optionen. Genauso wie ein Schiedsrichter eine Entscheidung treffen muss, sei auch du so kühn, der Richtung zu folgen, bei der du den tiefsten Frieden verspürst.

Das Ruder eines Schiffs bewirkt erst dann etwas, wenn sich das Schiff in Bewegung setzt. Es muss nicht volle Fahrt aufgenommen haben, damit das Ruder funktioniert, aber es muss sich zumindest bewegen. Ebenso müssen wir handeln, bevor der Friede Gottes uns die exakte Richtung weist. Selbst wenn du einen Fehler begehen solltest, machst du ihn aus Glauben bei dem Versuch, dem Frieden Gottes in deinem Herzen zu folgen. Falsche Entscheidungen, die aus einem glaubenden, reinen Herzen erwachsen, kann der Herr segnen, Unentschlossenheit und Mangel an Glauben hingegen nicht (Röm 14,23). Entscheide dich heute, aus Glauben und aus Gottes Frieden heraus zu handeln. Und falls du in die falsche Richtung gehen solltest, wirst du das bemerken, und der Heilige Geist wird dich wieder auf die richtige Spur bringen.

Kraft aus der Höhe

Lukas 24,49

Und siehe, ich sende auf euch die Verheißung meines Vaters; ihr aber bleibt in der Stadt Jerusalem, bis ihr angetan werdet mit Kraft aus der Höhe.
Lukas 24,49

In Lukas 3,16 verkündet Johannes der Täufer, dass Jesus die Menschen mit Heiligem Geist und mit Feuer taufen würde. Später dann, nach seiner Auferstehung und kurz bevor er gen Himmel fuhr, befahl Jesus seinen Jüngern, in Jerusalem zu bleiben und nichts zu unternehmen, bis er ihnen die *Verheißung des Vaters* senden würde. Zu diesem Zeitpunkt sollten sie *mit der Kraft aus der Höhe* bekleidet werden.

Am Pfingsttag taufte Jesus die Hundertzwanzig, die sich im Obergemach aufhielten, mit dem Heiligen Geist, und sie alle sprachen in neuen Sprachen. Aber dieser Segen war nicht ausschließlich für diese wenigen Menschen bestimmt. In Apostelgeschichte 2,39 sagt Petrus: *Denn euch gilt die Verheißung und euren Kindern und allen, die ferne sind, so viele der Herr, unser Gott, herzurufen wird.* Auch heute ist dieselbe Kraft für alle Gläubigen verfügbar.

Die Zungenrede ist einzigartig in der Kirchengeschichte. Das liegt daran, dass ein Mensch beim Sprachengebet nicht durch seinen Verstand spricht, sondern durch seinen neuen, wiedergeborenen Geist (1 Kor 14,14). In 1. Korinther 13,1 sind zwei Arten von Sprachen aufgeführt: die *Sprache der Menschen* und die *Sprache der Engel*. Die *Sprache der Menschen* sind allgemein bekannte Sprachen, die von Menschen gesprochen werden. Die *Sprache der Engel*, oder auch *Sprache des Himmels*, ist die Sprache, die alle geisterfüllten Gläubigen sprechen können, und von der Paulus in 1. Korinther 14,12-14 redet. Er sagt, dass ein Sprachengebet, das öffentlich während eines Gottesdienstes gesprochen wird, auch ausgelegt werden muss (die Gabe der Zungenrede und der Auslegung). Es gibt allerdings auch die ganz persönliche Gebetssprache, durch die sich jeder Gläubige erbaut, und durch die er von Geist zu Geist kommuniziert.

Mit der Kraft aus der Höhe bekleidet zu sein bedeutet allerdings nicht nur, in Sprachen zu beten. In Apostelgeschichte 1,8 sagt Jesus, dass seine Jünger dadurch mit Kraft ausgestattet würden, um seine Zeugen zu sein. Fang heute an, deinen Glauben durch das Beten im Geist aufzuerbauen (Jud 20) und werde der kraftvolle Zeuge, zu dem Gott dich erschaffen hat. Genau um diese Dinge geht es beim Sprachengebet und der Taufe im Heiligen Geist.

Die Wassertaufe ist ein Zeichen

Markus 16,15-16

Wer glaubt und getauft wird, der wird gerettet werden; wer aber nicht glaubt, der wird verdammt werden.
Markus 16,16

Die Wassertaufe ist eine Anweisung von Jesus und die erste Handlung, die aus Glauben geschieht. Die Aussage aus dem Markusevangelium könnte auch folgendermaßen wiedergegeben werden: *Jeder, der rettenden Glauben hat (Glaube, dem Handeln folgt), wird gerettet werden.* In dieser Hinsicht ist die Wassertaufe äußerst wichtig. Sie ist eine Gelegenheit, gemäß deiner neuen Glaubenshaltung zu handeln. Jeder, der sich der Taufanweisung Jesu widersetzt, muss sich die Frage gefallen lassen, ob er wirklich glaubt.

Es gibt allerdings biblische Beispiele dafür, dass Menschen bereits wiedergeboren waren, bevor sie mit Wasser getauft wurden. Kornelius und seine Freunde wurden mit dem Heiligen Geist erfüllt und sprachen in Zungen, bevor sie die Wassertaufe empfangen hatten (Apg 10,44-48). In Johannes 14,17 sagt Jesus, dass ein Ungläubiger den Heiligen Geist nicht empfangen kann. Demnach müssen Kornelius und seine Freunde bereits vor ihrer Wassertaufe von Neuem geboren gewesen sein.

Genau wie die Beschneidung das Zeichen des Alten Bundes war, ist die Wassertaufe das Zeichen des Neuen Bundes. Der Apostel Paulus macht in Römer 4 deutlich, dass die Beschneidung Abrahams nur ein Zeichen war. Abraham war gerechtfertigt aus Glauben, bevor er beschnitten wurde. In Galater 5,1-6 sagt Paulus, dass jeder, der auf die Beschneidung vertraut, aus der Gnade gefallen ist und Christus ihm gar nichts nützt.

Allein der Glaube an das Erlösungswerk Jesu Christi bringt Rettung – nicht unsere Taten. Nichtsdestotrotz, so schreibt Jakobus, ist Glaube ohne Werke tot (Jak 2,20). Einzig der Glaube rettet, aber rettender Glaube ist mehr: Man muss aus Glauben und auf den Glauben hin handeln. Das meinte Jesus, als er allen Gläubigen befahl, sich taufen zu lassen.

Falls du die Wassertaufe noch nicht erlebt hast, ist heute dein Tag! Ich bin sicher, dein Pastor wird hoch erfreut sein, dich zu taufen. Und denke dran: Im Wasser unterzutauchen symbolisiert deine Teilhabe am Tod Jesu der Sünde gegenüber. Und wieder aus dem Wasser aufzutauchen, versinnbildlicht deine Auferstehung zu einem neuen Leben mit ihm. Halleluja!

Noch einmal

Johannes 21,1-6

Er aber sprach zu ihnen: Werft das Netz auf der rechten Seite des Schiffes aus, so werdet ihr finden! Da warfen sie es aus und konnten es nicht mehr einziehen wegen der Menge der Fische.
Johannes 21,6

Dies war nicht das erste Mal, dass Jesus dieses Wunder vollbrachte. Als er seine Jünger erstmalig dazu aufgerufen hatte, ihm nachzufolgen, hatte er genau das Gleiche getan. Sie hatten bereits die ganze Nacht über gefischt, ohne auch nur einen einzigen Fisch zu fangen. Es gab also keinen vernünftigen Grund, warum es diesmal anders sein sollte, wenn sie das Netz auf irgendeiner anderen Seite des Bootes erneut auswerfen würden. Dennoch taten sie es im Gehorsam. Bei beiden Begebenheiten fingen sie eine große Menge Fische!

Zwischen diesem wundersamen Fischfang und unserem Leben gibt es viele Parallelen. Die meisten Menschen tun im Grunde genommen genau das Gleiche: Sie bemühen sich darum, fruchtbar und erfolgreich zu sein und gesunde Familien zu gründen, allerdings macht es einen enormen Unterschied, ob wir das aus unserer eigenen Kraft heraus oder auf das Wort des Herrn gegründet tun.

Diese Jünger waren am selben Ort und benutzten dasselbe Netz, doch der Unterschied bestand darin, dass sie ihren Glauben mit dem gesprochenen Wort Gottes verbanden und im Gehorsam handelten. Der Unterschied zwischen dem Handeln auf Gottes Wort hin einerseits, und dem Handeln auf unsere eigene Weise andererseits liegt nicht in der Handlung selbst, sondern in unserer Herzenseinstellung.

Es kann zweifellos sein, dass du alles getan hast, was du wusstest, ohne die Ergebnisse zu erzielen, die du dir gewünscht hast. Aber hast du auch im Gehorsam Gottes Wort gegenüber gehandelt? Was sagt der Herr dir über deine Situation? Finde es heraus! Und dann gehorche ihm und erwarte übernatürliche Ergebnisse.

Die wichtigste Frage

Johannes 21,15-17

Als sie nun gefrühstückt hatten, spricht Jesus zu Simon Petrus: Simon, Sohn des Jonas, liebst du mich mehr als diese? Er spricht zu ihm: Ja, Herr, du weißt, dass ich dich lieb habe! Er spricht zu ihm: Weide meine Lämmer!
Johannes 21,15

Wir lesen hier von einer der letzten Gelegenheiten, wo Jesus mit seinen Jüngern zusammen war, bevor er zu seinem Vater in den Himmel auffahren würde, nur wenige Stunden, bevor der ganze Plan Gottes in die Hände dieser Männer gelegt werden sollte. Alles, was Jesus vollbracht hatte und was noch zu vollenden war, würde bald in ihre Hände übergeben werden. Ein wichtiger Moment also!

Was wäre dem Herrn wohl das Wichtigste, das er seinen Jüngern jetzt noch sagen konnte? Welche Anweisung würde er ihnen in letzter Minute geben? Überraschenderweise fragte der Herr Petrus, ob er ihn liebte. Wir erinnern uns: Drei Mal hatte Petrus geleugnet, ihn zu kennen. Jetzt fragt Jesus Petrus ebenfalls drei Mal, ob er ihn lieb hat.

Für uns alle ist unsere Liebe zum Herrn die wichtigste Frage. Alles andere ordnet sich dieser einen Frage unter. Es passiert so schnell, dass wir so sehr damit beschäftigt sind, dem Herrn zu dienen, dass wir keine Zeit mehr finden, Gemeinschaft mit ihm zu haben. Das führt schließlich zu Leere, Frustration und Erfolglosigkeit.

Vor seiner Verleugnung hat Petrus Jesus so sehr geliebt, dass er für ihn bis zum bitteren Ende kämpfen wollte (Lk 22,33; Joh 18,10). Doch es ist einfacher zu kämpfen, als zu leiden. Petrus liebte den Herrn nicht mehr als sich selbst. Petrus hatte ihn verleugnet, weil ihm die Meinung von Menschen wichtiger gewesen war als seine Liebe zu Jesus. Jesus fragte Petrus jetzt, ob er ihn mehr liebte als all die anderen.

Liebst du Jesus mehr als irgendetwas oder irgendjemanden? Genau wie bei Petrus stellt Jesus dir heute diese Frage, damit du sicher sein kannst, dass du ihn wirklich mehr liebst als alles andere in deinem Leben. Seine Liebe für dich und deine Liebe für ihn wird dich durch jede noch so schwierige Situation hindurchbringen.

Kümmere dich um deine eigenen Angelegenheiten!

Johannes 21,18-24

Jesus spricht zu ihm: Wenn ich will, dass er bleibe, bis ich komme, was geht es dich an? Folge du mir nach!
Johannes 21,22

In Vers 18 sagte Jesus zu Petrus, dass er ihn durch seinen Tod als Märtyrer verherrlichen würde. Man kann sich unmöglich vorstellen, welche genaue Auswirkung dies auf Petrus hatte. Zweifellos hatte es einen tiefen Eindruck bei ihm hinterlassen. Eine Sache wird allerdings ziemlich deutlich: Petrus begann sich zu fragen, was wohl mit Johannes geschehen würde.

Wir begehen oft einen entscheidenden Fehler, indem wir unsere eigene Berufung im Lichte dessen betrachten, wozu andere berufen sind. Das ist nicht weise. Jesus sagte Petrus, er solle sich um seine eigenen Angelegenheiten kümmern. Was mit Johannes geschehen würde, sollte Petrus nicht weiter beschäftigen.

Frühe kirchengeschichtliche Überlieferungen berichten, dass Johannes mit siedendem Öl übergossen wurde, aber auf wundersame Weise nicht gestorben ist. Danach wurde er auf die Insel Patmos verbannt, wo er das Buch der Offenbarung schrieb und am Ende eines natürlichen Todes starb. Welche Auswirkungen hätte dieses Wissen auf Petrus gehabt? Hätte es ihn verbittert? Hätte er sich gedacht, dass es unfair sei, wenn er einen Märtyrertod stirbt, während Johannes dem Ganzen unbeschadet entkommt? Wer weiß?

Es ist nicht besonders klug, wenn wir uns selbst mit anderen vergleichen (2 Kor 10,12). Wir sind ähnlich veranlagt wie Wasser, das den Weg des geringsten Widerstands sucht und nach unten auf den tiefsten Punkt zufließt. Indem wir uns mit anderen vergleichen, gehen wir oft Kompromisse ein, wenn es darum geht, das Beste zu empfangen, was Gott für *uns* hat – auch wenn es im Vergleich zu anderen vielleicht nicht so großartig aussieht. Oder wir machen uns selbst Vorwürfe, weil wir noch nicht so weit sind wie andere. Diese Vergleiche brauchen wir nicht. Wir müssen unsere Augen auf den Herrn richten und seinen Willen für unser Leben erfüllen.

Dein Leben sollte kein Wettrennen gegen andere sein, sondern dazu dienen, Tag für Tag mehr und mehr wie Jesus zu werden. Wahre Zufriedenheit und ein Gefühl der Erfüllung findest du nur, wenn du dich auf das ausrichtest, wozu er dich berufen hat und es von ganzem Herzen tust.

Gott ist gut

Johannes 21,25

Es sind aber noch viele andere Dinge, die Jesus getan hat; und wenn sie eines nach dem anderen beschrieben würden, so glaube ich, die Welt würde die Bücher gar nicht fassen, die zu schreiben wären. Amen.
Johannes 21,25

Die Summe aller Einzelheiten aus dem Leben aller Menschen, die je auf diesem Planeten gelebt haben, hat die Welt nicht annähernd so sehr beeinflusst wie die wenigen Details, die uns aus dem Leben Jesu überliefert sind. Jesus war nicht nur ein Mensch; er war Gott, geoffenbart im Fleisch (1 Tim 3,16).

In Apostelgeschichte 10,38 fasst Petrus das Leben und den Dienst Jesu kurz, aber anschaulich zusammen. Er war gesalbt mit der Kraft des Heiligen Geistes. Er nutzte diese Kraft nicht, um Böses zu tun, sondern Gutes. Das ist auch einer der wesentlichen Charakterzüge Gottes und damit einer der einfachsten Wege zu unterscheiden, was von Gott stammt und was vom Teufel. Gott ist ein guter Gott und der Teufel ist ein böser Teufel. Ist etwas böse, kommt es vom Teufel, ist es gut, stammt es von Gott.

Tragödien können drei unterschiedliche Ursprünge haben: Gott, Satan oder die Naturgesetze. Gottes Zorn kommt nur über Ungläubige (Röm 1,18). Gläubige werden niemals den Zorn Gottes erleben (Röm 5,9). Gläubige des Neuen Bundes bleiben vom Strafgericht Gottes verschont, weil Jesus das Gericht auf sich genommen hat.

Was die Naturgesetze angeht: Da, wo Menschen die Naturgesetze oder moralischen Anweisungen Gottes verletzen, ernten sie, was sie gesät haben. Wenn jemand waghalsig und rücksichtslos Auto fährt und sich und andere dabei zu Tode bringt, wurde er weder von Gott noch vom Teufel getötet. Er hat ein Naturgesetz missachtet und musste den Preis dafür zahlen. Bedauerlicherweise kommt der Teufel oft daher und behauptet, Gott würde hinter all diesen Tragödien stecken. Aber unser Gott ist ein guter Gott. Jakobus 1,17 sagt, dass jede gute und vollkommene Gabe von ihm kommt.

Es ist falsch zu glauben, Gott würde alles kontrollieren und mit solchen Tragödien ein gutes, der Erlösung dienendes Ziel verfolgen. Dieses Denken führt dazu, den Teufel zu ignorieren und ihm freie Hand dabei zu geben, unser Leben zu zerstören. Abgesehen davon führt es dazu, dass man mit seinem Wissen über die Naturgesetze nicht verantwortlich umgeht. Du denkst dann: *Mir wird nichts passieren, wenn Gott es nicht will.* Aber heute solltest du dich entscheiden, entweder durch das Wort Gottes im Geist zu leben, oder deine eigenen Wege weiter zu verfolgen. Es wird auf jeden Fall leichter sein, den Weg Gottes zu gehen, wenn du weißt, wie gut er ist.

Wie tauft man?

Matthäus 28,19

So geht nun hin und macht zu Jüngern alle Völker, und tauft sie auf den Namen des Vaters und des Sohnes und des Heiligen Geistes.
Matthäus 28,19

Jesus hat uns befohlen, im Namen des Vaters, des Sohnes und des Heiligen Geistes zu taufen, und doch wird von keinem Fall berichtet, in dem Gläubige das taten. Vielmehr zeigen die Taufberichte in der Apostelgeschichte, dass die Menschen nur im Namen Jesu getauft wurden. Aufgrund dieses bemerkenswerten Unterschieds entstanden Glaubensrichtungen, die die Ansicht vertreten, es gäbe keine Dreieinigkeit, und wenn die Taufe nicht ausschließlich im Namen Jesu geschähe, könne die Person nicht errettet werden. Das ist eine Irrlehre, die viele Menschen vom richtigen Weg abgebracht hat.

Die Wassertaufe ist das äußere Zeugnis einer inneren Veränderung, die bereits bei der Wiedergeburt in unserem Geist stattgefunden hat. In Apostelgeschichte 10,44-48 lesen wir, dass Kornelius und seine Freunde mit dem Heiligen Geist erfüllt wurden und in Sprachen beteten (was beweist, dass sie wiedergeboren waren), *bevor* sie mit Wasser getauft worden waren.

Jesu Befehl und die Praxis der frühen Gemeinde sind recht leicht in Einklang zu bringen. Wenn wir Menschen im Namen des Vaters, des Sohnes und des Heiligen Geistes taufen, taufen wir sie damit im Namen Jesu, denn „in ihm wohnt die ganze Fülle der Gottheit leibhaftig“ (Kol 2,9). Deshalb ist es sowohl richtig, im Namen des Vaters, des Sohnes und des Heiligen Geistes zu taufen, als auch nur im Namen Jesu, solange Kolosser 2,9 richtig verstanden wird.

Dies ist nur eines von vielen Beispielen dafür, wie das Wort Gottes immer mit sich selbst in Übereinstimmung ist. Manchmal haben wir einfach nur nicht ausreichend nachgeforscht. Wann immer sich dir eine Frage auftut, wo im Wort ein Widerspruch zu sein scheint, studiere so lange, bis du die Lösung gefunden hast. Frag deinen Pastor – er wird über dein Interesse begeistert sein! Das Wort erklärt sich immer selbst.

Gebrauche die Autorität, die dir gegeben wurde

Markus 16,18

Schlangen werden sie aufheben, und wenn sie etwas Tödliches trinken, wird es ihnen nichts schaden; Kranken werden sie die Hände auflegen, und sie werden sich wohl befinden.
Markus 16,18

Dies bedeutet entweder, dass wir einen übernatürlichen Schutz haben, wenn wir eine Schlange aufheben, oder es symbolisiert den Schutz Gottes, wenn wir auf den Teufel treffen. Da die anderen vier Zeichen in dieser Auflistung wörtlich zu verstehen sind, ist es am wahrscheinlichsten, dass hier tatsächlich das Aufheben von Schlangen gemeint ist. Der Apostel Paulus erlebte diesen übernatürlichen Schutz vor einer Giftschlange, als er vor der Insel Malta Schiffbruch erlitt (Apg 28,3-5). Dies ist jedoch das einzige Beispiel für diese Art von Schutz im Neuen Testament.

Es gibt keinen Bericht darüber, dass die Jünger Schlangen aufgehoben hätten, nur um zu beweisen, dass sie Gläubige waren. Das würde bedeuten, Gott zu versuchen (Lk 4,9-12). Für diesen und für den weiteren Fall, dass wir etwas Tödliches trinken, gilt die Verheißung, dass wir für übernatürlichen Schutz glauben können – falls wir versehentlich eine Schlange berühren oder aufgrund unseres Glaubens an Christus dazu gezwungen werden.

Die Kraft, die jetzt in den Gläubigen wirksam ist, ist die gleiche Kraft, die in Christus wirksam wurde, um ihn von den Toten aufzuerwecken. Alles was wir als Gläubige in Christus haben, resultiert aus unserer Vereinigung mit ihm. Darum gilt das, was für ihn gilt, auch für uns. Wir sind mitversetzt worden in die himmlischen Regionen (Eph 2,6), was bedeutet, dass wir Anteil haben an seiner Autorität, und dass wir göttliche Macht und Herrschaft auf dieser Erde ausüben können.

Es gibt keine Stelle im Neuen Testament, die uns sagt, wir sollen Gott darum bitten, etwas gegen den Teufel zu unternehmen. Stattdessen wirst du dazu aufgefordert, etwas gegen ihn zu tun, und zwar deshalb, weil dir die Vollmacht Jesu über die Werke des Feindes übertragen worden ist. Lass die Augen deines Verständnisses erleuchtet werden für die überschwängliche Kraft, die an dir wirksam ist (Eph 1,18.19). Ergreife heute Autorität über den Teufel und wandle im Sieg!

Die Zungenrede ist für heute gedacht

Markus 16,17-20

Sie aber gingen hinaus und verkündigten überall; und der Herr wirkte mit ihnen und bekräftigte das Wort durch die begleitenden Zeichen. Amen.
Markus 16,20

Der Herr bekräftigte die Verkündigung seines Wortes mit Wundern. Wenn bei Jesus und den Christen des ersten Jahrhunderts das Wort durch das Übernatürliche bestätigt werden musste (Hebr 2,4), dann gilt das auch für uns. Es gibt keine Bibelstelle, die darauf hinweist, dass diese Zeichen und Wunder aufgehört haben.

Manche haben *das Vollkommene* in 1. Korinther 13,10 für die abgeschlossene Bibel gehalten. Das hat sie zu der Annahme verleitet, die Geistesgaben hätten aufgehört. Obwohl das Wort Gottes vollkommen ist (Ps 19,8), ist es nicht das Vollkommene, auf das Paulus sich hier bezieht. In 1. Korinther 13,8 heißt es tatsächlich, dass die Zungenrede aufhören wird, aber das wird erst dann geschehen, wenn *das Vollkommene* da ist.

In 1. Korinther 13,12 sagt Paulus: *... wenn aber einmal das Vollkommene da ist, dann werden wir von Angesicht zu Angesicht sehen.* Das heißt, eines Tages werden wir den Herrn von Angesicht zu Angesicht sehen. Jetzt sehen wir nur ein undeutliches Bild wie in einem trüben Spiegel. Manche mögen einwenden, dies sei symbolisch zu verstehen und meint nicht wortwörtlich von Angesicht zu Angesicht. Doch die nächste Gegenüberstellung in diesem Vers besagt, dass *wenn aber einmal das Vollkommene da ist*, wir alles erkennen werden, gleichwie wir erkannt sind. Dies beschreibt einzig und allein, wie wir nach diesem Leben vor dem Herrn stehen werden. Eine andere Auslegung dafür gibt es nicht. Dann werden wir ihm von Angesicht zu Angesicht gegenüberstehen und alles erkennen, gleichwie wir erkannt sind.

In Vers 8 heißt es, dass zu dem Zeitpunkt, wenn Weissagungen weggetan werden und die Zungenrede aufhört, auch die Erkenntnis ein Ende nehmen wird. Dies bezieht sich auf das kommende Leben oder auf die neuen Himmel und die neue Erde, denn ein Zeichen der Endzeit wird die Zunahme an Erkenntnis sein (Dan 12,4). So kann *das Vollkommene*, von dem Paulus spricht, nicht die Bibel sein. Es muss entweder unser verherrlichter

Körper sein oder Jesus bei seinem zweiten Kommen. In jedem Fall wird es bis dahin Zungenrede und Weissagung geben.

Jesus sagte, dass du Dämonen austreiben, Kranke heilen und in neuen Sprachen reden wirst, und dass dir Zeichen und Wunder nachfolgen werden. Das bedeutet, du hast heute ein sehr aufregendes Leben vor dir!

Erfahrung bringt Hoffnung

Römer 5,3-5

(...) die Standhaftigkeit aber Bewährung, die Bewährung aber Hoffnung (...)
Römer 5,4

Es gab eine Zeit in meinem Leben, in der ich glaubte, Gott könnte auf übernatürliche Weise meinen Mangel ausfüllen, weil es das ist, was sein Wort verspricht (Phil 4,19) – auch wenn ich bis dahin niemals eine derartige Versorgung erfahren hatte. Doch es kam der Tag, an dem ich es nicht nur glaubte, sondern an dem mein Glaube auch greifbare Ergebnisse hervorbrachte. Ich erlebte, was ich glaubte.

Das machte etwas mit mir. Ich kann nicht sagen, dass es mich noch mehr glauben ließ, weil ich ja bereits glaubte. Wenn ich nicht geglaubt hätte, hätte ich nicht empfangen (Jakobus 1,5-7). Doch es stärkte meinen Glauben, indem es mir neue Hoffnung gab. Zuvor war es meine Hoffnung, dass es geschehen könnte. Danach wurde es meine Hoffnung, dass es wieder und wieder geschehen würde. Nachdem ich seine Versorgung nun schon viele Male erlebt habe, bin ich an den Punkt gelangt zu erwarten, dass Gott mich immer versorgen wird. Die Erfahrung von Gottes Versorgung hat neue Hoffnung in meinem Herzen hervorgebracht.

Im Herzen eines Menschen, der beständig Gottes Treue erlebt hat, wohnt eine Stärke und eine Tiefe an Hoffnung, die ein junger Gläubiger weder verstehen noch wertschätzen kann. Ein Mensch, der sich bereits einmal ein Heim gebaut hat, verfügt über eine Zuversicht und eine Gewissheit, die jemand, der zum ersten Mal baut, nicht nachvollziehen kann. Er mag fähig sein, die Leistung des erfahrenen Hausbauers zu reproduzieren oder sie sogar zu übertreffen, aber die Erfahrung gibt dem Altgedienten definitiv einen Vorteil.

Für Erfahrung gibt es keine Abkürzung, aber wie ein altes Sprichwort sagt: „Heute ist der erste Tag vom Rest deines Lebens." Stelle Gottes Wort heute auf den Prüfstand und beginne damit, die wunderbaren Segnungen wachsender Hoffnung zu genießen.

Die Kraft der Erinnerung

2. Petrus 1,10-13

Ich halte es aber für richtig, solange ich in diesem [Leibes-]Zelt bin, euch aufzuwecken, indem ich euch erinnere.
2. Petrus 1,13

Die Zeit von Petrus auf Erden war begrenzt. Es war wahrscheinlich seine letzte Ermutigung an die Menschen, die er so sehr liebte. Doch anstatt ihnen noch mehr Wissen zu vermitteln, erinnerte er sie an das, was sie bereits wussten. Er nutzte die Kraft ihrer Erinnerung, um sie anzuspornen.

Erinnerungen sind eine kraftvolle Sache. Ein Anblick, ein Geräusch oder Geruch kann Gefühle und Handlungen auslösen, die wir vielleicht seit Jahren nicht mehr erlebt haben, und das nur, weil es eine Erinnerung weckte. Erinnerung ist eine Funktion unseres Verstandes. Petrus sagte: *Geliebte, dies ist nun schon der zweite Brief, den ich euch schreibe, um durch Erinnerung eure lautere Gesinnung aufzuwecken* (2 Petr 3,1). Um uns zu erinnern, müssen wir nachdenken. Es bedarf einer gewissen Anstrengung, aber es ist die Sache wert.

Besondere Tage dafür einzurichten, uns an bestimmte Ereignisse zu erinnern, ist ein Weg, den uns der Herr lehrte, um Erinnerungen wachzuhalten. Dies war eine der wichtigsten Aufgaben des Sabbats (5 Mose 5,15) und der Feiertage des Alten Bundes (5 Mose 16,3). Sie dienten als beständige Erinnerung an die Segnungen des Herrn. Das ist auch das Ziel des Erntedankfests. Es wurde dazu eingesetzt, uns an unsere Ernten zu erinnern und daran, dass unser Land ohne Gottes Hilfe nicht gedeihen würde.

Danksagung sollte einen festen Platz in unserem Leben haben. Es ist wichtig, nicht zu vergessen *was er dir Gutes getan hat* (Ps 103,2). Der Grund, warum der Herr uns dazu auffordert, liegt darin, dass die Erinnerung an seine Hilfe unseren Glauben an ihn stark und tragfähig hält. Du wirst vergessen, wenn du dir nicht eine gewisse Mühe gibst. Nutze diesen Tag, um dich an all die Güte zu erinnern, die Gott dir erwiesen hat.

Es ist gut, dankbar zu sein

2. Korinther 9,8-11

[...] sodass ihr in allem reich werdet zu aller Freigiebigkeit, die durch uns Gott gegenüber Dank bewirkt.
2. Korinther 9,11

Das amerikanische Erntedankfest ist reich an frommen Traditionen. Natürlich haben die meisten Leute vom ursprünglichen Erntedankfest gehört, als die Pilger Gott und den Indianern ihren Dank darbrachten, die ihnen geholfen hatten, ihren ersten Winter in der neuen Welt zu überstehen. Viele der früheren Präsidenten von Amerika hielten Feiern ab im Gedenken an dieses Ereignis. Inmitten des Amerikanischen Bürgerkrieges, im Jahre 1863, gab Präsident Abraham Lincoln eine Erklärung ab, die das Erntedankfest zum offiziellen Feiertag machte.

Die ursprüngliche Erklärung wurde eigentlich von Außenminister William H. Seward verfasst. Präsident Lincoln drückte es in ähnlicher Weise aus, als er im selben Jahr zu einem landesweiten Gebetstag aufforderte:

Wir sind Empfänger der allerfeinsten Großzügigkeit des Himmels; wir sind gewachsen an Zahl, Wohlstand und Macht wie keine andere Nation je gewachsen ist. Aber wir haben Gott vergessen. Wir haben die gütige Hand vergessen, die uns in Frieden erhielt und vermehrte und bereicherte und uns stärkte, und wir haben uns in der Falschheit unseres Herzens eingebildet, dass all diese Segnungen durch unsere überragende Weisheit und Tugend entstanden seien. Betäubt von ungebrochenem Erfolg, sind wir zu selbstgenügsam geworden, um die Notwendigkeit der Errettung und erhaltenden Gnade zu spüren, zu stolz um zu dem Gott zu beten, der uns geschaffen hat.

Das sind tief greifende Worte, die heute noch mehr Wahrheit enthalten als zu der Zeit, zu der sie geschrieben worden sind. Gebrauche diese Zeit, um dich demütig auf den Gott zu besinnen, der dich auf so vielfältige Weise gesegnet hat.

Sei in allem dankbar

Römer 1,16-25

Denn obgleich sie Gott erkannten, haben sie ihn doch nicht als Gott geehrt und ihm nicht gedankt, sondern sind in ihren Gedanken in nichtigen Wahn verfallen, und ihr unverständiges Herz wurde verfinstert.
Römer 1,21

Wenn wir Gott kennengelernt haben, sollten wir stets dankbar bleiben. Warum ist dies wichtig? Eine dankbare Person zeigt Anerkennung für das, was jemand anderes für sie getan hat. Sie erkennt die Mitwirkung des anderen. Daher ist eine dankbare Person eine demütige Person. Demut ist eine Notwendigkeit im Reich Gottes. Es ist eine der stärksten Machenschaften des Feindes, wenn er uns glauben lässt, dass wir es selbst schaffen können. Dankbarkeit erinnert uns fortwährend daran, dass Gott unsere Quelle ist. Wir haben uns nicht selbst zu dem gemacht, was wir sind; der Herr hat uns Leben, Gesundheit, Talente und Chancen gegeben. Wir sollten dankbar sein!

Menschen, die undankbar sind, blasen sich in ihrer eigenen Vorstellungskraft auf. Sie verlieren Gott als Quelle aus ihrer Perspektive und fangen an sich einzubilden, dass es ihre eigene Kraft sei, die sie vorangebracht hat. Sie entfernen sich von dem Fundament des Glaubens an den Herrn. Wenn sie so weitermachen, werden sie eines Tages Schiffbruch erleiden.

Dankbare Menschen denken an andere und schätzen das, was man für sie tut. In der Beziehung zu Gott weiß eine dankbare Person: *Weder von Osten noch von Westen, auch nicht von der Wüste her kommt Erhöhung; sondern Gott ist der Richter; den einen erniedrigt, den anderen erhöht er* (Ps 75,7-8).

Wer ist deine Quelle? Du kannst dies herausfinden, indem du dich fragst, für wen oder was du dankbar bist. Mach es dir zur Gewohnheit, jeden Tag damit zu beginnen und zu beenden, dass du Gott für alles dankst, was er getan hat, was er gerade tut und was er noch alles für dich tun wird. Dann wird dir niemand einreden können, dass du im Leben auf dich selbst gestellt bist.

Gott hat einen Plan für dich

Jeremia 1,4-10

Ehe ich dich im Mutterleib bildete, habe ich dich ersehen, und bevor du aus dem Mutterschoß hervorkamst, habe ich dich geheiligt; zum Propheten für die Völker habe ich dich bestimmt!
Jeremia 1,5

Der Herr sprach zu Jeremia, dass er bereits berufen, geheiligt und für seinen Dienst bestimmt wurde, noch bevor er geboren war. Dies traf aber nicht nur auf Jeremia zu. Mit Johannes dem Täufer (Lk 1,15-16), Jesus (Jes 49,1-5) und auch Paulus (Gal 1,15) verhielt es sich gleichermaßen – und so auch mit dir!

Psalm 139,13-16 offenbart, wie Gott dich bereits schon im Schoße deiner Mutter kannte. Er wusste ganz genau, wie du aussehen wirst, noch bevor du geboren wurdest. Bevor du geformt wurdest, wurde dein Leben in sein Buch geschrieben. Du bist nicht nur ein Zufall. Du stammst nicht von einem Affen ab. Du wurdest von einem liebenden Gott erschaffen, der einen ganz konkreten Plan für dich hat. Er hat dich mit besonderen Gaben geschaffen, mit denen du seine Pläne in diesem Leben erfüllen kannst. Gott hat einen Plan für dich.

Es ist die beste Möglichkeit, Freude zu erfahren und Erfolg zu haben, wenn du Gottes Pläne für dein Leben verwirklichst. Du magst die Begabungen, die Gott dir gegeben hat, zwar auch dazu nutzen, andere Dinge zu vollbringen, aber seine Salbung und seinen Segen wirst du dabei nicht erfahren. Das geschieht nur, wenn du diese Fähigkeiten ihm und seinem Werk widmest.

Du fragst dich vielleicht: *Woher weiß ich, was Gott möchte, dass ich tue?* Die Antwort bekommst du, wenn du dich ihm vollkommen hingibst. Wenn du dich Gott völlig auslieferst, beginnt er die Umstände so zu lenken, dass sie dich zu seinem perfekten Plan hinführen. Dein Teil ist es, dich ihm hinzugeben; sein Teil ist, dir Dinge zu offenbaren. Wenn du deinen Teil tust, führt er seinen aus. Und dann wirst du eine neue Erfüllung und Freude erfahren, wie es nur diejenigen kennen, die sich im Mittelpunkt seines Willens befinden.

Was ist deine Entschuldigung?

Jeremia 1,4-10

Da sprach ich: Ach, Herr, Herr, siehe, ich kann nicht reden, denn ich bin noch zu jung!
Jeremia 1,6

Gott hat Jeremia in diesem Moment offenbart, dass er ihn für einen bestimmten Zweck geschaffen hatte. Er hatte ihn geheiligt und dazu bestimmt, ein Prophet für die Nation Israel zu sein. Was für wunderbare Nachrichten! Wie großartig ist es zu wissen, dass Gott eine bestimmte Absicht hatte, als er ihn schuf. Er war kein Zufall. Er wurde geschaffen, um einen Dienst für den Herrn zu verrichten.

Jedoch war Jeremia über diese Nachricht nicht erfreut – er war eingeschüchtert. Er wollte aus dem Plan Gottes für sein Leben ausbrechen. Er dachte, diese Berufung sei zu groß für ihn, aber die Wahrheit ist: Wenn das, wozu du dich berufen fühlst, nicht größer ist als das, was du zu tun vermagst, dann ist das vielleicht nicht Gott. Gott ist groß und er beruft uns zu großen Dingen. Wir denken klein. Gott denkt groß. Gott sei Dank, dass er derjenige ist, der uns befähigt und uns dazu ermächtigt, das zu tun, wozu er uns berufen hat.

Jeremia protestierte, dass er nur ein Kind sei und nicht sprechen könne. In Wahrheit war er zu diesem Zeitpunkt bereits ein erwachsener Mann. Er berief sich darauf, dass er seiner Meinung nach unfähig sei für diese Aufgabe. Mose versuchte es in gleicher Weise (2 Mose 4,10). Wir haben das alle schon versucht. Aber der Herr befahl Jeremia, nie mehr zu sagen, er sei unfähig.

Keiner von uns ist imstande, Gottes Willen allein zu erfüllen, aber es ist auch keiner von uns allein, wenn wir uns dem Willen Gottes unterstellen. Er gibt uns besondere Salbungen und Gaben, um seinen Willen zustande zu bringen. Alles, was wir tun müssen, ist, uns ihm unterzuordnen, und er wird den Rest tun.

Weißt du, was Gottes Wille für dein Leben ist? Fehlt dir das, was nötig ist, um ihn zu erfüllen? Dann bist du in guter Gesellschaft. Versuche nicht, die Aufgabe aus eigener Kraft zu erfüllen, und gehe niemals von deiner eigenen Schwachheit aus. Gib dich stattdessen ihm hin und gehe vorwärts.

Niemand ist bedeutungslos

Apostelgeschichte 9,1-22

Da antwortete Ananias: Herr, ich habe von vielen über diesen Mann gehört, wie viel Böses er den Heiligen in Jerusalem zugefügt hat.
Apostelgeschichte 9,13

Jeder hat schon von Saulus von Tarsus gehört, der später der Apostel Paulus wurde. Gott gebrauchte ihn, um einen Großteil des Neuen Testaments zu schreiben. Aber kennst du den mutigen Mann, den Gott gebrauchte, um Saulus von seiner Blindheit zu heilen, ihn mit dem Heiligen Geist zu taufen und die Prophetie zu geben, auf die er seinen gesamten Dienst gründete? Wir vergessen oft die „Anne Sullivans", die die „Helen Kellers" dieser Welt erreichen.* Aber ohne die Menschen, die nicht so berühmt sind wie ihre Nachfolger, gäbe es solche Leute wie den Apostel Paulus gar nicht.

Ananias wird außer in dieser Bibelstelle nicht mehr erwähnt. Soweit wir aus dem biblischen Bericht wissen, vollbrachte er keine weiteren großen Heldentaten. Mit Sicherheit tat er nichts Weltbewegenderes als seinen Dienst an Saulus von Tarsus. Jedoch musste Ananias' Glaube an Gott so groß gewesen sein, dass er sich sogar in die Nähe eines Mannes wagte, der Christen verfolgte und tötete. Er war das entscheidende Glied in der Kette von Ereignissen, die uns schließlich einen der größten Männer Gottes eintrugen.

In unseren modernen Zeiten mit unseren verzerrten Wertvorstellungen haben wir den Blick für die „Ananiasse" dieser Welt verloren. Wir messen Erfolg anhand kalter Statistiken, die oft wichtige Faktoren übersehen, wie zum Beispiel die liebenden Eltern, die sich aufopfern, damit ihre Kinder erfolgreich sein können. Oder Lehrer, die extra Zeit und Mühe aufbringen, um das Leben eines Schülers in die richtige Bahn zu lenken. Deshalb sehen wir auch nicht mehr das Potenzial, das in unseren eigenen kleinen Taten steckt.

Jeder kann die Kerne zählen, die in einem Apfel stecken, aber allein Gott kann die Äpfel zählen, die sich in einem einzigen Kern verbergen. Ebenso geht das Potenzial unserer Liebes- und Glaubenstaten an anderen Menschen weit über unser Verstehen hinaus. Lass dir heute nicht die Gelegenheit entgehen, jemanden zu segnen. Du könntest damit dem nächsten Apostel Paulus dienen.

*Anne Sullivan Macy brachte der taubblinden Helen Keller eine Form der Verständigung bei, worauf diese in der Folge Schriftstellerin und Mitglied der *American Foundation for the Blind* wurde.

Wo bist du?

Apostelgeschichte 9,10-22

Es war aber in Damaskus ein Jünger namens Ananias. Zu diesem sprach der Herr in einem Gesicht: Ananias! Er sprach: Hier bin ich, Herr!
Apostelgeschichte 9,10

Gott rief Ananias beim Namen und er antwortete: „Hier bin ich, Herr!" Was wäre geschehen, wenn Ananias nicht da gewesen wäre? Was, wenn er gerade etwas anderes getan und keine Zeit gehabt hätte? Der Herr hätte wahrscheinlich einen anderen gefunden, um seinen Willen zu tun, aber das wissen wir nicht mit Sicherheit. Folgendes können wir aber sagen: Ananias hätte die größte Chance in seinem Leben verpasst! Wie viele Menschen dürfen jemanden zum Herrn führen, der die Welt so verändert, wie es der Apostel Paulus getan hat?

Es ist von großer Bedeutung, dass Ananias da war. Er war in der Gemeinschaft mit dem Herrn. Er hörte ihm zu und war aufmerksam ihm gegenüber. Das entsteht nicht über Nacht. Zweifellos hat Ananias viel Zeit in der Gegenwart Gottes verbracht. Wie viele Tage, Wochen oder Jahre hat Ananias zuvor damit verbracht, den Herrn zu suchen? Soweit wir wissen, hat Gott in seinem Leben zuvor nichts getan, das so spektakulär gewesen wäre wie das, wozu er ihn jetzt beauftragte. Dennoch blieb Ananias die ganze Zeit treu. Er war da, als die große Chance kam.

Wir verstehen oft nicht, dass wir während unserer Gemeinschaft mit dem Herrn normalerweise keine Engel sehen oder Visionen haben werden. Wir werden nicht immer Gänsehaut bekommen. Da ist nur ein sanfter Frieden und die Gewissheit, dass Gott mit uns ist. Das Spektakuläre geschieht nur gelegentlich, aber wir müssen uns beständig darin üben, auf den Herrn zu warten. Wir müssen immer erreichbar sein.

Kann es sein, dass Gott dich schon mal gerufen hat und du warst nicht da? Lass das heute nicht geschehen. Versichere dich, dass deine Antennen ausgefahren sind und dein Glaube aktiviert ist, sodass du es hörst, wenn der Herr deinen Namen ruft.

Arten von Evangelisation

Lukas 24,45-48

Ihr aber seid Zeugen hiervon!
Lukas 24,48

Ein großer Fehler der heutigen Gemeinde ist die Vorstellung, dass Evangelisation nur innerhalb der Gemeindemauern stattfindet. Apostelgeschichte 8,1-4 macht deutlich, dass nicht allein Pastoren oder Geistliche evangelisiert haben, sondern alle Gläubigen, die überallhin auszogen, um das Wort zu verkündigen.

Es gibt verschiedene Wege und Methoden der Evangelisation, die in der Bibel genannt sind:

1. Haus-zu-Haus-Evangelisation: *Und sie hörten nicht auf, jeden Tag im Tempel und in den Häusern zu lehren und das Evangelium von Jesus, dem Christus, zu verkündigen* (Apg 5,42).

2. Persönliche Evangelisation von Mensch zu Mensch: Philippus kümmerte sich um den äthiopischen Kämmerer (Apg 8,26-38), Paulus um Sergius Paulus (Apg 13,7), Jesus um Maria Magdalena, Nikodemus und die Frau am Brunnen, den Verbrecher am Kreuz und andere. Es sind 35 solcher Fälle in der Schrift aufgeführt.

3. Evangelisationsveranstaltungen: Petrus sprach an Pfingsten in Jerusalem zu einer großen Menschenmenge (Apg 2) und Paulus in Lystra (Apg 14,8-18).

4. Evangelisation in ganzen Städten: *Und Philippus kam hinab in eine Stadt von Samaria und verkündigte ihnen Christus* (Apg 8,5).

5. Öffentliche Diskussionen und Predigten: Paulus führte Streitgespräche in den Synagogen und auf den Marktplätzen (Apg 17,17). Petrus und Johannes predigten im Tempel (Apg 3,11-26). Paulus erklärte: *Und wie ich nichts verschwiegen habe von dem, was nützlich ist, sondern es euch verkündigt und euch gelehrt habe, öffentlich und in den Häusern, indem ich Juden und Griechen die Buße zu Gott und den Glauben an unseren Herrn Jesus Christus bezeugt habe* (Apg 20,20-21).

6. Verteilung von Traktaten: Das erste evangelistische Traktat, das mit Feder und Tinte geschrieben wurde, war das Evangelium. In seinem

Evangelium schreibt Johannes: *Diese aber sind geschrieben, damit ihr glaubt, dass Jesus der Christus, der Sohn Gottes ist, und damit ihr durch den Glauben Leben habt in seinem Namen* (Joh 20,31).

Sei weise in der Art, wie du mit Ungläubigen sprichst und nutze jede Gelegenheit so gut wie du kannst.

Bestätigte Vollmacht

4. Mose 17,16-27

Und es geschah am nächsten Morgen, als Moses in das Zelt des Zeugnisses trat, siehe, da sprosste der Stab Aarons, des Hauses Levis; er hatte ausgeschlagen und Blüten getrieben und trug reife Mandeln.
4. Mose 17,23

Gott wird immer diejenigen, die er bevollmächtigt hat, dadurch bestätigen, dass sie Frucht hervorbringen. Während seiner ganzen Zeit auf der Erde waren nicht nur die Zeichen und Wunder, die er tat, ein Beweis für Jesu göttliche Vollmacht, sondern auch die Menschenmengen, die ihm folgten und deren Leben aufgrund seiner Lehre dramatisch verändert wurde.

Die religiösen Juden waren nicht bereit, Jesu Vollmacht zu akzeptieren und sich ihm unterzuordnen. Mangelnder Respekt vor Autorität war immer schon ein Problem in unserer Welt, was wir heute in unseren Familien, in der Kirche und in der Haltung der Menschen gegenüber ihrer Regierung sehen können. In dieser Geschichte aus 4. Mose stellte das Volk Israel die Führungsautorität von Moses und Aaron infrage.

In 4. Mose 16 verleumdete Korah die Integrität und Vollmacht des Mose. Sofort darauf verschluckte ihn die Erde und alle, die sich mit ihm zusammengetan hatten. Weitere 14 000 Israeliten kritisierten Mose dafür, wie er Korah behandelte, und auch sie starben durch eine Seuche, die Gott sandte. Moses Autorität wurde infrage gestellt, doch Gott bestätigte ihn übernatürlich. Trotzdem akzeptierten ihn die Menschen nicht.

Um dieses Problem zu lösen, gab der Herr Mose die Anweisung, allen Stammesführern Israels zu befehlen, ihre Stäbe, die ein Symbol ihrer Autorität waren, zu bringen und mit ihren Namen zu versehen. Dann wurden alle Stäbe über Nacht in die Stiftshütte gelegt. Am nächsten Morgen war es Aarons Stab, der Knospen hatte, aufblühte und Mandeln trug. Alle anderen Stäbe waren noch immer nackte Stöcke. Dadurch wurde die Streitfrage, wen Gott zur Führung des Volkes auserwählt hatte, ein für alle Mal gelöst. Die Frucht, die hervorgebracht wurde, machte den Unterschied aus!

Du kannst die von Gott gegebene Vollmacht immer an der Frucht erkennen, die sie hervorbringt (Mt 7,20). Obwohl du immer Respekt und Anerkennung gegenüber deinen Leitern haben solltest, ist es möglich, dass einige von ihnen keine Frucht für das Reich Gottes hervorbringen. Statt sie zu richten, wie Korah dies tat, solltest du für sie beten. Sei demütig wie Moses und deine eigene Frucht wird auf ganz natürliche Weise zum Vorschein kommen.

Versöhnt

2. Korinther 5,17-21

Das alles aber kommt von Gott, der uns mit sich selbst versöhnt hat durch Jesus Christus und uns den Dienst der Versöhnung gegeben hat.
2. Korinther 5,18

Hast du jemals über deinen Rechnungen und Belegen gebrütet, um sie mit deinem Kontoauszug zu vergleichen, und bist dabei auf ganz andere Zahlen gekommen. Manchmal scheint es unmöglich zu sein, den Fehler zu finden. Aber nach eingehender Prüfung wird er meistens doch gefunden und die Unterlagen stimmen überein. In ähnlicher Weise ist das Wort *Versöhnung* zu verstehen. Es heißt so viel wie *Übereinstimmung erzielen* oder *angleichen.* Als Jesus uns mit Gott versöhnte, brachte er uns dazu, mit Gott übereinzustimmen und wie Gott zu sein. Manche Leute meinen, das sei Gotteslästerung, aber es ist genau das, was das Wort ausdrückt.

Unser wiedergeborener Geist wurde komplett neu gemacht und ist mit Gott versöhnt. Unser Geist ist genau wie seiner. *Versöhnung* kommt von dem griechischen Wort *katallage.* Es bedeutet *Veränderung* in dem Sinne, dass sich beide Seiten verändern, bis sie übereinstimmen. Da Gott sich niemals ändert, ist es unser Geist, der sich verändert hat und so wurde wie Gottes Geist.

Einige Leute können dies nicht akzeptieren, da sie sich aus einer menschlichen, fleischlichen Perspektive betrachten. Sie schauen in den Spiegel oder sie durchforsten ihre Gedanken und finden Dinge, die offensichtlich nicht mit Jesus übereinstimmen. Wenn du wiedergeboren bist, ist dein Geist mit Gott versöhnt. Und so wie Gottes Geist ist, ist auch dein wiedergeborener Geist. Der Herr sei gelobt!

Gottes Wort funktioniert wie dein Kontoauszug – mit einem wichtigen Unterschied: In seinem Wort gibt es keine Fehler. Es gibt in vollkommener Weise Rechenschaft darüber, was in deinem wiedergeborenen Geist geschehen ist. Du musst heute deine Gedanken in Übereinstimmung bringen (versöhnen) mit dem, was Gottes Wort über dich sagt: Du bist in deinem Inneren wie Jesus, was bedeutet, dass du auch nach außen hin handeln kannst so wie er.

Bist du am richtigen Platz?

2. Samuel 11,1-27

Und es geschah im folgenden Jahr, zu der Zeit, da die Könige zum Kampf ausziehen, da sandte David Joab und seine Knechte mit ihm und ganz Israel; und sie schlugen die Ammoniter nieder und belagerten Rabba. David aber blieb in Jersualem.
2. Samuel 11,1

Jesus war hier auf Erden immer zum richtigen Zeitpunkt am richtigen Platz, weil er das *Lebendige Wort* ist. Dieser Zeitabschnitt in Davids Leben ist das beste Gegenbeispiel, das das Alte Testament beschreibt. Er war König von Israel geworden und es war an der Zeit für die Könige, in den Krieg zu ziehen. David aber entschied sich, zu Hause zu bleiben. Diese eine Entscheidung des Ungehorsams und die daraus resultierenden weiteren Entscheidungen brachten Leid über seine Familie und kosteten ihn beinahe den Thron.

Die Wurzel des Problems muss allerdings tiefer gewesen sein als nur am falschen Ort zu sein und nicht das zu tun, wozu er gesalbt wurde. Seine Beziehung zum Herrn musste wohl schon seit einiger Zeit nicht mehr so intensiv gewesen sein. Das Versäumnis, Gottes Nähe zu suchen, führt zu einer inneren Unruhe, die uns schnell zum falschen Zeitpunkt an den falschen Ort bringen kann.

Erfolgreiche Menschen verlassen oftmals den Weg, der sie nach oben gebracht hat. Als Saul in seinen eigenen Augen klein war, erhöhte ihn der Herr (1 Sam 15,17), aber als er erfolgreich wurde, war es ihm nicht mehr wichtig, von Gott abhängig zu sein. Salomo tat das Gleiche. Er begann in großer Demut und trachtete danach, nur Gott zu vertrauen, aber sein Erfolg brachte ihn auf die falsche Bahn. Und das passierte auch David.

David hatte eine Stufe des Erfolgs erreicht, wo er nicht länger nach Gottes Willen fragte. Er musste nicht mehr seine eigenen Kriege führen. Er hatte andere, die dies für ihn erledigten. Das brachte ihm die Freiheit, entweder näher bei Gott zu sein oder sich weiter von ihm zu entfernen. Er traf die Wahl, sich von Gott zu entfernen.

Schwere Zeiten sind nicht die beste Prüfung, um zu zeigen, was wirklich in dir steckt. Jeder, der mit dem Rücken an der Wand steht, sucht den Herrn. Aber Erfolg im Leben ist die größte Prüfung. Mache deine Beziehung zum Herrn noch heute zur ersten Priorität in deinem Leben, in guten, aber auch in schlechten Zeiten. So wirst du den Erfolg behalten, den er dir gegeben hat.

Du gibst, was du hast

2. Samuel 12,1-6

Da entbrannte der Zorn Davids sehr gegen den Mann, und er sprach zu Nathan: So wahr der Herr lebt; der Mann, der dies getan hat, ist ein Kind des Todes!
2. Samuel 12,5

Ist dir schon einmal aufgefallen, dass jemand, der sich einer Sache schuldig fühlt, oftmals am lautesten gegen das wettert, was er selbst tut? Shakespeare drückte es so aus: *Die Dame, wie mich dünkt, gelobt zu viel*. David hatte Gewissensbisse und sein Hass auf die eigene Sünde kam in seinem Urteil gegen „den Mann" zum Ausdruck – der Mann, der er selbst war!

Oftmals habe ich Frauen, die von ihrem Ehemann geschlagen wurden, gesagt, dass diese Behandlung nicht persönlich zu nehmen ist. Der Mann konnte nur geben, was er hatte. Weil er sich innerlich elend fühlte, konnte er nicht anders als seine Frau zu misshandeln, damit es auch ihr schlecht ging. Diese Erkenntnis führte dazu, dass die Frauen die Situation anders einschätzen konnten und dem Mann Mitleid statt Verurteilung entgegenbrachten. Das war dann oftmals der Schlüssel, der die Tür zum Herzen des Mannes öffnete und einen Heilungsprozess zwischen beiden beginnen ließ.

Bist du anderen gegenüber aufbrausend? Findest du immer etwas an jemandem auszusetzen? Dann ist es möglich, dass das Problem eher bei dir liegt als bei der anderen Person. Bist du ärgerlich über dich selbst? Bist du niemals mit deiner Leistung zufrieden? Hast du nie wahre Vergebung durch die Gnade Gottes gefunden?

Wir können nicht darüber bestimmen, was andere um uns herum tun sollen, aber wir haben Einfluss auf das, was wir tun können. Wenn wir die Liebe Gottes für uns selbst annehmen, dann können wir auch anderen gegenüber Liebe zeigen. Wenn Gottes Liebe nicht in uns ist, wird sich das in unserem Umgang mit unseren Mitmenschen zeigen.

Der Hass auf deine eigene Sünde kann in einer kritischen und verurteilenden Haltung anderen gegenüber sichtbar werden. Mache diesen Fehler nicht. Empfange Gottes Liebe und Vergebung noch heute, und dann kannst du für diejenigen beten und ihnen helfen, die in der gleichen Falle gefangen sind, in der du gewesen bist.

Du bekommst, was du selbst gibst

2. Samuel 12,1-14

Da sprach Nathan zu David: Du bist der Mann!
2. Samuel 12,7

In diesem Gleichnis geht es nicht wirklich um einen reichen Mann, der einem Armen sein Lamm wegnahm; es geht um David, der einem anderen Mann seine Frau weggenommen hat und ihn dann töten ließ. Warum nun diese Verschleierung? Es scheint, als wollte der Herr David seine eigene Strafe bestimmen lassen. In Matthäus 7,2 heißt es: *Denn mit demselben Gericht, mit dem ihr richtet, werdet ihr gerichtet werden; und mit demselben Maß, mit dem ihr [anderen] zumesst, wird auch euch zugemessen werden.* Genau das ist David passiert. Er bekam, was er selbst gab.

Für den reichen Mann verlangte David die Todesstrafe und sogar noch mehr. Er sollte nicht nur mit seinem Leben bezahlen, sondern auch eine vierfache Entschädigung leisten. All das traf nun David selbst. Sein Sohn musste sterben und das Schwert des Krieges ließ nie davon ab, ihn zu verfolgen. Mehr als das erhob sich das Böse in Davids eigener Familie und setzte ihm sehr zu. Davids Frauen wurden ihm genommen, so wie er Urias Frau genommen hatte, und zwar von seinem eigenen Sohn! Und obwohl David seine Sünde im Geheimen begangen hatte, führte Gott das Urteil öffentlich aus.

Preis den Herrn dafür, dass wir einen besseren Bund mit Gott haben! Gott wird uns nicht mehr so richten, wie er es bei David getan hat. Allerdings existiert noch immer das Prinzip, dass wir ernten, was wir säen. Menschen werden uns genauso behandeln, wie wir ihnen begegnen. Wenn wir uns unfreundlich und unversöhnlich benehmen, dann werden wir von anderen ebenso behandelt werden. Diejenigen aber, die Barmherzigkeit zeigen, werden auch Barmherzigkeit empfangen (Jak 2,13).

Du musst nicht alle Fehler selbst machen, du kannst von den Fehlern anderer lernen, und ganz besonders natürlich vom Wort Gottes (2 Tim 3,16). In der Zwischenzeit ist es immer eine gute Idee, denjenigen gegenüber gnädig und barmherzig zu sein, die in irgendeiner Weise versagen. Wenn du dann einmal Gnade und Barmherzigkeit brauchst, wird man auch dich so behandeln.

Es ist noch nicht vorbei!

Psalm 73,1-28

... bis ich in das Heiligtum Gottes ging und auf ihr Ende achtgab.
Psalm 73,17

Dieser Psalm machte für mich wenig Sinn, bis ich mir einige Zeit nahm, ihn zu studieren und darüber zu beten. Dann erkannte ich, dass er Gefühle ausdrückt, die jedes wahre Kind Gottes wohl schon einmal verspürt hat. In den ersten 16 Versen beklagt Asaph das Wohlergehen der Gottlosen. Ihm kam es so vor, als würden böse Menschen einfach mit ihren Sünden davonkommen. Es schien ihnen gut zu gehen und sie hatten nicht die Sorgen, die so manchen gottesfürchtigen Menschen wie Asaph plagten. Klingt das vertraut?

In unserer heutigen Gesellschaft sind gläubige Christen die Einzigen, die man wirklich diskriminieren kann. Alle Werte, die uns wichtig sind, werden infrage gestellt; wenn wir unsere Meinung vertreten, nennt man uns fromme Fanatiker und wirft uns Intoleranz vor. Sittenlosigkeit wird nicht nur praktiziert, sondern offen und stolz zur Schau getragen! Fernsehprogramme, Filme, Zeitungen, Zeitschriften und Bücher sind voller Bilder morallosen Verhaltens. Diejenigen, die am stärksten die Gesellschaft prägen, sind insgesamt die unmoralischsten Menschen im ganzen Land; und trotzdem erhalten sie unendlich mehr Geld und Aufmerksamkeit als gottesfürchtige Menschen. Man sagt, Charakter spiele in der Politik keine Rolle mehr. Wenn wir lesen, was unsere Regierung so tut und sagt, kann man das leicht glauben.

Psalm 73 offenbart uns aber, dass das augenscheinliche Wohlergehen der Bösen nur von kurzer Dauer ist. Am Ende *wird ihre Sünde sie finden* (4 Mose 32,23). Der Tag der Abrechnung wird kommen. Es gibt eine Belohnung für die Gottesfürchtigen und eine Strafe für die Gottlosen. Es ist unsere Verantwortung als Gläubige, die Ungläubigen nicht zu hassen, sondern für sie zu beten, und ihnen immer wieder die Wahrheit über die Errettung durch Jesus Christus zu erzählen.

Lerne heute von Asaph, die Gottlosen durch die Augen deines Erlösers zu betrachten. Dann wirst du in der Lage sein, sie zu lieben, ihnen zu vergeben und ihnen ein mächtiger Zeuge der Wahrheit zu sein.

Das Gesetz des gesprochenen Wortes

Markus 11,22-26

Denn wahrlich, ich sage euch: Wenn jemand zu diesem Berg spricht: Hebe dich und wirf dich ins Meer! und in seinem Herzen nicht zweifelt, sondern glaubt, dass das, was er sagt, geschieht, so wird ihm zuteilwerden, was immer er sagt.
Markus 11,23

Der Herr gebraucht das Wort *sagen* (oder *sprechen*) vier Mal allein in diesem Vers, um hervorzuheben, dass wir das haben werden, was wir sagen. Dies kann für oder gegen uns wirken. Wir können entweder das haben, was wir sagen (was uns in die Lage versetzt, unsere Umstände zu ändern), oder wir sagen das, was wir haben (was uns zu einem Opfer unserer Umstände macht). Du solltest bedenken: Worte sind wichtig!

In 1. Mose ist elf Mal die Rede davon, dass Gott etwas ins Dasein ruft. Als er den Himmel und die Erde machte, wurden sie durch seine Worte geschaffen. *Durch solches Vertrauen gelangen wir zu der Einsicht, dass die ganze Welt durch das Wort Gottes geschaffen wurde und alle sichtbaren Dinge aus Unsichtbarem entstanden sind* (Hebr 11,3). Gott hat alles – uns eingeschlossen – durch Worte erschaffen. Durch Worte wurde das Universum gemacht und durch Worte wird es zusammengehalten (Hebr 1,3).

Worte sind der Schlüssel, der Gottes Kraft im Universum freisetzt. Wenn die Worte, die wir sprechen, mit seinem Wort im Einklang stehen, wird seine Kraft freigesetzt. Wenn wir aber mit dem Teufel übereinstimmen und dessen Gedanken des Zweifels aussprechen, geben wir ihm dadurch Macht. *Tod und Leben steht in der Gewalt der Zunge, und wer sie liebt, der wird ihre Frucht essen* (Spr 18,21).

Welche Worte kommen aus deinem Mund? Sagst du, was du hast, oder was du haben möchtest? Wenn du erkennst, welche Auswirkungen es hat, Gottes Wort im Glauben auszusprechen, kann dies anfangen, dein Leben zu verändern. Bete heute dieses Gebet von David: *Herr, stelle eine Wache an meinen Mund, bewahre die Tür meiner Lippen!* (Ps 141,3).

Glaube wirkt durch Liebe

Galater 5,1-13

Denn in Christus Jesus gilt weder Beschneidung noch Unbeschnittensein etwas, sondern der Glaube, der durch die Liebe wirksam ist.
Galater 5,6

Das Wort *wirksam sein* bezeichnet gemäß der Wörterbuchdefinition die Eigenschaft, etwas funktionieren oder gelingen zu lassen. Die treibende Kraft hinter wahrem, biblischen Glauben ist Gottes Liebe. Wenn wir eine klare Offenbarung von Gottes Liebe zu uns haben, dann ist Glaube eine natürliche Folge dieser Offenbarung. Glaube ist quasi ein Nebenprodukt von Gottes Liebe.

Ich diskutierte einmal mit einem Mann, der der Meinung war, Gott würde nicht immer heilen. Der Grund für seine Überzeugung war seine zwölfjährige Tochter, die querschnittsgelähmt und geistig zurückgeblieben war. Er glaubte, dass Gott sie so gemacht hatte. Ich nannte ihm Bibelstellen, er nannte mir Bibelstellen, aber wir kamen zu keinem Ergebnis.

Schließlich fragte ich ihn: „Was für ein Vater sind Sie eigentlich? Sie sagen, dass Sie Ihre Tochter lieben, aber Sie wollen nicht, dass sie geheilt wird?“ Er wurde richtig wütend und versicherte mir, er würde alles tun, damit sie geheilt würde. Er wäre sogar bereit, an ihrer Stelle krank zu sein, wenn er ihr damit helfen könnte. Darauf antwortete ich: „Glauben Sie denn, dass Gott Ihre Tochter weniger liebt, als Sie es tun?“

Gegen eine Lehre konnte er Einwände vorbringen, aber als es um die Liebe ging, war es undenkbar, dass ein Gott, der nicht nur Liebe *hat*, sondern Liebe *ist* (1 Joh 4,8), seine Macht nicht dazu nutzen würde, um zu heilen. Diejenigen, die nicht glauben, dass Gott ihnen Gutes tun möchte, verstehen nicht, wie sehr er sie liebt. Glaube funktioniert, wenn wir wissen, wie groß Gottes Liebe für uns ist.

Bitte den Herrn heute um eine Offenbarung seiner Liebe für dich und beobachte, wie dein Glaube dadurch lebendig wird.

Glaube kommt vom Hören

Römer 10,13-17

Der Glaube kommt also aus dem Hören der Botschaft und die Verkündigung aus dem Wort von Christus.
Römer 10,17 (NeÜ)

In diesem Vers heißt es nicht, dass Glaube davon kommt, dass man einmal gehört hat. *Der Glaube kommt* (immer wieder) *aus dem* (ständigen) *Hören*. Das Hören ist etwas, das gerade in diesem Moment stattfindet.

Glaube, der von Gottes Wort kommt, ist wie die Energie, die wir aus der Nahrung aufnehmen. Wir müssen nicht in jeder Sekunde eines jeden Tages essen, aber wir können auch nicht von den Mahlzeiten leben, die wir vor einem Jahr zu uns genommen haben. Was wir heute an Nahrung essen, reicht nur für eine relativ kurze Zeit. Ebenso muss Glaube, der von Gottes Wort kommt, regelmäßig zugeführt werden. Wir können ihn uns nicht einfach schnell mal aneignen, wenn wir gerade in einer schwierigen Situation sind, und dann erwarten, dass der Glaube wirkt. Genauso wenig reicht es aus, wenn ein Schüler nur einmal einen Blick in seine Bücher wirft. So wird er seine Prüfung nicht mit einer Eins bestehen können.

Was wir als Kinder gegessen haben, ist nicht einfach verschwunden; es wurde gebraucht, um unsere Knochen, unsere Muskeln und unser Gewebe aufzubauen und wachsen zu lassen. Wir profitieren heute noch immer von diesem Essen, aber wir brauchen trotzdem Nachschub, um weiterhin gesund und stark zu bleiben. In gleicher Weise ist auch die Zeit, die wir bis jetzt mit Gottes Wort verbracht haben und die Glauben hervorgebracht hat, nicht einfach verloren. Sie ist ein Teil dessen geworden, wer wir heute sind, und bildet ein Grundgerüst, auf dem wir weiter aufbauen können. Der Glaube für den heutigen Tag muss jedoch aus unserer momentanen Beziehung mit dem Herrn kommen, was das Nachsinnen über sein Wort mit einschließt.

Es gibt viele Übereinstimmungen zwischen dem Bedürfnis deines Körpers nach Nahrung und dem deines Herzens nach Glauben. Am auffälligsten ist wohl die Tatsache, dass du nicht nur einmal die Woche etwas isst, sondern jeden Tag. Das bedeutet, dass du auch jeden Tag Zeit mit Gottes Wort verbringen musst. Wenn du dir das bis jetzt nicht zur Gewohnheit gemacht hast, dann fang heute damit an. Du wirst sehen, dass eine tägliche Mahlzeit von Gottes Wort dir einen klareren Kopf und sogar einen gesünderen Körper geben wird.

Gott spricht durch die Schöpfung

Psalm 19,2-7

Die Himmel erzählen die Herrlichkeit Gottes, und die Ausdehnung verkündigt das Werk seiner Hände.
Psalm 19,2

Die Natur, die uns täglich umgibt, ist eine fantastische Schöpfung Gottes. Doch der Mensch hat die Wunder in Gottes einfachsten Taten noch nie ausreichend gewürdigt. Nehmen wir zum Beispiel den Lauf der Sonne. Die Sonne geht mit einer solchen Präzision auf und unter, dass man die Zeitpunkte dafür auf die Minute genau für Jahre im Voraus berechnen kann. Sonnenauf- und -untergänge sind außerdem einfach spektakulär. Vergleichbar mit einer Posaune, die auf die Herrlichkeit und Treue Gottes aufmerksam macht. Es gibt keine Worte, die die Schönheit des Augenblicks angemessen beschreiben können, in dem die ersten Strahlen der Sonne an einem frühen Morgen die Wolken durchbrechen oder die letzten am Abend langsam schwinden.

Diese täglichen Vorkommnisse werden von den meisten Menschen oft nicht beachtet und entsprechend wertgeschätzt. Es gibt keine Sprache, die diese Form der Kommunikation nicht versteht, aber weil wir so sehr mit uns selbst beschäftigt sind, sind wir dafür taub. Der Herr spricht zu uns durch seine Schöpfung, aber nur wenige hören zu.

Egal wie dunkel deine Situation gerade aussieht, die Morgendämmerung wird kommen, wenn du auf Gott vertraust – genauso sicher wie die Sonne morgens aufgeht. Egal wie hart deine Arbeit sein mag, es wird eine Zeit der Ruhe geben – genauso sicher, wie die Sonne jeden Abend untergeht. Nichts, was Menschen tun, kann das Auf- und Untergehen der Sonne verändern, und genauso wenig kann das, was Menschen tun, Gottes Treue dir gegenüber ändern. Dies ist seine heutige Botschaft an dich, wenn du den Sonnenauf- und -untergang betrachtest.

Stehst du zur Verfügung?

Lukas 2,21-24

Um ein Opfer darzubringen, wie es im Gesetz des Herrn geboten ist, ein Paar Turteltauben oder zwei junge Tauben ...
Lukas 2,24

Der oben zitierte Abschnitt aus dem Alten Testament entstammt dem dritten Buch Mose, Kapitel 12, Verse 6-8. Dort ordnete der Herr an, ein Lamm und eine junge Taube oder eine Turteltaube als vorgeschriebenes Opfer zu bringen. Wenn die Frau nicht in der Lage war, ein Lamm aufzubringen, so waren auch zwei junge Tauben oder zwei Turteltauben akzeptabel. Maria hätte nicht das geringere Opfer dargebracht, wenn sie in der Lage gewesen wäre, ein Lamm zu opfern. Dies zeigt, dass Joseph und Maria finanziell nicht sehr gut gestellt waren. Dennoch hat der Herr sie dazu erwählt, die irdischen Eltern seines eingeborenen Sohnes zu sein.

Der Herr wählt nicht nach den gleichen Kriterien wie Menschen. Der Mensch sieht auf die äußere Erscheinung, aber Gott sieht auf das Herz (1 Sam 16,7). Maria und Joseph wurden erwählt, als sie nichts hatten: keinen Ruhm, keine Karriere, kein Geld. Gott vertraute das kostbarste Geschenk, das er hatte, einem Paar an, das keinerlei Beachtung erfahren hätte, wenn der Sanhedrin ein Komitee eingesetzt hätte, um ein geeignetes Paar auszuwählen.

Gott hält nicht Ausschau nach Fähigkeiten, er hält Ausschau nach Bereitschaft. Als D. L. Moody einen Prediger sagen hörte: „Die Welt hat noch nicht gesehen, was Gott mit einem einzigen Menschen tun kann, der ihm völlig hingegeben ist“, dachte er: *durch die Gnade Gottes werde ich dieser Mensch sein.* Dieser ungebildete Mann ging hin und rüttelte drei Kontinente für Gott wach – und das kannst du auch. Wenn Gott zwei gute, aber dennoch ganz gewöhnliche Leute erwählte, um seinen Sohn auf die Welt zu bringen, dann steht fest, dass er große Pläne für dich hat. Stell dich ihm heute einfach zur Verfügung (1 Kor 1,26-28).

Kannst du's glauben?

Lukas 1,5-25

Und Zacharias sprach zu dem Engel: Woran soll ich das erkennen? Denn ich bin ein alter Mann, und meine Frau ist in fortgeschrittenem Alter.
Lukas 1,18

Zacharias und Elisabeth waren rechtschaffene Leute (Vers 6), die viele Jahre für ein Kind gebetet hatten. Sie erlebten dieselben Enttäuschungen und Frustrationen, die wir an ihrer Stelle empfinden würden, trotzdem glaubten sie Gott weiterhin. Der Herr erhörte schließlich ihre Gebete und sandte seinen Engel, um die Gute Nachricht zu verkünden.

Und wie reagierte Zacharias? Er konnte es nicht glauben! Genau das, wofür er gebetet hatte, wurde ihm zugesagt, und er zweifelte daran, dass es wirklich stimmte. In diesem Fall empfing Zacharias sein Wunder trotzdem – vielleicht hat der Glaube seiner Frau Elisabeth ihn durchgetragen!

Genauso magst du für die richtigen Dinge beten. Du magst es sogar aufrichtig und ernst meinen – aber vielleicht wärst du schockiert, wenn diese Gebete heute plötzlich erhört würden? Hast du dich bereits auf die Erhörung deiner Gebete vorbereitet?

Bevor das Volk Israel tatsächlich aus Ägypten befreit wurde, aßen sie das Passahmahl im Glauben. Ihre Koffer waren gepackt und reisefertig. Wir müssen wie sie die Erhörung unserer Gebete erwarten.

Stell dir jetzt einmal vor, was du empfinden oder tun würdest, wenn die Erhörung deines Gebetes gerade in diesem Moment eintreten würde. Beginne dann – soweit das möglich ist – so zu denken und zu handeln. Du wirst feststellen, dass du deinen Tagesverlauf mit ganz anderen Augen betrachten wirst.

Das sündlose Opfer

Lukas 1,26-38

... zu einer Jungfrau, die verlobt war mit einem Mann namens Joseph, aus dem Haus Davids; und der Name der Jungfrau war Maria.
Lukas 1,27

Die jungfräuliche Geburt Jesu ist so unfassbar, dass sie zu den am meisten infrage gestellten Inhalten des christlichen Glaubens gehört. Skeptiker führen ihre Unmöglichkeit als Beweis dafür an, dass die Bibel nicht wahr sein kann. Und dennoch ist die Jungfrauengeburt unseres Herrn einer der Ecksteine des christlichen Glaubens.

Die Menschheit bringt Nachkommen gemäß ihrer eigenen Art und ihrem Bilde hervor (1 Mose 5,3). Daher hätte Jesus, wäre er das natürliche Produkt eines Mannes und einer Frau gewesen, eine sündige Natur gehabt (Röm 5,12). Er wäre dann nicht in der Lage gewesen, unsere Sünde am Kreuz auf sich zu nehmen, denn er wäre für seine eigene Sünde verantwortlich gewesen. Jesaja prophezeite, dass der Messias von einer Jungfrau geboren wird (Jes 7,14), was bedeutet, dass Gott sein Vater ist. Dies musste so geschehen, um ihm sündloses Blut zu geben.

Der Messias musste auch deshalb sündlos geboren werden, damit Gott ihn rechtmäßig von den Toten auferwecken konnte. Unser Glaube hängt von der Auferstehung ab (Röm 10,9). Seine Sündlosigkeit war der einzig gesetzmäßige Weg, wie Gott ihn von den Toten auferwecken konnte. Sein Sterben für unsere Sünden hat Gott dem Gesetz nach dazu verpflichtet, Jesus aufzuerwecken (Röm 1,4), weil er sündlos war. In diesem Punkt gibt es keinen Freiraum für Kompromisse! Wenn Jesus nicht von einer Jungfrau geboren worden und das sündlose Opfer für unsere Sünden gewesen wäre, dann wären wir alle verloren und gingen in die Hölle.

Sogar wahre Gläubige versuchen natürliche Erklärungen für die Wunder der Bibel zu finden, um sie Ungläubigen glaubhafter zu machen. Sie versuchen die Schöpfungsgeschichte aus dem ersten Buch Mose mit der Evolutionstheorie zu vereinbaren. Sie sagen, dass die Israeliten das Schilfmeer anstelle des Roten Meeres durchquert haben. Wie dem auch sei, wir haben keinerlei Möglichkeiten, die übernatürliche Tatsache der Jungfrauengeburt wegzuerklären. Ohne sie gibt es keinen christlichen Glauben.

Bist du nicht froh darüber, dass die Bibel wahr ist und du dich nicht dafür entschuldigen musst? Dein neues Leben in Christus beweist, dass deine Sünden durch das makellose Lamm Gottes völlig bezahlt worden sind. Er ist heute dein Herr und Retter.

Was erwartest du?

Lukas 1,26-38

Als sie ihn aber sah, erschrak sie über sein Wort und dachte darüber nach, was das für ein Gruß sei.
Lukas 1,29

Der Engel Gabriel sagte nichts Negatives oder Abfälliges zu Maria. Er sagte ihr nur, sie solle sich freuen, da sie von Gott begnadet und der Herr mit ihr sei. Sie sei die gesegnetste Frau, die jemals gelebt habe. Was war daran so erschreckend?

Tatsache ist, dass die meisten von uns kein Lob gewöhnt sind, und wir unser Augenmerk zu sehr auf unsere Fehler richten. Wir empfinden es zwar als unhöflich, wenn andere unsere Schwächen erwähnen, doch können wir nachvollziehen, was sie sagen. Lob empfinden wir andererseits als beunruhigend. Es treibt uns die Schamröte ins Gesicht, und, wenn es von Gott kommt, kann es sogar beängstigend sein! Warum ist das so?

Wir wissen nicht, wie wir mit Lob umgehen sollen, weil wir ein falsches Bild von Gott haben. Anstatt ihn als den liebenden Vater zu sehen, der er ist, sehen wir ihn als hart, fordernd und verdammend. Wir erwarten von ihm Verurteilung und keine Gnade – ganz sicher aber kein Lob. Die Bibel sagt, dass Gott Liebe ist (1 Joh 4,8). Das bedeutet nicht, dass er über Sünde hinwegsieht, sondern dass er uns, seinen Kindern, vergibt und uns ermutigt, nicht zu sündigen.

Wir neigen genauso wenig wie Maria dazu, uns so zu sehen, wie Gott uns sieht. Wenn Gabriel sie getadelt hätte, wäre sie vermutlich nicht so erschrocken. Sie hätte gesagt: „Das muss von Gott sein.“ Aber Gabriel hat sie ausschließlich gelobt, und am Ende empfing sie alles, was Gott für sie hatte. Erkenne heute, dass alle Gläubigen vom Herrn gesegnet und begnadet sind – und das bezieht auch dich mit ein!

Es ist eine Herzensangelegenheit

Lukas 1,26-38

Maria aber sprach zu dem Engel: Wie kann das sein,
da ich von keinem Mann weiß?
Lukas 1,34

Vergleiche einmal Marias Begegnung mit dem Engel mit der des Zacharias nur sechs Monate zuvor. Gabriel sagte Zacharias, dass er durch eine übernatürliche Geburt einen Sohn haben würde. Zacharias fragte ihn, wie so etwas sein könne, wo doch sowohl er als auch seine Frau nicht mehr im gebärfähigen Alter waren. Gabriel ärgerte sich über Zacharias' Unglauben und strafte ihn bis zur Geburt seines Sohnes mit Stummheit (Lk 1,18-20).

Maria stellte eine ähnliche Frage, aber Gabriel antwortete ihr sehr viel freundlicher. Da es bei Gott kein Ansehen der Person gibt (Röm 2,11), können wir annehmen, dass die Herzenshaltung, die beide mit dieser Fragen verbunden hatten, unterschiedlich war. Zacharias äußerte seine Frage aus Unglauben, eher eine abfällige Bemerkung als eine echte Frage. Maria stellte ihre Frage, um Informationen zu erhalten, und nicht weil sie nicht daran glaubte, was der Engel sagte.

Wenn Gott uns durch sein Wort, seinen Geist oder sogar durch einen Engelsboten etwas sagt, dann ist es kein Fehler, wenn wir Fragen stellen. Gott zu befragen ist nicht falsch, wenn du die richtige Herzenshaltung hast. Schließlich hätte Maria annehmen können, dass das Kind durch die natürliche Vereinigung zwischen ihr und Joseph entstehen würde, wenn sie nicht nachgefragt hätte, wie sie das Kind empfangen würde.

Jeder von uns hat immer wieder mal Schwierigkeiten, die Wege Gottes zu verstehen. Er hat uns gesagt: *Denn meine Gedanken sind nicht eure Gedanken, und eure Wege sind nicht meine Wege, spricht der Herr; sondern so hoch der Himmel über der Erde ist, so viel höher sind meine Wege als eure Wege und meine Gedanken als eure Gedanken* (Jes 55,8-9). Du brauchst heute Weisheit, die nur Gott geben kann. Es stört ihn nicht, wenn du Fragen stellst – solange du die richtige Herzenshaltung dabei hast.

Alles ist möglich

Lukas 1,26-38

Denn bei Gott ist kein Ding unmöglich.
Lukas 1,37

Die Jungfrauengeburt ist nur als ein Wunder zu erklären. Für eine Jungfrau gibt es keinerlei Möglichkeit, ein Baby zu bekommen; aber bei Gott ist alles möglich. Die Bibel offenbart jedoch, dass es einige Dinge gibt, die *un*möglich sind: Hebräer 6,18 sagt, dass es Gott unmöglich ist, zu lügen. Es war für Satan unmöglich, Jesus im Grab zu halten (Apg 2,24). Es ist einer wiedergeborenen, völlig erleuchteten Person, die Jesus danach verwirft, nicht möglich, erneut wiedergeboren zu werden (Hebr 6,4); und es ist ganz sicherlich unmöglich, Gott ohne Glauben wohlzugefallen (Hebr 11,6).

Eine moderne englische Bibelübersetzung gibt Lukas 1,37 so wieder: *Kein Wort von Gott wird kraftlos oder unerfüllbar sein.* Mit anderen Worten: Alles, was Gott in seinem Wort versprochen hat, ist möglich. Sein Wort verkündet nicht nur das, was er willens und fähig ist zu tun, sondern es trägt auch die Kraft in sich, dies alles auszuführen.

Wenn Gottes Wort mit Glauben verbunden wird, dann wird es zu einer sich selbst erfüllenden Prophezeiung. Das eine Wort *Komm!* aus Jesu Mund hatte genügend Kraft in sich, Petrus zu befähigen, auf dem Wasser zu gehen (Mt 14,29). Das Wort Gottes, das Gabriel Maria überbrachte, hatte die Kraft, die Jungfrauengeburt hervorzubringen. Als sie es glaubte, setzte ihr Glaube Gottes Wort in Bewegung.

Was hat Gott zu dir gesprochen? Es spielt keine Rolle, wie unmöglich es erscheinen mag. Die einzige Frage ist: „Herr, ist dies wirklich von dir?" Wenn ja, dann ist die Kraft, die es braucht, um die Aufgabe zu erfüllen, bereits in dem Wort selbst enthalten. Verbinde es mit Glauben, und nichts, was Gott dir versprochen hat, ist unmöglich.

Das Wort wurde Fleisch

Lukas 1,26-38

Maria aber sprach: Siehe, ich bin die Magd des Herrn; mir geschehe nach deinem Wort! Und der Engel schied von ihr.
Lukas 1,38

Alles an Jesu Geburt war ganz natürlich und normal, außer einer Sache: Der Same kam nicht von einem Mann. Der Heilige Geist Gottes legte den Samen in Marias Mutterleib. Die Bibel bezeichnet das Wort Gottes in 1. Petrus 1,23 als den *unvergänglichen Samen* und das griechische Wort, das mit *Same* übersetzt wird, heißt *spora.* Dieses Wort stammt aus der gleichen Wurzel wie das Wort *Sperma.* Gottes Wort ist sein Same oder Sperma (Mk 4,14).

Gabriel nahm das Wort Gottes, das durch Weissagung über den Messias gesprochen worden war, und brachte es zu Maria. Dann bewegte sich der Heilige Geist über ihr, wie er es über den Wassern der Erde in 1. Mose 1,2 getan hatte. Er nahm den Samen Gottes und schwängerte Maria damit. Daher ist die Beschreibung von Johannes sehr treffend: *Und das Wort wurde Fleisch* (Joh 1,14).

Ein ähnlicher Prozess läuft bei jedem Wunder ab, das wir erleben. Wir müssen im wahrsten Sinne des Wortes schwanger mit Gottes Wort werden. Das Wort muss in unserem Herzen empfangen und eine Zeit lang genährt werden, bevor das Wunder tatsächlich geschieht. Eine Frau durchlebt verschiedene Schwangerschaftsabschnitte. So können wir manchmal nicht genau wissen, wann das Wort Gottes in unserem Herzen zu wurzeln beginnt. Irgendwann wird es dann erkennbar, dass sein Wort in uns wirkt und schließlich wird das geboren, was wir geglaubt haben. Dies kann alles Mögliche sein, angefangen bei Glaubenswachstum bis hin zu mehr Verantwortlichkeit oder Wohlergehen in den Bereichen Gesundheit und Finanzen.

Niemand außer Maria hat je eine Jungfrauengeburt erlebt, doch selbst für diese Geburt war ein Same nötig. Du musst Gottes Wort in deinem Herzen erfassen (empfangen und glauben), um deine Träume in der natürlichen Welt zu gebären. Lege sein Wort heute in dein Herz und mach dich bereit, dein Wunder zu empfangen!

Erwähle die Freude

Lukas 11,46-56

Und Maria sprach: Meine Seele erhebt den Herrn, und mein Geist freut sich über Gott, meinen Retter.
Lukas 1,46-47

Gabriel berichtet Maria, dass ihre Cousine Elisabeth ebenfalls auf übernatürliche Weise schwanger und bereits im sechsten Monat war. Zweifellos besuchte Maria sie, weil sie hoffte, Elisabeth würde es verstehen, dass sie schwanger geworden war ohne eine sexuelle Beziehung mit einem Mann. Maria musste sich darüber viele Gedanken gemacht haben, denn schließlich konnte sie nicht erwarten, dass ihr jemand glauben würde, ohne eine sexuelle Beziehung schwanger zu sein. Diese Verse spiegeln die vollkommene Freude wider, die Maria empfand, als ihre Cousine all das Geschehene bestätigte, noch bevor Maria ihr irgendetwas erzählte.

Maria hatte sich bereits in ihrem Geist gefreut. Sie glaubte Gabriel und erlebte es, wie der Heilige Geist sie überschattete und sie Jesus empfing. Jetzt freute sie sich auch in ihrer Seele. Das ist sehr wichtig. Manchmal werden Gläubige kritisiert, wenn sie ihre Gefühle Gott gegenüber in äußerlicher Weise zeigen. Es heißt dann: „Sie sind nicht im Geist." Die Wahrheit ist, dass Freude im Geist und Freude in der Seele zwei unterschiedliche Dinge sind. Unser wiedergeborener Geist hat immer die Frucht der Freude in sich, doch unsere Seele freut sich nur in bestimmten Momenten. Freude in unserer Seele ist eine Entscheidung, die wir treffen. Wenn du dir das bewusst machst, ist es eigentlich heuchlerisch, den Herrn in unserer Seele *nicht* zu erheben, wo doch unser wiedergeborener Geist bereits voller Freude ist.

Die Vorstellung, dass wir völlig unter der Kontrolle des Heiligen Geistes stehen, wenn wir tanzen, Hände heben oder in Sprachen beten, hat viele Menschen davon abgehalten, diese Dinge zu tun. Tatsächlich freut sich aber unser Geist alle Zeit und preist Gott und wir können ihn mit unserer Seele und unserem Körper preisen, wann immer wir wollen. Wie Maria können wir uns entscheiden, uns zu freuen und ihn mit unserem ganzen Sein zu erheben.

Folge heute der Führung deines Geistes und freue dich auch in deiner Seele!

Denk mal drüber nach

Lukas 1,39-45

Und es geschah, als Elisabeth den Gruß der Maria hörte, da hüpfte das Kind in ihrem Leib; und Elisabeth wurde mit Heiligem Geist erfüllt.
Lukas 1,41

Diese Geschichte ist uns so vertraut, dass es leicht ist, die Wunder darin zu übersehen! Maria und Elisabeth waren Cousinen (Lk 1,36). Sie kannten einander. Sicherlich war es Elisabeth bewusst, dass Maria verlobt, aber noch nicht verheiratet war. Sie war noch ein junges Mädchen, und doch weissagte Elisabeth, dass Maria mit dem Messias schwanger war. Das konnte sich Elisabeth nicht ausgedacht haben. Sie selbst hätte so etwas nie gesagt, denn es wäre unlogisch gewesen.

Außerdem nannte Elisabeth Jesus ihren Herrn (Vers 43). Er war gerade erst empfangen worden, nach heutigem Sprachgebrauch ein Fötus. Doch sie erkannte ihn als ihren Herrn und Retter. Viele andere bekannten ihn bei seiner Geburt (Lk 2,11) und nach seiner Geburt als Herrn, doch Elisabeth bezeichnete ihn vom Moment seiner Empfängnis an als den Herrn.

Es ist interessant, dass Johannes der Täufer, der zu diesem Zeitpunkt ein sechs Monate alter Fötus war, vor Freude im Leib seiner Mutter hüpfte. Das bedeutet, dass ein sechs Monate alter Fötus Gefühle besitzt. Das war auch der Moment, wo er mit dem Heiligen Geist erfüllt wurde. Noch bevor er außerhalb des Mutterleibs lebensfähig war, betrachtete Gott ihn als eine Person und erfüllte ihn mit seinem Geist!

Elisabeth sprach diese Worte ohne Vorbehalte. Sie segnete Maria, weil sie das geglaubt hatte, was der Herr ihr gesagt hatte, und versicherte ihr dann, dass es mit Sicherheit eintreffen würde (Vers 45). Was für eine Ermutigung und Bestätigung muss das für Maria gewesen sein. Denke über diese wundervollen Einsichten nach, während du durch deinen Tag gehst.

Die Kraft zum Dienen

Lukas 1,39-56

Da hüpfte das Kind in ihrem Leib; und Elisabeth wurde mit Heiligem Geist erfüllt.
Lukas 1,41

Als er den Gruß der Maria hörte, hüpfte Johannes der Täufer vor Freude im Leib seiner Mutter (Vers 44). Ein sechs Monate alter Fötus erlebte ungebändigte Gefühlsregungen, hüpfte von sich aus vor Freude und wurde sogar mit dem Heiligen Geist erfüllt.

Es ist kein Zufall, dass der Mann, den Jesus als den größten aller Propheten des Alten Testaments bezeichnete, der einzige Mensch der Bibel war, der im Mutterleib mit dem Heiligen Geist erfüllt wurde (Lk 7,28). Die Salbung Gottes, die jedes Joch zerbricht, ist ganz einfach die manifeste Gegenwart und Wirkung des Heiligen Geistes (Jes 10,27). Der Heilige Geist ist der Teil der Gottheit, der uns zum Dienst befähigt.

Gott bittet uns nicht, für ihn zu leben. Er bittet uns, ihn durch uns leben zu lassen (Gal 2,20). Das Christenleben ist kein verändertes Leben, sondern ein ausgetauschtes Leben. Dies ist nur dann möglich, wenn der Heilige Geist uns leitet und befähigt.

Sogar Jesus, der Sohn Gottes ohne Sünde, begann seinen Dienst erst, als er mit dem Heiligen Geist gesalbt war. Wie viel mehr müssen wir in unserem Alltag von der Kraft des Heiligen Geistes abhängig sein?

Sei dir heute der Gegenwart des Heiligen Geistes in dir bewusst und erwarte, dass er dich übernatürlich führt und befähigt. Wenn du bittest, wirst du empfangen (Lk 11,9-13).

Gott größer machen

Lukas 1,46-56

Und Maria sprach: Meine Seele erhebt den Herrn ...
Lukas 1,46

Das Wort *erheben* bedeutet *größer machen hinsichtlich Maß, Ausdehnung oder Wirkung.* Wie konnte Maria es fertigbringen, Gott in einer dieser Dimensionen größer zu machen? Ist Gott nicht der, der er ist, egal was wir über ihn denken? Unser Unglaube macht Gott nicht kleiner, doch er kann das Maß dessen reduzieren, was wir von ihm und seiner Versorgung empfangen. In diesem Sinne können wir seine Fähigkeit begrenzen, in unserem Leben zu wirken. Wann immer wir denken: *Kann Gott wirklich ...?*, machen wir ihn in unserer eigenen Vorstellung kleiner. Wie können wir das ändern?

Ich will [...] ihn erheben mit Dank (Ps 69,31). Das ist es, was Maria hier tut. Danksagung erhebt Gott in unserem Leben. Durch Danksagung aktivieren wir die Kraft unserer Erinnerungen, um uns vor Augen zu führen, wie er uns übernatürlich gerettet, geheilt und befreit hat – ebenso auch all die Gebete für andere, die er erhört hat. Unsere Erinnerungen rütteln uns wach (2 Petr 1,13) und das Nachdenken über Gottes Güte und Treue festigt unseren Glauben (Kol 2,7).

Worauf wir auch immer unsere Gedanken fokussieren, das erheben wir. Zu oft konzentrieren wir uns auf die schlechten Erinnerungen der Vergangenheit oder auf unsere Zukunftsängste. Manchmal legt uns Satan nur einen Zahnstocher in den Weg, doch indem wir darüber nachdenken, auf welche Weise wir uns daran verletzen könnten, wächst der Zahnstocher plötzlich zu einem Baumstamm, der unseren Weg vollkommen blockiert. Wir müssen den Herrn erheben, indem wir uns selbst daran erinnern, dass kein Baumstamm ihn aufhalten kann, wenn wir uns nur entscheiden zu glauben.

Maria erhob Gott und brachte das größte Wunder zur Welt, das je geschehen ist. Auch du kannst dein Wunder erleben. Beginne den Herrn zu erheben und schau zu, wie deine Wahrnehmung der Größe Gottes zunimmt.

Joseph – ein Mann mit großem Glauben

Matthäus 1,18-25

Als nun Joseph vom Schlaf erwachte, handelte er so, wie es ihm der Engel des Herrn befohlen hatte, und nahm seine Frau zu sich.
Matthäus 1,24

Bei der Geburt unseres Herrn Jesus sind so viele erstaunliche Dinge geschehen, dass der Glaube Josephs oft unbeachtet bleibt. Denk einmal darüber nach, wie sehr er im Glauben handeln musste.

Nachdem der Engel Gabriel der Maria erschienen war, lesen wir nichts davon, dass sie Joseph etwas davon erzählt hätte. Vielmehr reiste Maria rasch zu Elisabeth (Lk 1,39). Es ist sogar möglich, dass sie in ihrer Aufregung vergaß, Joseph von ihrer Abreise zu unterrichten. Als sie drei Monate später zurückkehrte, *erwies es sich, dass sie schwanger war* (Mt 1,18). Die Formulierung *es erwies sich* lässt darauf schließen, dass Maria dem Joseph nichts von dem Geschehenen erzählt hatte. Doch als sie zurückkehrte, bemerkte er, dass sie schwanger war.

Wie würde heute wohl ein Mann reagieren, wenn seine Verlobte schwanger bei ihm erscheint und ihm sagt, dass es eine Jungfrauengeburt sei? Ich bin sicher, dass Joseph die gleichen Gedanken hatte. Er war barmherzig mit ihr, weil er sie liebte, hatte aber dennoch vor, sich von ihr scheiden zu lassen. Das bedeutet, dass er ihr nicht glaubte. Dann erschien Joseph der Engel des Herrn in einem Traum, der ihm die Situation erklärte. Selbst bei einem solchen Erlebnis war ein starker Glaube nötig, um zu glauben, was ihm gesagt wurde!

So etwas war nie zuvor geschehen und hat sich auch nie wiederholt. Niemand würde ihm glauben. Für jeden anderen musste es so aussehen, dass Joseph eine Frau heiraten würde, die untreu gewesen ist. In den Augen der Welt wäre diese Ehe für immer befleckt. Dass Joseph dem Herrn gehorchte und Maria heiratete, muss ihm zugutegehalten werden, und es ist ein Zeugnis seines großen Glaubens.

Wenn Joseph und Maria Gott hinsichtlich der Jungfrauengeburt Jesu glauben konnten, dann kannst du ihm heute mit Sicherheit das glauben, was er *dir* versprochen hat.

Gott kann alles und jeden gebrauchen

Lukas 2,1-5

Es ging aber auch Joseph von Galiläa, aus der Stadt Nazareth, hinauf nach Judäa in die Stadt Davids, die Bethlehem heißt, weil er aus dem Haus und Geschlecht Davids war.
Lukas 2,4

Der Prophet Micha prophezeite, dass der Messias in Bethlehem geboren werden würde. Doch Joseph und Maria lebten in der Stadt Nazareth in Galiläa. Das war ein Problem. Wie sollte Gott das hinbekommen? Er gebrauchte schließlich den Kaiser Augustus, um Joseph und Maria an den richtigen Ort zu bringen. Das offenbart uns einige wichtige Dinge.

Erstens denken wir fälschlicherweise, dass der Herr nur diejenigen gebrauchen kann, die ihm vollkommen hingegeben sind. Das war hier natürlich nicht der Fall! Augustus war einer der gewissenlosesten aller Kaiser. Er bezeichnete sich selbst als Gott und doch war er derjenige, den Gott gebrauchte, um die Eltern unseres Herrn an den richtigen Ort zu bringen. Er wurde von Gott gebraucht, ohne dass er eine Ahnung davon hatte.

Zweitens gibt es keinen Hinweis darauf, dass sich Joseph und Maria der Prophetie von Micha bewusst gewesen waren. Denn wenn es so gewesen wäre, würde man erwarten, dass sie im Gehorsam dem Wort Gottes gegenüber von sich aus nach Bethlehem gegangen wären. Stattdessen gebrauchte Gott die Umstände, um sie genau an den Ort zu bringen, von dem Micha geweissagt hatte, dass dort der Messias geboren werden würde. Das zeigt uns, dass wir den Willen Gottes nicht aus uns selbst zustande bringen müssen. Er ist in der Lage, unsere Umstände in göttlicher Weise zu gestalten, um unsere Schritte auf seinen Weg zu lenken. Alles, was wir tun müssen, ist ihn zu suchen, und er wird unsere Wege ebnen (Spr 3,6).

Machst du dir Sorgen darüber, wie Gott die Dinge hinbekommen wird? Sei guten Mutes! Gott kann heute die unwahrscheinlichsten Menschen und Umstände gebrauchen, um deinen Weg zu ebnen. Vertraue nur auf ihn.

Glaube ohne Schnickschnack

Lukas 2,6-7

Und sie gebar ihren Sohn, den Erstgeborenen, und wickelte ihn in Windeln und legte ihn in die Krippe, weil für sie kein Raum war in der Herberge.
Lukas 2,7

Es ist erstaunlich, dass der König aller Könige und Herr aller Herren in einem Stall geboren wurde, weil niemand seinen Eltern einen Raum in einer Herberge gab. Wären wir Gott gewesen, hätten wir Herodes den Aufwand erspart, all die erstgeborenen Söhne in Bethlehem zu töten, indem wir Vergeltung geübt und es selbst getan hätten. Jesus war der Schöpfer und seine Schöpfung hatte keinen Platz für ihn. Das hätte einen selbstsüchtigen, selbstzentrierten Gott wirklich geärgert!

Ich glaube, der Vater war erfreut über die Umstände, unter denen Jesus geboren wurde. Schließlich wäre ein Zimmer im gewaltigsten Palast auf Erden immer noch schäbig im Vergleich zu der himmlischen Pracht, die Jesus verlassen hatte. Nichts wäre vergleichbar gewesen, warum hätte er es versuchen sollen? Außerdem waren es Liebe und Demut, die Gott dazu bewegten, Mensch zu werden (Phil 2,8). Jesus selbst sagte, dass er sanftmütig und von Herzen demütig sei (Mt 11,29). Wir dienen einem demütigen Gott.

Der Herr hätte auf spektakuläre Weise kommen können. Er hätte im prächtigsten Palast geboren werden können. Er hätte alle Menschen so faszinieren können, dass ihnen keine andere Wahl geblieben wäre, als an ihn zu glauben. Er hätte so gewaltige Dinge tun können, dass kein Glaube nötig gewesen wäre, um zu glauben, dass er der Messias sei. Doch das ist nicht seine Art. Er liebt es, Glauben bei Menschen zu sehen, ganz einfachen Glauben. Darum ist es unmöglich, ihm ohne Glauben wohlzugefallen (Hebr 11,6).

Verpasst du die kleinen, feinen Wunder, die Gott um dich herum tut, weil du nach dem Spektakulären Ausschau hältst? Wenn du Jesus in einer Krippe im Stall gefunden hättest, hättest du es glauben können? Der Herr liebt es, sich auf eine ganz feine Art und Weise zu offenbaren. Verpasse ihn heute nicht.

Der Krieg ist zu Ende

Lukas 2,8-20

Herrlichkeit ist bei Gott in der Höhe und Friede auf Erden,
und unter den Menschen Gottes Wohlgefallen!
Lukas 2,14

Einige Jahre nach dem Ende des Zweiten Weltkriegs wurden japanische Soldaten auf einer Insel im Südpazifik entdeckt. Aufgrund von Bombenexplosionen hatten sie unter einer vorübergehenden Taubheit gelitten und so die Durchsagen verpasst, die vom Flugzeug aus gemacht worden waren. Daher wussten sie nicht, dass der Krieg schon zu Ende war. Sie versteckten sich immer noch im Dschungel und befanden sich weiterhin im Kriegszustand. Wie traurig! Doch viele Christen denken noch immer, dass sich Gott mit den Menschen im Krieg befindet. Das ist noch trauriger!

Diese Engel verkündigten nicht, dass Frieden *unter den Menschen* sein würde. Das ist sicherlich nicht geschehen seitdem Jesus gekommen ist, auch heute erleben wir keinen solchen Frieden. Jesus verkündigte sogar, dass er nicht gekommen sei, um Frieden zwischen den Menschen zu stiften (Mt 10,34-36). Diese Engel priesen Gott dafür, dass der Krieg *zwischen Gott und den Menschen* zu Ende ist.

Bevor Christus auf die Erde kam, hatte Gott Umgang mit den Menschen durch das Gesetz. Das Gesetz war ein System von Regeln und Vorschriften mit angemessenen Strafen für Ungehorsam. Das einzige Problem damit war jedoch, dass alle das Gesetz gebrochen hatten. Daher kamen alle Menschen unter den Fluch statt unter den Segen. Es gab keinen Frieden wegen unserer Sünden.

Jesus bereitete einen neuen Weg, wie Gott mit uns Umgang haben kann. Wir können nun vollkommen frei von aller Sünde sein, nicht aufgrund unseres Tuns, sondern aufgrund unseres Glaubens an Jesus Christus. Der Krieg zwischen Gott und uns ist zu Ende. Der Friedensvertrag wurde mit dem Blut des Lammes unterzeichnet. Lebst du schon in diesem Frieden? Oder leidest du noch immer unter der Härte des Krieges, weil du die Durchsage verpasst hast? Dein dich liebender himmlischer Vater hat heute Frieden und Wohlwollen für dich.

In ihm

Lukas 2,8-20

Denn euch ist heute in der Stadt Davids der Retter geboren,
welcher ist Christus, der Herr.
Lukas 2,11

Jesus ist nicht mit den Jahren in seine Aufgabe als Herr und Retter hineingewachsen. Er wurde als der Herr der Herrlichkeit geboren. Jesus ist Gott geoffenbart im Fleisch (1 Tim 3,16). Was für ein großes Geheimnis! Wie konnte sich der allmächtige Gott auf die Gestalt eines Menschen begrenzen? Und selbst wenn, wie konnte er bloß als ein kleines Baby damit anfangen?

Diese Fragen entziehen sich unserem Verständnis. Bei der Einweihung des ersten Tempels sagte Salomon: „Aber wohnt Gott wirklich bei den Menschen auf der Erde? Siehe, die Himmel und aller Himmel Himmel können dich nicht fassen; wie sollte es denn dieses Haus tun, das ich gebaut habe!“ (2 Chr 6,18). Wie viel weniger noch der Körper eines kleinen Kindes?

Ein Teil der Antwort ist, dass Gott Geist ist (Joh 4,24) und der Geist ist nicht begrenzt auf Raum und Zeit. In seinem Geist war Jesus der ewige Gott, der das Universum geschaffen hat. Der Körper Jesu war nur sein irdischer Raumanzug, mit dem er unter uns sein konnte. Die ganze Gottheit Jesu passte nicht in seinen irdischen Körper, doch sie befand sich in seinem Geist.

Auch wenn das noch immer schwer zu begreifen ist, hilft es uns zu verstehen, wie Christus in uns Gläubigen leben kann (Kol 1,27). Wenn die gesamte Herrlichkeit Gottes in den Geist Jesu passte, dann kann die ganze Fülle Gottes auch in unserem wiedergeborenen Geist wohnen (Joh 1,16).

Die Offenbarung darüber, wer du in Christus bist und wer er in dir ist, wird deine ganze Perspektive über dein Leben als Christ verändern. Denke heute über die Wahrheit nach, dass er tatsächlich in dir lebt und du tatsächlich in ihm.

Der Einfluss Daniels

Matthäus 2,1-11

Als nun Jesus geboren war in Bethlehem in Judäa, in den Tagen des Königs Herodes, siehe, da kamen Weise aus dem Morgenland nach Jerusalem, die sprachen: Wo ist der neugeborene König der Juden? Denn wir haben seinen Stern im Morgenland gesehen und sind gekommen, um ihn anzubeten!
Matthäus 2,1-2

Es ist bemerkenswert, dass diese Männer aus dem Osten die Erscheinung eines beliebigen Sterns, so ungewöhnlich er auch gewesen sein mag, als das Zeichen für die Geburt des jüdischen Messias deuteten. Was wussten sie über jüdische Prophetien?

In Matthäus 2,1 werden diese Männer als *Weise* bezeichnet. Das Wort, das im griechischen Text eigentlich gebraucht wurde, lautet *magos*, von welchem sich das Wort *Magier* ableitet, und bezeichnete einen orientalischen Gelehrten oder Magier. Es wird allgemein angenommen, dass sie aus Persien kamen. Das ist deswegen von Bedeutung, weil Daniel als Gefangener nach Babylon gebracht und dort bis zum Obersten aller Magier aufstieg. Er ging siegreich aus der Löwengrube hervor und erwarb sich den Ruf, der weiseste Mann von allen zu sein (Dan 6). So wurde er schließlich zum Obersten aller weisen Männer befördert (Dan 2,48).

Daniel war der Prophet, dem Gott die Auslegung der Siebzig-Wochen-Prophetie von Jeremia gab, in der das Kommen des Messias genau beschrieben wird (Dan 9,2.24-27; Jer 25,11). Als Oberster der Magier (oder der Gelehrten) in Persien gab Daniel dieses Wissen an seine Kollegen weiter. Zweifellos studierten ihre Nachfahren weiterhin seine Prophetie und erwarteten dieses Ereignis. Es ist verständlich, dass die Erscheinung eines neuen Sterns, der sich auf eine andere Art und Weise bewegte, als ein besonderes Zeichen für die Geburt des jüdischen Messias betrachtet wurde.

Die religiösen jüdischen Gelehrten wurden überrascht, doch die persischen Magier nicht. Durch Daniel hatten sie Gottes Wort studiert. Das Wort Gottes macht uns weise zur Errettung (2 Tim 3,15).

Lass dich heute vom Wort anleiten und du wirst die Weisheit haben, gute Entscheidungen zu treffen und die Zeit zu erkennen, in der du dich befindest.

Offenbarungswissen

Lukas 2,25-35

Und er hatte vom Heiligen Geist die Zusage empfangen, dass er den Tod nicht sehen werde, bevor er den Gesalbten des Herrn gesehen habe.
Lukas 2,26

Ein befreundeter Pastor erzählte mir einmal, dass es ihn damals am meisten geärgert hat, wenn Charismatiker behaupteten, sie würden über sogenanntes „Offenbarungswissen" verfügen. Das war vor seiner Taufe im Heiligen Geist. Er selbst hatte eine theologische Fakultät absolviert, zwei Doktortitel erworben und hörte dann Prediger wie mich im Radio, von denen er wusste, dass sie keine formelle Ausbildung hatten. Und doch legten sie die Schrift in einer Weise aus, wie er es nie zuvor gehört hatte. Er sagte, dass er die gleichen Schriftstellen Hunderte Male studiert und dabei die einfachen, klar auf der Hand liegenden Wahrheiten völlig übersehen hatte. Auf der einen Seite ärgerte es ihn, auf der anderen weckte es in ihm eine Sehnsucht nach dem, was wir hatten.

So war das auch bei Simeon. *Er hatte vom Heiligen Geist die Zusage empfangen.* Sie war ihm nicht von Menschen vermittelt worden, sondern es handelte sich um Offenbarungserkenntnis: Erkenntnis, die wir nicht dadurch erhalten, indem wir Dinge beobachten oder jemand uns Wissen vermittelt, sondern die rein intuitiv ist. Dieses Offenbarungswissen ist für alle wiedergeborenen Gläubigen verfügbar, die diesen Dienst des Heiligen Geistes empfangen.

Simeon konnte nicht auf natürliche Weise wissen, welcher der vielen Tausend Säuglinge, die er sah, der Christus sein sollte. Er hielt sein Herz einfach auf der Wellenlänge des Heiligen Geistes und zur richtigen Zeit wurde ihm dieses Wissen übernatürlich vermittelt. Das sollte nicht schwer zu glauben sein. In der Natur beobachten wir, wie Vögel, Fische und andere Tiere an genau den Ort zurückkehren, von dem ihre Eltern stammen, ohne dass sie selbst je zuvor dort gewesen sind. Sie haben das nicht in der Schule gelernt.

Wenn Gott also zu den Tieren sprechen kann, macht es dann nicht Sinn, dass er auch zu dir sprechen kann? Höre heute auf die Stimme Gottes in dir und bitte ihn um Offenbarungswissen über ihn und über seinen Willen für dein Leben.

Die Auserwählten Gottes

Lukas 2,36-40

Und sie war eine Witwe von etwa 84 Jahren; die wich nicht vom Tempel, sondern diente Gott mit Fasten und Beten Tag und Nacht.
Lukas 2,37

Nehmen wir einmal an, dass Hanna im Alter von vierzehn Jahren heiratete. Das würde bedeuten, dass sie zum Zeitpunkt dieser Begebenheit mindestens 98 Jahre alt war. Und dennoch betete und fastete sie Tag und Nacht. Sie war eine erstaunliche Frau, nicht nur für die damalige Zeit.

Satan versucht uns davon zu überzeugen, dass Gott uns nicht gebrauchen würde. Er mag dafür Dinge heranziehen wie Alter, Mangel an Fähigkeiten oder unsere Fehler aus der Vergangenheit. Doch wie bei Hanna gibt es viele biblische Beispiele, wo Gott diejenigen gebrauchte, die man nach weltlichem Maßstab für ungeeignet halten würde.

Moses war 80 Jahre alt, als er begann Gottes Plan für sein Leben zu erfüllen und er arbeitete, bis er 120 Jahre alt war. Abraham war in seinen Neunzigern, als er den Sohn bekam, den Gott ihm verheißen hatte. Offensichtlich spielt das Alter keine Rolle, wenn Gott jemanden erwählt.

Gideon war eine weitere Person, die unbrauchbar aussah. Er verbarg sich vor den Midianitern, als ihm der Engel des Herrn erschien und ihm mitteilte, dass er ein tapferer Held sei (Ri 6,11-12). Zunächst konnte er es selbst nicht glauben, der Herr musste es ihm dreimal bestätigen! Gideon ist eins der vielen Beispielen, von denen in 1. Korinther 1,27-28 die Rede ist: *Sondern das Törichte der Welt hat Gott erwählt, um die Weisen zuschanden zu machen, und das Schwache der Welt hat Gott erwählt, um das Starke zuschanden zu machen; und das Unedle der Welt und das Verachtete hat Gott erwählt, und das, was nichts ist, damit er zunichtemache, was etwas ist.*

Wenn du dich töricht oder schwach fühlst, dann bist du qualifiziert dafür, von Gott für eine große Mission erwählt zu werden. Schaue in das Wort Gottes und sieh dich selbst so, wie er dich sieht. Lass ihn dich heute gebrauchen.

Vorsätze oder keine Vorsätze

Sprüche 4,20-27

Erwäge die Bahn für deinen Fuß und alle deine Wege seien bestimmt.
Sprüche 4,26 (übersetzt nach dem Wortlaut der englischen King James-Bibel)

Das Ende des alten Jahres und der Beginn eines neuen ist der geeignete Zeitpunkt, eine Bestandsaufnahme dessen zu machen, was in deinem Leben geschehen ist und vorauszuplanen für die Zeit, die vor dir liegt. Manche Menschen denken, dass es nicht gut wäre, zurückzuschauen. Und gewiss halten sie nichts davon, gute Vorsätze für das neue Jahr zu fassen. Doch dieser Vers der Bibel sagt uns: *Erwäge die Bahn für deinen Fuß.*

Erwägen bedeutet *gedanklich abzuwiegen.* Du kannst nichts erwägen, wenn du es nicht gegen etwas anderes abwiegen kannst. Wenn du keine Ziele hast, kannst du unmöglich bewerten, ob du Fortschritte machst. Wir alle brauchen etwas, worauf wir zielen können. Ansonsten zielen wir auf nichts und treffen dabei immer ins Schwarze!

Sich Ziele zu setzen oder Vorsätze zu machen, birgt Gefahren. Wenn wir uns zu weit nach vorne wagen, ist unser Versagen vorprogrammiert. Das verstärkt nur unsere Schuldgefühle und Frustrationen. Die Bibel befürwortet das Ergreifen einer Vision und das Setzen von Zielen, doch wir benötigen Weisheit dafür. Wir sollten uns keine willkürlichen Ziele setzen, unabhängig von Gott. Wenn wir Ziele festlegen, die im Gegensatz zu seinem Willen stehen, wird das nur all unsere Zeit fressen und uns von Gott fernhalten.

Es ist von Vorteil zurückzuschauen, sich an das Gute zu erinnern und aus dem Schlechten zu lernen. Um eine gerade Spur pflügen zu können, müssen wir unsere Augen fest auf einen Punkt weit vor uns gerichtet halten. Nutze diese Zeit, um zu schauen, ob dein Leben in die Richtung geht, die der Herr möchte. Wenn das nicht so ist, sind Veränderungen nötig. Es ist töricht, immer wieder das Gleiche zu tun und trotzdem andere Ergebnisse zu erwarten. Erwäge heute die Bahn für deinen Fuß und gehe die entsprechenden Schritte.

Empfange Jesus als deinen Retter

Jesus Christus als deinen Herrn und Erretter anzunehmen, ist die wichtigste Entscheidung, die du jemals treffen wirst! Gottes Wort verheißt:

Denn wenn du mit deinem Mund Jesus als den Herrn bekennst und in deinem Herzen glaubst, dass Gott ihn aus den Toten auferweckt hat, so wirst du gerettet. Denn mit dem Herzen glaubt man, um gerecht zu werden, und mit dem Mund bekennt man, um gerettet zu werden.

Römer 10,9-10

Denn:

Jeder, der den Namen des Herrn anruft, wird gerettet werden.

Römer 10,13

Durch seine Gnade hat Gott schon alles getan, um Errettung zur Verfügung zu stellen. Dein Teil besteht einfach nur darin, zu glauben und zu empfangen.

Bete laut: **„Jesus, ich bekenne, dass du mein Herr und Erretter bist. Ich glaube in meinem Herzen, dass Gott dich von den Toten auferweckt hat. Im Glauben an dein Wort empfange ich jetzt Errettung. Danke, dass du mich errettet hast!“**

In demselben Moment, in dem du dein Leben Jesus Christus übergibst, erfüllt sich augenblicklich die Wahrheit seines Wortes in deinem Geist. Weil du von Neuem geboren bist, besitzt du jetzt ein völlig neues Ich!

Empfange den Heiligen Geist

Dein liebender himmlischer Vater möchte dir als seinem Kind die übernatürliche Kraft geben, die du brauchst, um dieses neue Leben zu leben.

> *Denn jeder, der bittet, empfängt; und wer sucht, der findet; und wer anklopft, dem wird aufgetan. ... wie viel mehr wird der Vater im Himmel (den) Heiligen Geist denen geben, die ihn bitten!*
>
> *Lukas 11,10.13*

Alles, was du tun musst, ist, zu bitten, zu glauben und zu empfangen!

Bete: **„Vater, ich erkenne, dass ich deine Kraft brauche, um dieses neue Leben zu leben. Bitte fülle mich mit dem Heiligen Geist! Im Glauben empfange ich gerade jetzt! Danke, dass du mich jetzt taufst! Heiliger Geist, du bist willkommen in meinem Leben!"**

Gratuliere – du bist nun mit Gottes übernatürlicher Kraft erfüllt!

Einige Silben einer Sprache, die du nicht kennst, werden nun aus deinem Herzen zu deinem Mund aufsteigen. Wenn du sie im Glauben laut aussprichst, setzt du Gottes Kraft in deinem Innern frei und erbaust dich selbst im Geist (1 Kor 14,4.14). Du kannst dies tun, wann und wo immer du möchtest!

Es spielt eigentlich keine Rolle, ob du etwas gefühlt hast oder nicht, als du gebetet hast, um den Herrn und seinen Geist zu empfangen. Wenn du in deinem Herzen geglaubt hast, dass du empfangen hast, dann verspricht dir Gottes Wort, dass es so ist: *Darum sage ich euch: Alles, was ihr auch immer im Gebet erbittet, glaubt, dass ihr es empfangt, so wird es euch zuteilwerden!* (Mk 11,24). Gott ist seinem Wort immer treu. Glaub es!

Bitte nimm Kontakt zu mir auf und lass mich wissen, ob du eines oder beide dieser Gebete gebetet hast. Ich würde mich gerne mit dir freuen und dir ein Geschenk zusenden, das dir hilft, deine neue Beziehung zum Herrn zu verstehen und darin zu wachsen. Es ist einfach meine Art zu sagen: Willkommen in deinem neuen Leben!

Weitere lieferbare Titel in Deutsch

Geist, Seele & Körper

Hast du dich jemals gefragt, was sich eigentlich veränderte, als du „von Neuem geboren“ wurdest? Du schaust in den Spiegel und siehst dasselbe Spiegelbild – dein Körper hat sich nicht verändert. Du legst immer noch dieselben Verhaltensweisen an den Tag und erliegst immer noch denselben alten Versuchungen – das alles scheint sich ebenfalls nicht geändert zu haben. Also fragst du dich: Hat sich überhaupt irgendetwas wirklich verändert? Die richtige Antwort auf diese Frage bildet die Grundlage für die Fähigkeit, von Gott überhaupt empfangen zu können. Wenn dir dieses grundsätzliche Verständnis fehlt, wirst du dir ständig voller Zweifel Fragen stellen wie: „Wie kann Gott jemanden wie mich lieben?“ und: „Wie kann ich nur erwarten, irgendetwas vom Herrn zu empfangen? Ich verdiene es nicht, ich bin nicht gut genug!“ Das Buch Geist, Seele & Körper hilft dir, diese und andere zweifelnde Fragen, die deinen Glauben zerstören, auszuschalten. Falls du Schwierigkeiten hast, vom Herrn zu empfangen, ist dieses Buch ein Muss!

Bestellnummer GE318

Ichbezogenheit:
Die Wurzel allen Kummers

Schwierige Situationen offenbaren das Herz eines Menschen. Extremer finanzieller Druck, der Bruch einer Beziehung innerhalb der Familie oder der Tod eines geliebten Menschen sind für den einen eine Krise, während sie für den anderen eine Möglichkeit darstellen, die Macht von Gottes Wort zu beweisen. Worin liegt der Unterschied? Diese Frage beantwortet Andrew Wommack in seinem Buch. Er spricht den Kern des Problems direkt an und zeigt klar auf, wie zwei Menschen, die vor denselben schwierigen Umständen stehen, sehr unterschiedlich darauf reagieren können. Du erfährst hier, was die Bibelstelle bedeutet: Ich bin mit Christus gekreuzigt und nicht mehr lebe ich, sondern Christus lebt in mir, und wie dieses Wissen deine Reaktionsmuster in einer Krisensituation verändern kann. Liebe, Freude und Friede können dir gehören – selbst in den schlimmsten Situationen.

Bestellnummer GE315

Die wahre Natur Gottes

Wie ist Gott wirklich? Die Antwort auf diese Frage ist so wichtig wie kaum eine andere. Wir können keine gesunde Beziehung zu jemandem haben, den wir nicht kennen. Missverständnisse über die Natur und den Charakter Gottes haben es dem Teufel leicht gemacht, in uns Zweifel an Gott und an den Verheißungen in seinem Wort zu wecken. Dieses Buch beantwortet viele deiner Fragen zu diesem zentralen Thema. Andrew Wommack stellt der Unnachsichtigkeit des Alten Bundes die Gnade des Neuen Bundes gegenüber und bringt diese scheinbar widersprüchlichen Verhaltensweisen Gottes der Menschheit gegenüber in Einklang. Das Ergebnis der Auseinandersetzung mit dieser Botschaft ist ein neu entdecktes Verständnis über das wahre Wesen Gottes, das zweifellos neue Liebe und neues Vertrauen zu Gott hervorrufen wird. Gott wirklich zu kennen, heißt, ihn zu lieben. Wenn du ihn besser kennenlernen willst, dann ist dieses Buch genau das Richtige für dich.

Bestellnummer GE308

Ein besserer Weg zu beten

Führt der Weg, den du in deinem Gebetsleben eingeschlagen hast, zu Ergebnissen? Andrew Wommack hat in vierzig Jahren geistlichem Dienst einige wichtige Wahrheiten über Gebet herausgefunden. Sein Gebetsleben ist heute ganz anders als noch vor dreißig Jahren und die Ergebnisse haben sich dramatisch verbessert. Vielleicht stellst du dir heute viele Fragen, die Andrew sich auch einmal gestellt hat: Ist Gebet meine Pflicht als Christ? Geht es bei Gebet in erster Linie darum, Gott um die Erfüllung meiner eigenen Bedürfnisse und die anderer zu bitten? Basiert Gottes Antwort auf mein Gebet auf dem Grad meiner Demut und Ernsthaftigkeit? Ist Gebetserhörung eine souveräne Entscheidung Gottes oder bin ich in der Lage, ihn zu beeinflussen? Klare biblische Antworten auf diese und weitere Fragen könnten dein Gebetsleben deutlich verändern. Die Prinzipien für Gebet, die Andrew Wommack in seinem Buch aufzeigt, weisen dir sicherlich nicht den einzigen Weg. Wenn du aber nicht die gewünschten Ergebnisse erzielst, dann denk über einen Richtungswechsel nach. Vielleicht existiert wirklich ein besserer Weg zu beten.

Bestellnummer GE321

Gnade, die Kraft des Evangeliums:

Nicht, was du tust, zählt, sondern was Jesus getan hat

Gut genug für Gott? Neuesten Umfragen zufolge glaubt die überwiegende Mehrheit der Christen, die versichern, wiedergeboren zu sein, dass ihre Errettung, zumindest teilweise, von ihrem eigenen Verhalten und Handeln abhängig ist. Sie glauben zwar, dass Jesus für ihre Sünden gestorben ist, darüber hinaus glauben sie aber auch, dass sie, wenn sie Jesus einmal als ihren Retter angenommen haben, immer noch einem bestimmten Wertmaßstab gerecht werden müssen, um „gut genug" zu sein. Wenn das wahr ist, wie sieht dann aber dieser Wertmaßstab aus, und woher wissen wir, ob wir ihm gerecht geworden sind? Die Kirche versucht schon seit Jahrhunderten, diese Fragen zu beantworten, doch das führt immer wieder zu religiöser und gesetzlicher Gebundenheit. Was ist also die Antwort? Die hängt von der richtigen Fragestellung ab. Die Frage lautet nicht: „Was müssen wir tun?", sondern: „Was hat Jesus getan?" Wenn wir anhand des Römerbriefs die Offenbarung des Apostels Paulus darüber verstehen, was Jesus getan hat, werden wir uns nie wieder fragen, ob wir dem Wertmaßstab auch gerecht werden.

Bestellnummer GE322

Was Lobpreis bewirkt

Die Macht des Lobpreises ist gewaltig! Wenn aus dem tiefsten Inneren deines Geistes Lobpreis zu Gott aufsteigt, dann wirst du erleben, dass in diesem Moment nicht nur deine Seele Heilung empfängt, sondern dass wesentlich mehr geschieht. Ein einzelner Augenblick des Lobpreises setzt Frieden, Freude, Wohlbefinden und Zufriedenheit in jedem Bereich deines Lebens frei! Durch Lobpreis dienst du Gott und sagst ihm, wie sehr du ihn liebst und ihm dankbar bist. Es bereitet ihm große Freude zu erfahren, dass du Hand in Hand mit ihm gehen willst. Und wenn dich das noch nicht überzeugt hat, dann sei dir bewusst, dass dein Lobpreis dem Teufel entsetzliche Schmerzen zufügt! Durch Lobpreis kannst du endlich Angst, Depression und Stress in deinem Leben überwinden. Wenn nur ein einzelner Augenblick des Lobpreises dies alles bewirkt, stell dir einmal vor, was ein Leben voller Lobpreis auslösen kann! Entdecke heute, was Lobpreis bewirkt!

Bestellnummer GE309

Du hast schon alles, was du brauchst!

Erlebe den Sieg, der dir schon gehört! Hattest du schon einmal den Gedanken: Ich tue doch alles, was ich kann, was stimmt nur mit mir nicht? Was muss denn passieren, damit Gott sich für mich in Bewegung setzt? Du stehst damit nicht alleine, wenn das bei dir so ist. Die meisten Christen stellen sich diese Fragen, und die Antworten, die sie erhalten, helfen ihnen auch nicht aus ihrer Frustration heraus. Diese Antworten lauten für gewöhnlich ungefähr so: „Wenn du nur ein bisschen länger und ernsthafter betest, öfter fastest, täglich ein paar Kapitel mehr in der Bibel liest und endlich aufhörst, deine Zeit vor dem Fernseher zu vergeuden, wird Gott deine Gebete schon erhören. Er wartet nur darauf, dass du endlich in Form kommst." Mit anderen Worten: Dein Verhalten ist das Problem. Tatsächlich aber könnte nichts weiter von der Wahrheit entfernt sein. Du hast schon alles, was du brauchst. Das ist der Titel dieses Buches, das die gute Nachricht enthält: Gottes Antwort basiert nicht auf dem, was du tun musst, sondern auf dem, was Jesus getan hat! Durch die Lektüre dieses Buches wirst du die nötige Erkenntnis gewinnen, um Gott vertrauen zu können. Nur die Wahrheit, die du erkannt hast, setzt dich frei!

Bestellnummer GE320

Verändert werden ohne Mühe

Das Wort Gottes ist wie ein Samen und dein Herz ist der Boden.

Die meisten Christen wünschen sich Veränderung in einigen Bereichen ihres Lebens. Sie geben sich dabei alle nur erdenkliche Mühe, aber schon bald fallen sie wieder in die alten Gewohnheiten und Verhaltensmuster zurück. Selbstdisziplin und Selbstkontrolle haben mal wieder versagt. Wie kann nun eine dauerhafte Veränderung zustande kommen? Eine Raupe müht sich im Kokon nicht ab, um ein Schmetterling zu werden. Ein Samenkorn strengt sich nicht an, um ein Baum zu werden und Frucht hervorzubringen. Sie tun einfach nur das, wozu sie von Gott bestimmt wurden und die Veränderung findet statt – ohne Mühe. Das Wort Gottes ist wie ein Same und dein Herz ist der Boden. Wenn es ausgesät und in deinem Herzensboden genährt wird, beginnt Wachstum. Das Ergebnis ist eine Verwandlung; und die Frucht wird für alle sichtbar sein. Wenn du echte Veränderung in deinem Leben möchtest, dann ist dieses Buch für dich.

Bestellnummer GE331

Die Vollmacht des Gläubigen

Die Vollmacht des Gläubigen in Christus wird heute in Kirchen und Gemeinden kontrovers diskutiert. Andrew Wommack, weltweit bekannter Bibellehrer, zeigt diese wichtige geistliche Wahrheit aus einer Perspektive, die all das, was du bisher gelernt hast, in ein ganz neues Licht rücken wird, wie z. B.: Wenn Gläubigen Vollmacht gegeben wurde, dann stellt sich die Frage, wann, wie und wem gegenüber sie ausgeübt werden sollte? Auf der Suche nach der Antwort, wirst du entdecken, wo sich das eigentliche Schlachtfeld befindet und wie du den wahren Feind erkennen kannst! Die meisten Christen glauben, dass Gott unseren Feind, Satan, geschaffen hat – aber hat er das wirklich? Die Antwort auf diese Frage wird dich dazu befähigen, deine Vollmacht als Gläubiger auszuüben. Ist geistliche Kriegsführung, wie sie heute in vielen Kirchen und Gemeinden gelehrt wird, wirklich effektiv? Können Gläubige ihre Vollmacht ergreifen, um den Teufel und seine Dämonen in der Luft zu bekämpfen oder findet der eigentliche Kampf in den Gedanken statt? Dies zu verstehen, ist eine Grundvoraussetzung, um geistliche Schlachten gewinnen zu können.

Bestellnummer GE327

Heilung: Gottes Wille für dich

Christus hat den Preis für unsere Heilung genauso bezahlt wie für die Vergebung unserer Sünden.

Vielen Leuten fällt es schwer zu glauben, dass Heilung Gottes Wille für sie ist. Vielleicht sind sie selbst gerade krank oder müssen mit ansehen, wie ein Freund oder Familienangehöriger Krankheit und Schmerzen zu ertragen hat. In beiden Fällen werden sie entmutigt, wenn ihre Gebete für Heilung anscheinend nicht erhört werden. Daraus folgern sie oft, dass Gott dies zulässt oder – schlimmer noch –, dass Gott der Urheber dieser Krankheit ist. Beides ist falsch und stellt die Güte Gottes infrage.

In diesem Buch beschreibt Andrew, was Gott uns bereits durch seine bedingungslose Liebe und Gnade zur Verfügung gestellt hat. Heilung ist ein großer Teil davon. Er gibt Antworten auf häufig gestellte Fragen: Was war Paulus' Dorn im Fleisch? Ist alles, was geschieht, von Gott zugelassen? Und vieles mehr. Wenn du Heilung brauchst oder jemand, den du kennst, dann ist dieses Buch für dich.

Bestellnummer GE330

Gefühle im Zaum halten

Gefühle:

– sollen uns Freude bereiten

– sind etwas Gutes

– sollen von uns beherrscht werden

Ohne groß darüber nachzudenken, fallen dir sicherlich mehrere Situationen ein, wo deine Gefühle mit dir durchgegangen sind. Manchmal geschieht das schon bei der kleinsten Herausforderung. Später musstest du dich dann für dein Verhalten entschuldigen. Damit ist jetzt Schluss! Dieses Buch zeigt uns, wie wir Verantwortung für unsere Gefühle übernehmen und es lernen, uns zu beherrschen. Andrew Wommack spricht da aus eigener Erfahrung, besonders wenn es um seine Zeit im Vietnamkrieg geht. Er erklärt, warum wir Probleme mit Gefühlen haben, zeigt Lösungen aus der Bibel auf und macht deutlich, dass Gottes Antworten zu nachhaltigen Ergebnissen führen. Unsere Gefühle beherrschen, das ist leichter gesagt als getan – aber es ist möglich! Jeder wird für sich Nutzen aus diesem Buch ziehen können, denn niemand kann abstreiten, dass Gefühle eine wichtige Rolle spielen, wenn es darum geht, Zufriedenheit und Erfolg im Leben zu finden. Die Wahrheiten aus Gottes Wort, die wir in diesem Buch finden, sind ein Garant dafür, dass sich unsere Gefühle und Handlungen völlig verändern können.

Bestellnummer GE313

Über den Autor

Seit mehr als 50 Jahren bereist Andrew Wommack Amerika und die Welt und lehrt die Wahrheit des Evangeliums. Seine tiefe Offenbarung von Gottes Wort vermittelt er mit Klarheit und Einfachheit. Dabei legt er seinen Schwerpunkt auf Gottes bedingungslose Liebe und das Gleichgewicht zwischen Gnade und Glauben. Durch seine täglichen Gospel-Truth-Radio- und -Fernsehprogramme, die sowohl in den USA als auch international ausgestrahlt werden (z. B. auf „GOD TV Europe“ und „TBN Europe“), erreicht Andrew Wommack Millionen von Menschen. 1994 gründete er das „Charis Bible College“ (CBC) und hat seither CBC-Zweigbibelschulen in verschiedenen Großstädten Amerikas und weltweit eröffnet. Andrew Wommack hat eine Fülle von Lehrmaterial in Buch-, Audio- und Videoformat veröffentlicht. Wie schon seit den ersten Jahren seines Dienstes, verteilt Andrew Wommack Ministries auch heute noch Audiobotschaften als CD oder MP3 gratis an Menschen, die es sich sonst nicht leisten könnten.

Deutsche Kontaktadresse

Andrew Wommack Ministries

Berner Straße 81

60437 Frankfurt am Main

Tel. +49 69 643 578 50

Fax +49 69 643 578 501

Bürozeiten:

Montag bis Freitag, 10 bis 13 Uhr

E-Mail: info@andrewwommack.de

Internet: www.andrewwommack.de

Charis Bible College

2. Timotheus 2,2: Und was du von mir gehört hast vor vielen Zeugen, das vertraue treuen Menschen an, die fähig sein werden, auch andere zu lehren.

Charis Bible College steht für die Vermittlung und Lehre von Gottes reichem Wort in Verbindung mit praktischer Anwendung und Lebenserfahrung. Ein Schwerpunkt liegt auf der bedingungslosen Liebe Gottes und dem Gleichgewicht zwischen Gnade und Glauben.

Das zweijährige Bibelschulstudium (mit einem optionalen dritten Bibelschuljahr), kann alternativ im ersten Jahr auch als Korrespondenzkurs (Fernbibelstudium) absolviert werden.

Für weitere Informationen:

Tel: +49 69 643 578 540

Email: info@charisbiblecollege.de

www.charisbiblecollege.de

oder schriftlich an:

Charis Bible College

Berner Straße 81

60437 Frankfurt am Main